西藏统计年鉴

TIBET STATISTICAL YEARBOOK

2016

总第28期　NO.28

西藏自治区统计局
Tibet Autonomous Region Bureau of Statistics
国家统计局西藏调查总队
Tibet General Team of Investigation under the NBS
编

图书在版编目（CIP）数据

西藏统计年鉴. 2016 : 汉英对照 / 西藏自治区统计局, 国家统计局西藏调查总队编. -- 北京 : 中国统计出版社, 2016.7
ISBN 978-7-5037-7825-4

Ⅰ. ①西… Ⅱ. ①西… ②国… Ⅲ. ①统计资料—西藏—2016—年鉴—汉、英 Ⅳ. ①C832.75-54

中国版本图书馆 CIP 数据核字(2016)第 151215 号

西藏统计年鉴-2016

作　　者/ 西藏自治区统计局　国家统计局西藏调查总队
责任编辑/ 佘竞雄　王平　邓春健
出版发行/ 中国统计出版社
地　　址/ 北京市丰台区西三环南路甲 6 号　邮政编码/100073
电　　话/ 邮购（010）63376909　书店（010）68783171
网　　址/ http://www.zgtjcbs.com
印　　刷/ 北京力信诚印刷有限公司
经　　销/ 新华书店
开　　本/ 890mm×1240mm　1/16
字　　数/ 860 千字
印　　张/ 29.75
版　　别/ 2016 年 7 月第 1 版
版　　次/ 2016 年 7 月第 1 次印刷
定　　价/ 280.00 元

本书附同版本 CD-ROM 一张，光盘内容以书面文字为准。
如有印装差错，由本社发行部调换。

《西藏统计年鉴-2016》编辑委员会及编辑工作人员

《TIBET STATISTICAL YEARBOOK-2015》
EDITORIAL BOARD AND EDITORIAL STAFF

Editorial Board

Editorial Staff

编辑说明

一、《西藏统计年鉴》(2016)是一本信息高度密集的资料工具书。本书收录了2015 年西藏自治区的经济和社会发展等各方面的统计数据,以及西藏和平解放以来各个时期的主要统计数据，是国内外各界人士了解西藏、认识西藏的重要资料性工具书。

二、全书内容分为 18 个篇目，即 1. 行政区划和自然资源；2. 综合；3. 人口、从业人员和职工工资；4. 固定资产投资；5. 财政；6. 物价；7. 人民生活；8. 农业；9. 工业；10. 建筑业；11. 运输和邮电；12. 国内贸易；13. 对外经济贸易和旅游；14. 金融和保险；15. 教育、科技和文化；16. 卫生、体育和环保；17. 各县（区、市）主要统计资料；18. 全国各省（区、市）统计资料。为便于读者正确使用资料，书末还附有主要统计指标解释。

三、本年鉴中总量指标均按当年现行价格计算。西藏生产总值及各产业增加值、农业总产值、工业总产值指数和增长速度均按可比价格计算。

四、本年鉴部分数据合计数或相对数由于单位取舍不同产生的计算误差未作机械调整。

五、本年鉴对以前的统计资料重新进行了核实，相应地调整了部分数据。读者在使用历史资料时，凡与本年鉴有出入的，均以本年鉴为准。

六、本年鉴中的符号使用说明:“…”表示数据不足本表最小单位数;“空格”表示该项统计指标数据不详或无数据;“＃”表示其中主要项。

七、资料中所使用的度量衡单位采用国际统一标准计量单位。

八、本书为中英文对照，配有电子版光盘。

九、《西藏统计年鉴》公开出版以来，受到了国内外广大读者的关心和支持，对本年鉴的内容和编辑工作提出了许多宝贵意见，同时得到区直有关部门和单位的大力支持，对此我们深表感谢。限于我们的水平，欢迎读者继续对年鉴的不足之处给予批评和指正，帮助我们进一步改进年鉴的编辑工作，以便我们更好地为广大读者服务。

EDITOR'S NOTE

Ⅰ.*Tibet Statistical Yearbook 2016*contains comprehensive statistics of Tibetan social and economic development in 2015 and some selected major data series in historically important years after The Peaceful Liberation of Tibet. It is really an important and efficient reference yearbook for people of various circles in and outside China to know and understand Tibet.

Ⅱ.The book is composed of 18 parts. They include: 1.Division of Administrative Areas and Natural Resources;2.General Survey;3. Population , Employment and Wages; 4.Investment in Fixed Assets; 5.Government Finance; 6.Price; 7.People's Livelihood; 8.Agriculture; 9.Industry; 10.Construction; 11.Transportation, Postal and Telecommunications Services; 12.Domestic Trade;13.Foreign Trade and Tourism;14.Banking and Insurance; 15.Education, Science and Culture;16.Sport, Public Health and Environmental Protection;17.Statistics for Counties, Cities and Districts;18.Statistics for Provinces, Municipality and Autonomous Region. Interpretation of major statistical indicators attached is a useful tool for readers of this yearbook.

Ⅲ.The prices used in calculation in this publication are current prices of those years.Indices and growth rate of gross regional product of Tibet,value-added by three strata of industry,gross agricultural output value and gross industrial output value are calculated at constant prices.

Ⅳ.Statistical discrepancies in this yearbook due to rounding are not adjusted.

Ⅴ.Some of the published data are changed in this yearbook according to our checking, therefore, data in this yearbook are reliable whenever you find different data in other publications.

Ⅵ.Marks in this yearbook:"..."means not large enough to be rounded into the least unit; "#" indicates major item in a category. "blank space" not available.

Ⅶ.The international standard units of measurement are applied in this yearbook.

Ⅷ.This book is written in Chinese and English, and is equipped with electric CD.

Ⅸ.Previous editions of *Tibet Statistical Yearbook* have won wide acclaim among the readers. During the compilation of the yearbook, we have got the support from some government departments of Autonomous Region and other relative units. We express our thanks to all of them here. In order to excel, we welcome all candid comments and criticism from our readers.

目　录

CONTENTS

第一篇　行政区划和自然资源
CHAPTER 1　ADMINISTRATIVE DIVISION AND NATURAL RESOURCES

第二篇　综合
CHAPTER 2　GENERAL SURVEY

第三篇 人口、从业人员和职工工资
CHAPTER 3 POPULATION,EMPLOYMENT AND WAGES

第四篇 固定资产投资

CHAPTER 4 INVESTMENT IN FIXED ASSETS

第五篇 财政
CHAPTER 5 GOVERNMENT FINANCE

第六篇 物价指数
CHAPTER 6 PRICE INDICES

第七篇　人民生活

CHAPTER 7　PEOPLE'S LIVELIHOOD

第八篇 农业
CHAPTER 8 AGRICULTURE

第九篇 工业
CHAPTER 9 INDUSTRY

第十篇　建筑业
CHAPTER 10　CONSTRUCTION

第十一篇　运输和邮电业
CHAPTER 11　TRANSPORTATION，POSTAL AND TELECOMMUNICATIONS SERVICES

第十二篇　国内贸易
CHAPTER 12　DOMESTIC TRADE

第十三篇　对外经济贸易和旅游
CHAPTER 13　FOREIGN TRADE AND TOURISM

第十四篇　金融和保险
CHAPTER 14　BANKING AND INSURANCE

第十五篇 教育、科技和文化

CHAPTER 15 EDUCATION，SCIENCE AND CULTURE

第十六篇 体育、卫生、环保
CHAPTER 16 SPORTS，PUBLIC HEALTH AND ENVIRONMENTAL PROTECTION

第十七篇　各县(市、区)主要统计指标

CHAPTER 17　MAIN ECONOMIC INDICATORS BY COUNTIES (CITY AND REGIONS)

第十八篇　全国各省（区、市）统计资料

CHAPTER 18　STATISTICAL DATA OF PROVINCE ，MUNICIPALITY AND AUTONOMOUS REGION

附 录
APPENDIX

第一篇

行政区划和自然资源

Chapter 1

ADMINISTRATIVE DIVISION AND NATURAL RESOURCES

1-1 行政区划

ADMINISTRATIVE DIVISIONS

单位：个　　(unit)

地区 Region		市辖区 Districts Under the Jurisdica-tion of Cities	县级市 Cities at Country Level	县 Country	乡 Township	#民族乡 National Township	镇 Town	街道 Urban Sub-districts	居民委员会 Neighbor-hood Committee	村民委员会 Village Committee
总计	**Total**	**5**		**69**	**544**	**9**	**140**	**10**	**208**	**5258**
拉萨市	Lhasa	2		6	48		9	8	43	224
昌都市	Qamdo	1		10	110	1	28		23	1119
山南地区	Shannan			12	58	5	24		59	496
日喀则市	Xigazê	1		17	175		27	2	30	1643
那曲地区	Nagqu			11	89		25		37	1153
阿里地区	Ngari			7	30		7		7	134
林芝市	Nyingchi	1		6	34	3	20		9	489

1-2 行政区划一览表

LIST OF ADMINISTRATIVE DIVISIONS

拉萨市	Lhasa	城关区 墨竹工卡县 达孜县 堆龙德庆区 曲水县 尼木县 当雄县 林周县 Lhasa Chengguanqu Maizhokunggar Dagzê Doilungdêqên Qüxü Nyêmo Damxung Lhünzhub
昌都市	Qamdo	左贡县 芒康县 洛隆县 边坝县 卡若区 江达县 贡觉县 类乌齐县 丁青县 察雅县 八宿县 Zogang Markam Lhorong Banbar Karub Qu Jomda Konjo Riwoqê Dêngqên Chagyab Baxoi
山南地区	Shannan	乃东县 扎囊县 贡嘎县 桑日县 琼结县 洛扎县 加查县 隆子县 曲松县 措美县 错那县 浪卡子县 Nêdong Chanang Konggar Sangri Qonggyai Lhozhag Gyaca Lhünzê Qusum Comai Cona Nagarzê
日喀则市	Xigazê	桑珠孜区 南木林县 江孜县 定日县 萨迦县 拉孜县 昂仁县 谢通门县 白朗县 仁布县 康马县 定结县 仲巴县 亚东县 吉隆县 聂拉木县 萨嘎县 岗巴县 Samzhubzê Qu Namling Gyangzê Tingri Sa'gya Lhazê Ngamring Xaitongmoin Bainang Rinbung Kangmar Dinggyê Zhongba Yadong Gyirong Nyalam Saga Kamba
那曲地区	Nagqu	申扎县 班戈县 那曲县 聂荣县 安多县 嘉黎县 巴青县 比如县 索县 尼玛县 双湖县 Xainza Bangoin Nagqu Nyainrong Amdo Lhari Baqên Biru Sog Nyima Shuanghu
阿里地区	Ngari	普兰县 札达县 噶尔县 日土县 革吉县 改则县 措勤县 Burang Zanda Gar Rutog Gê'gyai Gêrzê Coqên
林芝市	Nyingchi	巴宜区 米林县 朗县 工布江达县 波密县 察隅县 墨脱县 Bayip Mainling Nang Gongbo'gyamda Bomê Zayü Mêdog

1-3 县(市、区)分类

COUNTIES(CITIES AND REGION)BY TYPE

分类 Classify	个数 Number	县(市、区)名称 Name of County (city and region)
边境县 Counties of Border	21	墨脱县 米林县 察隅县 朗 县 洛扎县 隆子县 错那县 浪卡子县 定日县 康马县 定结县 仲巴县 亚东县 吉隆县 聂拉木县 萨嘎县 岗巴县 普兰县 札达县 噶尔县 日土县 Mêdog Mainling Zayü Nang Lhozhag Lhünzê Cona Nagarzê Tingri Kangmar Dinggyê Zhongba Yadong Gyirong Nyalam Saga Kamba Burang Zanda Gar Rutog
农业县 Counties of Agriculture	35	城关区 墨竹工卡县 达孜县 堆龙德庆区 曲水县 尼木县 墨脱县 米林县 巴宜区 波密县 察隅县 朗 县 芒康县 左贡县 洛隆县 边坝县 乃东县 扎囊县 贡嘎县 桑日县 琼结县 洛扎县 加查县 隆子县 桑珠孜区 南木林县 江孜县 定日县 萨迦县 拉孜县 白朗县 仁布县 定结县 吉隆县 聂拉木县 Lhasa Chengguanqu Maizhokunggar Dagzê Doilungdêqên Qüxü Nyêmo Mêdog Mainling Bayip Bomê Zayü Nang Markam Zogang Lhorong Banbar Nêdong Chanang Konggar Sangri Qonggyai Lhozhag Gyaca Lhünzê Samzhubzê Qu Namling Gyangzê Tingri Sa'gya Lhazê Bainang Rinbung Dinggyê Gyirong Nyalam
牧业县 Counties of Animal	14	当雄县 仲巴县 萨嘎县 那曲县 嘉黎县 聂荣县 安多县 申扎县 班戈县 巴青县 尼玛县 双湖县 革吉县 改则县 措勤县 Damxung Zhongba Saga Nagqu Lhari Nyainrong Amdo Xainza Bangoin Baqên Nyima Shuanghu Gê'gyai Gêrzê Coqên
半农半牧县 Counties of Agriculture and Animal	24	林周县 工布江达县 卡若区 江达县 贡觉县 类乌齐县 丁青县 察雅县 八宿县 曲松县 措美县 错那县 浪卡子县 昂仁县 谢通门县 康马县 亚东县 岗巴县 比如县 索 县 普兰县 札达县 噶尔县 日土县 Lhünzhub Gongbo'gyamda Karub Qu Jomda Konjo Riwoqê Dêngqên Chagyab Baxoi Qusum Comai Cona Nagarzê Ngamring Xaitongmoin Kangmar Yadong Kamba Biru Sog Burang Zanda Gar Rutog
“一江两河”开发县 One River and Two River Exploiture	18	城关区 墨竹工卡县 达孜县 堆龙德庆区 曲水县 尼木县 林周县 乃东县 扎囊县 贡嘎县 桑日县 琼结县 桑珠孜区 南木林县 江孜县 白朗县 拉孜县 谢通门县 Lhasa Chengguanqu Maizhokunggar Dagzê Doilungdêqên Qüxü Nyêmo Lhünzhub Nêdong Chanang Konggar Sangri Qonggyai Samzhubzê Qu Namling Gyangzê Bainang Lhazê Xaitongmoin
粮食基地县 Counties of Grain Base	11	堆龙德庆县 林周县 波密县 芒康县 乃东县 扎囊县 贡嘎县 江孜县 白朗县 桑珠孜区 拉孜县 Doilungdêqên Lhünzhub Bomê Markam Nêdong Chanang Konggar Gyangzê Bainang Samzhubzê Qu Lhazê

1-4 西藏各水系流域面积

DRAINAGE AREA OF TIBET WATER SYSTEM

单位：平方公里、%　　(sq. km, %)

区域 Area	水系 Water System	流域	Drainage Area	面积 Area	比重 Proportion
外流区 Water System of Outer Area	太平洋水系 Pacific Ocean Water System	金沙江	Jingsajiang	22933	1.9
		澜沧江	Lantsang	38908	3.2
		小计	Subtotal	61841	5.1
	印度洋水系 Indian Ocean Water System	怒江	Nujiang	102691	8.5
		吉太曲	Jitaicu	2350	0.2
		察隅曲	Chayucu	17881	1.5
		丹马曲(达兰河)	Danbacu(Dalan River)	12114	1.0
		雅鲁藏布江	Brahmaputra	242004	20.1
		西巴霞曲	Xibaxiacu	25775	2.1
		鲍罗里河(卡门河)	Baoluoli River(Kameng River)	10790	0.9
		达旺-娘江曲	Dawang-niangjiangcu	6330	0.5
		洛扎怒曲	Luozhashucu	6312	0.5
		康布曲	Kangbucu	2176	0.2
		汇入布拉马普特拉河的其他河流	Other	8882	0.7
		朋曲	Pengcu	24272	2.0
		绒辖藏布	Rongxiacangbu	1400	0.1
		波曲(麻章藏布)	Pocu(Mazhangcangbu)	1987	0.2
		吉隆藏布	Jilongcangbu	2950	0.2
		马甲藏布(孔雀河)	Majiacangbu (Peacock River)	3063	0.3
		甲扎岗噶曲	Jiazhagangcu	1483	0.1
		乌热曲-乌扎拉曲	Wurecu-wuzhalacu	816	0.1
		汇入恒河的其他河流	Ganges from Others River	1443	0.1
		朗钦藏布(象泉河)	Langqincangbu(xiangquan River)	23070	1.9
		如许藏布	Ruxucangbu	2630	0.2
		森格藏布(狮泉河)	Senggecangbu	27170	2.3
		羌臣摩河(奇普恰普河)	Qiangchengmo River(Qipuqiapu River)	1397	0.1
		小计	Subtotal	528986	44.0
		合计	Total	590827	49.1
内流区 Water System of Inner Area	藏南内流水系 Water System Inner of South Tibet	羊卓雍错-普莫雍错-哲古错	Yangzhuoyongcuo-pumoyongcuo-zhegucuo	10091	0.8
		多庆错-嘎拉错	Duoqingcuo-galacuo	3111	0.3
		错姆折林-共左错	Cuomuzhelin-Gongzuocuo	1380	0.1
		佩枯错-错戳龙	Peikucuo-cuochuolong	3290	0.3
		小计	Subtotal	17872	1.5
	藏北内流水系 Water System Inner of North Tibet	纳木错-己木错-兹格塘错	Namucuo-Jimucuo-Zigetangcuo	33449	2.8
		色林错-格林错	Selincuo-Gelincuo	51405	4.3
		扎日南木错-当惹雍错湖区	Zharinanmucuo-Dangreyongcuo	60962	5.1
		玛旁雍错-昂拉仁错-塔若错	Mapangyongcuo-Anglangrencuo-Taruocuo	52460	4.4
		班公错-泽错	Bangongcuo-Zecuo	28436	2.4
		藏北其他湖区	Other	366959	30.5
		小计	Subtotal	593671	49.4
		合计	Total	611543	50.9

1-5 西藏境内面积大于200平方公里的湖泊

STATISTICS LAKE AREA OVER 200 SQURE KILOMETER OF TIBET

湖泊名称	Lake name	湖面海拔(米) Lake Sea Level (m)	湖面面积 (平方公里) Lake Area (sq.km)	湖泊类型 Lake Type
纳木错	Namtso Lake	4718	1920	咸 Salty
色林错	Selin Lake	4530	1640	咸 Salty
扎日南木错	Zharinanmu Lake	4613	1023	咸 Salty
当惹雍错	Dangreyong Lake	4535	835	咸 Salty
羊卓雍错	Yamdok Tso Lake	4441	638	咸 Salty
昂拉仁错	Anglaren Lake	4689	560	咸 Salty
塔若错	Tarou Lake	4545	520	咸 Salty
格仁错	Geren Lake	4650	466	咸 Salty
班公错	Bangong Lake	4241	413	东淡西咸 Salty or tasteless
玛旁雍错	Mapangyong Lake	4588	412	淡 Tasteless
昂孜错	Angzi Lake	4638	406	咸 Salty
多格仁错	Dougeren Lake	4814	394	咸 Salty
吴如错	Wuru Lake	4552	351	淡 Tasteless
多尔索洞错	Douershoudong Lake	4749	350	咸 Salty
鲁玛江冬错	Lumajiangdong Lake	4810	322	咸 Salty
佩枯错	Peiku Lake	4591	300	咸 Salty
普莫雍错	Pumoyong Lake	5009	284	淡 Tasteless
拉昂错	Laang Lake	4573	269	淡 Tasteless
错鄂	Coue Lake	4562	244	咸 Salty
郭扎错	Gouzha Lake	5080	244	北淡南咸 Salty or tasteless
达则错	Dazhe Lake	4461	243	咸 Salty
许如错	Xuru Lake	4714	208	咸 Salty
扎布耶茶卡	Zabuyeca Lake	4400	235	咸 Salty
仁青休布错	Renqingxiubu Lake	4760	200	咸 Salty

1-6 西藏境内海拔5000米以上的湖泊

STATISTICS OF LAKE HEIGHT ABOVE SEA LEVEL OVER 5000 METER FOR TIBET

湖泊名称 Lake name		湖面海拔(米) Lake Sea Level (m)	湖面面积(平方公里) Lake Area (sq.km)	湖泊类型 Lake Type
普莫雍错	Mopuyong Lake	5009	284	咸 Salty
郭扎错	Gouzha Lake	5080	244	北淡南咸 Salty or tasteless
杰萨错	Jiesa Lake	5202	150	淡 Tasteless
打加错	Dajia Lake	5170	145	-
帕龙错	Palong Lake	5116	140	咸 Salty
龙木错	Longmu Lake	5002	97	咸 Salty
黑石北错	Heishibei Lake	5048	93	咸 Salty
令戈错	Lingge Lake	5051	89	-
窝尔巴错	Woerba Lake	5177	89	咸 Salty
布岩错	Buyan Lake	5158	85	-
森里错	Shengli Lake	5386	78	淡 Tasteless
独立石湖	Dulishi Lake	5031	76	咸 Salty
美日切错	Meiriqie Lake	5354	64	咸 Salty
骆驼错	Luotuo Lake	5103	62	咸 Salty
清澈错	Qingche Lake	5104	57	咸 Salty
阿果错	Arguo Lake	5000	55	咸 Salty
错纳错	Cuonacuo Lake	5145	50	咸 Salty

第二篇

Chapter 2

GENERAL SURVEY

2-1 各部门机构数

GRASSROOTS UNITS IN VARIOUS SECTORS

部门	Sector	2011	2012	2013	2014	2015
农村基层组织	**(个) Rural Grassroots Units (unit)**					
乡政府	Township Governments	542	544	544	544	544
镇政府	Town Governments	140	140	140	140	140
村民委员会	Village Committees	5254	5255	5255	5257	5258
乡村户数	(万户) Numbers of Rural Huosehold (10000 households)	50.34	52.36	53.98	55.28	57.02
工业企业	**(个) Industrial Enterprises (unit)**	**497**	**473**	**547**	**763**	**1008**
#国有企业	State-owned	136	129	120	143	115
集体企业	Collective-owned	74	73	84	102	93
建筑业企业	**(个) Construction Enterprises and Units (unit)**	**200**	**175**	**164**	**172**	**167**
#国有企业	Construction Enterprises	35	26	30	25	26
邮电局所	**(个) Post and Telecommunications Offices (unit)**	**203**	**207**	**207**	**281**	**738**
卫生事业	**(个) Health Care (unit)**	**1380**	**1403**	**1413**	**1451**	**1463**
#医院及卫生院	Urban and Township Hospital	783	777	783	790	819
门诊部、所	Clinics	444	473	480	489	489
卫生防疫站	Sanitation and Antiepidemic Stations	82	82	82	82	82
教育事业	**Education**					
普通高等学校	(所) Regular Institutions of Higher Education (unit)	6	6	6	6	6
中等学校	(所) Secondary Schools (unit)	129	128	130	134	136
#普通中学	(所) Regular Secondary Schools (unit)	122	122	124	124	127
小学	(所) Primary Schools (unit)	860	857	841	829	826
幼儿园	(所) Kindergartens (unit)	198	480	613	722	882
文化事业	**(个) Cultural Institutions (unit)**	**393**	**408**	**787**	**951**	**954**
艺术事业	Art Institutions	67	82	92	99	99
群众文化事业	Mass Cultural Establishments	320	320	615	772	774
图书馆事业	Libraries	4	4	78	78	79
文物事业	**(个) Cultural Relie Establishments (unit)**	**81**	**81**	**88**	**88**	**88**
出版发行事业	**(个) Publishing and Distribution Establishments (unit)**	**90**	**56**	**58**	**90**	**111**
广播电视	**(座) Broadcasting and Television Stations (unit)**	**85**	**85**	**85**	**85**	**85**
广播电台	Radio Stations	1	1	1	1	1
电视台	Television Stations	5	2	2	2	2
广播电视台	Broadcast-Television Stations	3	6	6	6	6
县级以上有线电视转播发射台	TV Transmission Stations and Relaying Station in Counties and City	76	76	76	76	76

2-2 国民经济和社会发展总量与速度指标

指　标	Item	总量指标		
		1965	1978	1993
人　口	(万人) **Population** (10000 persons)			
年末常住人口数	Year-end Population	137.12	178.82	232.22
#市镇人口	Urban		20.21	38.39
乡村人口	Rural		158.61	193.83
#男性人口	Male	66.91	87.26	114.82
女性人口	Female	70.21	91.56	117.40
从业人数	(万人) **Employment** (10000 persons)			
#职工人数	Staff and Workers	6.25	13.52	16.90
地区生产总值	(亿元) **Gross Domestic Product** (100 million yuan)	**3.27**	**6.65**	**37.42**
第一产业	Primary Industry	2.32	3.37	18.30
第二产业	Secondary Industry	0.22	1.84	5.49
第三产业	Tertiary Industry	0.73	1.44	13.63
固定资产投资	(亿元) **Investment in Fixed Assets** (100 million yuan)			
固定资产投资总额	Total Investment in Fixed Assets		1.85	18.15
财　政	(亿元) **Public Finance** (100 million yuan)			
地方财政收入	Total Revenue of Lpcal Governments	0.22	-0.16	1.56
财政支出	Total Expenditures	1.13	4.57	21.60
物价指数(上年=100)	**Price Indices** (preceding year=100)			
商品零售价格总指数	General Retail Price Index			111.9
居民消费价格总指数	General Consumer Price Index			113.4
人民生活	**People's Livelihood**			
城镇居民人均可支配收入 (元)	Annual Per Capita Disposable Income of Urban Households (yuan)		575	2392
农村居民人均可支配收入 (元)	Annual Per Capita Disposable Income of Rural Households (yuan)		174	703
储蓄存款余额 (亿元)	Outstanding Amount of Saving Deposits in Urban & Rural Areas (100million yuan)	0.25	0.33	9.05
职工工资	**Wages of Staff and Workers**			
职工工资总额 (亿元)	Total Wages of Staff and Workers (100 million yuan)	0.59	1.11	6.79
职工平均工资 (元)	Average Wage of Staff and Workers (yuan)	938	850	4085
农　业	(亿元) **Agriculture** (100 million yuan)			
农林牧渔业总产值	Gross Output Value of Farming Forestry, Animal Household and Fishery	2.64	3.92	22.99

注：根据第三次经济普查数据2013年生产总值进行了调整，以下各表相同。

PRINCIPAL AGGREGATE INDICATORS ON NATIONAL ECONOMIC AND SOCIAL DEVELOPMENT AND THEIR RELATED INDICES AND GROWTH RATES

Aggregate Data				速度指标 (%) Indices and Growth Rates								
				指数 Index (2015年比以下各年) (2015as percentage of the following years)					年平均增长速度 Average Annual Growth Rate			
2000	2005	2014	2015	1965	1978	1993	2000	2014	1966-2015	1979-2015	1994-2015	2001-2015
259.83	280.31	317.55	323.97	236.3	181.2	139.5	124.7	102.0	1.7	1.6	1.6	1.5
50.22	58.45	81.77	89.87		444.7	234.1	179.0	109.9		4.1	4.1	4.0
209.61	221.86	235.78	234.10		147.6	120.8	111.7	99.3		1.1	0.9	0.7
131.47	142.90	160.99	164.29	245.5	188.3	143.1	125.0	102.0	1.8	1.7	1.7	1.5
128.36	137.41	156.56	159.68	227.4	174.4	136.0	124.4	102.0	1.7	1.5	1.5	1.5
16.24	16.28	27.70	33.39	534.2	247.0	197.6	205.6	120.5	3.4	2.5	3.3	4.9
117.80	**248.80**	**920.83**	**1026.39**	**7713.6**	**4067.3**	**1339.8**	**558.4**	**111.0**	**9.1**	**10.5**	**12.5**	**12.1**
36.39	48.04	91.64	98.04	717.0	522.8	230.9	180.2	103.7	4.0	4.6	3.9	4.0
27.05	63.52	336.84	376.19	44072.9	6172.5	3864.1	1020.3	115.7	12.9	11.8	18.1	16.7
54.37	137.24	492.35	552.16	26822.9	13730.9	1889.3	573.3	108.9	11.8	14.2	14.3	12.3
66.50	196.19	1119.73	1342.16		72549.2	7394.8	2018.3	119.9		19.5	22.7	22.2
6.33	14.33	164.75	175.83	79922.7		11271.2	2777.7	106.7	14.3		25.2	24.8
61.61	189.16	1240.27	1424.82	126090.3	31177.7	6596.4	2312.6	114.9	15.3	16.8	22.1	23.3
99.2	100.8	102.2	101.4			90.6	102.2	99.2			-0.5	0.1
99.9	101.5	102.9	102.0			89.9	102.1	99.1			-0.5	0.1
6448	8411	22016	25457		4427.3	1064.3	394.8	115.6		10.8	11.9	9.6
1331	2078	7359	8244		4737.9	1172.7	619.4	112.0		11.0	12.4	12.9
40.48	123.10	559.28	653.63	261452.0	198069.7	7222.4	1614.7	116.9	17.0	22.8	22.6	20.4
23.20	46.26	186.56	310.13	52564.4	27939.6	4567.5	1336.8	166.2	13.3	16.4	20.0	18.9
14976	28950	68059	110980	11831.6	13056.5	2716.8	741.1	163.1	10.0	14.1	17.0	14.3
51.21	67.74	138.72	149.46	666.0	448.4	239.3	184.0	104.5	3.9	4.1	4.0	4.1

Note: Figures on Gross Output Value in 2013 have been adjusted in accordance with the results of the Third Economic Census. The same applies to the tables following.

2-2 续表1

指　标		Item		总量指标 1965	1978	1993
#农业产值		Gross Output Value of Animal Husbandry		0.85	1.47	10.05
牧业产值		Gross Output Value of Farming		1.79	2.44	12.37
主要产品产量		**Output of Major Farm Products**				
粮食	(万吨)	Grain	(10000 tons)	29.07	51.34	67.22
油菜籽	(吨)	Oil-bearing Crops	(ton)	5264	7914	26040
猪牛羊肉	(万吨)	Pork,Beef and Mutton	(10000 tons)		4.71	10.25
年末牲畜存栏		**Number of Livestock in Year-end**				
大牲畜	(万头)	Large Animal	(10000 heads)	459	509	588
猪	(万头)	Hog	(10000 heads)	13	25	20
羊	(万头)	Sheep and Goats	(10000 heads)	1229	1815	1713
工 业		**Industry**				
工业总产值	(亿元)	Gross Industrial Output Value	(100 million yuan)	0.23	1.49	5.99
主要产品产量		Output of Major Industrial Products				
铬矿石	(万吨)	Chromium Ore	(10000 tons)		1.25	7.13
发电量	(亿千瓦时)	Electricity	(100 million kwh)	0.28	1.34	3.93
水泥	(万吨)	Cement	(10000 tons)	1.06	6.20	13.09
全部规模以上工业企业主要指标		Main Indicators of all Industrial Enterprises above Designated Size				
资产总计	(亿元)	Total Assets	(100 million yuan)			
利润总额	(亿元)	Total Profits	(100 million yuan)			
运输、邮电		**Transportation , Postal and Telecommunications Services**				
货运总量	(万吨)	Freight Traffic	(10000 tons)	29.60	49.0	153.62
#公路		Highways		29.60	49.0	144.68
铁路						
客运总量	(万人次)	Passenger Traffic	(10000 persons-times)	9.30	6.0	218.70
#公路		Highways		9.30	6.0	207.42
铁路						
旅客周转量	(万人公里)	Passenger-kilometers	(10000 passenger-km)	5694	5036	41077
#公路		Highways		5694	5036	25884
货物周转量	(万吨公里)	Freight Ton-kilometers	(10000 ton-km)	17874	38333	73244
#公路		Highways		17874	38333	63550
邮电业务量	(万元)	Total Business Revenue	(10000 yuan)	284	214	3273
函件	(万件)	Number of Letters Delivered	(10000 pieces)	478	557	1168

continued

Aggregate Data				速度指标 (%) Indices and Growth Rates								
				指数 Index (2015年比以下各年) (2015as percentage of the following years)					年平均增长速度 Average Annual Growth Rate			
2000	2005	2014	2015	1965	1978	1993	2000	2014	1966-2015	1979-2015	1994-2015	2001-2015
26.36	29.89	63.26	68.05	649.6	386.8	245.7	166.6	104.4	3.8	3.7	4.2	3.5
23.53	30.05	69.34	75.30	392.5	284.0	191.8	159.8	105.3	2.8	2.9	3.0	3.2
96.22	93.39	97.97	100.63	346.2	196.0	149.7	104.6	102.7	2.5	1.8	1.9	0.3
39610	61164	63433	63722	1210.5	805.2	244.7	160.9	100.5	5.1	5.8	4.2	3.2
14.93	21.46	28.62	29.28		621.7	285.7	196.1	102.3		5.1	4.9	4.6
579	686	634	637	138.8	125.1	108.3	110.0	100.5	0.7	0.6	0.4	0.6
23	30	38	40	307.7	160.0	200.0	173.9	105.3	2.3	1.3	3.2	3.8
1664	1698	1190	1156	94.1	63.7	67.5	69.5	97.1	-0.1	-1.2	-1.8	-2.4
18.30	33.65	151.67	179.15	16679.9	2951.7	1622.3	750.0	118.6	10.8	9.6	13.5	14.4
19.66	11.67	9.11	9.17		733.6	128.6	46.6	100.7		5.5	1.2	-5.0
6.61	13.34	32.23	44.77	15989.3	3341.0	1139.2	677.3	138.9	10.7	9.9	11.7	13.6
49.32	137.28	342.25	467.90	44141.5	7546.8	3574.5	948.7	136.7	13.0	12.4	17.7	16.2
75.24	112.43	668.52	895.00				1189.5	133.9				17.9
2.68	4.47	12.56	6.93				258.6	55.2				6.5
209.30	369.61	2397.54	2478.19	8372.3	5057.5	1613.2	1184.0	103.4	9.3	11.2	13.5	17.9
196.00	356.00	1871.00	1973.00	6665.5	4026.5	1363.7	1006.6	105.5	8.8	10.5	12.6	16.6
		508.71	494.22					97.2				
310.08	479.47	1826.52	2072.72	22287.3	34545.3	947.7	668.4	107.1	11.4	17.1	10.8	13.5
257.00	385.00	1408.00	1490.00	16021.5	24833.3	718.3	579.8	105.8	10.7	16.1	9.4	12.4
		211.41	219.66					103.9				
62016	228266	626936	685511	12039.2	13612.2	1668.8	1105.4	109.3	10.1	14.2	13.6	17.4
32125	184209	327809	347013	6094.4	6890.6	1340.6	1080.2	105.9	8.6	12.1	12.5	17.2
91981	41315	1121801	1153336	6452.6	3008.7	1574.6	1253.9	102.8	8.7	9.6	13.3	18.4
80912	407134	859580	906366	5070.9	2364.5	1426.2	1120.2	105.4	8.2	8.9	12.8	17.5
38431	164833	470765	554084	195100.0	258917.8	16928.9	1441.8	117.7	16.4	23.7	26.3	19.5
1349	343	391	216	45.2	38.8	18.5	16.0	55.2	-1.6	-2.5	-7.4	-11.5

2-2 续表2

指 标		Item		总量指标		
				1965	1978	1993
报刊期发数	(万份)	Number of Newspapers and Magazines Distributed	(10000 copies)	4	19	26
国内贸易		**Domestic Trade**				
社会消费品零售总额	(亿元)	Total Retail Sales of Consumer Goods	(100 million yuan)		2.45	18.16
对外贸易		**Foreign Trade**				
进出口总额	(万美元)	Total Exports and Imports	(10000 USD)	243	1664	10265
出口		Exports		39	158	1503
进口		Imports		204	1506	8762
旅 游		**Tourism**				
接待国际旅游人数	(万人次)	Number of International Tourists Received	(10000 persons)			5.44
旅游外汇收入	(万美元)	Foreign Exchange Earnings from Tourism	(10000 USD)			675
金 融		**Finance**				
金融机构各项存款	(亿元)	Deposits of National Banking System	(100 million yuan)	2.30	7.06	32.68
金融机构各项贷款	(亿元)	Loans of National Bamking System	(100 million yuan)	0.91	1.61	33.01
教 育		**Education**				
在校学生数		Students Enrollment				
高等学校	(人)	Institutions of Higher Education	(person)	2251	2081	2813
中等专业学校	(人)	Specialized Secondary Schools	(person)	455	4640	4948
普通中学	(人)	Regular Secondary Schools	(person)	1059	17679	25693
小学	(万人)	Primary Schools	(10000 persons)	6.68	26.26	21.19
文 化		**Culture**				
出版数量		Publications				
报纸	(千印张)	Number of Newspapers Issue	(1000 sheets)	3258	26669	15377
杂志	(千册)	Number of Magazines Issue	(1000 copies)		74	297
图书	(千册)	Number of Books Published	(1000 copies)	500	3060	4164
卫 生		**Health Care**				
医院、卫生院	(个)	Number Hospitals	(unit)	86	519	293
医院、卫生院床位数	(张)	Number of Hospital Beds	(unit)	1570	4198	4515
卫生技术人员	(人)	Medical Technical Personnel	(person)	2424	5780	7540

continued

Aggregate Data				速度指标 (%) Indices and Growth Rates								
				指数 Index (2015年比以下各年) (2015as percentage of the following years)					年平均增长速度 Average Annual Growth Rate			
2000	2005	2014	2015	1965	1978	1993	2000	2014	1966-2015	1979-2015	1994-2015	2001-2015
40	27	48	52	1300.0	273.7	200.0	130.0	108.3	5.3	2.8	3.2	1.8
42.52	73.23	364.51	408.49		16673.1	2249.4	960.7	112.1		14.8	15.2	16.3
13029	20539	225494	90799	37365.8	5456.7	884.5	696.9	40.3	12.6	11.4	10.4	13.8
11333	16532	210086	58179	149176.9	36822.2	3870.9	513.4	27.7	15.7	17.3	18.1	11.5
1696	4007	15048	32620	15990.2	2166.0	372.3	1923.3	216.8	10.7	8.7	6.2	21.8
14.94	12.13	24.44	29.26			537.9	195.9	119.7			7.9	4.6
5226	4443	14469	17666			2617.2	338.0	122.1			16.0	8.5
144.98	455.11	3082.38	3663.85	159297.8	51895.9	11211.3	2527.1	118.9	15.9	18.4	23.9	24.0
80.62	178.85	1618.72	2120.33	233003.3	131697.5	6423.3	2630.0	131.0	16.8	21.4	20.8	24.4
5475	18979	34902	34203	1519.5	1643.6	1215.9	624.7	98.0	5.6	7.9	12.0	13.0
6585	7027	16719	15796	3471.6	340.4	319.2	239.9	94.5	7.4	3.4	5.4	6.0
55232	15048	179964	175481	16570.4	992.6	683.0	317.7	97.5	10.8	6.4	9.1	8.0
31.38	32.75	29.51	29.23	437.6	111.3	137.9	93.1	99.1	3.0	0.3	1.5	-0.5
28712	53511	198276	201548	6186.2	755.7	1310.7	702.0	101.7	8.6	5.6	12.4	13.9
580	767	2301	2381		3217.6	801.7	410.5	103.5		9.8	9.9	9.9
5240	8540	13020	12580	2516.0	411.1	302.1	240.1	96.6	6.7	3.9	5.2	6.0
810	763	790	819	952.3	157.8	279.5	101.1	103.7	4.6	1.2	4.8	0.1
6156	6412	12024	14013	892.5	333.8	310.4	227.6	116.5	4.5	3.3	5.3	5.6
8948	8914	12946	14364	592.6	248.5	190.5	160.5	111.0	3.6	2.5	3.0	3.2

2-3 国民经济和社会发展结构指标

STRUCTURAL INDICATORS ON NATIONAL ECONOMIC AND SOCIAL DEVELOPMENT

单位：% (%)

指　标	Item	1978	1994	2000	2010	2014	2015
常住人口	**Population**						
城乡结构	Urban and Rural Structure						
城镇	Urban	11.3	16.6	18.9	22.67	25.75	27.74
乡村	Rural	88.7	83.4	81.1	77.33	74.25	72.26
性别结构	Sexual Structure						
男	Male	48.8	49.4	50.6	51.38	50.70	50.71
女	Female	51.2	50.6	49.4	48.62	49.30	49.29
地区生产总值	**Gross Domestic Product**						
第一产业	Primary Industry	50.7	46.0	30.9	13.5	9.9	9.5
第二产业	Secondary Industry	27.7	17.1	23.2	32.3	36.6	36.7
第三产业	Tertiary Industry	21.6	36.9	45.9	54.2	53.5	53.8
就业产业结构	**Industrial Structure of Employment**						
第一产业	Primary Industry	82.0	77.1	72.9	53.6	43.7	41.2
第二产业	Secondary Industry	5.9	3.7	5.9	10.9	14.7	13.3
第三产业	Tertiary Industry	12.1	19.2	21.2	35.5	41.6	45.5
投　资	**Investment**						
全社会固定资产投资	Total Investment in Fixed Assets						
第一产业	Primary Industry		4.6	4.6	5.1	5.1	6.2
第二产业	Secondary Industry		30.5	25.3	29.0	32.0	19.7
第三产业	Tertiary Industry		64.9	70.1	65.9	62.9	74.1
资金来源结构	Structure of Funded Sources						
国家预算内资金	State Budgetary Appropriation		49.1	53.0	62.1	65.3	68.6
国内贷款	Domestic Loans		4.4	3.8	1.9	0.5	0.7
自筹和其他投资	Fundraising		46.5	40.1	36.0	34.2	30.7
农　业	**Agriculture**						
农林牧渔业产值结构	Structure of Gross Output Value						
#农业	Farming	39.6	49.0	51.5	45.9	45.6	45.5
林业	Forestry	0.4	2.4	2.6	2.4	1.9	1.4
牧业	Animal Husbandry	59.9	48.6	45.9	48.5	50.0	50.4
渔业	Fishery	…		…	0.2	0.1	0.1
工业企业结构	**Industry**						
轻工业	Light Industry	38.1	47.2	37.6	34.9	43.8	44.6
重工业	Heavy Industry	61.9	52.8	62.4	65.1	56.2	55.4

2-4 平均每天主要社会经济活动

SELECTED IEDICATORS ON AVERAGE DAILY SOCIAL AND ECONOMIC ACTIVITIES

指 标	Item	1978	1994	2000	2010	2014	2015
每天创造的财富	**Daily Production**						
地区生产总值 (万元)	Gross Domestic Product (10000 yuan)	182	1260	3218	13903	25228	28120
第一产业	Primary Industry	92	579	995	1883	2510	2686
第二产业	Secondary Industry	50	216	745	4491	9229	10306
工业	Industry	17	94	278	1088	1813	1914
建筑业	Construction	34	122	468	3402	7416	8392
第三产业	Tertiary Industry	40	465	1478	7529	13489	15128
农业总产值 (万元)	Gross Output Value of Agriculture (10000 yuan)	107	735	1403	2761	3801	4095
工业总产值 (万元)	Gross Industrial Output Value (10000 yuan)	41	209	501	2072	4155	4908
地方财政收入 (万元)	Local Government Revenue (10000 yuan)		39	147	1164	4513	4817
财政支出 (万元)	Government Expenditures (10000 yuan)	125	830	1643	15413	33980	39036
粮食 (吨)	Grain (ton)	1407	1820	2636	2499	2684	2757
油菜籽 (吨)	Oil-bearing Crops (ton)	22	80	108	159	174	175
发电量 (万千瓦时)	Electricity (10000 kwh)	37	122	181	662	883	1227
水泥 (吨)	Cement (ton)	170	411	1351	6003	9377	12819
铬矿石 (吨)	Chromium Ore (ton)	34	203	539	551	249	251
每天消费量	**Daily Consumption**						
最终消费 (万元)	Final Consumption Expenditure (10000 yuan)		897	1813	8945	16307	22466
居民消费	Resident Consumption		703	1287	3649	6268	7772
政府消费	Government Consumption			526	5296	10039	14694
社会消费品零售总额 (万元)	Total Retail Sales of Consumer Goods (10000 yuan)	67	568	1174	5077	9987	11191
每天其他活动	**Other Daily Activities**						
邮电业务总量 (万元)	Business Volume of Postal and telecommunications Services (10000 yuan)	1	11	105	638	1290	1518
海外旅游人数 (人次)	Number of Tourists (person-times)		181	409	626	670	802
居民储蓄额 (万元)	Outstanding Amount of Saving Deposit (10000 yuan)	9	306	1109	7319	15323	17908
出版报纸 (千印张)	Number of Newspapers Published (1000 copies)	73	74	79	384	543	552
出版图书 (千册)	Number of Books Published (1000 copies)	8	8	14	39	36	34

2-5 人均主要经济指标

PER CAPITA MAIN INDICATORS ON ECONOMIC BENEFIT

年份 Year	地区生产总值（元） Gross Domestic Product (yuan)	农业总产值（元） Gross Output Value of Agriculture (yuan)	工业总产值（元） Gross Industrial Output Value (yuan)	粮食产量（公斤） Yield of Grain (kg)	社会消费品零售总额（元） Total Retail Sales of Consumer Goods (yuan)	储蓄存款余额（元） Outstanding Amount of Saving Deposit (yuan)	农村居民人均可支配收入（元） Per Capita Net Income of Rural Residents (yuan)	全部职工人均工资（元） Average Wage of All Staff and Workers (yuan)
1965	241	194	17	214				940
1978	375	221	84	290	105		174	850
1985	894	550	107	268	406	80	533	1963
1986	842	494	101	226	389	99	490	2375
1987	863	506	105	228	422	111	517	2499
1988	964	616	126	242	454	134	571	2710
1989	1021	640	156	257	551	155	553	2881
1990	1276	899	171	256	551	180	580	3181
1991	1358	941	198	289	593	227	615	3355
1992	1468	990	219	290	651	260	651	3448
1993	1624	998	260	292	788	334	703	4085
1994	1964	1146	325	284	885	472	814	7115
1995	2358	1508	382	302	1021	807	875	7382
1996	2688	1594	429	321	1083	1098	971	11087
1997	3144	1688	479	322	1315	1230	1081	10098
1998	3666	1698	578	341	1391	1330	1154	10987
1999	4180	1902	655	364	1484	1441	1253	12904
2000	4572	1988	710	373	1650	1558	1326	14976
2001	5318	2027	764	376	1861	1908	1399	19144
2002	6094	2108	816	371	1998	2637	1515	24766
2003	6850	2184	892	360	2153	3401	1685	26931
2004	8034	2307	1045	353	2323	3927	1854	29292
2005	8939	2460	1222	339	2660	4444	2070	28950
2006	10285	2526	1440	331	3226	4975	2426	31518
2007	11898	2825	1785	332	3985	5615	2777	46098
2008	13588	3097	2091	333	4551	6440	3164	47280
2009	15008	3236	2279	314	5371	7805	3519	48750
2010	17027	3455	2593	313	6409	9159	4123	54397
2011	20077	3624	3151	311	7831	10566	4885	55845
2012	22936	3847	3443	308	9034	13130	5697	58347
2013	26326	4131	4061	310	10326	16010	6553	64409
2014	29252	4407	4818	311	11479	17766	7359	68059
2015	31999	4660	5585	314	12609	20378	8244	110980

2-6 地区生产总值

GROSS DOMESTIC PRODUCT

单位：亿元　　(100 million yuan)

年份 Year	地区生产总值 Gross Domestic Product	第一产业 Primary Industry	第二产业 Secondary Industry	工业 Industry	建筑业 Construction	第三产业 Tertiary Industry	人均地区生产总值(元) Per Capita GDP (yuan)
1951	1.29	1.26	0.001		0.001	0.03	114
1959	1.74	1.28	0.22	0.15	0.07	0.24	142
1965	3.27	2.32	0.22	0.09	0.13	0.73	241
1978	6.65	3.37	1.84	0.61	1.23	1.44	375
1985	17.76	8.87	3.08	1.23	1.85	5.81	894
1986	16.93	7.95	2.18	1.01	1.17	6.82	842
1987	17.71	8.07	2.13	1.09	1.04	7.51	863
1988	20.25	9.65	2.41	1.28	1.12	8.19	964
1989	21.86	10.04	2.84	1.58	1.26	8.98	1021
1990	27.70	14.10	3.57	1.92	1.65	10.03	1276
1991	30.53	15.50	4.17	2.27	1.90	10.86	1358
1992	33.29	16.59	4.46	2.56	1.90	12.24	1468
1993	37.42	18.30	5.49	2.70	2.79	13.63	1624
1994	45.99	21.14	7.88	3.43	4.44	16.97	1964
1995	56.11	23.48	13.24	4.10	9.13	19.39	2358
1996	64.98	27.20	11.32	4.40	6.93	26.46	2688
1997	77.24	29.23	16.88	8.16	8.72	31.13	3144
1998	91.50	31.37	20.14	9.05	11.09	39.99	3666
1999	105.98	34.25	23.86	9.50	14.36	47.86	4180
2000	117.80	36.39	27.05	10.17	16.88	54.37	4572
2001	139.16	37.54	31.97	10.88	21.09	69.65	5318
2002	162.04	39.75	32.72	11.65	21.07	89.56	6094
2003	185.09	40.70	47.64	13.82	33.82	96.76	6850
2004	220.34	44.30	52.74	16.10	36.64	123.30	8034
2005	248.80	48.04	63.52	17.48	46.04	137.24	8939
2006	290.76	50.90	80.10	21.71	58.39	159.76	10285
2007	341.43	54.89	98.48	27.62	70.86	188.06	11898
2008	394.85	60.62	115.56	29.48	86.08	218.67	13588
2009	441.36	63.88	136.63	33.11	103.52	240.85	15008
2010	507.46	68.72	163.92	39.73	124.19	274.82	17027
2011	605.83	74.47	208.79	48.18	160.61	322.57	20077
2012	701.03	80.38	242.85	55.35	187.50	377.80	22936
2013	815.67	84.68	292.92	61.16	231.76	438.07	26326
2014	920.83	91.64	336.84	66.16	270.68	492.35	29252
2015	1026.39	98.04	376.19	69.88	306.31	552.16	31999

注：本表按当年价格计算。依据第二次经济普查资料，对2005-2008年地区生产总值进行了修订。

Note: Data in this table are calculated at current prices.From 2005 to 2008,figures on gross domestic product have been adjusted in accordance with the results of the Second Economic Census.

2-7 地区生产总值构成

COMPOSITION OF GROSS DOMESTIC PRODUCT

单位：% (%)

年份 Year	地区生产总值 Gross Domestic Product	第一产业 Primary Industry	第二产业 Secondary Industry	工业 Industry	建筑业 Construction	第三产业 Tertiary Industry
1951	100.0	97.7	…		…	2.3
1959	100.0	73.6	12.6	8.6	4.0	13.8
1965	100.0	70.9	6.8	2.8	4.0	22.3
1978	100.0	50.7	27.7	9.2	18.5	21.6
1985	100.0	49.9	17.4	6.9	10.4	32.7
1986	100.0	47.0	12.8	6.0	6.9	40.2
1987	100.0	45.6	12.0	6.2	5.9	42.4
1988	100.0	47.7	11.9	6.3	5.5	40.4
1989	100.0	45.9	13.0	7.2	5.8	41.1
1990	100.0	50.9	12.9	6.9	5.8	36.2
1991	100.0	50.8	13.7	7.4	6.2	35.5
1992	100.0	49.8	13.4	7.7	5.7	36.8
1993	100.0	48.9	14.7	7.2	7.5	36.4
1994	100.0	46.0	17.1	7.5	9.7	36.9
1995	100.0	41.8	23.6	7.3	16.3	34.6
1996	100.0	41.9	17.4	6.8	10.7	40.7
1997	100.0	37.8	21.9	10.6	11.3	40.3
1998	100.0	34.3	22.0	9.9	12.1	43.7
1999	100.0	32.3	22.5	9.0	13.5	45.2
2000	100.0	30.9	23.0	8.6	14.3	46.2
2001	100.0	27.0	23.0	7.8	15.2	50.1
2002	100.0	24.5	20.2	7.2	13.0	55.3
2003	100.0	22.0	25.7	7.5	18.3	52.3
2004	100.0	20.1	23.9	7.3	16.6	56.0
2005	100.0	19.3	25.5	7.0	18.5	55.2
2006	100.0	17.5	27.6	7.5	20.1	54.9
2007	100.0	16.1	28.8	8.1	20.7	55.1
2008	100.0	15.3	29.3	7.5	21.8	55.4
2009	100.0	14.5	30.9	7.5	23.4	54.6
2010	100.0	13.5	32.3	7.8	24.5	54.2
2011	100.0	12.3	34.5	8.0	26.5	53.2
2012	100.0	11.5	34.6	7.9	26.7	53.9
2013	100.0	10.4	35.9	7.5	28.4	53.7
2014	100.0	9.9	36.6	7.2	29.4	53.5
2015	100.0	9.4	36.7	6.8	29.9	53.9

注：本表按当年价格计算。

Note: The indices in this table are caculated at current prices.

2-8 地区生产总值指数

INDICES OF GROSS DOMESTIC PRODUCT

上年=100　　(preceding year=100)

年份 Year	地区生产总值 Gross Domestic Product	第一产业 Primary Industry	第二产业 Secondary Industry	工业 Industry	建筑业 Construction	第三产业 Tertiary Industry	人均地区生产总值 Per Capita GDP
1959	101.2	91.1	128.6	96.5	422.7	166.9	100.7
1960	145.8	115.9	292.6	270.0	339.9	167.8	141.7
1965	116.1	110.1	176.2	190.9	167.0	124.8	114.2
1978	107.2	102.9	115.3	107.4	120.1	108.5	105.1
1985	115.4	113.6	107.9	102.3	111.1	111.0	109.8
1986	90.8	91.2	67.1	96.3	52.3	100.3	89.4
1987	100.1	101.5	104.2	106.2	102.2	97.6	98.0
1988	104.2	106.3	100.0	110.9	89.2	103.3	101.8
1989	108.4	104.1	117.9	116.3	118.5	110.0	106.3
1990	108.9	106.5	114.4	113.5	116.3	109.5	107.8
1991	100.4	96.3	108.6	107.9	109.4	103.6	98.4
1992	107.1	103.5	105.7	103.2	101.6	112.6	106.1
1993	115.5	106.6	119.7	108.6	132.9	127.4	113.7
1994	115.7	104.0	128.8	108.6	148.4	125.5	113.8
1995	117.9	104.0	167.5	109.1	208.8	113.2	116.0
1996	113.2	104.2	90.8	106.9	84.8	134.9	111.5
1997	111.8	104.0	114.4	108.9	117.0	116.7	110.0
1998	112.1	101.7	121.1	107.8	126.9	115.6	110.3
1999	112.3	105.3	120.2	106.1	125.4	113.2	110.5
2000	110.4	102.1	116.1	106.7	119.0	112.6	108.6
2001	112.7	103.1	117.8	106.7	124.1	116.0	111.9
2002	112.9	104.4	120.5	105.7	128.1	113.9	111.1
2003	112.0	103.4	113.4	110.5	114.7	115.2	110.2
2004	112.1	105.5	111.4	116.4	109.3	115.1	110.4
2005	112.1	105.5	123.6	110.1	129.6	109.7	110.5
2006	113.3	103.1	123.0	117.2	125.2	112.4	111.5
2007	114.0	104.2	116.0	117.7	115.4	116.0	112.3
2008	110.1	106.2	107.9	108.7	107.6	112.4	108.7
2009	112.4	103.0	121.7	112.9	124.9	110.4	111.1
2010	112.3	103.2	114.1	113.3	114.4	113.7	110.8
2011	112.7	103.4	118.3	118.1	118.4	111.6	111.3
2012	111.8	103.4	114.4	114.6	114.4	112.0	110.4
2013	112.1	103.8	120.0	112.2	122.5	108.8	110.5
2014	110.8	104.2	114.6	109.3	116.1	109.5	109.1
2015	111.0	103.7	115.7	113.3	116.3	108.9	108.9

注：本表按可比价格计算。

Note: The indices in this table are caculated at comparable prices.

2-9 地区生产总值指数

INDICES OF GROSS DOMESTIC PRODUCT

1951年=100 (year of 1951=100)

年份 Year	地区生产总值 Gross Domestic Product	第一产业 Primary Industry	第二产业 Secondary Industry	工业 Industry	建筑业 Construction	第三产业 Tertiary Industry	人均地区生产总值 Per Capita GDP
1959	135.4	101.8	32104.6	3102.4	10398.0	777.1	126.5
1965	254.1	184.4	32192.3	1913.9	18850.1	2826.3	212.6
1978	481.9	252.9	229859.4	11509.6	149850.9	5521.1	308.6
1985	1053.5	493.8	283368.1	14676.1	183651.5	22166.3	583.4
1986	956.6	450.3	190140.0	14133.1	96049.5	22232.8	521.6
1987	957.6	457.1	198125.9	15009.4	98162.6	21699.2	511.2
1988	997.8	485.9	198125.9	16645.4	87561.0	22415.3	520.4
1989	1081.6	505.8	233590.4	19358.6	103759.8	24656.8	553.2
1990	1177.9	538.7	267227.4	21972.0	120672.6	26999.2	596.3
1991	1182.6	518.9	290209.0	23707.8	132015.8	27971.2	586.8
1992	1266.6	537.1	306750.9	24466.4	134128.1	31495.6	622.6
1993	1462.9	572.5	367180.8	26570.5	178256.2	40125.4	707.9
1994	1692.6	595.5	472928.9	28855.6	264532.3	50357.4	805.6
1995	1995.6	619.3	792155.9	31481.4	552343.4	57004.5	934.5
1996	2259.0	645.3	719277.6	33653.7	468387.2	76899.1	1041.9
1997	2525.6	671.1	822853.5	36648.8	548013.0	89741.3	1146.1
1998	2831.1	682.5	996475.6	39507.4	695428.5	103740.9	1264.2
1999	3179.4	718.7	1197763.7	41917.4	872067.3	117434.7	1396.9
2000	3510.0	733.8	1390603.7	44725.9	1037760.1	132231.5	1517.1
2001	3955.8	756.5	1638131.1	47722.5	1287860.3	153388.5	1697.6
2002	4466.1	789.8	1973948.0	50442.7	1649749.1	174709.5	1886.0
2003	5002.0	816.6	2238457.1	55739.1	1892262.2	201265.4	2078.4
2004	5607.3	861.6	2493641.2	64880.4	2068242.6	231656.5	2294.6
2005	6285.8	909.0	3082140.5	71433.3	2680442.4	254127.2	2535.5
2006	7121.8	937.2	3791032.8	83719.8	3355913.9	285639.0	2827.1
2007	8118.9	976.6	4397598.0	98538.2	3872724.6	331341.2	3174.8
2008	8938.9	1037.1	4745008.2	107111.0	4167051.7	372427.5	3451.0
2009	10047.3	1068.2	5774675.0	120928.3	5204647.6	411160.0	3834.1
2010	11283.1	1102.4	6588904.2	137011.8	5954116.9	467488.9	4248.2
2011	12716.1	1139.9	7794673.7	161810.9	7049674.4	521717.6	4728.2
2012	14216.6	1178.7	8917106.7	185435.3	8064827.5	584323.7	5220.0
2013	15936.8	1223.5	10700528.0	208058.4	9879413.7	635744.2	5768.1
2014	17658.0	1274.9	12262805.1	227407.8	11469999.3	696139.9	6293.0
2015	19600.4	1322.1	14188065.5	257653.0	13339609.2	758096.4	6853.1

注：本表按可比价格计算。

Note: The indices in this table are caculated at constant prices.

2-10 分地区生产总值

GROSS DOMESTIC PRODUCT BY REGION

单位：亿元　　　　(100 million yuan)

地区	Region	2014 地区生产总值 Gross Domestic Product	2014 第一产业 Primary Industry	2014 第二产业 Secondary Industry	2014 第三产业 Tertiary Industry	2015 地区生产总值 Gross Domestic Product	2015 第一产业 Primary Industry	2015 第二产业 Secondary Industry	2015 第三产业 Tertiary Industry
拉萨市	Lhasa	347.45	12.94	127.75	206.76	376.73	13.80	140.95	221.98
昌都市	Qamdo	117.11	20.53	47.85	48.73	132.02	21.63	53.45	56.94
山南地区	Shannan	101.13	5.55	51.84	43.74	113.62	5.85	55.21	52.56
日喀则市	Xigazê	146.40	28.09	48.20	70.11	166.85	29.76	54.41	82.68
那曲地区	Nagqu	83.39	13.39	19.95	50.05	94.94	14.09	22.74	58.11
阿里地区	Ngari	32.92	5.06	10.29	17.57	37.12	5.36	11.60	20.16
林芝市	Nyingchi	92.86	8.18	33.94	50.74	104.33	8.71	37.83	57.79

注：本表按当年价格计算。

Note: Data in value terms in the table are caculated at current prices.

2-11 分地区生产总值增长速度

INCREASE RATE OF GROSS DOMESTIC PRODUCT BY REGION

单位：%　　　　(%)

地区	Region	2014 地区生产总值 Gross Domestic Product	2014 第一产业 Primary Industry	2014 第二产业 Secondary Industry	2014 第三产业 Tertiary Industry	2015 地区生产总值 Gross Domestic Product	2015 第一产业 Primary Industry	2015 第二产业 Secondary Industry	2015 第三产业 Tertiary Industry
拉萨市	Lhasa	10.9	6.4	14.8	8.9	11.2	4.3	16.4	8.2
昌都市	Qamdo	10.9	4.0	12.5	12.3	11.2	3.3	14.9	10.5
山南地区	Shannan	10.8	4.3	15.8	5.6	11.0	3.3	11.3	11.5
日喀则市	Xigazê	10.6	3.2	16.7	9.7	11.0	3.4	17.4	9.7
那曲地区	Nagqu	10.2	4.0	9.7	12.1	10.8	3.0	17.0	10.2
阿里地区	Ngari	10.8	4.0	17.3	9.1	10.8	3.4	16.3	9.6
林芝市	Nyingchi	10.8	3.2	16.2	8.7	11.2	3.6	15.8	9.2

注：本表按可比价格计算。

Note: The indices in this table are caculated at constant prices.

第三篇

人口 从业人员和职工工资

Chapter 3

POPULATION,EMPLOYMENT AND WAGES

3-1　人口数及构成

POPULATION AND ITS COMPOSITION

单位：万人　(10000 persons)

年份	总人口(年末) Total Population	按性别分 By Sex				按城乡分 By Residence			
		男 Male		女 Female		城镇 Urban		乡村 Rural	
		人口数 Population	比重(%) Proportion	人口数 Population	比重(%) Proportion	人口数 Population	比重(%) Proportion	人口数 Population	比重(%) Proportion
1995	239.84	118.51	49.4	121.33	50.6	40.05	16.7	199.79	83.3
1996	243.70	121.10	49.7	122.60	50.3	43.64	17.9	200.06	82.1
1997	247.60	123.32	49.8	124.28	50.2	45.14	18.2	202.46	81.8
1998	251.54	124.51	49.5	127.03	50.5	46.69	18.6	204.85	81.4
1999	255.51	126.99	49.7	128.52	50.3	48.29	18.9	207.22	81.1
2000	259.83	131.47	50.6	128.36	49.4	50.22	19.3	209.61	80.7
2001	263.55	133.52	50.66	130.03	49.34	51.77	19.64	211.78	80.36
2002	268.24	136.10	50.74	132.14	49.26	53.36	19.89	214.88	80.11
2003	272.16	138.25	50.80	133.91	49.20	55.00	20.21	217.16	79.79
2004	276.35	140.56	50.86	135.79	49.14	56.70	20.52	219.65	79.48
2005	280.31	142.90	50.98	137.41	49.02	58.45	20.85	221.86	79.15
2006	285.08	145.25	50.95	139.83	49.05	60.25	21.13	224.83	78.87
2007	288.83	147.04	50.91	141.79	49.09	62.10	21.50	226.73	78.50
2008	292.33	149.40	51.11	142.93	48.89	64.01	21.90	228.32	78.10
2009	295.84	151.80	51.31	144.04	48.69	65.99	22.30	229.85	77.70
2010	300.22	154.26	51.38	145.96	48.62	68.06	22.67	232.16	77.33
2011	303.30	155.29	51.20	148.01	48.80	68.88	22.71	234.42	77.29
2012	307.62	156.89	51.00	150.73	49.00	69.98	22.75	237.64	77.25
2013	312.04	158.83	50.90	153.21	49.10	73.99	23.71	238.05	76.29
2014	317.55	160.99	50.70	156.56	49.30	81.77	25.75	235.78	74.25
2015	323.97	164.29	50.71	159.68	49.29	89.87	27.74	234.10	72.26

注：本表数据为常住人口数。是根据人口普查、每年的人口变动抽样调查推算数。2010年为人口普查数据，时点为2010年11月1日零时。
Note: Data in bracket were resident population , it adjusted on the basis of the national population censuses and the sample surveyon population changes every year.

3-2　人口出生率、死亡率和自然增长率

BIRTH RATE，DEATH RATE AND NATURAL GROWTH RATE OF POPULATION

单位：‰　(‰)

年份 Year	出生率 Birth Rate	死亡率 Death Rate	自然增长率 Natural Growth Rate	年份 Year	出生率 Birth Rate	死亡率 Death Rate	自然增长率 Natural Growth Rate
1990	26.00	8.90	17.10	2005	17.90	7.20	10.80
1995	24.90	8.80	16.10	2006	17.40	5.70	11.70
1996	24.70	8.50	16.20	2007	16.40	5.10	11.30
1997	23.90	7.90	16.00	2008	15.50	5.20	10.30
1998	23.70	7.80	15.90	2009	15.30	5.10	10.20
1999	23.20	7.40	15.80	2010	15.23	5.30	9.93
2000	19.50	6.60	12.90	2011	15.39	5.13	10.26
2001	18.60	6.50	12.10	2012	15.48	5.21	10.27
2002	18.80	6.10	12.70	2013	15.77	5.39	10.38
2003	17.40	6.30	11.10	2014	15.76	5.21	10.55
2004	17.40	6.20	11.20	2015	15.75	5.10	10.65

3-3 按三次产业分的从业人员

NUMBER OF EMPLOYED PERSONS BY TYPE OF INDUSTRY

年份 Year	合计(万人) Total (10000 persons)				构成(%) Proportion		
		第一产业 Primary Industry	第二产业 Secondary Industry	第三产业 Tertiary Industry	第一产业 Primary Industry	第二产业 Secondary Industry	第三产业 Tertiary Industry
1978	93.09	76.34	5.53	11.22	82.0	5.9	12.1
1986	107.37	85.75	5.37	16.25	79.9	5.0	15.1
1987	107.77	85.79	5.30	16.68	79.6	4.9	15.5
1988	107.24	85.38	4.90	16.96	79.6	4.6	15.8
1989	107.56	86.79	4.30	16.47	80.7	4.0	15.3
1990	107.88	87.08	4.13	16.67	80.7	3.8	15.5
1991	109.73	87.13	4.32	18.28	79.4	3.9	16.7
1992	110.92	86.78	4.67	19.47	78.2	4.2	17.6
1993	112.35	88.14	5.41	18.80	78.5	4.8	16.7
1994	114.34	88.21	4.21	21.92	77.1	3.7	19.2
1995	115.09	89.51	5.62	19.96	77.8	4.9	17.3
1996	117.70	89.72	5.84	22.14	76.2	5.0	18.8
1997	120.47	91.01	6.38	23.08	75.5	5.3	19.2
1998	120.22	89.27	6.87	24.08	74.3	5.7	20.0
1999	123.91	92.19	6.46	25.26	74.4	5.2	20.4
2000	124.18	90.98	7.35	25.85	73.3	5.9	20.8
2001	126.33	89.65	8.16	28.52	71.0	6.5	22.5
2002	130.20	89.63	8.11	32.46	68.8	6.2	25.0
2003	132.81	85.14	12.36	35.31	64.1	9.3	26.6
2004	137.32	86.00	13.17	38.15	62.6	9.6	27.8
2005	143.60	86.39	13.60	43.61	60.1	9.5	30.4
2006	148.20	87.32	14.28	46.60	58.9	9.6	31.4
2007	158.15	88.63	17.07	52.45	56.0	10.8	33.2
2008	163.50	89.41	17.09	57.00	54.6	10.5	34.9
2009	169.07	92.17	18.18	58.72	54.5	10.8	34.7
2010	173.39	92.96	18.85	61.58	53.6	10.9	35.5
2011	185.55	93.41	22.57	69.57	50.3	12.2	37.5
2012	202.06	93.60	27.10	81.36	46.3	13.4	40.3
2013	205.54	92.82	28.92	83.80	45.1	14.1	40.8
2014	213.68	93.38	31.44	88.86	43.7	14.7	41.6
2015	234.73	96.76	31.09	106.88	41.2	13.3	45.5

3-4 国民经济各行业从业人员数（2015年）

NUMBER OF EMPLOYED PERSONS BY OWNERSHIP(2015)

单位：人　　　　(person)

行　　业	Sector	合计 Total	国有经济单位 State-owned Units	集体经济单位 Collective-owned Units	其他经济单位 Others Units	城镇私营和个体 Urban Private Enterprises	乡村从业人数 Rural Employed
总计	**Total**	**2347254**	**277851**	**3175**	**52870**	**650789**	**1362569**
农、林、牧、渔业	Farming,Forestry,Animal Hus–bandry and Fishery	967589	10898	30		10008	946653
采矿业	Mining and Quarrying	33074	2174	200	2932	2780	24988
制造业	Manufacturing	45489	1421	1146	8994	33928	
电力、燃气及水的生产供应业	Electricity,Gas Water Production and Supply	12797	5909		4834	2054	
建筑业	Construction	219457	4764	1591	13772	43318	156012
交通运输、仓储及邮政业	Transport,Storage,and Post	70752	7370	13	1544	6218	55607
信息传输、计算机服务和软件业	Information Transmission,Com-puter Servecis and Software	19579	2796		2094	14187	502
批发和零售业	Wholesale and Retail Trade	326237	3625	55	7950	268313	46294
住宿和餐饮业	Stay Place and Catering	120897	2448	91	2109	89378	26871
金融业	Finance and Insurance	11585	7518		1455	2612	
房地产业	Real Estate Trade	5308	219		1289	3800	
租赁和商务服务业	Tenancy and Commerce Servecis	83224	385	4	3070	79765	
科学研究、技术服务和地质勘查业	Science Studies,Technical Serve-cis and Geological Prospecting	23199	12071			11128	
水利、环境和公共设施管理业	Water Environment and Munici-pal Engineering Conservancy	3195	1762		84	1349	
居民服务和其他服务业	Resideng Services and Other Services	48543	78	20	1921	46524	
教育	Education	48904	48152			752	
卫生、社会保障和社会福利业	Health Care,Social Security and Social Welfare	20671	17690		529	2452	
文化、体育和娱乐业	Culture and Arts,Sports and Re–creation	19315	6496	25	293	12501	
公共管理和社会组织	Public Management and Social Organization	142075	142075				
其他	Others	125364				19722	105642

3-5 全区职工人数及构成

NUMBER OF STAFF AND WORKERS AND ITS PROPORTION

年份 Year	合计 (人) Total (person)	国有经济单位 State-owned Units	城镇集体经济单位 Urban Collective-owned	其他经济单位 Units of Other Type of Ownership	构成 (总计=100) Proportion (Total=100) 国有经济单位 State-owned Units	城镇集体经济单位 Urban Collective-owned	其他经济单位 Units of Other Type of Ownership
1978	135217	126663	8554		93.7	6.3	
1981	174227	162637	11590		93.3	6.7	
1982	182821	168301	14520		92.1	7.9	
1983	174964	160191	14773		91.6	8.4	
1984	176282	161695	14587		91.7	8.3	
1985	166772	152566	14018	188	91.5	8.4	0.1
1986	158985	146216	12202	567	92.0	7.7	0.3
1987	156826	146168	10189	469	93.2	6.5	0.3
1988	160038	148718	10746	574	92.9	6.7	0.4
1989	161385	150657	10125	603	93.4	6.3	0.3
1990	157841	149144	8557	140	94.5	5.4	0.1
1991	163863	152573	10522	768	93.1	6.4	0.5
1992	167790	155940	11043	807	92.9	6.7	0.4
1993	169018	157263	11194	561	93.1	6.6	0.3
1994	160143	151134	8318	691	94.4	5.2	0.4
1995	162896	151971	10021	904	93.3	6.1	0.6
1996	167496	155488	10818	1190	92.8	6.5	0.7
1997	166960	154262	11348	1350	92.4	6.8	0.8
1998	163342	149057	11752	2533	91.3	7.2	1.5
1999	161451	147146	10076	4229	91.1	6.2	2.6
2000	162438	149690	8187	4561	92.2	5.0	2.8
2001	159691	144592	8512	6587	90.6	5.3	4.1
2002	148025	137940	5580	4505	93.2	3.8	3.0
2003	144777	136646	3688	4443	94.4	2.5	3.1
2004	144924	136732	2940	5252	94.4	2.0	3.6
2005	162831	154473	3226	5132	94.9	2.0	3.1
2006	170141	160669	4709	4763	94.4	2.8	2.8
2007	177690	167465	4873	5352	94.3	2.7	3.0
2008	180700	170748	4983	4969	94.5	2.8	2.7
2009	188881	178593	4648	5640	94.8	2.3	2.9
2010	194553	184151	4754	5648	94.7	2.4	2.9
2011	198029	187335	3788	6906	94.6	1.9	3.5
2012	215020	207167	2780	5073	96.3	1.3	2.4
2013	264807	228325	3582	32900	86.2	1.4	12.4
2014	277015	229119	2973	44923	82.7	1.1	16.2
2015	333896	277851	3175	52870	83.2	1.0	15.8

注：1998年以后为在岗职工人数。

Note: Data of 1998 and after year refer to fully employed staff and workers.

3-6 单位女性从业人员数

NUMBER OF FEMALE STAFF AND WORKERS IN UNITS

年份 Year	合计(人) Total (person)	国有经济单位 State-owned Units	城镇集体经济单位 Urban Collective-owned	其他经济单位 Units of Other Type of Ownership	占单位从业人员比重(%) Proportion			
					合计 Total	国有经济单位 State-owned Units	城镇集体经济单位 Urban Collective-owned	其他经济单位 Units of Other Type of Ownership
1985	57614	50945	6637	32	34.6	33.4	47.4	17.0
1986	52229	46739	5270	220	32.9	32.0	43.2	38.8
1987	52579	47177	5181	221	33.5	32.4	50.9	47.1
1988	52944	47410	5277	257	33.1	31.9	49.1	44.8
1989	52856	48185	4403	268	32.8	32.0	43.5	44.4
1990	50428	46673	3677	78	32.0	31.3	43.0	55.7
1991	53347	48555	4489	303	32.6	31.8	42.7	39.5
1992	54336	49294	4720	322	32.4	31.6	42.7	39.9
1993	55299	49668	5336	295	32.7	31.6	47.7	52.6
1994	54437	50512	3582	343	34.0	33.4	43.1	49.6
1995	54539	49989	4050	500	33.5	32.9	40.4	55.3
1996	57700	53222	3869	609	34.4	34.2	35.8	51.2
1997	58254	53364	4395	495	34.9	34.6	38.7	36.7
1998	59971	54195	5234	542	36.7	36.4	44.5	21.4
1999	59472	53428	4656	1388	33.5	33.0	43.6	29.4
2000	59623	54604	3522	1497	33.3	33.3	40.3	29.3
2001	59572	54082	3220	2270	34.3	34.3	35.9	34.0
2002	55840	52301	1639	1900	33.2	33.2	28.5	29.5
2003	57827	54350	1604	1873	33.8	33.8	30.4	25.1
2004	61467	58247	1280	1940	35.6	35.6	27.6	29.6
2005	63870	60125	1490	2255	35.1	35.5	28.7	30.1
2006	62495	59142	1278	2075	33.0	33.4	24.6	29.9
2007	69165	64718	1782	2665	35.2	35.4	33.4	31.0
2008	70899	66586	1845	2468	34.9	35.1	36.6	30.5
2009	80727	76360	1697	2670	37.8	38.8	37.1	27.3
2010	79573	74243	2345	2985	35.8	35.8	49.0	29.7
2011	82362	76540	2283	3539	35.3	34.5	58.6	33.5
2012	90488	87298	1379	1811	35.9	36.1	31.9	32.9
2013	109575	95468	1501	12606	35.3	35.8	27.7	33.4
2014	115890	96585	1313	17992	35.6	35.9	38.2	34.0
2015	118134	98447	1131	18556	35.4	35.4	35.6	35.1

3-7 各行业分经济类型、分地区职工人数（2015年）

单位：人

行　业	Sector	合计 Total	国有经济单位 State-owned Units	集体经济单位 Collective-owned Units	其他经济单位 Others Units
总计	**Total**	**284628**	**234804**	**2641**	**47183**
农、林、牧、渔业	Farming,Forestry,Animal Hus–bandry and Fishery	2633	2603	30	
采掘业	Mining and Quarrying	4863	2005	200	2658
制造业	Manufacturing	10553	1288	993	8272
电力、燃气及水生产供应业	Electricity,Gas Water Production and Supply	10643	5830		4813
建筑业	Construction	14693	3544	1210	9939
交通运输、仓储及邮政业	Transport,Storage,and Post	7267	5875	13	1379
信息传输、计算机服务和软件业	Information Transmission,Com-puter Servecis and Software	4822	2794		2028
批发和零售业	Wholesale and Retail Trade	10895	3241	55	7599
住宿和餐饮业	Stay Place and Catering	4247	2117	91	2039
金融业	Finance and Insurance	8933	7499		1434
房地产业	Real Estate Trade	1361	108		1253
租赁和商务服务业	Tenancy and Commerce Servecis	3347	350	4	2993
科学研究、技术服务和地质勘查业	Science Studies,Technical Serve-cis and Geological Prospecting	9457	9457		
水利、环境和公共设施管理业	Water Environment and Munici-pal Engineering Conservancy	1539	1455		84
居民服务和其他服务业	Resideng Services and Other Services	1957	66	20	1871
教育	Education	45934	45934		
卫生、社会保障和社会福利业	Health Care,Social Security and Social Welfare	15463	14935		528
文化、体育和娱乐业	Culture and Arts,Sports and Re–creation	6089	5771	25	293
公共管理和社会组织	Public Management and Social Organization	119932	119932		

注：分地区中的其它为区直单位(下同)。

NUMBER OF STAFF AND WORKERS BY REGION,OWNERSHIP AND SECTOR(2015)

(person)

拉萨市 Lhasa	昌都市 Qamdo	山南地区 Shannan	日喀则市 Xigazê	那曲地区 Nagqu	阿里地区 Ngari	林芝市 Nyingchi	其　它 Others
70526	**34665**	**28383**	**38711**	**30312**	**11968**	**20515**	**49548**
	249	58	189	1495	17	591	34
2334	599	428	561	9	11		921
6188	660	685	924	106		717	1273
4512	856	346	509	354	181	328	3557
8300	380	963	1685	62	639	155	2509
2390	704	1083	562	602	307	961	658
2281	339	418	524	300	172	308	480
7132	364	453	1018	1044	249	364	271
2357	110	425	517	80	67	443	248
108				12			8813
921	270	12	85			27	46
2311	30		44	89		38	835
444	762	384	1193	1486	379	100	4709
692	9	8	105	61	26	523	115
1849		20		32		33	23
8320	7112	5600	9280	5937	1535	3506	4644
2493	1689	1825	2436	2276	606	1067	3071
755	491	527	592	851	208	219	2446
17139	20041	15148	18487	15516	7571	11135	14895

Note: Others included minority nationality autonomous uints.(The next table is the same).

3-8 各地区国有经济单位分行业女性从业人员数（2015年）

NUMBER OF FEMALE STAFF AND WORKERS OF STATE-OWNED UNITS BY REGION AND SECTOR(2015)

单位：人 (person)

行业	Sector	合计 Total	拉萨市 Lhasa	昌都市 Qamdo	山南地区 Shannan	日喀则市 Xigazê	那曲地区 Nagqu	阿里地区 Ngari	林芝市 Nyingchi	其它 Others
总计	**Total**	**98447**	**16078**	**13885**	**10568**	**16720**	**10644**	**4101**	**9650**	**16801**
农、林、牧、渔业	Farming,Forestry,Animal Husbandry and Fishery	1090		103	10	108	12	6	839	12
采掘业	Mining and Quarrying	496	257				3	2		234
制造业	Manufacturing	530	227	56	30	51	19			147
电力、燃气及水生产供应业	Electricity,Gas Water Production and Supply	1620	27	147	30	184	111	15	139	967
建筑业	Construction	989	250		319	20	12	97		291
交通运输、仓储及邮政业	Transport,Storage,and Post	2632	1174	159	457	155	155	91	303	138
信息传输、计算机服务和软件业	Information Transmission,Computer Servecis and Software	1151	572	65	78	70	46	37	55	228
批发和零售业	Wholesale and Retail Trade	1544	388	55	77	383	365	62	125	89
住宿和餐饮业	Stay Place and Catering	1147	625	21	38	188	88	27		160
金融业	Finance and Insurance	1341					5			1336
房地产业	Real Estate Trade	78	59							19
租赁和商务服务业	Tenancy and Commerce Servecis	163	32			5				126
科学研究、技术服务和地质勘查业	Science Studies,Technical Servecis and Geological Prospecting	3824	153	406	118	603	536	147	51	1810
水利、环境和公共设施管理业	Water Environment and Municipal Engineering Conservancy	876	442		8	57	30	14	288	37
居民服务和其他服务业	Resideng Services and Other Services	49	11				26			12
教育	Education	23741	5029	3471	2608	4342	3130	672	1992	2497
卫生、社会保障和社会福利业	Health Care,Social Security and Social Welfare	9228	1025	1044	1011	1960	1010	315	708	2155
文化、体育和娱乐业	Culture and Arts,Sports and Recreation	2816	226	201	223	294	472	90	114	1196
公共管理和社会组织	Public Management and Social Organization	45132	5581	8157	5561	8300	4624	2526	5036	5347

3-9 各地市国有经济单位分行业职工人数（2015年）

NUMBER OF STAFF AND WORKERS IN STATE-OWNED UNITS BY SECTOR AND REGION (2015)

单位：人　　(person)

行　业	Sector	合计 Total	拉萨市 Lhasa	昌都市 Qamdo	山南地区 Shan-nan	日喀则市 Xigazê	那曲地区 Nagqu	阿里地区 Ngari	林芝市 Nying-chi	其它 Others
总计	**Total**	**234804**	**37989**	**31847**	**25820**	**34770**	**29631**	**11249**	**18567**	**44931**
农、林、牧、渔业	Farming,Forestry,Animal Hus–bandry and Fishery	2603		249	58	182	1495	17	568	34
采掘业	Mining and Quarrying	2005	1064				9	11		921
制造业	Manufacturing	1288	473	83	40	88	77			527
电力、燃气及水生产供应业	Electricity,Gas Water Production and Supply	5830	104	615	320	509	354	43	328	3557
建筑业	Construction	3544	2238		121	102	45	214		824
交通运输、仓储及邮政业	Transport,Storage,and Post	5875	1897	462	1083	465	499	307	724	438
信息传输、计算机服务和软件业	Information Transmission,Com-puter Servecis and Software	2794	1338	156	192	224	143	112	149	480
批发和零售业	Wholesale and Retail Trade	3241	728	153	169	821	758	153	248	211
住宿和餐饮业	Stay Place and Catering	2117	1056	25	345	296	80	67		248
金融业	Finance and Insurance	7499					12			7487
房地产业	Real Estate Trade	108	62							46
租赁和商务服务业	Tenancy and Commerce Servecis	350	80			15				255
科学研究、技术服务和地质勘查业	Science Studies,Technical Serve-cis and Geological Prospecting	9457	444	762	384	1193	1486	379	100	4709
水利、环境和公共设施管理业	Water Environment and Munici-pal Engineering Conservancy	1455	608	9	8	105	61	26	523	115
居民服务和其他服务业	Resideng Services and Other Services	66	11				32			23
教育	Education	45934	8320	7112	5600	9280	5937	1535	3506	4644
卫生、社会保障和社会福利业	Health Care,Social Security and Social Welfare	14935	1965	1689	1825	2436	2276	606	1067	3071
文化、体育和娱乐业	Culture and Arts,Sports and Recreation	5771	462	491	527	567	851	208	219	2446
公共管理和社会组织	Public Management and Social Organization	119932	17139	20041	15148	18487	15516	7571	11135	14895

3-10 各地市城镇集体经济单位分行业职工人数（2015年）

NUMBER OF STAFF AND WORKERS IN URBAN COLLECTIVE-OWNED UNITS BY SECTOR AND REGION(2015)

单位：人 (person)

行业	Sector	合计 Total	拉萨市 Lhasa	昌都市 Qamdo	山南地区 Shannan	日喀则市 Xigazê	那曲地区 Nagqu	阿里地区 Ngari	林芝市 Nyingchi	其它 Others
总计	**Total**	**2641**	**659**	**150**	**625**	**1122**	**34**		**51**	
农、林、牧、渔业	Farming,Forestry,Animal Husbandry and Fishery	30				7			23	
采掘业	Mining and Quarrying	200			8	192				
制造业	Manufacturing	993	267		247	450	29			
电力、燃气及水生产供应业	Electricity,Gas Water Production and Supply									
建筑业	Construction	1210	392	150	350	318				
交通运输、仓储及邮政业	Transport,Storage,and Post	13				13				
信息传输、计算机服务和软件业	Information Transmission,Computer Servecis and Software									
批发和零售业	Wholesale and Retail Trade	55				22	5		28	
住宿和餐饮业	Stay Place and Catering	91				91				
金融业	Finance and Insurance									
房地产业	Real Estate Trade									
租赁和商务服务业	Tenancy and Commerce Servecis	4				4				
科学研究、技术服务和地质勘查业	Science Studies,Technical Servecis and Geological Prospecting									
水利、环境和公共设施管理业	Water Environment and Municipal Engineering Conservancy									
居民服务和其他服务业	Resideng Services and Other Services	20			20					
教育	Education									
卫生、社会保障和社会福利业	Health Care,Social Security and Social Welfare									
文化、体育和娱乐业	Culture and Arts,Sports and Recreation	25				25				
公共管理和社会组织	Public Management and Social Organization									

3-11 单位从业人员劳动报酬情况（2015年）

WORKING PAY OF EMPLOYED PERSONS IN UNITS(2015)

单位：万元　(10000 yuan)

行　业	Sector	单位从业人员劳动报酬 Total Wages	在岗职工工资总额 Staff and Workers at their Posts	其他从业人员劳动报酬 Others
总计	**Total**	**3230434**	**3101255**	**129179**
按经济类型分	**Grouped by Ownership**			
国有经济单位	State-owned Units	2861127	2771958	89169
城镇集体经济单位	Urban Collective Owned Units	12067	9591	2476
其他经济单位	Units of Other Types of Ownership	357240	319706	37534
按行业分	**Grouped by Sector**			
农、林、牧、渔业	Farming,Forestry,Animal Hus bandry and Fishery	15544	7725	7818
采掘业	Mining and Quarrying	40997	37289	3708
制造业	Manufacturing	67246	63977	3269
电力、燃气及水生产供应业	Electricity,Gas Water Production and Supply	67107	66771	336
建筑业	Construction	121564	83260	38304
交通运输、仓储及邮政业	Transport,Storage,and Post	64316	56762	7554
信息传输、计算机服务和 软件业	Information Transmission,Com puter Servecis and Software	48183	47962	221
批发和零售业	Wholesale and Retail Trade	83790	80513	3277
住宿和餐饮业	Stay Place and Catering	23893	22035	1858
金融业	Finance and Insurance	150113	149900	213
房地产业	Real Estate Trade	9989	9239	750
租赁和商务服务业	Tenancy and Commerce Servecis	21201	20510	691
科学研究、技术服务和地质勘查业	Science Studies,Technical Servecis and Geological Prospecting	117704	111248	6456
水利、环境和公共设施管理业	Water Environment and Municipal Engineering Conservancy	13061	12353	708
居民服务和其他服务业	Resideng Services and Other Services	8383	8077	305
教育	Education	543766	537714	6052
卫生、社会保障和社会福利业	Health Care,Social Security and Social Welfare	171805	165882	5923
文化、体育和娱乐业	Culture and Arts,Sports and Recreation	73330	71556	1774
公共管理和社会组织	Public Management and Social Organization Organization	1588442	1548480	39962

3-12 职工工资总额及构成

TOTAL WAGES OF STAFF AND WORKERS AND ITS COMPOSITION

年份 地区 Year Region		绝对数(万元) Value (10000 yuan)				构成(总计=100)Composition(Total=100)		
		合计 Total	国有经济单位 State-Owned Units	城镇集体经济单位 Urban Collection-Owned Uints	其他经济单位 Units of Others Types of Ownership	国有经济单位 State-Owned Units	城镇集体经济单位 Urban Collection-Owned Uints	其他经济单位 Units of Others Types of Ownership
1965		5861	5861			100.0		
1978		11125	10658	467		95.8	4.2	
1985		32856	30636	2181	39	93.2	6.6	0.2
1990		49071	47118	1896	57	96.0	3.9	0.1
1991		54513	51567	2312	274	95.2	4.3	0.5
1992		56851	53946	2610	295	94.9	4.6	0.5
1993		67869	64520	3032	317	95.1	4.5	0.4
1994		111934	108501	2478	955	96.9	2.2	0.9
1995		120652	115668	4007	977	95.9	3.3	0.8
1996		185405	179463	4482	1460	96.8	2.4	0.8
1997		170366	164175	5223	968	96.3	3.1	0.6
1998		179427	171185	6321	1921	95.4	3.5	1.1
1999		205336	195535	5389	4412	95.2	2.6	2.2
2000		232007	222425	4648	4934	95.9	2.0	2.1
2001		295197	283439	5123	6635	96.0	1.7	2.3
2002		364066	351545	5437	7084	96.6	1.5	2.0
2003		388303	375822	3402	9079	96.8	0.9	2.3
2004		422299	410205	2814	9280	97.1	0.7	2.2
2005		462580	448477	3935	10168	97.0	0.9	2.1
2006		528980	512456	5184	11340	96.9	1.0	2.1
2007		805584	785865	5776	13943	97.6	0.7	1.7
2008		848391	829494	6699	12198	97.8	0.8	1.4
2009		920798	897831	5685	17282	97.5	0.6	1.9
2010		1058308	1023536	7819	26953	96.7	0.7	2.6
2011		1105895	1068081	5750	32064	96.6	0.5	2.9
2012		1238223	1205450	7499	25274	97.3	0.7	2.0
2013		1687309	1511242	8810	167257	89.6	0.5	10.0
2014		1865641	1581317	8249	276075	84.8	0.4	14.8
2015		3101255	2771958	9591	319706	89.4	0.3	10.3
拉萨市	Lhasa	581069	376988	2498	201583	64.9	0.4	34.7
昌都市	Qamdo	355290	336720	350	18220	94.8	0.1	5.1
山南地区	Shannan	285219	268748	2453	14018	94.2	0.9	4.9
日喀则市	Xigazê	379650	362002	3856	13793	95.4	1.0	3.6
那曲地区	Nagqu	359507	354645	274	4588	98.6	0.1	1.3
阿里地区	Ngari	132962	125858		7104	94.7		5.3
林芝市	Nyingchi	222365	205652	159	16554	92.5	0.1	7.4
其他	Others	785193	741346		43847	94.4		5.6

注：1998年后为在岗职工工资(下同)。

Note: the data on total wages after 1998 refer to wagws of fully employed staff and workers. (Similarlly in the following tables).

3-13 职工工资总额指数

INDEX WAGES OF STAFF AND WORKERS

年份 Year	指数(1978=100) Indices (1978=100)				指数(上年=100) Indices (Preceding year=100)			
	合　计 Total	国有经济单　位 State-Owned Units	城镇集体经济单位 Urban Collection-Owned Uints	其他经济单　位 Units of Others Types of Ownership	合　计 Total	国有经济单　位 State-Owned Units	城镇集体经济单位 Urban Collection-Owned Uints	其他经济单　位 Units of Others Types of Ownership
1978	100.0	100.0	100.0			107.0		
1981	174.3	173.0	205.3		99.2	99.3	98.4	
1982	210.8	205.1	340.5		102.9	118.6	165.9	
1983	219.1	210.0	425.4		103.9	102.4	125.0	
1984	265.0	257.1	446.5		121.0	122.4	105.0	
1985	295.3	287.5	466.9	100.0	111.4	111.8	104.6	
1986	337.6	331.2	452.0	387.2	114.3	115.2	96.8	387.2
1987	347.3	343.3	427.7	261.5	102.9	103.5	94.6	67.5
1988	383.5	376.0	426.4	341.0	110.4	109.7	123.1	130.4
1989	418.7	416.5	433.4	425.6	109.2	110.8	82.3	124.8
1990	441.1	442.9	406.0	146.2	105.4	106.3	93.7	34.4
1991	490	483.8	495.1	702.6	111.1	109.2	121.9	480.6
1992	511.0	506.2	558.9	756.4	104.3	104.6	112.9	107.7
1993	610.1	605.4	649.3	812.8	119.4	119.6	116.2	107.5
1994	1006.2	1018.1	530.6	2448.7	164.9	168.2	81.7	301.3
1995	1084.5	1085.3	858	2505.1	107.8	106.6	161.7	102.3
1996	1666.6	1683.8	959.7	3743.6	153.7	155.2	111.9	149.4
1997	1531.4	1540.4	1118.4	2481.5	91.9	91.5	116.5	66.3
1998	1612.8	1606.2	1353.5	4925.6	105.3	104.3	121.0	198.5
1999	1845.7	1834.6	1154.0	11312.8	114.4	114.2	85.3	229.7
2000	2085.6	2087.8	995.9	12647.7	113.0	113.8	86.3	111.8
2001	2653.5	2659.4	1096.8	17010.3	127.2	127.4	110.2	134.5
2002	3272.5	3298.4	1164.2	18164.1	123.3	124.0	106.1	106.8
2003	3490.4	3526.2	728.5	23279.5	106.7	106.9	62.6	128.2
2004	3797.6	3847.1	602.5	23791.6	108.8	109.1	82.7	102.2
2005	4158.0	4207.9	842.6	26071.8	109.5	109.3	139.8	109.6
2006	4754.9	4808.2	1110.1	29076.9	114.4	114.3	131.7	115.5
2007	7241.2	7373.5	1236.8	35753.9	152.3	153.4	111.4	123.0
2008	7625.9	7792.8	1434.4	31276.9	105.3	105.6	116	87.5
2009	8276.8	8424.0	1217.3	44312.8	108.5	108	84.9	141.7
2010	9512.8	9603.4	1674.3	69110.3	114.9	114.0	137.5	155.9
2011	9940.6	10021.4	1231.3	82241.3	104.5	104.4	73.5	119
2012	11130.1	11310.3	1605.8	64805.1	119.7	112.9	130.4	78.8
2013	15166.8	14179.4	1886.5	428864.1	136.3	125.4	117.5	661.8
2014	16769.8	14836.9	1766.4	707884.6	110.6	104.6	93.6	165.1
2015	27876.4	26008.2	2053.7	819759.0	166.2	175.3	116.3	115.8

3-14 各行业分经济类型、分地区职工工资总额（2015年）

单位：万元

行业	Sector	合计 Total	国有经济单位 State-owned Units	集体经济单位 Collective-owned Units	其他经济单位 Others Units
总计	**Total**	**3101255**	**2771958**	**9591**	**319706**
农、林、牧、渔业	Farming,Forestry,Animal Husbandry and Fishery	7725	7617	108	
采掘业	Mining and Quarrying	37289	14881	1659	20749
制造业	Manufacturing	63977	8375	2416	53186
电力、燃气及水生产供应业	Electricity,Gas Water Production and Supply	66770	35847		30923
建筑业	Construction	83260	21581	4900	56779
交通运输、仓储及邮政业	Transport,Storage,and Post	56763	47158	39	9566
信息传输、计算机服务和软件业	Information Transmission,Computer Servecis and Software	47963	29273		18690
批发和零售业	Wholesale and Retail Trade	80513	25478	132	54903
住宿和餐饮业	Stay Place and Catering	22035	11056	263	10716
金融业	Finance and Insurance	149900	125800		24100
房地产业	Real Estate Trade	9240	975		8265
租赁和商务服务业	Tenancy and Commerce Servecis	20511	2575	14	17922
科学研究、技术服务和地质勘查业	Science Studies,Technical Servecis and Geological Prospecting	111248	111248		
水利、环境和公共设施管理业	Water Environment and Municipal Engineering Conservancy	12353	11933		420
居民服务和其他服务业	Resideng Services and Other Services	8076	701	24	7351
教育	Education	537714	537714		
卫生、社会保障和社会福利业	Health Care,Social Security and Social Welfare	165882	161185		4697
文化、体育和娱乐业	Culture and Arts,Sports and Recreation	71556	70081	36	1439
公共管理和社会组织	Public Management and Social Organization	1548480	1548480		

TOTAL WAGES OF STAFF AND WORKERS BY REGION,OWNERSHIP AND SECTOR (2015)

(10000 yuan)

拉萨市 Lhasa	昌都市 Qamdo	山南地区 Shannan	日喀则市 Xigazê	那曲地区 Nagqu	阿里地区 Ngari	林芝市 Nyingchi	其 它 Others
581069	**355290**	**285219**	**379650**	**359507**	**132962**	**222365**	**785193**
	2234	336	1505	1099	108	2041	401
18652	6754	3125	3276	65	157		5260
32654	3577	5212	4552	520		8394	9067
29025	4809	3475	2120	1739	1069	1570	22963
48492	810	4980	6272	672	6463	665	14906
13868	4510	7463	4129	5389	3296	12192	5915
25716	1919	2780	3058	2950	1502	3556	6481
52944	2475	3219	5696	7589	2921	3217	2452
12730	386	2480	1465	450	343	2145	2036
1713				161			148026
6548	1471	100	426			270	424
11866	144		172	870		186	7273
4006	5524	3448	10390	17765	4298	1728	64089
6550	121	114	1135	806	311	1698	1618
7197		24		385		228	242
86862	81714	69015	109274	74068	17009	44578	55193
21845	19341	15391	24660	27567	7341	13085	36653
6194	5259	5731	6109	9776	2286	2196	34005
194206	214242	158324	195411	207636	85856	124616	368189

3-15 各行业分经济类型、分地区职工平均工资（2015年）

单位：元

行　业	Sector	合计 Total	国有经济单　位 State-owned Units	集体经济单　位 Collective-owned Units	其他经济单　位 Others Units
总计	**Total**	**110980**	**120786**	**36219**	**67591**
农、林、牧、渔业	Farming,Forestry,Animal Hus–bandry and Fishery	30988	30926	36033	
采掘业	Mining and Quarrying	79153	75310	83788	81784
制造业	Manufacturing	61240	65073	24507	65067
电力、燃气及水生产供应业	Electricity,Gas Water Production and Supply		63480		66531
建筑业	Construction	54451	55209	39836	55929
交通运输、仓储及邮政业	Transport,Storage,and Post	78521	81167	29769	68035
信息传输、计算机服务和软件业	Information Transmission,Computer Servecis and Software	99157	103473		93076
批发和零售业	Wholesale and Retail Trade	75656	80651	25922	73873
住宿和餐饮业	Stay Place and Catering	50517	54223	28901	48013
金融业	Finance and Insurance	171963	172140		171043
房地产业	Real Estate Trade	71127	90250		69393
租赁和商务服务业	Tenancy and Commerce Servecis	54361	73365	34250	52433
科学研究、技术服务和地质勘查业	Science Studies,Technical Servecis and Geological Prospecting	119007	119007		
水利、环境和公共设施管理业	Water Environment and Municipal Engineering Conservancy	80423	82183		50000
居民服务和其他服务业	Resideng Services and Other Services	43611	109594	12000	41580
教育	Education	119267	119267		
卫生、社会保障和社会福利业	Health Care,Social Security and Social Welfare	109587	110742		80715
文化、体育和娱乐业	Culture and Arts,Sports and Recreation	125274	129111	14400	55552
公共管理和社会组织	Public Management and Social Organization	132716	132716		

AVERAGE WAGES OF STAFF AND WORKERS BY REGION,OWNERSHIP AND SECTOR (2015)

(yuan)

拉萨市 Lhasa	昌都市 Qamdo	山南地区 Shannan	日喀则市 Xigazê	那曲地区 Nagqu	阿里地区 Ngari	林芝市 Nyingchi	其　它 Others
82615	**106095**	**102116**	**99393**	**126169**	**107565**	**112692**	**160558**
	89727	57966	79630	744	63706	43516	118029
81133	106873	110420	59452	107500	143000		56616
53761	54783	74568	48376	52556		118728	71166
66526	55662	102516	41662	52688	67658	49835	67202
56249	23824	52698	38037	76341	62267	48159	60301
57378	66225	68787	73464	94377	107722	131238	87245
112788	56447	64960	57155	100340	87349	115464	135015
75851	70499	73333	57244	76422	113229	91136	89810
51980	35055	58495	28890	61658	48380	44881	81440
158593				160600			172144
71560	67811	83333	52024			100000	92087
49794	48000		39023	34800		41333	71233
90420	76512	90982	87826	130053	114316	179979	133993
93574	134333	143000	109106	134400	119462	33031	140696
41223		12000		128433		69152	105087
105198	119552	124083	119282	128859	111316	130344	120668
86996	114443	88099	101398	130837	121130	128537	121126
86503	115077	111066	102508	131391	108346	106092	150135
113751	110960	105641	107623	145730	113221	116736	251410

3-16 各地市国有经济单位分行业职工工资总额（2015年）

TOTAL WAGES OF STAFF AND WORKERS IN STATE-OWNED UNITS BY SECTOR AND REGION (2015)

单位：万元 (10000 yuan)

行业	Sector	合计 Total	拉萨市 Lhasa	昌都市 Qamdo	山南地区 Shannan	日喀则市 Xigazê	那曲地区 Nagqu	阿里地区 Ngari	林芝市 Nyingchi	其它 Others
总计	**Total**	**2771958**	**376988**	**336720**	**268748**	**362002**	**354645**	**125858**	**205652**	**741346**
农、林、牧、渔业	Farming,Forestry,Animal Hus–bandry and Fishery	7617		2234	336	1478	1099	108	1960	401
采掘业	Mining and Quarrying	14881	9400				65	157		5260
制造业	Manufacturing	8375	2616	265	300	224	250			4719
电力、燃气及水生产供应业	Electricity,Gas Water Production and Supply	35847	671	3286	3196	2121	1739	303	1570	22963
建筑业	Construction	21581	13787		661	337	469	1543		4784
交通运输仓储及邮政业	Transport,Storage,and Post	47158	9907	3164	7463	3656	4696	3296	10164	4814
信息传输、计算机服务和软件业	Information Transmission,Computer Servecis and Software	29273	14374	792	865	1769	2054	1078	1859	6481
批发和零售业	Wholesale and Retail Trade	25478	7164	670	1663	4587	5659	2198	2199	1609
住宿和餐饮业	Stay Place and Catering	11056	5036	108	2240	842	450	344		2036
金融业	Finance and Insurance	125800					161			125639
房地产业	Real Estate Trade	975	551							424
租赁和商务服务业	Tenancy and Commerce Servecis	2575	302			46				2227
科学研究、技术服务和地质勘查业	Science Studies,Technical Servecis and Geological Prospecting	111248	4006	5524	3448	10390	17765	4298	1728	64089
水利、环境和公共设施管理业	Water Environment and Municipal Engineering Conservancy	11933	6130	121	114	1135	806	311	1698	1618
居民服务和其他服务业	Resideng Services and Other Services	701	74				385			242
教育	Education	537714	86862	81714	69015	109274	74068	17009	44578	55193
卫生、社会保障和社会福利业	Health Care,Social Security and Social Welfare	161185	17147	19341	15391	24660	27567	7341	13085	36653
文化、体育和娱乐业	Culture and Arts,Sports and Recreation	70081	4755	5259	5731	6073	9776	2286	2196	34005
公共管理和社会组织	Public Management and Social Organization	1548480	194206	214242	158324	195411	207636	85856	124616	368189

3-17 各地市国有经济单位分行业职工平均工资（2015年）

AVERAGE WAGES OF STAFF AND WORKERS IN STATE-OWNED UNITS BY SECTOR AND REGION (2015)

单位：元　　(yuan)

行	Sector	合计 Total	拉萨市 Lhasa	昌都市 Qamdo	山南地区 Shannan	日喀则市 Xigazê	那曲地区 Nagqu	阿里地区 Ngari	林芝市 Nyingchi	其它 Others
总计	**Total**	**120786**	**98978**	**109517**	**105222**	**105475**	**128355**	**11804**	**115697**	**167969**
农、林、牧、渔业	Farming,Forestry,Animal Husbandry and Fishery	30926		89727	57966	81203	7443	63706	43944	118029
采掘业	Mining and Quarrying	75310	91260				107500	143000		56616
制造业	Manufacturing	65073	54504	31976	60000	25432	35239			91637
电力、燃气及水生产供应业	Electricity,Gas Water Production and Supply	63480	63886	53429	102115	41662	52688	70372	49835	67202
建筑业	Construction	55209	56282		54636	31458	114341	72121		59141
交通运输、仓储及业邮政	Transport,Storage,and Post	81167	52390	71413	68787	78594	100555	107722	146242	105103
信息传输、计算机服务和软件业	Information Transmission,Computer Servecis and Software	103473	108400	50446	42817	67538	145674	96268	124792	135015
批发和零售业	Wholesale and Retail Trade	80651	99359	43778	98379	57414	79591	126007	91604	75531
住宿和餐饮业	Stay Place and Catering	54223	50866	43400	65122	29441	61658	48380		81440
金融业	Finance and Insurance	172140								172156
房地产业	Real Estate Trade	90250	88887							92087
租赁和商务服务业	Tenancy and Commerce Servecis	73365	37738			30867				133993
科学研究、技术服务和地质勘查业	Science Studies,Technical Servecis and Geological Prospecting	119007	90420	76512	90982	87826	130053	114316	179979	
水利、环境和公共设施管理业	Water Environment and Municipal Engineering Conservancy	82183	99516	134333	143000	109106	134400	119462	33031	140696
居民服务和其他服务业	Resideng Services and Other Services	109594	67636				128433			105087
教育	Education	119267	105198	119552	124083	119282	128859	111316	130344	120668
卫生、社会保障和社会福利业	Health Care,Social Security and Social Welfare	110742	88891	114443	88099	101398	130837	121130	128537	121126
文化、体育和娱乐业	Culture and Arts,Sports and Recreation	129111	113751	115077	111066	106366	131391	108346	106092	150135
公共管理和社会组织	Public Management and Social Organization	132716		110960	105641	107623	145730	113221	116736	251410

3-18 各地市城镇集体经济单位分行业职工工资总额（2015年）

TOTAL WAGES OF STAFF AND WORKERS IN URBAN COLLECTIVE-OWNED UNITS BY SECTOR AND REGION (2015)

单位：万元 (10000 yuan)

行业	Sector	合计 Total	拉萨市 Lhasa	昌都市 Qamdo	山南地区 Shan-nan	日喀则市 Xigazê	那曲地区 Nagqu	阿里地区 Ngari	林芝市 Nying-chi	其它 Others
总计	**Total**	**9591**	**2498**	**350**	**2453**	**3856**	**274**		**159**	
农、林、牧、渔业	Farming,Forestry,Animal Hus–bandry and Fishery	108				27			81	
采掘业	Mining and Quarrying	1659			35	1624				
制造业	Manufacturing	2416	728		450	968	270			
电力、燃气及水生产供应业	Electricity,Gas Water Production and Supply									
建筑业	Construction	4899	1770	350	1944	835				
交通运输、仓储及邮政业	Transport,Storage,and Post	39				39				
信息传输、计算机服务和软件业	Information Transmission,Computer Servecis and Software									
批发和零售业	Wholesale and Retail Trade	132				50	4		78	
住宿和餐饮业	Stay Place and Catering	263				263				
金融业	Finance and Insurance									
房地产业	Real Estate Trade									
租赁和商务服务业	Tenancy and Commerce Servecis	14				14				
科学研究、技术服务和地质勘查业	Science Studies,Technical Servecis and Geological Prospecting									
水利、环境和公共设施管理业	Water Environment and Municipal Engineering Conservancy									
居民服务和其他服务业	Resideng Services and Other Services	24			24					
教育	Education									
卫生、社会保障和社会福利业	Health Care,Social Security and Social Welfare									
文化、体育和娱乐业	Culture and Arts,Sports and Recreation	36				36				
公共管理和社会组织	Public Management and Social Organization									

3-19 各地市城镇集体经济单位分行业职工平均工资（2015年）

AVERAGE WAGES OF STAFF AND WORKERS IN URBAN COLLECTIVE-OWNED UNITS BY SECTOR AND REGION (2015)

单位：元　　　　(yuan)

行　业	Sector	合计 Total	拉萨市 Lhasa	昌都市 Qamdo	山南地区 Shan-nan	日喀则市 Xigazê	那曲地区 Nagqu	阿里地区 Ngari	林芝市 Nying-chi	其它 Others
总计	**Total**	**36219**	**38085**	**25000**	**27743**	**34366**	**85719**		**33125**	
农、林、牧、渔业	Farming,Forestry,Animal Hus–bandry and Fishery	36033				38714			35217	
采掘业	Mining and Quarrying	83788			43750	85474				
制造业	Manufacturing	24507	27576		18231	21655	96464			
电力、燃气及水生产供应业	Electricity,Gas Water Production and Supply									
建筑业	Construction	39836	45163	25000	51840	25864				
交通运输、仓储及邮政业	Transport,Storage,and Post	29769				29769				
信息传输、计算机服务和软件业	Information Transmission,Computer Servecis and Software									
批发和零售业	Wholesale and Retail Trade	25922				22727	10500		31200	
住宿和餐饮业	Stay Place and Catering	28901				28901				
金融业	Finance and Insurance									
房地产业	Real Estate Trade									
租赁和商务服务业	Tenancy and Commerce Servecis	34250				34250				
科学研究、技术服务和地质勘查业	Science Studies,Technical Servecis and Geological Prospecting									
水利、环境和公共设施管理业	Water Environment and Municipal Engineering Conservancy									
居民服务和其他服务业	Resideng Services and Other Services	12000			12000					
教育	Education									
卫生、社会保障和社会福利业	Health Care,Social Security and Social Welfare									
文化、体育和娱乐业	Culture and Arts,Sports and Recreation	14400				14400				
公共管理和社会组织	Public Management and Social Organization									

3-20 职工平均工资及指数

AVERAGE WAGE OF STAFF AND WORKERS AND RELATED INDICES

年份 地区 Year Region	平均工资(元) Average (yuan)				指数(上年=100) Indices (preceding year=100)			
	合计 Total	国有经济单位 State-owned Units	城镇集体经济单位 Urban Collective Owned Units	其他经济单位 Units of Others Types of Ownership	合计 Total	国有经济单位 State-owned Units	城镇集体经济单位 Urban Collective Owned Units	其他经济单位 Units of Others Types of Ownership
1978		854						
1990	3181	3224	2384	3419	110.4	109.6	119.3	124.8
1991	3355	3416	2507	3568	105.5	106.0	105.2	104.3
1992	3448	3495	2689	3656	108.4	108.4	112.8	106.9
1993	4085	4178	2720	5566	118.5	120.0	101.1	152.3
1994	7115	7304	3067	13815	174.8	174.8	112.8	248.2
1995	7382	7572	4090	10821	103.8	103.7	133.4	78.3
1996	11087	11519	4370	12411	150.2	152.1	106.8	114.7
1997	10098	10524	4588	7233	91.1	91.4	105.0	58.3
1998	10987	11462	5382	8709	108.8	108.9	117.3	120.4
1999	12904	13490	5364	10692	117.4	117.7	99.7	122.8
2000	14976	15566	5835	12135	116.1	115.4	108.8	113.5
2001	19144	20112	6236	13125	127.8	129.2	106.9	108.2
2002	24766	25675	9761	15693	129.4	127.7	156.5	119.6
2003	26931	27611	9348	20475	108.7	107.5	95.8	130.5
2004	29292	30163	9600	17704	108.8	109.2	102.7	86.5
2005	28950	29644	12336	19154	98.8	98.3	128.5	108.2
2006	31518	32355	11125	23680	108.9	109.2	90.2	123.6
2007	46098	47757	11770	26334	146.3	147.6	105.8	111.2
2008	47280	48975	13023	24778	102.6	102.6	110.6	94.1
2009	48750	50272	12231	30641	103.1	102.6	93.9	123.6
2010	54397	55581	16447	47722	111.5	110.5	134.4	155.7
2011	55845	57014	15181	46429	102.7	102.6	92.3	97.3
2012	58347	58982	11160	50527	104.5	103.5	73.5	108.8
2013	64409	67186	23856	50164	110.4	113.9	213.8	99.3
2014	68059	69754	28066	62063	105.7	103.8	117.6	123.7
2015	110980	120786	36219	67591	163.1	173.2	129.0	108.9
拉萨市 Lhasa	82615	98978	38085	63810	134.5	160.9	108.0	102.9
昌都市 Qamdo	106095	109517	25000	70025	156.2	160.3	233.3	104.9
山南地区 Shannan	102116	105222	27743	80563	172.0	176.2	88.9	124.0
日喀则市 Xigazê	99393	105475	34366	50082	155.3	157.6	156.4	119.5
那曲地区 Nagqu	126169	128355	85719	55139	184.7	185.6	185.3	131.7
阿里地区 Ngari	107565	11804		64347	154.6	16.8		102.8
林芝市 Nyingchi	112692	115697	33125	86715	185.7	189.2	105.6	154.0
其 它 Others	160558	167969		91960	186.5	192.7		123.3

3-21 各行业分经济类型从业人员平均工资（2015年）

AVERAGE WAGES OF EMPLOYED PERSONS BY OWNERSHIP AND SECTOR (2015)

单位：元　　(yuan)

行　业	Sector	合计 Total	国有经济单位 State-owned Units	集体经济单位 Collective-owned Units	其他经济单位 Others Units
总计	**Total**	**97849**	**104897**	**35989**	**66113**
农、林、牧、渔业	Farming,Forestry,Animal Hus–bandry and Fishery	14415	14355	36033	
采掘业	Mining and Quarrying	75626	71856	83788	77727
制造业	Manufacturing	59045	61489	22945	63305
电力、燃气及水生产供应业	Electricity,Gas Water Production and Supply	64532	62953		66467
建筑业	Construction	54650	52925	40287	57040
交通运输、仓储及邮政业	Transport,Storage,and Post	72789	74336	29769	65791
信息传输、计算机服务和软件业	Information Transmission,Computer Servecis and Software	98675	103461		92072
批发和零售业	Wholesale and Retail Trade	73674	76902	25922	72518
住宿和餐饮业	Stay Place and Catering	49633	52433	28901	47527
金融业	Finance and Insurance	171441	171967		168742
房地产业	Real Estate Trade	68608	66633		68941
租赁和商务服务业	Tenancy and Commerce Servecis	53851	67915	34250	52329
科学研究、技术服务和地质勘查业	Science Studies,Technical Servecis and Geological Prospecting	99194	99194		
水利、环境和公共设施管理业	Water Environment and Municipal Engineering Conservancy	70750	71740		50000
居民服务和其他服务业	Resideng Services and Other Services	43823	97079	12000	41946
教育	Education	115090	115090		
卫生、社会保障和社会福利业	Health Care,Social Security and Social Welfare	95996	96506		80873
文化、体育和娱乐业	Culture and Arts,Sports and Re–creation	114097	116971	14400	55552
公共管理和社会组织	Public Management and Social Organization	114558	114558		

3-22 各行业分经济类型从业人员工资总额（2015年）
TOTAL WAGES OF EMPLOYED PERSONS BY OWNERSHIP AND SECTOR(2015)

单位：万元 (10000 yuan)

行业	Sector	合计 Total	国有经济单位 State-owned Units	集体经济单位 Collective-owned Units	其他经济单位 Others Units
总计	**Total**	**3230434**	**2861127**	**12067**	**357240**
农、林、牧、渔业	Farming,Forestry,Animal Hus–bandry and Fishery	15544	15436	108	
采掘业	Mining and Quarrying	40997	15413	1659	23924
制造业	Manufacturing	67246	8621	2613	56012
电力、燃气及水生产供应业	Electricity,Gas Water Production and Supply	67107	36047		31060
建筑业	Construction	121564	29977	7179	84408
交通运输、仓储及邮政业	Transport,Storage,and Post	64316	54198	39	10079
信息传输、计算机服务和软件业	Information Transmission,Computer Servecis and Software	48183	29290		18893
批发和零售业	Wholesale and Retail Trade	83790	27239	132	56419
住宿和餐饮业	Stay Place and Catering	23893	12647	263	10983
金融业	Finance and Insurance	150113	125983		24130
房地产业	Real Estate Trade	9989	1399		8590
租赁和商务服务业	Tenancy and Commerce Servecis	21201	2642	14	18545
科学研究、技术服务和地质勘查业	Science Studies,Technical Servecis and Geological Prospecting	117704	117704		
水利、环境和公共设施管理业	Water Environment and Municipal Engineering Conservancy	13061	12641		420
居民服务和其他服务业	Resideng Services and Other Services	8383	738	24	7622
教育	Education	543766	543766		
卫生、社会保障和社会福利业	Health Care,Social Security and Social Welfare	171805	167090		4715
文化、体育和娱乐业	Culture and Arts,Sports and Recreation	73330	71855	36	1439
公共管理和社会组织	Public Management and Social Organization	1588442	1588442		

第四篇

固定资产投资

Chapter 4

INVESTMENT IN FIXED ASSETS

4-1 全社会固定资产投资

TOTAL INVESTMENT IN FIXED ASSETS

指 标	Item	2007	2010	2013	2014	2015
投资总额 (万元)	**Total Investment (10000 yuan)**	**2711811**	**4632585**	**9184830**	**11197345**	**13421621**
按经济类型分	**Grouped by Ownership**					
国有经济	State-Owned Units	1699162	3337026	6708235	7704548	9753817
集体经济	Collective-Owned Units	45619	30332	81891	44826	15879
个体经济	Individuals	367200	209378	320228	383793	198008
联营经济	Joint-Owned Economic Units	9154	580	29787	59547	31100
股份制经济	Share Holding Economic Units	317174	458886	761743	1342335	1230052
外商投资经济	Foreign Funded Units	1790	8339	8415	357	375017
港澳台投资经济	Economic Units with Funs From Hong Kong, Macao and Taiwan		18000	13318	9420	2970
其他经济	Others	267912	570044	1261213	1652519	1814778
按资金来源分	**Grouped by Source of Funds**					
国家预算内资金	State Budgetary Appropriation	2045636	3220359	6112260	8493107	11730446
国内贷款	Domestic Loans	46165	98774	161191	58011	107894
利用外资	Foreign Investment	2097	14403	18519	14000	11000
自筹资金	Fundraising	840902	1588139	3655416	3812030	4653103
其他资金	Others	514020	261798	661359	635955	590066
房地产开发	# Real Estate Development	116767	89634	96777	529087	500161
按构成分	**Grouped by Use of Funds**					
建筑安装工程	Construction and Installation	2519242	3979621	8035290	9982658	12073282
设备、工器具购置	Purchase of Equipment and Instruments	168678	534928	821643	807425	920072
其他费用	Others	23891	118036	327897	407262	428267
按建设性质分	**Grouped by Type of Construction**					
#新建	# New Construction	1616955	3081541	7584999	9170021	10766470
扩建	Expansion	283097	498751	430469	421726	551799
改建	Reconstrction	325130	255785	356564	819994	1293150
房屋建筑面积 (万平方米)	**Floor Space of Buildings (10000 sq.m)**					
施工面积	Floor Space Under Construction	1454.59	1298.72	710.72	1003.32	876.76
竣工面积	Floor Space Completed	1143.87	518.74	258.92	357.13	246.5
#住宅	# Residential Buildings	781.28	408.12	198.81	296.39	164.53

注：按资金来源分组数据为财务拨款数，各项相加不等于投资总额。(以下各表相同)

Note: Total investment grouped by sources of finance refers to financial appropriation, and the broken-down figures do not add up to the total. (The same as in the following tables).

4-2 各地区全社会固定资产投资（2015年）

项　目	Item	合计 Total	拉萨 Lhasa
投资总额 (万元)	**Total Investment (10000 yuan)**	**13421621**	**5460426**
按经济类型分	**Grouped by Ownership**		
国有经济	State-Owned Units	9753817	2989133
集体经济	Collective-Owned Units	15879	15034
个体经济	Individuals	198008	33097
联营经济	Joint Ownership Economic Units	31100	28229
股份制经济	Share Holding Economic Units	1230052	848941
外商投资经济	Foreign Funded Economic Units	375017	374467
港澳台投资经济	Economic Units with Funds From Hong Kong, Macao and Taiwan	2970	280
其他经济	Others	1814778	1171245
按资金来源分	**Grouped by Source of Funds**		
国家预算内资金	State Budgetary Appropriation	11730446	2640292
国内贷款	Domestic Loans	107894	18886
利用外资	Foreign Investment	11000	
自筹投资	Fundraising	4653103	3337130
其他投资	Others	590066	191472
房地产开发	Real Estate Development	500161	461309
按构成分	**Grouped by Use of Funds**		
建筑安装工程	Construction and Installation	12073282	4383223
设备、工器具购置	Purchase of Equipment and Instruments	920072	777273
其他费用	Others	428267	299930
按建设性质分	**Grouped by Type of Construction**		
#新建	# New Construction	10766470	3918018
扩建	Expansion	551799	90683
改建	Reconstrction	1293150	1039074
房屋建筑面积 (万平方米)	**Floor Space of Buildings (10000 sq.m)**		
施工面积	Floor Space Under Constrction	876.76	415.92
竣工面积	Floor Space Completed	246.5	91.53
#住宅	# Residential Buildings	164.53	70.54

TOTAL INVESTMENT IN FIXED ASSETS BY REGION (2015)

昌都 Qamdo	山南 Shannan	日喀则 Xigazê	那曲 Nagqu	阿里 Ngari	林芝 Nyingchi
1726457	**1459066**	**1401219**	**1221752**	**515299**	**1637402**
1470782	1289748	1057358	1221752	515299	1209745
	845				
	9335	107066			48510
	190				2681
245229	87756	21418			26708
550					
	2530				160
9896	68662	215377			349598
2348564	1231677	1051731	2379581	656619	1421982
	89008				
	11000				
314717	195314	279563	59500	4362	462517
29647	152933	71876		37666	106472
	9024				29828
1642581	1400317	1314536	1221752	473471	1637402
16159	58619	64239		3782	
67717	130	22444		38046	
1352456	1316629	1060471	1160317	359362	1599217
322700	22569	36754	61435	2120	15538
532	7893	123853		119790	2008
72.00	26.78	160.32	54.58	71.01	76.15
13.80	3.66	83.98	0.31	48.04	5.17
9.53	0.72	70.24		10.10	3.40

4-3 全社会固定资产投资

TOTAL INVESTMENT IN FIXED ASSETS

单位：万元 (10000 yuan)

年份 Year	合计 Total	国有经济 State-owned Units	集体经济 Collective-owned Units	个体经济 Individuals	其他经济 Other Types of Ownership
1978	18534	18534			
1981	12172	12172			
1982	15558	15558			
1983	19875	19875			
1984	47879	47188	691		
1985	74940	63749	258	10933	
1986	53492	44375	717	8400	
1987	53000	39613		13387	
1988	58087	47085		11002	
1989	66942	57680		9262	
1990	76105	67666		8439	
1991	105665	87425	7120	11120	
1992	133297	120582	6380	6335	
1993	181458	166460	6844	5795	2359
1994	211718	200955	5667	4081	1015
1995	369492	360572	15		8905
1996	303605	281686	716	9118	12085
1997	345495	316286	4124	8864	16221
1998	427457	394888	4708	12870	14991
1999	566030	524029	17992	15867	8142
2000	665044	629928	7723	12724	14669
2001	857725	803541	11160	24080	18944
2002	1089868	1036629	12562	30610	10067
2003	1386165	1273193	27505	29838	55629
2004	1684361	1370848	11994	77534	223985
2005	1961916	1499411	67369	143964	251172
2006	2323503	1578334	54761	342300	348108
2007	2711811	1699162	45619	367200	599830
2008	3099304	2101022	12627	322166	663489
2009	3794158	2683407	44389	380137	686225
2010	4632585	3337026	30332	209378	1055849
2011	5492690	4093907	47256	215678	1135849
2012	7099822	4730059	147424	320375	1901964
2013	9184830	6708235	81891	320228	2074476
2014	11197345	7704548	44826	383793	3064178
2015	13421621	9753817	15879	198008	3453917

注：其他经济类型包括联营经济、股份制经济、外商投资经济、港澳台投资经济等国有、集体和个体经济以外的经济成份。
Note:Other types of ownership refer to the types of ownership other than state-owned units, collective-owned units and individuals, including joint-owned economic units, share holding economic units, foreign-funded economic units, economic units funded by the enterpreneurs from Hong Kong,Macao and Taiwan, etc.

4-4 城镇投资完成情况

INVESTMENT IN URBAN

单位：万元　　(10000 yuan)

年份 Year	本年完成投资 Total Investment Completed This Year	按资金来源分 Grouped by Source of Finance #国家预算内资金 State Budgetary Appropriation	#自筹资金 Fundraising	本年新增固定资产 Newly Increased Fixed Assets This Year	固定资产交付使用率 (%) Rate of Fixed Assets Put into Use (%)
1959	2906	2906			
1965	5356	5297	58		
1978	17548	14992	1578	11777	67.1
1981	10360	8604	1756	7773	75.0
1982	14220	10356	3864	8831	62.1
1983	16115	12017	4098	11304	76.2
1984	43320	14831	27961	17799	41.1
1985	58408	20473	33924	67069	114.8
1986	40971	18408	15912	40532	98.9
1987	37371	18687	14181	30001	80.3
1988	44530	20505	22729	35256	79.2
1989	51698	24219	20698	33407	64.6
1990	65209	40358	21085	51032	78.3
1991	86326	43324	39308	87107	100.9
1992	118981	57662	57782	112710	94.7
1993	163540	65365	65651	109694	67.1
1994	183331	91681	75284	114691	62.6
1995	329023	227418	63932	225972	68.7
1996	266874	69732	121965	177677	66.6
1997	303246	79317	133902	183684	60.6
1998	366071	176582	124299	213176	58.2
1999	474663	248485	170417	384314	81.0
2000	558743	340073	136766	570192	102.0
2001	727814	375416	173231	615641	84.6
2002	869549	693267	89830	492572	56.6
2003	1195111	804659	279586	801591	67.1
2004	1647838	1017026	363941	1330081	80.7
2005	1901593	1145425	348367	1763662	92.7
2006	2018401	1036258	574500	1566023	77.6
2007	2316460	1982466	626982	1804258	77.9
2008	2714534	2231102	773635	1325001	48.8
2009	3286622	2335631	1129189	2227362	67.8
2010	4054318	2955611	1317425	2547827	62.8
2011	4808381	3730318	1361541	3903328	81.2
2012	6069290	3614028	1642635	3165589	52.2
2013	7555444	4624504	3143479	5430226	71.9
2014	11197345	8493107	3812030	7776844	69.5
2015	13421621	11730446	4653103	10402540	77.5

注：从2014年起，城镇固定资产投资数据发布口径改为全社会固定资产投资（不含农户）（以下有关各表相同）

Note: Since 2014, statistical coverage for Urban Investment in Fixed Assets has been changed to Total Investment in Fixed Assets (not including Agricultural Households）. The same applies to the tables following.

4-5 按各种分组的城镇投资

INVESTMENT IN URBAN BY MANY GROUP

单位：万元 (10000 yuan)

指　　标	Item	2014	2015
投资总额	**Total Investment**	**11197345**	**13421621**
按经济类型分	**Grouped by Ownership**		
国有经济	State-Owned Units	7704548	9753817
集体经济	Collective-Owned Units	44826	15879
其他经济类型	Others	3447971	3651925
联营经济	Joint-Owned Economic Units	59547	31100
股份制经济	Share Holding Economic Units	1342335	1230052
其他经济	Others	1652519	1814778
按隶属关系分	**Grouped by Administrative Relationship**		
中　央	Central Government Projects	3113469	4942236
地　方	Local Projects	8083876	8479385
按构成分	**Grouped by Use of Funds**		
建筑工程	Construction	9278285	11328232
安装工程	Installation	704373	745050
设备工器具购置	Purchase of Equipment and Instruments	807425	920072
其他费用	Others	407262	428267
按建设性质分	**Grouped by Type of Construction**		
新　建	New Construction	9170021	10766470
扩　建	Expansion	421726	551799
改　建	Reconstruction	819994	1293150
单纯建造生活设施	Living Installation	262727	232303
迁　建	Movement	21283	19100
恢　复	Recovery	167445	90355
单纯购置	Purchase of Equipment	334149	468444
按国民经济行业分	**Grouped by Economic Sector**		
农林牧渔业	Farming,Forestry,Animal Husbandry and Fishery	576176	829262
采矿业	Mining Industry	606197	752481
制造业	Manufacturing	638273	301315

4-5 续表　continued

单位：万元　(10000 yuan)

指　　标	Item	2014	2015
电力、热力、燃气及水生产和供应业	Production and Supply of Electricity	2330649	1578581
建筑业	Construction		6738
交通运输、仓储及邮政业	Transportation, Storage and Post Industries	2137406	3506441
信息传输、软件和信息技术服务业	Information Transmission, Computer services and Software Industries	68853	84630
批发和零售业	Retail and Wholesale	96188	151822
住宿和餐饮业	Hotels and Easteries	289645	153569
金融业	Financial Industry	133964	477591
房地产业	Real Estate Industry	1381488	1316591
租赁和商务服务业	Tenancy and Commerce Servecis	107900	66183
科学研究和技术服务业	Scientific Research,Technology Services and Geological Prospecting	118518	113509
水利、环境和公共设施管理业	Water Conservancy,Environment and Public Facility Management	794175	1484168
居民服务、修理和其他服务业	Resident Services and Other Services	182768	122839
教育	Education	321342	367202
卫生和社会工作	Health, Social Security and Welfare	156395	160351
文化、体育和娱乐业	Culture, Sports and Entertainment	139324	188107
公共管理、社会保障和社会组织	Public Administration and Social Organizations	1118084	1760241
按资金来源分	**Grouped by Source of Funds**		
国家预算内资金	State Budgetary Appropriation	8493107	11730446
国内贷款	Domestic Loans	58011	107894
利用外资	Foreign Investment	14000	11000
自筹资金	Fundraising	3812030	4653103
其他资金来源	Others	635955	590066
本年新增固定资产	**Newly Increased Fixed Assets**	**7776844**	**10402540**
本年施工房屋面积 (万平方米)	**Floor Space of Buildings Under Construction (10000 sq.m)**	**1003.32**	**876.76**
其中:住宅	# Residential Buildings	587.42	509.45
本年竣工房屋面积 (万平方米)	**Floor Space of Buildings Completed (10000 sq.m)**	**357.13**	**246.5**
其中:住宅	# Residential Buildings	296.36	164.53
施工项目个数	**Number of Projects Under Construction (unit)**	**5322**	**5741**
其中:本年新开工	# Started This Year	3904	4188
本年投产项目个数	**Number of Projects Completed and Put into Use (unit)**	**3733**	**4285**

4-6 国民经济分行业固定资产投资(不含农户)施工、投产项目个数（2015年）

NUMBER OF URBAN PROJECTS UNDER CONSTRUCTION(2015)

行 业	Sector	施工项目(个) Number of Projects under Construction (unit)	全部建成投产项目(个) Number of Projects Completed and Put into Use (unit)	项目建成投产率(%) Rate of Projects Completed and Put into Use (%)
总计	**Total**	**5741**	**4285**	**74.6**
农、林、牧、渔业	Farming,Forestry,Animal Husbandry and Fishery	936	786	84.0
采矿业	Mining Industry	52	32	61.5
#有色金属矿采选业	Mining and Dressing of Nonferrous Metals	20	10	50.0
制造业	Manufacturing	195	156	80.0
#农副食品加工业	Farm and Sideline Products Processing	34	27	79.4
食品制造业	Food Production	10	7	70.0
酒、饮料和精制茶制造业	Beverages	20	18	90.0
医药制造业	Medical and Pharmaceutical Products	15	10	66.7
非金属矿物制品业	Nonmetal Mineral Products	23	21	91.3
电力、热力、燃气及水生产和供应业	Production and Supply of Electric Power, Gas and Water	214	138	64.5
#电力、热力生产和供应业	Electric Power	157	98	62.4
建筑业	Construction	4	3	75.0
交通运输、仓储及邮政业	Transportation, Storage, Postal and Telecommu–nications	638	430	67.4
#城市公共交通业	Public Traffic			
仓储业	Storage	33	28	84.8
邮政业	Postal	3	3	100.0
信息传输、软件和信息技术服务业	Information Transmission, Computer Services and Software Industries	43	40	93.0

4-6 续表 continued

行 业	Sector	施工项目(个) Number of Projects under Constr-uction (unit)	全部建成投产项目(个) Number of Projects Completed and Put into Use (unit)	项目建成投产率(%) Rate of Projects Completed and Put into Use (%)
#电信、广播电视和卫星传输服务	Telecommunication and Other Information Transmission	35	35	100.0
批发和零售业	Wholesale and Retail	83	71	85.5
住宿和餐饮业	Hotel and Catering	96	78	81.3
住宿业	Hotel	80	63	78.8
餐饮业	Catering	16	15	93.8
金融业	Financeial Industry	196	140	71.4
房地产业	Real Estate Industry	353	205	58.1
租赁和商务服务业	Leasing and Business Services	56	39	69.6
商务服务业	Business Services	54	37	68.5
科学研究和技术服务业	Scientific Research, Technology Services and Geological Prospecting	80	67	83.8
水利、环境和公共设施管理业	Water Conservaney,Environment and Public Facility Management	714	561	78.6
水利管理业	Water Conservaney Management	314	253	80.6
生态保护和环境治理业	Environment Management	50	37	74.0
公共设施管理业	Public facility Management	350	271	77.4
居民服务、修理和其他服务业	Resident Services and Other Services	52	46	88.5
教育	Education	486	352	72.4
卫生和社会工作	Health Care, Social Security and Welfare	192	145	75.5
文化、体育和娱乐业	Cultrre, sport and Recreational	126	93	73.8
广播、电视、电影和影视录音制作业	Radio, Film and Television and Video	11	6	54.5
文化艺术业	Culture and Arts	80	62	77.5
体育	Sports	23	14	60.9
娱乐业	Recreational	12	11	91.7
公共管理、社会保障和社会组织	Public Administration and Social Organizations	1225	903	73.7

4-7 国民经济分行业固定资产投资(不含农户)和新增固定资产（2015年）

INVESTMENT IN URBAN AND NEWLY INCREASED FIXED ASSETS BY SECTOR (2015)

行　业	Sector	投资额 (万元) Investment (10000 yuan)	新增固定资产 (万元) Newly Increased Fixed Assets (100 million yuan)	固定资产交付使用率 (%) Rate of Fixed Assets Put into Use (%)
总计	**Total**	**13421621**	**10402540**	**77.5**
农、林、牧、渔业	Farming,Forestry,Animal Husbandry and Fishery	829262	721903	87.1
采矿业	Mining Industry	752481	587877	78.1
#有色金属矿采选业	Mining and Dressing of Nonferrous Metals	670181	543245	81.1
制造业	Manufacturing	301315	299382	99.4
#农副食品加工业	Farm and Sideline Products Processing	13042	10926	83.8
食品制造业	Food Production	12308	10076	81.9
酒、饮料和精制茶制造业	Beverages	54800	59795	109.1
医药制造业	Medical and Pharmaceutical Products	21489	16850	78.4
非金属矿物制品业	Nonmetal Mineral Products	49144	89144	181.4
电力、热力、燃气及水的生产和供应业	Production and Supply of Electric Power, Gas and Water	1578581	1335645	84.6
#电力、热力生产和供应业	Electric Power	1525552	1282919	84.1
建筑业	Construction	6738	6738	100.0
交通运输、仓储及邮政业	Transportation, Storage, Postal and Telecommunications	3506441	1991178	56.8
#城市公共交通业	Public Traffic			
仓储业	Storage	104963	92929	88.5
邮政业	Postal	6746	8696	128.9
信息传输、软件和信息技术服务业	Information Transmission, Computer Services and Software Industries	84630	100249	118.5

4-7 续表 continued

行　　业	Sector	投资额 (万元) Invest-ment (10000 yuan)	新增固定资产 (万元) Newly Increased Fixed Assets (100 million yuan)	固定资产交付使用率 (%) Rate of Fixed Assets Put into Use (%)
#电信、广播电视和卫星传输服务	Telecommunication and Other Information Transmission	67946	90793	133.6
批发和零售业	Wholesale and Retail	151822	155060	102.1
住宿和餐饮业	Hotel and Catering	153569	178575	116.3
住宿业	Hotel	144341	168051	116.4
餐饮业	Catering	9228	10524	114.0
金融业	Financeial Industry	477591	377164	79.0
房地产业	Real Estate Industry	1316591	1152978	87.6
租赁和商务服务业	Leasing and Business Services	66183	47764	72.2
商务服务业	Business Services	65084	46665	71.7
科学研究和技术服务业	Scientific Research, Technology Services and Geological Prospecting	113509	159497	140.5
水利、环境和公共设施管理业	Water Conservaney,Environment and Public Facility Management	1484168	1236555	83.3
水利管理业	Water Conservaney Management	597889	310821	52.0
生态保护和环境治理业	Environment Management	60984	61788	101.3
公共设施管理业	Public facility Management	825295	863946	104.7
居民服务、修理和其他服务业	Resident Services and Other Services	122839	183887	149.7
教育	Education	367202	386329	105.2
卫生和社会工作	Health Care, Social Security and Welfare	160351	136588	85.2
文化、体育和娱乐业	Cultrre, sport and Recreational	188107	220307	117.1
广播、电视、电影和影视录音制作业	Radio, Film and Television and Video	2202	1586	72.0
文化艺术业	Culture and Arts	164210	197765	120.4
体育	Sports	10318	9809	95.1
娱乐业	Recreational	11377	11147	98.0
公共管理、社会保障和社会组织	Public Administration and Social Organizations	1760241	1124864	63.9

4-8 各地区国有经济按各种分组的固定资产投资（2015年）

指 标		Item		合计 Total	拉萨 Lhasa
投资总额	(万元)	**Total Investment**	**(10000 yuan)**	**9753817**	**2989133**
按资金来源分		**Grouped by Source of Funds**			
国家预算内资金		State Budgetary Appropriation		11513594	2598539
国内贷款		Domestic Loans		78061	6886
利用外资		Foreign Investment		11000	
自筹投资		Fundraising		995340	698756
其他投资		Others		351012	42629
按构成分		**Grouped by Use of Funds**			
建筑安装工程		Construction and Installation		8970023	2462290
设备、工器具购置		Purchase of Equipment and Instruments		443650	308881
其他费用		Others		340144	217962
按建设性质分		**Grouped by Type of Construction**			
#新建		New Construction		7547047	1742659
扩建		Expansion		512707	61487
改建		Reconstrction		1234795	1034759
按产业分		**Grouped by Type of Industry**			
第一产业		Primary Industry		696699	260810
第二产业		Secondary Industry		1365822	279477
第三产业		Tertiary Industry		7691296	2448846
按国民经济主要行业分		**Grouped by Main Sector**			
农林牧渔业		Farming,Forestry,Animal Husbandry and Fishery		696699	260810
工 业		Industry		1365822	279477
#能源工业		# Energy		1107914	68380
交通运输、仓储和邮政业		Transportation, Storage, Postal and Telecommunications		3284924	1162660
信息传输、计算机服务和软件业		Information Transmission, Computer Services and Software Industries		44788	5606
新增固定资产	(万元)	**Newly Increased Fixed Assets**	**(10000 yuan)**	**7438525**	**2380999**
固定资产交付使用率	(%)	**Rate of Fixed Assets Put into Use**	**(%)**	**76.3**	**79.7**
房屋建筑面积	(万平方米)	**Floor Space of Buildings**	**(10000 sq.m)**		
施工面积		Floor Space Under Constrction		344.54	39.23
竣工面积		Floor Space Completed		86.84	
#住宅		# Residential Buildings		31.93	

INVESTMENT IN FIXED ASSETS IN STATE-OWNED ECONOMY BY REGION (2015)

昌都 Qamdo	山南 Shannan	日喀则 Xigazê	那曲 Nagqu	阿里 Ngari	林芝 Nyingchi
1470782	**1289748**	**1057358**	**1221752**	**515299**	**1209745**
2348564	1107708	1027572	2379581	656619	1395011
	71175				
	11000				
65427	85471	18363	59500	4362	63461
19891	150281	13374		37666	87171
1387261	1238564	976940	1221752	473471	1209745
16109	51184	63694		3782	
67412		16724		38046	
1098931	1156687	848564	1160317	359362	1180527
320550	21281	35744	61435	2120	10090
532	7808	71898		119790	8
91470	85903	105918	28905	63413	60280
400377	338745	63129	117856	33859	132379
978935	865100	888311	1074991	418027	1017086
91470	85903	105918	28905	63413	60280
400377	338745	63129	117856	33859	132379
399574	309616	54810	117660	32709	125165
549501	319097	319266	113715	161437	659248
	18561		12000		8621
1314833	**1215194**	**756432**	**758550**	**374966**	**637551**
89.4	**94.2**	**71.5**	**62.1**	**72.8**	**52.7**
65.06	19.7	78.67	54.58	71.01	16.30
13.80	2.72	20.26	0.31	48.04	1.70
9.53	0.72	11.45		10.10	0.13

4-9 国有经济按各种分组的固定资产投资

INVESTMENT IN FIXED ASSETS OF STATE-OWNED UNITS

指 标		Item		2010	2013	2014	2015
投资总额	(万元)	**Total Investment**	**(10000 yuan)**	**3337026**	**6708235**	**7704548**	**9753817**
按资金来源分		**Grouped by Source of Funds**					
国家预算内资金		State Budgetary Appropriation		3100827	5904408	7939898	11513594
国内贷款		Domestic Loans		42326	145520	45509	78061
利用外资		Foreign Investment		9009	3000	3000	11000
自筹投资		Fundraising		472095	841490	762998	995340
其他投资		Others		167372	427152	384622	351012
按构成分		**Grouped by Use of Funds**					
建筑安装工程		Construction and Installation		2943835	6048491	7072502	8970023
设备、工器具购置		Purchase of Equipment and Instruments		336967	423688	356104	443650
其他费用		Others		56224	236056	275942	340144
按建设性质分		**Grouped by Type of Construction**					
#新建		New Construction		2340898	5541424	6200723	7547047
扩建		Expansion		388910	382802	347524	512707
改建		Reconstruction		142686	326308	749010	1234795
按产业分		**Grouped by Type of Industry**					
第一产业		Primary Industry		210956	381013	440528	696699
第二产业		Secondary Industry		817055	1894758	2216443	1365822
第三产业		Tertiary Industry		2309015	4432464	5047577	7691296
按国民经济主要行业分		**Grouped by Main Sector**					
农林牧渔业		Farming,Forestry,Animal Husbandry and Fishery		210956	381013	440528	696699
工 业		Industry		641506	1894758	2216443	1365822
#能源工业		# Energy		469537	1497369	2041690	1107914
交通运输、仓储和邮政业		Transportation, Storage and Post Industries		1128472	1604389	2038928	3284924
信息传输、计算机服务和软件业		Information Transmission, Computer Services and Software		7147	20369	42513	44788
新增固定资产	(万元)	**Newly Increased Fixed Assets**	**(10000 yuan)**	**2319313**	**4665764**	**5335543**	**7438525**
固定资产交付使用率	(%)	**Rate of Fixed Assets Put into Use**	**(%)**	**69.5**	**69.6**	**69.3**	**76.3**
房屋建筑面积	(万平方米)	**Floor Space of Buildings**	**(10000 sq.m)**				
施工面积		Floor Space Under Construction		477.26	379.74	346.52	344.54
竣工面积		Floor Space Completed		152.10	68.53	62.13	86.84
#住宅		# Residential Buildings		52.42	16.79	30.25	31.93

4-10 分地区固定资产投资(不含农户)（2015年）

INVESTMENT IN URBAN BY REGION(2015)

单位:万元　　　　(10000 yuan)

地　区	Region	建筑工程 Construction	安装工程 Installation	设备工器具购置 Purchase of Equipment	其他费用 Others
全　区	**All**	**11328232**	**745050**	**920072**	**428267**
拉萨市	Lhasa	4170971	212252	777273	299930
昌都市	Qamdo	1227658	414923	16159	67717
山南地区	Shannan	1376390	23927	58619	130
日喀则市	Xigazê	1276053	38483	64239	22444
那曲地区	Nagqu	1206736	15016		
阿里地区	Ngari	469732	3739	3782	38046
林芝市	Nyingchi	1600692	36710		

4-11 农村危房改造工程完成投资

INVESTMENT IN RURAL HOUSING PROJECT

单位：亿元　　　　(100 million yuan)

年份 Year	完成投资 Total Invsetment Completed	受益人口(万人) Beneficiary (10000 persons)
总　计	**297.70**	**284.13**
2006	33.98	28.85
2007	36.23	29.82
2008	39.65	29.30
2009	37.88	30.41
2010	23.15	21.89
2011	34.01	34.00
2012	42.08	32.76
2013	30.42	22.14
2014	10.83	29.32
2015	9.47	25.64

注:2014年以前为农牧民安居工程完成投资额。

Note: Before 2014, data of total invsetment completed refer to that of housing project for farmers and herdsmen .

4-12 房地产开发主要指标

MAIN INDICATORS OF REAL ESTATE DEVELOPMENT

指　标		Item		2002	2003
土地开发及购置	(万平方米)	**land Development and Purchase**	**(10000 sq.m)**		
本年土地开发面积		Land Space Developed This Year		12.58	7.22
本年土地购置面积		Land Space Purchased This Year		15.00	8.00
按资金来源分	(万元)	**Grouped by Source of Funds**	**(10000 yuan)**	**26907**	**45946**
国家预算内资金		State Budgetary Appropriation			
国内贷款		Domestic Loans		9300	9000
利用外资		Foreign Investment			
自筹资金		Fundraising		7632	27159
其他资金		Others		9811	9787
房屋建筑面积	(万平方米)	**Floor Space of Buildings**	**(10000 sq.m)**		
施工面积		Floor Space under Construction			17.37
竣工面积		Floor Space Competed		16.16	12.56
本年新开工面积		Floor Space Started This Year		19.05	17.37
#住宅		# Residential Buildings		15.70	14.66
商品房屋销售额	(万元)	**Sales Value of Buildings**	**(10000 yuan)**	**25348**	**18088**
#住宅		# Residential Buildings		22600	17794
商品房屋销售面积	(万平方米)	**Sales Value of Buildings**	**(10000sq.m)**	**16.16**	**10.32**
#住宅		# Residential Buildings		14.66	10.2
商品房屋销售价格	(元/平方米)	**Selling Price of House**	**(yuan/sq.m)**	**1568**	**1753**
#住宅		# Residential Buildings			1745
本年完成投资额	(万元)	**Invetment Complete This Year**	**(10000yuan)**	**27692**	**20005**
#住宅		# Residential Buildings		19065	16461

4-12 续表 continued

2004	2005	2006	2007	2008	2009	2010	2011	2012	2013	2014	2015
4.24	36.48	61.21	21.87	71.74	16.96	20.4	11.75				
	44.66	52.92	5.20	20.46	5.23	4.55	5.77	1.34		58.10	30.82
60166	**69783**	**115081**	**119154**	**133641**	**310418**	**150211**	**136383**	**107702**		**479030**	439281
4100	9626	16062	14060	19391	18600	783	24000			8000	12000
6552	24567	40029	30865	43514	118125	107545	28843	21319	51017	350322	286959
49514	35590	57274	74229	70736	173693	41883	44497	60001	74539	120708	140322
38.43	43.36	107.82	114.71	144.89	140.62		48.73	47.33	57.7	273.17	380.62
9.19	26.49	32.94	41.27	54.85	45.98	12.18	21.69	9.23	18.09	52.47	92.27
30.05	38.81	60.37	56.42	122.53	37.35	16.92	4.53	22.68	27.76	191.49	119.87
30.05	33.43	51.96	48.49	53.26	31.84	15.3	19.28	17.07	22.37	118.43	80.88
26279	**44032**	**112855**	**164348**	**213056**	**155127**	**56143**	**66890**	**73545**	**106023**	**342528**	**210756**
26279	36421	71317	158663	192808	146889	52105	60733	61578	88458	285541	166997
9.56	**25.90**	**57.10**	**60.78**	**66.68**	**63.26**	**19.37**	**19.36**	**22.50**	**25.40**	**59.33**	**51.27**
9.56	24.18	42.28	59.60	62.26	61.42	18.85	18.40	20.65	22.78	53.64	46.32
2749	**1700**	**1976**	**2704**	**3195**	**2452**	**2898**	**3455**	**3269**	**4174**	**5774**	**4111**
2749	1506	1687	2662	3097	2397		3299	2982	3883	5323	3605
53934	**60207**	**89022**	**116767**	**137888**	**157480**	**89634**	**51342**	**68719**	**96777**	**529087**	**500161**
52734	43348	69001	104008	120080	113798	69870	37363	42509	58669	294421	395958

第五篇

财　　政

Chapter 5

GOVERNMENT FINANCE

5-1　历年财政收支总额及指数

TOTAL REVENUE AND TOTAL EXPENDITURES AND ITS INDICES OF LOCAL FINANCE OF THE YEARS

年　份 Year	总收入(万元) Total Revenue (10000 yuan)	地方财政收入 Local Government Revenue	公共财政预算收入 public Budgetary Financial Revenue	国家财政补助收入 Subsidies Revenue of Government	总支出(万元) Total Expenditures (10000 yuan)	公共财政预算支出 public Budgetary Financial Expenditures	指数(上年=100) Indices (preceding year=100) 总收入 Total Revenue	总支出 Total Expenditures
1959	13302	2190		11112	7010		351.1	259.5
1965	14044	2239		11805	11313		82.6	83.0
1970	16203	-2142		18345	10613		148.8	119.1
1978	47063	-1558		48620	45734		125.7	139.9
1985	99735	-6037		105772	102941		149.0	100.6
1986	94938	-741		95679	89749		95.2	87.2
1987	101707	-353		102060	91341		107.1	101.8
1988	103303	-226		103077	104766		101.6	114.7
1989	125095	1380		123715	119231		121.1	113.8
1990	128470	1810		126660	129242		102.7	108.4
1991	139694	2325		137369	150018		108.7	116.1
1992	157270	10869		146401	166120		112.6	110.7
1993	189868	15601		174267	216012		120.7	130.0
1994	309781	14235		295546	302998		163.2	140.3
1995	334940	21500		313440	348749		108.1	115.1
1996	336502	24388	24141	312114	381195	368458	100.5	109.3
1997	386989	38254	29537	348735	390961	381952	115.0	102.6
1998	459820	44273	36393	415547	461966	453225	118.8	118.2
1999	627292	54581	45731	572711	544223	532544	136.4	117.8
2000	699222	63265	53848	635957	616108	599693	111.5	113.2
2001	1018566	73790	61108	944776	1062067	1045690	145.7	172.4
2002	1398795	87325	73082	1311470	1398904	1378433	137.3	131.7
2003	1387906	100342	81499	1287564	1481966	1459054	99.2	105.9
2004	1479554	119899	100188	1359655	1360690	1338335	106.6	91.8
2005	2058670	143330	120312	1915340	1891612	1854502	139.1	139.0
2006	2229029	172682	145607	2007860	2023024	2001969	108.3	106.9
2007	3101337	231437	201412	2804127	2793631	2753682	139.1	138.1
2008	3864431	285872	248823	3578559	3840173	3806589	124.6	137.5
2009	5018573	309108	300894	4709465	4711288	4701322	129.9	122.7
2010	5734659	424679	366473	5309980	5625834	5510362	114.2	119.4
2011	7787811	645270	547647	7142541	7756827	7581085	135.8	137.9
2012	8999260	956285	865827	8042975	9339713	9053384	115.6	120.4
2013	10129122	1104234	950237	9024888	10490647	10143128	112.6	112.0
2014	11996218	1647536	1242708	10348682	12402711	11855107	118.4	118.2
2015	15070047	1758307	1371293	13311740	14248160	13814638	125.6	115.3

5-2 地方财政收入占地区生产总值的比重

LOCAL GOVERNMENTS REVENUE AS PERCENTAGE TO GROSS DOMESTIC PRODUCT

年份 Year	地方财政收入(亿元) Local Government Revenue (100 million yuan)	地区生产总值(亿元) Gross Domestic Products (100 million yuan)	地方财政收入占地区生产总值的比重(%) Percentage of Local Government Revenue to GDP(%)
1978	-0.16	6.65	
1981	-0.57	10.40	
1982	-0.56	10.21	
1983	-0.48	10.29	
1984	-1.10	13.68	
1985	-0.60	17.76	
1986	-0.07	16.93	
1987	-0.04	17.71	
1988	-0.02	20.25	
1989	0.14	21.86	0.6
1990	0.18	27.70	0.6
1991	0.23	30.53	0.8
1992	1.09	33.29	3.3
1993	1.56	37.28	4.2
1994	1.42	45.84	3.1
1995	2.15	55.98	3.8
1996	2.44	64.76	3.8
1997	3.83	76.98	5.0
1998	4.43	91.18	4.9
1999	5.46	105.61	5.2
2000	6.33	117.46	5.4
2001	7.38	138.73	5.3
2002	8.73	161.42	5.4
2003	10.03	184.50	5.4
2004	11.99	211.54	5.7
2005	14.33	251.21	5.7
2006	17.27	291.01	5.9
2007	23.14	342.19	6.8
2008	28.59	395.91	7.2
2009	30.91	441.36	7.0
2010	42.47	507.46	8.4
2011	64.52	605.83	10.6
2012	95.63	701.03	13.6
2013	110.42	807.67	13.7
2014	164.75	920.83	17.9
2015	175.83	1026.39	17.1

5-3　地方财政收入基本情况

LOCAL GOVERNMENT FINANCIAL REVENUE IN CURRENT BUDGET

单位：万元　(10000 yuan)

项　目	Item	1999	2000	2005	2010	2013	2014	2015
地方财政收入	**Local Government Financial Revenue**	**54581**	**63265**	**143330**	**424679**	**1104234**	**1647536**	**1758307**
公共财政预算收入	**Public Budgetary Financial Revenue**	**45731**	**53848**	**120312**	**366473**	**950237**	**1242708**	**1371293**
各项税收	Taxes	43073	50652	81458	252770	715366	858616	919971
增值税	Value-added Tax	6954	7892	11824	35005	107668	159054	173445
营业税	Operation Tax	16758	19390	48721	119554	281192	319832	416099
企业所得税	Enterprises' Income Tax	12623	16123	8879	45273	125059	181387	115024
个人所得税	Individual Income Tax	2697	3127	4475	19797	114834	94365	84805
资源税	Resources Tax	1534	1654	2399	6630	9731	6958	9574
城市维护建设税	Building Tax on City Maintenance	1912	2117	4114	18651	47239	57256	66969
印花税	Stemp tax	151	168	654	3099	11211	16544	19587
土地增值税	Land Value Added Tax	437	144	296	1302	6444	10585	10771
其他税收	Other Taxes	7	37	96	3459	11988	12635	23697
国有资本经营收入	Operational Income of State-owned Assets	1014	837	1683	-4273	-2962	-1632	-2013
国有资源（资产）有偿使用收入	State-owned Resources(Assets) Compensation for the use of Revenue				30864	76318	162041	236687
行政事业性收费收入	Revenue of from Administrative and Institutional Units	689	834	16289	15879	30023	32494	34711
罚没收入	Penalty	1530	2029	5841	8295	22336	25419	21928
专项收入	Special Revenue	1153	1607	3469	11806	40790	37576	61611
其他收入	Other Revenue	8348	8045	20721	51132	68366	128194	98398
基金收入	**Fund Budgetary Revenue**	**8850**	**9417**	**23018**	**58206**	**153997**	**404828**	**387014**

5-4 财政支出基本情况

FINANCIAL EXPENDITURE

单位：万元 (10000 yuan)

项 目	Item	2014	2015
财政支出	**Total Financial Expenditure**	**12402711**	**14248160**
公共财政预算支出	**Public Budgetary Financial Expenditures**	**11855107**	**13814638**
一般公共服务	General Public Services	1640899	2059181
教育	Education	1420833	1672653
科学技术	Science and Technology	44214	54085
文化体育与传媒	Culture Education and Summon Matchmaker	341021	347304
社会保障和就业	Social Security and Employed	859790	1030038
医疗卫生	Medical and Health	488634	627956
节能环保	Environmental Protection	292349	568267
城乡社区事务	Urban and Rural Community Affairs	671218	933374
农林水事务	Agriculture Forestry Water Affairs	1692421	2002697
交通运输	Transports	1731733	1786065
资源勘察电力信息等事物	Mining and Quarrying , Electricity and Information	567296	329247
粮油物资管理等事物	Management of Grain , Oil and Material Reserves	26070	34108
金融监管	Financial Regulation	26246	28377
国土资源气象等事务	Land resources and Meteorological Affairs	94743	154597
其他支出	Others	1957640	2186689
基金支出	**Fund Budgetary Expenditures**	**547604**	**433522**

5-5 各地市财政收支情况

FINANCIAL REVENUE AND EXPENDITURES BY REGION

单位：亿元 (100 million yuan)

地 区 Region		2013		2014		2015	
		财政收入 Financial Revenue	财政支出 Financial Expenditures	财政收入 Financial Revenue	财政支出 Financial Expenditures	财政收入 Financial Revenue	财政支出 Financial Expenditures
拉萨市	Lhasa	50.16	131.92	64.79	169.48	62.42	200.39
昌都市	Qamdo	7.5	91.36	9.00	100.23	10.24	161.64
山南地区	Shannan	7.93	61.60	9.86	76.71	11.60	121.84
日喀则市	Xigazê	7.35	93.46	8.13	120.30	9.51	186.11
那曲地区	Nagqu	3.76	67.16	4.29	81.96	5.16	131.95
阿里地区	Ngari	1.96	31.97	2.45	40.80	2.95	65.19
林芝市	Nyingchi	6.95	42.06	7.58	49.64	8.63	74.65

5-6 各地市财政收入占地区生产总值的比重

LOCAL GOVERNMENT REVENUE BY REGION AS PERCENTAGE TO GROSS DOMESTIC PRODUCE

地 区 Region		2014			2015		
		财政收入(亿元) Local Govern-ment Revenue (100 millin yuan)	地区生产总值(亿元) Gross Domestic Products (100 million yuan)	财政收入占地区生产总值比重(%) Percentage of Local Government Revenue to GDP (%)	财政收入(亿元) Local Govern-ment Revenue (100 millin yuan)	地区生产总值(亿元) Gross Domestic Products (100 million yuan)	财政收入占地区生产总值比重(%) Percentage of Local Government Revenue to GDP (%)
拉萨市	Lhasa	64.79	347.45	18.6	62.42	376.73	16.6
昌都市	Qamdo	9.00	117.11	7.7	10.24	132.02	7.8
山南地区	Shannan	9.86	101.13	9.7	11.60	113.62	10.2
日喀则市	Xigazê	8.13	146.40	5.6	9.51	166.85	5.7
那曲地区	Nagqu	4.29	83.39	5.1	5.16	94.94	5.4
阿里地区	Ngari	2.45	32.92	7.4	2.95	37.12	7.9
林芝市	Nyingchi	7.58	92.86	8.2	8.63	104.33	8.3

FINANCIAL REVENUE AND EXPENDITURES BY REGION

LOCAL GOVERNMENT REVENUE BY REGION AS PERCENTAGE OF GROSS DOMESTIC PRODUCT

第六篇

物价指数

Chapter 6

PRICE INDICES

6-1 全区物价指数

GENERAL PRICE INDICES

上年=100 (preceding year=100)

年份 Year	商品零售价格指数 General Retail	城镇 Urban Areas	农村 Rural Areas	居民消费价格指数 General Consumer Price Index	城镇 Urban Areas	农村 Rural Areas
1996	107.2	106.4	108.5	107.8	109.5	106.1
1997	104.2	103.7	104.6	105.0	104.8	105.6
1998	98.8	99.0	98.9	100.7	99.8	101.5
1999	98.8	98.5	99.0	100.0	99.4	100.5
2000	99.2	99.1	99.5	99.9	100.4	99.8
2001	99.6	99.6	99.4	100.2	99.2	100.9
2002	99.5	99.4	99.6	100.4	101.0	99.9
2003	99.4	99.1	100.0	100.9	100.8	100.9
2004	100.7	100.5	101.2	102.7	102.0	103.4
2005	100.8	100.8	100.4	101.5	101.5	100.9
2006	100.2	99.9	100.8	102.0	101.9	102.4
2007	101.7	101.3	102.5	103.4	102.9	104.2
2008	103.9	104.1	103.5	105.7	105.7	105.7
2009	99.5	99.5	99.6	101.4	101.5	101.3
2010	101.0	101.0	101.0	102.2	102.2	102.2
2011	103.7	103.9	103.3	105.0	105.2	104.7
2012	102.9	103.1	102.5	103.5	103.6	103.4
2013	103.0	103.3	102.5	103.6	103.5	103.6
2014	102.2	102.4	101.9	102.9	103.3	102.5
2015	101.4	101.4	101.3	102.0	102.1	101.8
1989年=100 (1989=100)						
1996	205.9	203.5	209.6	233.6	241.1	224.6
1997	214.5	211.0	219.2	245.3	252.7	237.2
1998	211.9	208.9	216.8	247.0	252.2	240.8
1999	209.4	205.8	214.6	247.0	250.7	242.0
2000	207.7	203.9	213.5	246.8	251.8	241.5
2001	206.9	203.1	212.2	247.3	249.8	243.7
2002	205.9	201.9	211.4	248.3	252.3	243.5
2003	204.7	200.1	211.4	250.5	254.3	245.7
2004	206.1	201.1	213.9	257.3	259.4	254.1
2005	207.8	202.7	214.8	261.2	263.3	256.4
2006	208.2	202.5	216.5	266.4	268.3	262.6
2007	211.7	205.1	221.9	275.5	276.1	273.6
2008	220.0	213.5	229.7	291.2	291.8	289.2
2009	218.9	212.4	228.8	295.3	296.2	293.0
2010	221.1	214.5	231.1	301.8	302.8	299.5
2011	229.5	223.1	239.2	315.4	316.4	313.0
2012	236.0	229.8	244.7	328.0	330.0	324.3
2013	243.1	237.4	250.8	339.8	341.6	336.0
2014	248.4	243.1	255.6	249.7	352.9	344.4
2015	251.9	246.5	258.9	254.7	360.3	350.6

6-2 居民消费价格分类指数

CONSUMER PRICE INDICES BY CATEGORY

上年=100 (preceding year=100)

项 目	Item	2001	2007	2010	2013	2014	2015
居民消费价格总指数	**General Consumer Price Index**	**100.2**	**103.4**	**102.2**	**103.6**	**102.9**	**102.0**
非食品价格指数	**Consumer Price Index Without Food**	**100.6**	**101.8**	**101.1**	**101.2**	**101.5**	**101.3**
服务项目价格指数	**Services Price Index**	**101.7**	**103.7**	**101.5**	**102.7**	**102.9**	**102.1**
消费品价格指数	**Consumer Goods Price Index**	**99.9**	**103.3**	**102.3**	**103.8**	**102.9**	**102.0**
食品类	**Food**	**99.4**	**106.6**	**104.5**	**107.7**	**105.3**	**103.1**
粮食	Grain	99.9	108.5	107.1	106.3	105.4	102.9
淀粉	Starches	98.0	99.6	103.4	103.1	106.8	104.9
干豆类及豆制品	Bean and Its Products	99.4	102.7	110.6	109	97.8	105.3
油脂类	Oil or Fat	97.2	108.5	100.9	103.5	102.5	100.4
肉禽及其制品	Meal, Poultry and Their Products	102.4	119.5	102.1	112.5	107.7	102.9
蛋类	Eggs	97.1	105.1	103.5	106.3	106.1	102.3
水产品	Aquatic Products	100.9	104.1	102.8	106.6	100.5	104.6
菜类	Vegetables	92.4	99.1	107.9	108.8	105.2	103.9
调味品	Flavoring	99.8	98.9	102.3	99.9	102.0	102.7
糖类	Carbohydrate	99.0	102.7	102.1	102.8	101.0	100.7
茶及饮料	Tea and Beverages	100.3	100.9	100.7	103	103.1	101.1
干鲜瓜果类	Dried and Fresh Melons and Fruits	101.5	109.4	108.9	106.4	105.2	103.9
糕点、饼干	Cakes and Biscuits	98.9	102.9	100.7	103.1	101.3	101.2
液体乳及乳制品	Liquid Milk and Its Products	100.1	102.3	105.1	106.4	104.9	102.5
在外用膳食品	Out-of-home Food	100.0	103.6	104.4	107.8	107.1	105.8
其他食品	Other Food	100.2	99.7	100.2	103.4	100.8	100.2
烟酒及用品	**Cigarettes,Liquors and Related Items**	**99.6**	**102.5**	**101.1**	**100.2**	**100.1**	**103.6**
烟草	Tobacco	99.1	103.1	100.5	99.8	100.1	105.8
酒	Liquors	100.4	101.9	102.1	100.8	100.1	100.6
吸烟饮酒用品	Cigarettes and Spirits Related Items	100.1	101.2	99.8			
衣着类	**Clothing**	**101.1**	**102**	**102.1**	**102.2**	**102.3**	**102.4**

6-2 续表 continued

上年=100 (preceding year=100)

项 目	Item	2001	2007	2010	2013	2014	2015
服装	Garments	100.4	101.7	102.5	101.2	101.1	100.2
衣着材料	Clothing Material	102.1	100.1	101.8	101.1	101.2	100.5
鞋、袜、帽	Shoes,Socks and Hats	102.8	102.5	100.9	101.7	103.0	101.5
衣着加工服务费	Garment Processing Service	100.2	104.7	102.8	110.8	108.2	116.5
家庭设备用品及维修服务	**Home Appliances and Repair Service**	**99.4**	**100.0**	**100.6**	**100.5**	**101.3**	**101.5**
耐用消费品	Durable Consumer Goods	98.9	100.0	100.1	100.3	100.6	100.7
室内装饰品	Interior Decorations	99.8	100.1	100.3	100.7	100.3	100.8
床上用品	Bed Articles	99.9	100.1	102.2	101.1	101.9	101.8
家庭日用杂品	Daily Use Household Articles	99.5	99.4	100.7	100.1	101.3	101.7
家庭服务及加工维修服务	Household Service and Repair Service	101.7	102.3	100.5	101.4	104.2	104.8
医疗保健和个人用品	**Medicine,Medical Service and Personal Ariclės**	**100.1**	**100.1**	**101.2**	**100.2**	**101.0**	**101.4**
医疗保健	Medical Appliances and Articles	100.1	99.2	100.3	100.3	101.7	102.3
个人用品及服务	Personal Articles and Service		100.9	102.1	100.2	100.1	100.1
交通和通信	**Transportation and Communication**	**103.6**	**100.6**	**99.8**	**100.4**	**100.6**	**98.5**
交通	Transportation	101.6	101.4	102.9	101.3	101.1	97.4
通信	Communication	106.2	99	94	99.1	99.8	100.0
娱乐教育文化用品及服务	**Recreation,Education ,Culture Articles and It's Service**	**98.7**	**100.2**	**99.7**	**101.4**	**101.7**	**101.4**
文娱用耐用消费品及服务	Durable Consumer Goods for Recreational Use	94.8	97.7	93.4	99.3	98.9	99.9
教育	Education	100.2	100.4	100.8	100.6	101.5	100.9
文化娱乐类	Cultural and Recreational Articles	103.6	101.6	101.1	100.8	100.3	100.1
旅游	Tourism		102.5	107.5	108.1	108.3	106.4
居 住	**Residence**	**101.3**	**107.1**	**102.8**	**102.5**	**102.4**	**100.7**
建房及装修材料	Construction and Decoration Materials	100.5	100.9	104.6	101.9	100.8	102.5
租房	Building Materials	100	102.5	105.2	100.4	102.2	100.0
自有住房	Self-owned House		124.5	100.2	104.1	103.6	101.0
水电燃料	Water, Electricity and Fuels	101.7	106.5	101.3	102.5	101.1	100.8

6-3 拉萨市居民消费价格分类指数

CONSUMER PRICE INDICES BY CATEGORY OF LHASA

上年=100 (preceding year=100)

项　目	Item	2008	2009	2010	2013	2014	2015
居民消费价格总指数	**General Consumer Price Index**	**106.4**	**101.7**	**102.2**	**103.4**	**103.0**	**102.2**
非食品价格指数	**Consumer Price Index Without Food**	**102.7**	**100.9**	**101.3**	**100.4**	**101.2**	**101.1**
服务项目价格指数	**Services Price Index**	**101.2**	**101.7**	**102.0**	**100.5**	**102.8**	**101.8**
消费品价格指数	**Consumer Goods Price Index**	**107.7**	**101.7**	**102.2**	**104.2**	**103.1**	**102.3**
食品类	**Food**	**115.1**	**103.8**	**104.3**	**109.3**	**106.4**	**103.9**
粮食	Grain	102.9	98.4	107.0	113.1	109.4	105.1
淀粉	Starches	106.0	99.0	104.5	105.3	110.4	116.1
干豆类及豆制品	Bean and Its Products	121.7	104.9	114.3	111.9	93.6	114.2
油脂类	Oil or Fat	128.1	94.7	101.0	100.2	100.8	100.5
肉禽及其制品	Meal, Poultry and Their Products	129.5	96.9	101.2	113.3	106.9	104.6
蛋类	Eggs	112.0	97.8	105.0	108.7	104.4	106.5
水产品	Aquatic Products	121.1	101.8	102.5	109.2	100.7	101.5
菜类	Vegetables	108.3	119.1	105.3	108.1	106.4	102.0
调味品	Flavoring	100.1	105.4	106.0	100.8	103.8	102.9
糖类	Carbohydrate	106.9	102.1	100.8	105.8	101.6	100.0
茶及饮料	Tea and Beverages	108.6	101.9	101.0	105.1	106.5	102.4
干鲜瓜果类	Dried and Fresh Melons and Fruits	116.2	118.9	107.4	109.1	109.0	100.9
糕点、饼干	Cakes and Biscuits	105.1	100.9	101.2	104.3	102.7	100.0
液体乳及乳制品	Liquid Milk and Its Products	119.0	108.3	111.9	108.7	105.8	106.0
在外用膳食品	Out-of-home Food	103.9	104.0	105.5	107.8	111.2	106.3
其他食品	Other Food	105.3	100.0	100.0	100.0	100.0	100.0
烟酒及用品	**Cigarettes,Liquors and Related Items**	**103.3**	**104.3**	**101.9**	**99.3**	**99.4**	**104.9**
烟草	Tobacco	101.5	107.5	102.9	100.0	100.0	106.8
酒	Liquors	106.5	101.7	101.2	97.3	97.7	99.8
吸烟饮酒用品	Cigarettes and Spirits Related Items	100.0	99.6	99.8			
衣着类	**Clothing**	**103.8**	**101.7**	**102.4**	**103.9**	**103.0**	**101.5**

6-3 续表 continued

上年=100 (preceding year=100)

项　目	Item	2008	2009	2010	2013	2014	2015
服装	Garments	105.6	102.0	102.6	102.4	101.9	98.9
衣着材料	Clothing Material	102.0	109.8	103.1	101.8	100.0	100.0
鞋、袜、帽	Shoes,Socks and Hats	101.8	94.1	101.2	102.2	103.8	100.0
衣着加工服务费	Garment Processing Service	100.0	113.7	104.1	118.9	109.4	119.3
家庭设备用品及维修服务	**Home Appliances and Repair Service**	**103.8**	**99.5**	**101.4**	**100.2**	**101.5**	**101.3**
耐用消费品	Durable Consumer Goods	103.8	94.6	101.0	100.2	101.2	100.7
室内装饰品	Interior Decorations	107.5	105.4	100.9	100.0	100.0	100.0
床上用品	Bed Articles	104.1	101.0	104.3	100.0	101.9	102.3
家庭日用杂品	Daily Use Household Articles	104.1	104.1	100.8	100.4	100.2	100.0
家庭服务及加工维修服务	Household Service and Repair Service	100.0	104.9	100.4	100.0	106.6	106.0
医疗保健和个人用品	**Medicine,Medical Service and Personal Aricles**	**102.2**	**102.1**	**101.0**	**99.4**	**100.2**	**101.2**
医疗保健	Medical Appliances and Articles	99.8	98.3	99.4	100.0	101.5	104.4
个人用品及服务	Personal Articles and Service	104.8	106.1	102.6	98.9	99.0	98.0
交通和通信	**Transportation and Communication**	**100.3**	**98.1**	**98.6**	**100.9**	**100.8**	**99.0**
交通	Transportation	103.1	100.9	102.3	101.6	101.5	98.3
通信	Communication	96.5	94.1	93.2	99.9	99.9	100.0
娱乐教育文化用品及服务	**Recreation,Education ,Culture Articles and It's Service**	**98.1**	**99.9**	**100.1**	**99.8**	**99.1**	**99.3**
文娱用耐用消费品及服务	Durable Consumer Goods for Recreational Use	98.7	96.3	89.7	98.9	97.2	100.3
教育	Education	99.7	99.4	100.7	100.5	101.5	100.1
文化娱乐类	Cultural and Recreational Articles	99.8	104.9	101.5	100.7	99.4	99.3
旅游	Tourism	92.1	101.1	114.4	98.7	96.7	95.8
居　住	**Residence**	**106.8**	**100.4**	**102.7**	**98.5**	**103.1**	**100.8**
建房及装修材料	Construction and Decoration Materials	105.7	103.8	106.2	102.0	102.9	101.6
租房	Building Materials	100.3	102.2	106.4	94.3	104.5	101.0
自有住房	Self-owned House	110.4	94.9	102.0	100.0	103.6	101.2
水电燃料	Water, Electricity and Fuels	107.7	99.5	98.5	101.0	100.7	99.7

6-4 昌都市居民消费价格分类指数

CONSUMER PRICE INDICES BY CATEGORY OF QAMDO

上年=100 (preceding year=100)

项　　目	Item	2008	2009	2010	2013	2014	2015
居民消费价格总指数	**General Consumer Price Index**	**104.9**	**101.6**	**102.5**	**104.9**	**102.4**	**102.3**
非食品价格指数	**Consumer Price Index Without Food**	**101.8**	**100.3**	**101.1**	**102.9**	**101.4**	**100.9**
服务项目价格指数	**Services Price Index**	**103.7**	**101.7**	**104.7**	**107.1**	**102.5**	**100.5**
消费品价格指数	**Consumer Goods Price Index**	**105.1**	**101.6**	**102.2**	**104.4**	**102.4**	**102.8**
食品类	**Food**	**110.6**	**104.0**	**105.1**	**108.5**	**104.1**	**104.5**
粮食	Grain	102.8	102.4	109.0	105.6	103.4	101.3
淀粉	Starches	102.2	101.3	100.0	108.1	104.8	100.1
干豆类及豆制品	Bean and Its Products	102.9	101.8	102.5	114.2	98.6	100.8
油脂类	Oil or Fat	115.0	96.5	102.6	114.2	105.9	99.0
肉禽及其制品	Meal, Poultry and Their Products	129.3	101.1	101.0	115.9	109.6	104.5
蛋类	Eggs	102.5	99.2	102.8	101.1	103.2	101.1
水产品	Aquatic Products	102.3	98.6	104.2	101.7	101.9	117.4
菜类	Vegetables	110.0	114.0	113.8	111.5	101.1	105.9
调味品	Flavoring	103.6	88.8	81.8	94.5	103.4	110.1
糖类	Carbohydrate	103.8	98.2	103.8	106.1	99.3	99.5
茶及饮料	Tea and Beverages	102.4	101.8	102.4	102.4	103.1	100.7
干鲜瓜果类	Dried and Fresh Melons and Fruits	108.4	113.1	107.5	101.6	98.4	112.7
糕点、饼干	Cakes and Biscuits	102.4	100.2	100.0	102.7	100.8	99.8
液体乳及乳制品	Liquid Milk and Its Products	105.7	106.8	99.7	110.7	103.1	101.7
在外用膳食品	Out-of-home Food	113.7	101.1	104.5	113.2	111.1	107.4
其他食品	Other Food	112.2	100.0	100.3	101.6	106.4	100.6
烟酒及用品	**Cigarettes,Liquors and Related Items**	**101.0**	**101.3**	**97.0**	**102.9**	**100.5**	**103.6**
烟草	Tobacco	100.3	101.7	93.1	100.9	100.3	106.1
酒	Liquors	102.4	100.7	102.7	105.7	100.6	100.1
吸烟饮酒用品	Cigarettes and Spirits Related Items	100.0	100.4	100.4			
衣着类	**Clothing**	**104.9**	**102.4**	**102.3**	**102.4**	**101.4**	**100.1**

6-4 续表 continued

上年=100 (preceding year=100)

项　　目	Item	2008	2009	2010	2013	2014	2015
服装	Garments	102.4	103.1	103.8	100.5	100.6	100.0
衣着材料	Clothing Material	109.7	101.2	98.7	100.9	100.8	100.1
鞋、袜、帽	Shoes,Socks and Hats	108.7	101.0	100.2	100.7	100.2	100.2
衣着加工服务费	Garment Processing Service	104.7	102.6	101.5	117.8	108.2	100.2
家庭设备用品及维修服务	**Home Appliances and Repair Service**	**102.4**	**99.7**	**100.6**	**100.5**	**100.9**	**100.6**
耐用消费品	Durable Consumer Goods	102.8	98.6	100.6	100.3	100.1	100.1
室内装饰品	Interior Decorations	102.2	100.4	100.0	100.6	100.1	99.9
床上用品	Bed Articles	100.3	101.3	100.1	100.5	101.5	100.1
家庭日用杂品	Daily Use Household Articles	100.0	99.8	100.3	100.7	102.5	100.1
家庭服务及加工维修服务	Household Service and Repair Service	112.6	105.7	104.7	100.5	101.3	108.8
医疗保健和个人用品	**Medicine,Medical Service and Personal Aricles**	**101.0**	**99.6**	**101.3**	**101.4**	**101.0**	**100.4**
医疗保健	Medical Appliances and Articles	100.7	100.5	100.8	102.7	100.8	100.1
个人用品及服务	Personal Articles and Service	101.4	98.8	101.8	100.1	101.2	100.7
交通和通信	**Transportation and Communication**	**100.2**	**98.5**	**102.7**	**100.2**	**99.9**	**98.5**
交通	Transportation	103.5	99.6	104.7	100.3	99.8	97.3
通信	Communication	96.0	96.9	100.1	100.0	100.0	100.1
娱乐教育文化用品及服务	**Recreation,Education ,Culture Articles and It's Service**	**97.7**	**99.2**	**103.3**	**102.2**	**102.8**	**102.7**
文娱用耐用消费品及服务	Durable Consumer Goods for Recreational Use	92.3	93.9	99.8	100.3	100.1	100.0
教育	Education	102.1	104.4	105.2	101.7	104.6	105.7
文化娱乐类	Cultural and Recreational Articles	98.9	99.2	100.5	102.0	101.2	101.1
旅游	Tourism	95.6	95.4	109.5	108.0	105.8	102.1
居 住	**Residence**	**104.2**	**100.4**	**100.0**	**109.8**	**103.2**	**100.9**
建房及装修材料	Construction and Decoration Materials	103.1	99.8	101.8	101.4	99.8	108.2
租房	Building Materials	101.0	103.0	107.3	113.6	103.1	100.0
自有住房	Self-owned House	121.5	103.3	106.0	110.8	104.3	100.0
水电燃料	Water, Electricity and Fuels	101.9	98.7	95.2	105.0	102.5	102.1

6-5 山南地区居民消费价格分类指数

CONSUMER PRICE INDICES BY CATEGORY OF SHANNAN

上年=100 (preceding year=100)

项 目	Item	2008	2009	2010	2013	2014	2015
居民消费价格总指数	**General Consumer Price Index**	**104.0**	**101.3**	**102.3**	**102.7**	**102.5**	**101.2**
非食品价格指数	**Consumer Price Index Without Food**	**101.5**	**99.3**	**102.5**	**100.7**	**100.7**	**101.1**
服务项目价格指数	**Services Price Index**	**105.6**	**99.7**	**102.0**	**101.5**	**101.5**	**101.1**
消费品价格指数	**Consumer Goods Price Index**	**103.7**	**101.6**	**102.9**	**102.9**	**102.8**	**101.3**
食品类	**Food**	**108.3**	**105.0**	**103.1**	**106.0**	**105.5**	**101.5**
粮食	Grain	106.1	100.0	103.0	105.3	103.8	102.4
淀粉	Starches	100.0	100.0	100.0	101.2	100.0	102.0
干豆类及豆制品	Bean and Its Products	141.6	100.0	112.4	99.3	99.1	103.5
油脂类	Oil or Fat	118.2	98.9	104.7	100.7	99.0	99.9
肉禽及其制品	Meal, Poultry and Their Products	123.8	105.0	98.3	111.7	99.1	105.0
蛋类	Eggs	104.9	111.2	103.1	107.7	107.9	100.9
水产品	Aquatic Products	116.7	103.1	107.1	108.8	102.1	101.3
菜类	Vegetables	99.0	114.1	104.2	105.7	114.6	99.7
调味品	Flavoring	97.5	100.2	101.6	100.0	100.4	101.5
糖类	Carbohydrate	109.3	103.9	102.5	100.3	101.2	103.7
茶及饮料	Tea and Beverages	99.6	100.0	100.0	100.0	100.0	100.0
干鲜瓜果类	Dried and Fresh Melons and Fruits	109.5	114.9	107.0	100.0	113.5	95.6
糕点、饼干	Cakes and Biscuits	94.9	100.0	100.0	100.4	100.0	100.0
液体乳及乳制品	Liquid Milk and Its Products	116.1	99.8	101.3	113.0	101.5	102.7
在外用膳食品	Out-of-home Food	103.1	100.7	106.0	107.4	109.1	103.9
其他食品	Other Food	100.0	105.7	102.2	100.0	100.0	100.0
烟酒及用品	**Cigarettes,Liquors and Related Items**	**99.8**	**100.1**	**105.6**	**100.0**	**99.5**	**101.8**
烟草	Tobacco	99.6	98.9	99.6	100.0	101.0	106.5
酒	Liquors	99.9	101.9	114.7	100.0	98.0	97.0
吸烟饮酒用品	Cigarettes and Spirits Related Items	100.2	99.3	99.8			
衣着类	**Clothing**	**99.6**	**100.7**	**103.6**	**102.1**	**101.6**	**102.7**

6-5 续表 continued

上年=100 (preceding year=100)

项　目	Item	2008	2009	2010	2013	2014	2015
服装	Garments	99.4	101.5	104.0	101.1	101.3	101.9
衣着材料	Clothing Material	100.0	99.6	108.2	102.1	100.8	100.2
鞋、袜、帽	Shoes,Socks and Hats	99.6	99.5	101.0	102.7	100.7	103.4
衣着加工服务费	Garment Processing Service	100.0	100.0	105.5	104.9	104.0	105.0
家庭设备用品及维修服务	**Home Appliances and Repair Service**	**99.8**	**99.0**	**101.9**	**100.5**	**100.6**	**101.1**
耐用消费品	Durable Consumer Goods	99.6	98.1	101.1	99.0	100.3	101.2
室内装饰品	Interior Decorations	100.0	100.0	102.2	100.0	100.0	100.0
床上用品	Bed Articles	99.8	100.0	100.4	100.2	100.1	100.0
家庭日用杂品	Daily Use Household Articles	100.0	100.0	103.7	101.1	100.6	100.5
家庭服务及加工维修服务	Household Service and Repair Service	99.5	97.7	102.2	103.5	101.9	103.7
医疗保健和个人用品	**Medicine,Medical Service and Personal Aricles**	**101.5**	**99.0**	**102.1**	**100.4**	**101.1**	**102.4**
医疗保健	Medical Appliances and Articles	101.7	99.3	99.6	99.7	101.3	102.6
个人用品及服务	Personal Articles and Service	101.2	98.6	104.2	101.3	100.7	102.1
交通和通信	**Transportation and Communication**	**104.8**	**98.5**	**101.2**	**99.6**	**100.2**	**96.9**
交通	Transportation	110.7	104.9	104.8	99.8	100.3	95.8
通信	Communication	98.6	91.6	97.2	99.4	100.1	98.4
娱乐教育文化用品及服务	**Recreation,Education ,Culture Articles and It's Service**	**99.1**	**99.8**	**101.2**	**100.5**	**101.1**	**101.3**
文娱用耐用消费品及服务	Durable Consumer Goods for Recreational Use	100.0	94.7	98.4	98.4	99.6	100.0
教育	Education	100.0	102.4	103.1	101.3	100.8	100.0
文化娱乐类	Cultural and Recreational Articles	99.3	99.7	102.9	100.0	101.0	101.6
旅游	Tourism	96.5	100.7	99.1	103.9	105.9	107.9
居 住	**Residence**	**106.9**	**97.1**	**100.5**	**100.6**	**100.3**	**100.2**
建房及装修材料	Construction and Decoration Materials	101.0	100.3	104.1	100.0	100.0	100.0
租房	Building Materials	107.7	100.8	103.7	101.0	100.5	100.0
自有住房	Self-owned House	111.3	78.6	100.0	100.3	100.2	100.1
水电燃料	Water, Electricity and Fuels	107.7	101.2	94.8	100.8	100.4	100.6

6-6 日喀则市居民消费价格分类指数

CONSUMER PRICE INDICES BY CATEGORY OF XIGAZE

上年=100 (preceding year=100)

项　目	Item	2008	2009	2010	2013	2014	2015
居民消费价格总指数	**General Consumer Price Index**	**104.6**	**101.0**	**102.4**	**103.1**	**103.0**	**102.5**
非食品价格指数	**Consumer Price Index Without Food**	**100.9**	**99.5**	**101.1**	**101.3**	**102.2**	**102.1**
服务项目价格指数	**Services Price Index**	**102.3**	**99.3**	**99.0**	**104.1**	**104.6**	**103.5**
消费品价格指数	**Consumer Goods Price Index**	**105.0**	**103.8**	**103.0**	**102.9**	**102.6**	**102.2**
食品类	**Food**	**111.3**	**101.1**	**105.0**	**106.2**	**104.4**	**103.0**
粮食	Grain	103.9	104.6	109.2	103.9	104.7	106.4
淀粉	Starches	129.2	96.7	100.0	101.3	110.7	100.6
干豆类及豆制品	Bean and Its Products	105.3	115.2	109.4	109.3	102.4	99.0
油脂类	Oil or Fat	134.1	94.3	98.0	103.6	105.9	101.4
肉禽及其制品	Meal, Poultry and Their Products	120.6	103.4	102.5	112.1	108.9	100.5
蛋类	Eggs	111.4	98.5	100.9	105.9	108.6	99.8
水产品	Aquatic Products	109.4	100.7	101.9	106.1	102.4	101.9
菜类	Vegetables	101.4	116.3	112.9	107.1	103.8	103.2
调味品	Flavoring	105.7	100.1	100.6	101.8	100.4	100.9
糖类	Carbohydrate	102.0	106.1	102.0	102.4	101.8	100.8
茶及饮料	Tea and Beverages	100.0	100.0	100.0	102.1	100.0	100.0
干鲜瓜果类	Dried and Fresh Melons and Fruits	118.4	107.7	114.8	109.7	103.9	106.8
糕点、饼干	Cakes and Biscuits	101.2	103.1	100.0	105.4	101.0	103.4
液体乳及乳制品	Liquid Milk and Its Products	119.8	102.0	100.7	101.7	101.2	101.9
在外用膳食品	Out-of-home Food	113.9	102.4	102.5	104.9	102.9	105.2
其他食品	Other Food	102.1	100.0	100.0	103.7	100.0	100.0
烟酒及用品	**Cigarettes,Liquors and Related Items**	**99.9**	**100.0**	**100.3**	**100.2**	**101.1**	**102.0**
烟草	Tobacco	100.0	100.0	100.0	98.3	100.4	103.0
酒	Liquors	100.0	100.3	100.9	102.0	101.7	101.1
吸烟饮酒用品	Cigarettes and Spirits Related Items	99.2	99.1	100.0			
衣着类	**Clothing**	**99.8**	**101.3**	**102.0**	**100.0**	**102.0**	**107.2**

6-6 续表 continued

上年=100 (preceding year=100)

项　　目	Item	2008	2009	2010	2013	2014	2015
服装	Garments	99.4	100.4	102.6	100.1	99.9	102.8
衣着材料	Clothing Material	100.0	100.8	100.0	100.0	105.0	102.0
鞋、袜、帽	Shoes,Socks and Hats	100.2	105.1	101.4	98.7	101.1	102.7
衣着加工服务费	Garment Processing Service	101.9	99.0	102.1	102.5	112.8	138.8
家庭设备用品及维修服务	**Home Appliances and Repair Service**	**100.0**	**99.7**	**99.6**	**99.8**	**102.0**	**103.3**
耐用消费品	Durable Consumer Goods	99.6	95.9	98.6	99.5	100.0	101.1
室内装饰品	Interior Decorations	100.0	101.7	100.0	100.0	100.0	100.3
床上用品	Bed Articles	99.2	100.0	100.0	100.9	103.8	104.6
家庭日用杂品	Daily Use Household Articles	99.8	102.9	100.2	98.6	103.3	106.7
家庭服务及加工维修服务	Household Service and Repair Service	102.6	100.0	100.0	101.3	105.9	105.4
医疗保健和个人用品	**Medicine,Medical Service and Personal Aricles**	**102.3**	**102.4**	**102.0**	**100.0**	**102.4**	**102.5**
医疗保健	Medical Appliances and Articles	103.1	104.6	101.1	100.1	103.6	102.3
个人用品及服务	Personal Articles and Service	101.7	100.7	102.8	99.8	100.9	102.9
交通和通信	**Transportation and Communication**	**99.7**	**92.4**	**98.9**	**100.3**	**100.6**	**97.8**
交通	Transportation	101.6	94.7	102.5	101.7	101.4	96.4
通信	Communication	95.6	87.7	91.0	98.2	99.5	100.0
娱乐教育文化用品及服务	**Recreation,Education ,Culture Articles and It's Service**	**100.1**	**97.4**	**97.8**	**102.4**	**103.8**	**101.2**
文娱用耐用消费品及服务	Durable Consumer Goods for Recreational Use	98.9	92.1	96.8	99.1	99.4	98.8
教育	Education	101.6	101.9	100.1	100.2	100.0	100.0
文化娱乐类	Cultural and Recreational Articles	101.3	100.1	100.0	101.4	101.2	100.9
旅游	Tourism	97.6	95.7	90.7	116.8	123.1	107.2
居 住	**Residence**	**104.2**	**101.3**	**106.1**	**105.7**	**102.9**	**100.1**
建房及装修材料	Construction and Decoration Materials	101.0	104.0	101.4	102.5	100.2	100.2
租房	Building Materials	99.8	103.7	101.8	100.0	101.5	98.5
自有住房	Self-owned House	108.0	91.8	91.7	112.4	105.0	100.4
水电燃料	Water, Electricity and Fuels	106.9	102.2	118.2	103.7	101.7	101.8

6-7 那曲地区居民消费价格分类指数

CONSUMER PRICE INDICES BY CATEGORY OF NAGQU

上年=100 (preceding year=100)

项　目	Item	2008	2009	2010	2013	2014	2015
居民消费价格总指数	**General Consumer Price Index**	**109.0**	**101.3**	**101.5**	**102.2**	**102.1**	**102.4**
非食品价格指数	**Consumer Price Index Without Food**	**106.9**	**98.9**	**99.4**	**100.5**	**99.9**	**101.6**
服务项目价格指数	**Services Price Index**	**111.8**	**97.5**	**100.6**	**100.6**	**100.3**	**102.0**
消费品价格指数	**Consumer Goods Price Index**	**108.5**	**101.9**	**101.6**	**102.6**	**102.5**	**102.4**
食品类	**Food**	**112.0**	**105.0**	**104.8**	**104.9**	**105.3**	**103.5**
粮食	Grain	105.0	100.5	104.2	100.2	99.9	100.1
淀粉	Starches	112.2	93.7	108.9	100.0	100.0	100.0
干豆类及豆制品	Bean and Its Products	133.5	101.7	105.7	99.1	98.8	108.2
油脂类	Oil or Fat	161.9	106.1	102.7	100.7	100.0	100.0
肉禽及其制品	Meal, Poultry and Their Products	117.4	102.3	107.6	106.8	106.9	107.0
蛋类	Eggs	111.2	103.5	100.3	102.5	103.0	102.2
水产品	Aquatic Products	124.5	102.7	110.7	109.4	103.9	105.2
菜类	Vegetables	95.3	102.3	103.2	110.6	102.7	100.9
调味品	Flavoring	95.7	102.5	100.8	100.0	100.0	100.1
糖类	Carbohydrate	104.8	99.2	104.6	100.0	100.0	100.0
茶及饮料	Tea and Beverages	103.2	101.7	100.2	102.4	104.0	100.9
干鲜瓜果类	Dried and Fresh Melons and Fruits	98.0	107.7	107.2	101.4	108.7	109.3
糕点、饼干	Cakes and Biscuits	107.0	90.4	105.3	100.0	100.0	100.1
液体乳及乳制品	Liquid Milk and Its Products	113.4	123.5	103.2	109.9	117.8	102.0
在外用膳食品	Out-of-home Food	110.2	110.6	104.9	102.0	100.8	105.8
其他食品	Other Food	100.0	100.4	100.3	100.0	100.0	100.0
烟酒及用品	**Cigarettes,Liquors and Related Items**	**110.3**	**98.3**	**99.6**	**100.1**	**100.0**	**108.2**
烟草	Tobacco	106.8	100.4	99.7	100.1	100.0	110.0
酒	Liquors	116.4	96.3	99.7	100.1	100.0	106.2
吸烟饮酒用品	Cigarettes and Spirits Related Items	97.4	94.5	97.3			
衣着类	**Clothing**	**105.2**	**101.4**	**98.6**	**100.3**	**100.5**	**101.9**

6-7 续表 continued

上年=100 (preceding year=100)

项　　目	Item	2008	2009	2010	2013	2014	2015
服装	Garments	103.2	104.8	99.3	100.2	100.5	100.8
衣着材料	Clothing Material	115.9	97.9	99.0	100.0	100.0	100.1
鞋、袜、帽	Shoes,Socks and Hats	104.9	92.7	97.0	100.6	100.4	101.2
衣着加工服务费	Garment Processing Service	110.1	109.5	98.5	100.0	100.5	114.8
家庭设备用品及维修服务	**Home Appliances and Repair Service**	**104.1**	**99.6**	**97.7**	**100.7**	**100.0**	**100.4**
耐用消费品	Durable Consumer Goods	99.6	98.6	96.1	100.3	100.2	100.2
室内装饰品	Interior Decorations	105.5	99.2	99.3	101.5	100.0	100.4
床上用品	Bed Articles	99.6	99.9	100.0	101.7	99.5	99.7
家庭日用杂品	Daily Use Household Articles	108.3	99.9	98.6	100.0	100.1	100.1
家庭服务及加工维修服务	Household Service and Repair Service	146.7	105.0	96.4	101.2	100.0	105.7
医疗保健和个人用品	**Medicine,Medical Service and Personal Ariicles**	**109.1**	**99.3**	**101.6**	**100.3**	**98.4**	**99.5**
医疗保健	Medical Appliances and Articles	107.2	103.9	103.1	100.6	99.8	100.1
个人用品及服务	Personal Articles and Service	112.2	91.3	97.7	100.0	96.8	98.9
交通和通信	**Transportation and Communication**	**102.6**	**98.8**	**99.6**	**100.6**	**100.7**	**100.2**
交通	Transportation	105.0	103.5	101.7	100.9	101.1	99.2
通信	Communication	98.3	89.9	95.9	100.0	100.0	102.0
娱乐教育文化用品及服务	**Recreation,Education ,Culture Articles and It's Service**	**102.7**	**100.4**	**100.1**	**100.6**	**100.1**	**100.8**
文娱用耐用消费品及服务	Durable Consumer Goods for Recreational Use	96.3	91.4	93.7	100.0	100.0	100.1
教育	Education	104.5	103.4	99.8	101.6	100.1	100.1
文化娱乐类	Cultural and Recreational Articles	107.2	108.8	105.2	100.0	99.9	99.9
旅游	Tourism	103.8	96.5	107.9	100.0	100.7	106.0
居　住	**Residence**	**113.8**	**94.0**	**98.6**	**100.8**	**100.0**	**100.1**
建房及装修材料	Construction and Decoration Materials	101.0	107.0	101.2	100.0	100.0	100.0
租房	Building Materials	118.4	94.9	103.3	100.0	100.0	100.0
自有住房	Self-owned House	116.6	82.5	98.2	100.0	100.0	100.0
水电燃料	Water, Electricity and Fuels	113.7	94.4	97.3	102.4	100.0	100.4

6-8 阿里地区居民消费价格分类指数

CONSUMER PRICE INDICES BY CATEGORY OF NGARI

上年=100 (preceding year=100)

项　　目	Item	2008	2009	2010	2013	2014	2015
居民消费价格总指数	**General Consumer Price Index**	**106.4**	**101.5**	**101.5**	**104.1**	**105.1**	**101.1**
非食品价格指数	**Consumer Price Index Without Food**	**103.9**	**98.7**	**100.4**	**103.9**	**102.4**	**101.5**
服务项目价格指数	**Services Price Index**	**100.4**	**99.2**	**99.2**	**109.3**	**106.7**	**103.8**
消费品价格指数	**Consumer Goods Price Index**	**107.7**	**101.9**	**102.0**	**102.7**	**104.7**	**100.4**
食品类	**Food**	**111.0**	**106.9**	**103.8**	**104.4**	**110.0**	**100.5**
粮食	Grain	106.6	118.2	107.9	102.9	114.5	93.1
淀粉	Starches	99.8	107.4	109.7	97.0	98.4	102.2
干豆类及豆制品	Bean and Its Products	100.1	105.2	104.9	101.2	99.6	102.6
油脂类	Oil or Fat	118.1	99.3	109.3	101.0	100.0	100.7
肉禽及其制品	Meal, Poultry and Their Products	115.0	100.8	108.9	101.2	118.5	100.4
蛋类	Eggs	101.5	98.1	108.8	103.9	99.8	103.9
水产品	Aquatic Products	113.5	99.2	101.2	98.8	100.0	101.9
菜类	Vegetables	131.7	125.2	99.3	103.3	104.0	98.3
调味品	Flavoring	94.2	115.8	99.2	100.5	100.1	99.8
糖类	Carbohydrate	99.9	101.4	100.9	101.0	100.2	101.1
茶及饮料	Tea and Beverages	101.0	96.9	100.0	102.5	99.6	99.7
干鲜瓜果类	Dried and Fresh Melons and Fruits	114.8	114.0	91.9	106.6	101.9	102.1
糕点、饼干	Cakes and Biscuits	106.5	103.2	97.2	105.0	102.2	101.1
液体乳及乳制品	Liquid Milk and Its Products	102.1	100.8	99.4	107.9	101.7	99.0
在外用膳食品	Out-of-home Food	109.5	103.1	98.2	128.9	117.9	117.5
其他食品	Other Food	100.5	102.5	97.6	105.0	101.3	101.8
烟酒及用品	**Cigarettes,Liquors and Related Items**	**100.4**	**101.5**	**100.5**	**99.1**	**99.8**	**102.8**
烟草	Tobacco	100.0	100.3	99.3	100.0	100.0	104.1
酒	Liquors	100.9	103.2	102.1	98.2	99.6	101.4
吸烟饮酒用品	Cigarettes and Spirits Related Items	100.0	100.0	99.8			
衣着类	**Clothing**	**100.6**	**102.6**	**100.8**	**110.7**	**103.7**	**98.9**

6-8 续表 continued

上年=100 (preceding year=100)

项目	Item	2008	2009	2010	2013	2014	2015
服装	Garments	102.1	103.2	101.7	104.5	101.9	99.0
衣着材料	Clothing Material	100.0	112.3	100.0	104.7	100.6	100.0
鞋、袜、帽	Shoes,Socks and Hats	97.9	99.3	99.2	108.9	101.2	98.4
衣着加工服务费	Garment Processing Service	100.0	100.0	100.0	169.6	119.9	98.8
家庭设备用品及维修服务	**Home Appliances and Repair Service**	**100.2**	**96.7**	**103.6**	**104.1**	**101.1**	**100.3**
耐用消费品	Durable Consumer Goods	98.7	95.2	102.6	104.4	101.5	100.1
室内装饰品	Interior Decorations	98.5	94.7	106.4	114.6	103.8	100.6
床上用品	Bed Articles	98.8	93.8	107.7	111.3	102.3	100.0
家庭日用杂品	Daily Use Household Articles	100.3	98.3	102.4	98.8	100.0	100.6
家庭服务及加工维修服务	Household Service and Repair Service	111.6	101.8	101.0	115.6	102.7	100.0
医疗保健和个人用品	**Medicine,Medical Service and Personal Aricles**	**100.5**	**100.1**	**100.1**	**103.8**	**104.0**	**99.6**
医疗保健	Medical Appliances and Articles	100.4	100.3	100.0	99.7	100.1	100.4
个人用品及服务	Personal Articles and Service	100.6	99.9	100.2	107.0	106.8	99.0
交通和通信	**Transportation and Communication**	**109.9**	**95.1**	**101.5**	**100.2**	**100.9**	**98.7**
交通	Transportation	102.5	105.6	102.5	100.5	102.1	97.2
通信	Communication	115.3	87.6	100.7	100.0	100.0	100.0
娱乐教育文化用品及服务	**Recreation,Education ,Culture Articles and It's Service**	**99.1**	**98.4**	**97.3**	**110.6**	**106.7**	**108.4**
文娱用耐用消费品及服务	Durable Consumer Goods for Recreational Use	97.8	89.5	100.0	100.3	100.8	101.6
教育	Education	102.5	105.5	98.2	105.4	110.2	106.7
文化娱乐类	Cultural and Recreational Articles	99.8	101.6	99.4	102.7	100.6	100.1
旅游	Tourism	91.3	89.1	84.9	147.8	112.3	123.4
居 住	**Residence**	**119.8**	**96.4**	**99.2**	**102.1**	**100.3**	**100.2**
建房及装修材料	Construction and Decoration Materials	102.9	93.1	104.0	107.3	104.6	103.7
租房	Building Materials	98.3	93.9	100.0	102.5	100.1	100.0
自有住房	Self-owned House	98.2	101.9	99.7	103.1	100.4	100.0
水电燃料	Water, Electricity and Fuels	131.9	97.6	97.7	100.2	100.0	100.0

6-9 林芝市居民消费价格分类指数

CONSUMER PRICE INDICES BY CATEGORY OF NYINGCHI

上年=100 (preceding year=100)

项目	Item	2008	2009	2010	2013	2014	2015
居民消费价格总指数	**General Consumer Price Index**	**103.9**	**101.1**	**102.2**	**103.8**	**101.7**	**102.1**
非食品价格指数	**Consumer Price Index Without Food**	**103.2**	**99.9**	**101.1**	**101.2**	**101.7**	**101.2**
服务项目价格指数	**Services Price Index**	**101.2**	**98.6**	**100.9**	**103.0**	**102.6**	**103.0**
消费品价格指数	**Consumer Goods Price Index**	**105.3**	**101.5**	**102.4**	**103.9**	**101.5**	**101.8**
食品类	**Food**	**102.5**	**103.3**	**104.6**	**108.5**	**101.7**	**103.5**
粮食	Grain	101.4	101.4	106.1	105.7	102.3	99.8
淀粉	Starches	103.3	99.2	103.7	104.4	104.0	87.8
干豆类及豆制品	Bean and Its Products	112.0	102.8	109.7	104.8	99.7	95.4
油脂类	Oil or Fat	115.4	97.0	98.1	107.6	101.0	100.1
肉禽及其制品	Meal, Poultry and Their Products	116.2	101.4	102.8	117.8	104.5	98.6
蛋类	Eggs	104.7	102.0	105.0	103.0	100.2	100.0
水产品	Aquatic Products	104.1	101.5	99.3	106.7	91.5	106.3
菜类	Vegetables	101.2	108.2	107.4	110.5	102.5	114.7
调味品	Flavoring	101.1	100.8	102.7	105.6	104.7	100.0
糖类	Carbohydrate	100.3	104.5	103.5	97.5	100.0	100.2
茶及饮料	Tea and Beverages	100.5	100.7	101.6	103.4	103.6	102.3
干鲜瓜果类	Dried and Fresh Melons and Fruits	104.4	109.4	109.1	103.8	95.9	97.7
糕点、饼干	Cakes and Biscuits	102.1	100.4	101.6	99.8	100.6	101.1
液体乳及乳制品	Liquid Milk and Its Products	106.3	101.5	103.5	101.7	101.8	100.5
在外用膳食品	Out-of-home Food	104.4	106.3	105.0	110.5	103.2	101.0
其他食品	Other Food	102.8	100.1	100.0	119.7	100.0	100.1
烟酒及用品	**Cigarettes,Liquors and Related Items**	**104.5**	**102.0**	**101.5**	**100.1**	**99.9**	**100.9**
烟草	Tobacco	100.2	99.8	100.7	100.8	99.9	101.9
酒	Liquors	107.7	104.4	102.2	99.5	100.0	100.0
吸烟饮酒用品	Cigarettes and Spirits Related Items	106.4	100.3	101.2			
衣着类	**Clothing**	**102.8**	**100.9**	**102.3**	**101.7**	**103.3**	**101.6**

6-9 续表 continued

上年=100 (preceding year=100)

项目	Item	2008	2009	2010	2013	2014	2015
服装	Garments	106.7	101.3	102.5	101.4	102.8	98.3
衣着材料	Clothing Material	100.0	100.7	100.6	103.2	101.3	104.2
鞋、袜、帽	Shoes,Socks and Hats	98.2	100.9	103.1	102.5	106.0	106.7
衣着加工服务费	Garment Processing Service	101.3	100.9	101.3	100.6	100.4	104.5
家庭设备用品及维修服务	**Home Appliances and Repair Service**	**100.5**	**99.1**	**98.9**	**101.3**	**100.9**	**100.9**
耐用消费品	Durable Consumer Goods	97.5	97.6	99.1	101.1	101.0	100.6
室内装饰品	Interior Decorations	109.4	98.8	97.9	101.3	101.2	104.9
床上用品	Bed Articles	102.8	98.6	96.1	100.4	100.0	100.4
家庭日用杂品	Daily Use Household Articles	103.5	101.9	99.3	101.8	101.1	100.4
家庭服务及加工维修服务	Household Service and Repair Service	100.0	102.2	102.6	102.2	100.5	100.0
医疗保健和个人用品	**Medicine,Medical Service and Personal Aricles**	**103.2**	**101.1**	**101.7**	**100.2**	**101.0**	**100.8**
医疗保健	Medical Appliances and Articles	100.1	100.2	101.7	98.1	100.5	100.0
个人用品及服务	Personal Articles and Service	105.4	101.8	101.7	101.8	101.4	101.5
交通和通信	**Transportation and Communication**	**102.2**	**97.4**	**99.6**	**100.4**	**101.0**	**98.5**
交通	Transportation	105.9	99.7	101.3	103.3	101.6	97.6
通信	Communication	96.7	93.8	96.9	95.7	100.0	100.0
娱乐教育文化用品及服务	**Recreation,Education ,Culture Articles and It's Service**	**98.5**	**98.3**	**99.8**	**100.3**	**103.4**	**104.8**
文娱用耐用消费品及服务	Durable Consumer Goods for Recreational Use	97.6	91.4	94.6	99.5	100.5	100.0
教育	Education	101.5	100.7	101.9	96.8	101.7	100.0
文化娱乐类	Cultural and Recreational Articles	102.0	101.7	100.7	100.1	100.3	99.1
旅游	Tourism	90.3	100.0	101.5	107.2	112.7	121.6
居 住	**Residence**	**108.2**	**99.6**	**101.9**	**103.8**	**101.8**	**101.0**
建房及装修材料	Construction and Decoration Materials	106.0	102.7	104.7	101.7	95.8	100.8
租房	Building Materials	97.6	99.5	101.3	108.2	102.5	100.0
自有住房	Self-owned House	107.3	84.2	101.0	101.1	101.6	102.4
水电燃料	Water, Electricity and Fuels	113.4	102.2	100.8	103.6	102.5	100.0

6-10 各月居民消费价格分类指数（2015年）

CONSUMER PRICE INDICES BY CATEGORY AND EACH MONTH(2015)

上年=100 (preceding year=100)

项　目	Item	1月Jan.	2月Feb.	3月Mar.	4月Apr.	5月May.	6月June.
总指数	**General Consumer Price Index**	**102.2**	**102.0**	**101.6**	**101.6**	**102.0**	**101.9**
食品类	Food	104.4	103.9	103.2	103.3	103.4	102.9
粮食	Grain	105.3	104.7	104.0	103.0	103.1	102.9
肉禽及其制品	Meal, Poultry and Their Products	105.1	105.0	104.8	105.0	103.9	103.1
蛋类	Eggs	107.7	107.0	108.0	107.5	105.5	102.8
水产品	Aquatic Products	104.1	102.8	105.5	105.3	104.3	103.4
菜类	Vegetables	103.7	101.5	98.7	100.0	103.5	103.9
茶和饮料	Tea and Beverages	101.9	101.6	101.6	101.8	102.0	100.2
干鲜瓜果类	Dried and Fresh Melons and Fruits	104.3	105.3	104.0	103.9	101.3	99.7
烟酒	Cigarettes,Liquors	100.3	100.2	100.2	100.2	104.1	104.8
衣着	Clothing	100.6	100.7	100.6	100.7	101.7	101.8
家庭设备用品及维修服务	Home Appliances and Repair Service	101.5	101.6	101.4	101.4	101.1	101.2
医疗保健和个人用品	Medicine,Medical Service and Personal Aricles	102.1	101.9	101.5	101.4	101.3	101.3
交通和通信	Transportation and Communication	98.6	98.4	98.6	98.6	98.5	98.3
娱乐教育文化用品及服务	Recreation, Education and Culture Articles	101.1	100.8	100.3	101.5	102.1	102.0
居住	Residence	102.1	102.1	101.7	100.5	100.3	100.3
服务项目	Services	102.6	102.5	101.9	101.6	101.8	101.8

6-10 续表 continued

项　目	Item	7月July	8月Aug.	9月Sep.	10月Oct.	11月Nov.	12月Dec.
总指数	**General Consumer Price Index**	**101.8**	**102.1**	**102.1**	**102.0**	**102.4**	**102.3**
食品类	Food	102.5	103.2	103.1	102.7	102.9	102.4
粮食	Grain	102.3	101.7	101.5	101.9	102.3	102.3
肉禽及其制品	Meal, Poultry and Their Products	100.8	101.4	101.7	101.9	102.1	100.8
蛋类	Eggs	100.6	99.2	98.3	98.0	96.9	97.9
水产品	Aquatic Products	105.1	105.3	105.6	105.7	104.4	103.7
菜类	Vegetables	105.2	108.8	108.0	104.7	106.0	104.7
茶和饮料	Tea and Beverages	100.3	100.4	100.6	101.0	101.0	101.0
干鲜瓜果类	Dried and Fresh Melons and Fruits	102.0	105.1	106.3	106.6	104.8	103.8
烟酒	Cigarettes,Liquors	105.1	105.5	105.6	105.7	105.8	105.8
衣着	Clothing	103.1	103.3	103.1	103.6	104.8	104.8
家庭设备用品及维修服务	Home Appliances and Repair Service	101.4	101.4	101.3	101.6	102.0	102.3
医疗保健和个人用品	Medicine,Medical Service and Personal Aricles	101.0	100.8	100.8	101.3	101.5	101.5
交通和通信	Transportation and Communication	98.0	98.0	98.1	98.5	98.9	99.0
娱乐教育文化用品及服务	Recreation, Education and Culture Articles	101.3	101.2	101.7	100.9	102.2	102.2
居住	Residence	100.3	100.2	100.2	100.2	100.2	100.3
服务项目	Services	102.0	101.9	102.1	101.8	102.5	102.4

6-11 商品零售价格分类指数（2015年）

RETAIL PRICE INDICES BY CATEGORY(2015)

上年=100 (preceding year=100)

项　目	Item	全 区 Average	城 市 Urban Areas	农 村 Rural Areas
商品零售价格总指数	**General Retail Price Index**	**101.4**	**101.4**	**101.3**
食品类	**Food**	**103.4**	**103.6**	**103.0**
粮食	Grain	103.7	105.2	100.5
淀粉	Starches	108.9	112.4	98.3
干豆类及豆制品	Dry Bean and Bean Products	107.9	109.9	101.2
油脂	Oil or Fat	100.5	100.8	99.9
肉禽及其制品	Meat, Pourtry and It's Products	103.1	102.9	103.7
蛋	Eggs	103.5	104.5	101.1
水产品	Aquatic Products	103.0	101.6	106.7
菜	Vegetable	103.4	102.6	105.0
#鲜菜	Fresh Vegetables	102.3	100.4	106.6
调味品	Flavoring	102.4	102.2	103.1
糖	Sugar	100.7	100.3	101.5
干鲜瓜果	Dried and Fresh Fruits	102.5	102.6	102.1
糕点饼干面包	Cake, Biscuits and Bread	100.9	101.2	100.2
液体乳及乳制品	Liquid Milk and Its Products	103.2	104.0	101.8
在外用膳食品	Out-dining Food	105.9	106.0	105.5
其他食品	Other Food	100.1	100.0	100.2
饮料、烟酒类	**Beverages,Tobacco and Liquor**	**103.0**	**102.9**	**103.1**
茶及饮料	Tea and Beverages	101.5	101.9	100.4
烟草	Tobacco	105.9	105.8	106.0
酒	Liquor	100.3	100.1	100.5
服装、鞋帽类	**Garments,Shoes and Hats**	**100.5**	**100.5**	**100.6**
服装	Garments	100.2	100.3	99.9
鞋袜帽	Shoes and Hats	101.3	100.9	102.1
其他	Others	100.0	100.0	100.0
纺织品类	**Textiles**	**100.8**	**101.1**	**100.1**
衣着材料	Clothing Material	100.5	100.6	100.3
床上用品	Bed Articles	101.0	101.5	100.0
家用电器及音像器材类	**Household Appliances and Video Appliances**	**100.0**	**100.1**	**99.9**
家庭设备	Home Appliances	100.2	100.3	100.1
文娱耐用消费品	Culture and Recreat Durable Consumable	99.9	99.8	100.0
音像器材类	Video Appliances	98.9	100.0	78.7

6-11 续表 continued

上年=100 (preceding year=100)

项目	Item	全区 Average	城市 Urban Areas	农村 Rural Areas
文化办公用品类	**Culture and Office Articles**	**100.5**	**100.7**	**100.2**
日用品类	**Articles for Daily Use**	**101.1**	**101.1**	**101.0**
日用百货	Articles for Daily Use	101.2	101.1	101.5
日用杂品	Sundries for Daily Use	101.1	101.3	100.3
洗涤用品	Washing Articles	100.9	100.9	101.0
其他日用品	Others	101.2	101.3	101.0
体育娱乐用品类	**Sports and Recreation Goods**	**100.6**	**100.7**	**100.5**
体育用品	Sports Goods	100.0	100.1	99.7
娱乐用品	Recreationa Goods	101.7	101.6	102.1
交通通信用品类	**Transportation and Communication Goods**	**99.8**	**100.0**	**99.3**
交通运输机械	Transportation Machines	100.0	100.0	100.0
通讯器材类	Telecommunication Appliances	99.7	100.0	99.2
家具类	**Furniture**	**101.3**	**101.4**	**101.0**
化妆品类	**Cosmetics**	**99.8**	**99.4**	**100.8**
金银珠宝类	**Jewelry**	**98.6**	**97.3**	**101.4**
中西药及医疗保健品类	**Traditional Chinese and Western Medicine**	**104.0**	**105.7**	**100.7**
医疗器具及用品	Special Appliances of Medicines	101.4	102.1	100.0
中药材及中成药	Traditional Chinese Medicine	105.4	107.7	101.2
西药	Western Medicine	104.3	106.0	100.5
保健器具及用品	Healthcare Equipment	100.6	101.0	100.0
书报杂志及电子出版物类	**Newspapers, Magazines and Electronic Publications**	**100.7**	**100.0**	**102.3**
教材及参考书	Teaching Materials and Reference Books	101.4	100.0	104.2
书报杂志	Newspapers and Magazines	100.3	100.0	100.9
电子音像制品	Electronic Audio-video Products	100.1	100.0	100.3
燃料类	**Fuels**	**93.5**	**92.4**	**95.5**
煤炭及制品类	Coal and Their Products	104.2	101.6	108.7
石油及制品类	Petroleum and Their Products	89.5	89.2	90.2
建筑材料及五金电料类	**Building Materials and Hardwares**	**102.3**	**101.9**	**103.3**
建筑装潢材料	Building Decoration Materials	102.0	101.1	104.0
五金电料类	Hardwares	103.7	104.9	100.6

6-12 拉萨市商品零售价格分类指数

RETAIL PRICE INDICES BY CATEGORY OF LHASA

上年=100　　(preceding year=100)

项　目	Item	2008	2009	2010	2013	2014	2015
商品零售价格总指数	**General Retail Price Index**	**104.6**	**100.1**	**101.2**	**103.0**	**102.3**	**101.5**
食品类	**Food**	**114.1**	**104.8**	**105.0**	**108.4**	**106.3**	**104.0**
粮食	Grain	102.9	98.4	107.0	107.9	109.4	105.1
淀粉	Starches	106.0	99.0	104.5	103.8	110.4	116.1
干豆类及豆制品	Dry Bean and Bean Products	121.7	104.9	114.3	109.7	93.6	114.2
油脂	Oil or Fat	128.1	94.7	101.0	102.3	100.8	100.5
肉禽及其制品	Meat, Pourtry and It's Products	129.5	96.9	101.2	112.7	106.9	104.6
蛋	Eggs	112.0	97.8	105.0	107.2	104.4	106.5
水产品	Aquatic Products	121.1	102.0	101.2	107.4	100.7	101.5
菜	Vegetable	108.3	119.1	105.3	108.7	106.4	102.0
#鲜菜	Fresh Vegetables	105.8	122.1	103.9	107.6	107.3	99.7
调味品	Flavoring	100.1	105.4	106.0	100.8	103.8	102.9
糖	Sugar	106.9	102.1	100.8	103.4	101.6	100.0
干鲜瓜果	Dried and Fresh Fruits	115.7	115.3	109.8	107.1	109.0	100.9
糕点饼干面包	Cake, Biscuits and Bread	105.1	100.9	101.2	103.7	102.7	100.0
液体乳及乳制品	Liquid Milk and Its Products	119.0	108.3	111.9	106.7	105.8	106.0
在外用膳食品	Out-dining Food	103.9	104.0	105.5	107.6	111.2	106.3
其他食品	Other Food	105.3	100.0	100.0	102.2	100.0	100.0
饮料、烟酒类	**Beverages,Tobacco and Liquor**	**104.9**	**104.2**	**101.8**	**100.6**	**101.5**	**103.2**
茶及饮料	Tea and Beverages	108.2	102.2	101.0	103.8	106.5	102.4
烟草	Tobacco	101.5	107.5	102.9	99.7	100.0	106.8
酒	Liquor	106.5	101.7	101.2	99.3	97.7	99.8
服装、鞋帽	**Garments,Shoes and Hats**	**104.9**	**99.6**	**102.0**	**101.3**	**102.3**	**99.3**
服装	Garments	106.7	101.9	102.6	101.4	101.9	98.9
鞋袜帽	Shoes and Hats	102.4	94.5	101.2	101.4	103.8	100.0
其他	Others	100.0	102.1	100.2	97.9	100.0	100.0
纺织品类	**Textiles**	103.0	105.6	103.7	100.6	100.7	**100.8**
衣着材料	Clothing Material	102.0	109.8	103.1	101.0	100.0	100.0
床上用品	Bed Articles	104.1	101.0	104.3	100.3	101.1	101.3
家用电器及音像器材类	**Household Appliances and Video Appliances**	**98.8**	**91.6**	**94.1**	**99.5**	**100.1**	**100.4**
家庭设备	Home Appliances	100.6	87.5	98.0	99.7	100.5	100.3
文娱耐用消费品	Culture and Recreat Durable Consumable	97.0	96.7	90.6	99.3	99.5	100.7
音像器材类	Video Appliances	92.3	69.0	71.2	99.6	100.0	100.0

6-12 续表 continued

上年=100 (preceding year=100)

项目	Item	2008	2009	2010	2013	2014	2015
文化办公用品类	**Culture and Office Articles**	**100.3**	**103.1**	**97.0**	**99.3**	**93.6**	**101.2**
日用品类	**Articles for Daily Use**	**100.6**	**99.4**	**100.0**	**100.3**	**100.0**	**100.0**
日用百货	Articles for Daily Use	98.3	94.4	100.8	100.6	100.0	100.0
日用杂品	Sundries for Daily Use	101.8	100.0	100.7	99.8	100.0	100.0
洗涤用品	Washing Articles	102.3	100.9	100.0	100.5	100.0	100.0
其他日用品	Others	100.5	103.2	98.5	100.0	100.0	100.0
体育娱乐用品类	**Sports and Recreation Goods**	**97.5**	**92.8**	**97.1**	**99.7**	**100.0**	**100.0**
体育用品	Sports Goods	98.0	95.6	100.3	99.6	100.0	100.0
娱乐用品	Recreationa Goods	97.0	90.2	94.0	99.9	100.0	100.0
交通通信用品类	**Transportation and Communication Goods**	**91.9**	**89.1**	**92.8**	**99.6**	**99.4**	**100.0**
交通运输机械	Transportation Machines	98.3	97.0	95.3	100.5	100.0	100.0
通讯器材类	Telecommunication Appliances	85.1	79.9	90.0	99.2	98.6	100.0
家具类	**Furniture**	**108.5**	**104.7**	**104.9**	**100.4**	**101.9**	**101.2**
化妆品类	**Cosmetics**	**101.2**	**101.1**	**100.0**	**100.9**	**98.6**	**99.1**
金银珠宝类	**Jewelry**	**116.5**	**101.9**	**106.7**	**99.7**	**99.6**	**96.1**
中西药及医疗保健品类	**Traditional Chinese and Western Medicine**	**100.0**	**97.1**	**99.5**	**100.0**	**102.0**	**105.6**
医疗器具及用品	Special Appliances of Medicines	100.0	100.0	96.3	99.0	99.3	102.1
中药材及中成药	Traditional Chinese Medicine	101.2	94.3	103.1	101.8	104.1	108.1
西药	Western Medicine	99.7	98.8	97.7	98.8	101.5	106.6
保健器具及用品	Healthcare Equipment	98.6	96.3	100.0	100.0	100.5	100.8
书报杂志及电子出版物类	**Newspapers, Magazines and Electronic Publications**	**95.1**	**97.5**	**100.4**	**100.2**	**100.0**	**100.0**
教材及参考书	Teaching Materials and Reference Books	98.0	96.9	100.0	99.7	100.0	100.0
书报杂志	Newspapers and Magazines	100.5	103.4	102.2	100.7	100.0	100.0
电子音像制品	Electronic Audio-video Products	86.5	90.1	98.5	100.6	100.0	100.0
燃料类	**Fuels**	**114.0**	**99.4**	**108.0**	**100.9**	**99.0**	**92.1**
煤炭及制品类	Coal and Their Products	106.2	99.9	100.7	103.1	100.0	100.0
石油及制品类	Petroleum and Their Products	116.2	99.3	110.2	100.1	98.7	89.9
建筑材料及五金电料类	**Building Materials and Hardwares**	**103.1**	**101.6**	**104.2**	**104.7**	**102.9**	**102.4**
建筑装潢材料	Building Decoration Materials	105.5	103.2	106.5	102.0	102.5	101.4
五金电料类	Hardwares	99.2	98.7	100.3	115.6	104.5	105.4

6-13 昌都市商品零售价格分类指数

RETAIL PRICE INDICES BY CATEGORY OF QAMDO

上年=100　　(preceding year=100)

项　目	Item	2008	2009	2010	2013	2014	2015
商品零售价格总指数	**General Retail Price Index**	**103.5**	**100.4**	**101.5**	**103.3**	**101.8**	**101.9**
食品类	**Food**	**111.0**	**104.1**	**105.1**	**108.9**	**104.2**	**104.4**
粮食	Grain	103.5	102.6	109.7	105.8	104.1	101.4
淀粉	Starches	102.2	101.3	100.0	108.1	104.8	100.1
干豆类及豆制品	Dry Bean and Bean Products	102.9	101.8	102.5	114.3	98.6	100.9
油脂	Oil or Fat	114.8	96.4	102.6	113.6	106.1	99.1
肉禽及其制品	Meat, Pourtry and It's Products	129.1	101.2	101.1	116.2	110.1	104.5
蛋	Eggs	102.5	99.2	102.8	101.1	103.2	101.2
水产品	Aquatic Products	100.9	97.6	105.1	102.6	100.4	114.0
菜	Vegetable	112.7	113.0	113.8	111.6	101.1	106.3
#鲜菜	Fresh Vegetables	104.4	115.3	114.1	111.8	101.0	105.4
调味品	Flavoring	103.6	88.8	81.9	94.6	103.4	110.1
糖	Sugar	103.8	98.2	103.8	106.1	99.3	99.5
干鲜瓜果	Dried and Fresh Fruits	108.4	113.0	107.5	101.6	98.4	112.7
糕点饼干面包	Cake, Biscuits and Bread	102.4	100.2	100.0	102.7	100.8	99.8
液体乳及乳制品	Liquid Milk and Its Products	106.1	107.1	99.6	108.9	102.7	101.4
在外用膳食品	Out-dining Food	117.7	101.2	104.5	113.0	111.0	107.4
其他食品	Other Food	112.2	100.0	100.3	101.6	106.4	100.6
饮料、烟酒类	**Beverages,Tobacco and Liquor**	**101.2**	**102.2**	**97.9**	**102.7**	**101.1**	**104.0**
茶及饮料	Tea and Beverages	101.9	102.7	102.9	102.0	103.1	100.6
烟草	Tobacco	100.5	102.7	94.4	101.4	100.5	106.8
酒	Liquor	102.4	100.7	102.7	106.3	101.0	100.1
服装、鞋帽类	**Garments,Shoes and Hats**	**104.0**	**102.2**	**102.3**	**100.5**	**100.4**	**100.0**
服装	Garments	102.6	103.1	103.7	100.5	100.5	100.0
鞋袜帽	Shoes and Hats	108.8	101.0	100.2	100.7	100.2	100.2
其他	Others	95.3	100.0	100.0	100.2	101.0	100.0
纺织品类	**Textiles**	**103.3**	**101.2**	**99.3**	**100.7**	**101.3**	**100.1**
衣着材料	Clothing Material	107.8	101.1	98.2	100.8	100.8	100.1
床上用品	Bed Articles	100.2	101.2	100.1	100.6	101.7	100.0
家用电器及音像器材类	**Household Appliances and Video Appliances**	**95.4**	**94.1**	**99.7**	**100.0**	**100.0**	**99.4**
家庭设备	Home Appliances	100.0	96.5	100.7	100.1	100.1	100.0
文娱耐用消费品	Culture and Recreat Durable Consumable	88.2	90.1	99.1	100.0	100.1	100.0
音像器材类	Video Appliances	99.4	95.7	85.0	100.0	92.9	64.7

6-13 续表 continued

上年=100 (preceding year=100)

项 目	Item	2008	2009	2010	2013	2014	2015
文化办公用品类	**Culture and Office Articles**	**93.8**	**92.5**	**96.7**	**102.2**	**100.9**	**99.7**
日用品类	**Articles for Daily Use**	**99.5**	**97.5**	**96.6**	**100.3**	**100.8**	**102.2**
日用百货	Articles for Daily Use	99.7	97.9	96.8	100.5	100.8	103.6
日用杂品	Sundries for Daily Use	99.6	98.8	100.0	100.4	101.8	100.1
洗涤用品	Washing Articles	99.6	97.4	93.5	100.1	100.4	102.8
其他日用品	Others	98.5	94.8	96.0	100.1	100.3	100.6
体育娱乐用品类	**Sports and Recreation Goods**	**97.3**	**96.6**	**101.3**	**100.3**	**100.7**	**100.3**
体育用品	Sports Goods	96.7	97.1	101.7	100.2	100.0	100.0
娱乐用品	Recreationa Goods	98.1	95.9	100.7	100.5	101.7	100.8
交通通信用品类	**Transportation and Communication Goods**	**95.6**	**97.3**	**100.0**	**99.9**	**100.0**	**100.0**
交通运输机械	Transportation Machines	98.7	100.1	100.1	43.1	100.0	100.0
通讯器材类	Telecommunication Appliances	93.3	95.1	100.0	100.0	100.0	100.0
家具类	**Furniture**	**105.1**	**100.3**	**100.5**	**100.6**	**100.1**	**100.2**
化妆品类	**Cosmetics**	**100.7**	**100.8**	**101.0**	**101.4**	**103.4**	**102.0**
金银珠宝类	**Jewelry**	**100.2**	**92.1**	**100.0**	**94.9**	**97.3**	**98.9**
中西药及医疗保健品类	**Traditional Chinese and Western Medicine**	**100.2**	**100.3**	**100.0**	**100.9**	**100.4**	**100.1**
医疗器具及用品	Special Appliances of Medicines	119.9	104.2	109.5	100.0	100.0	100.0
中药材及中成药	Traditional Chinese Medicine	98.1	100.5	102.0	102.4	101.0	100.4
西药	Western Medicine	99.2	99.3	97.2	100.0	100.0	100.0
保健器具及用品	Healthcare Equipment	99.9	100.8	99.8	100.1	100.3	100.0
书报杂志及电子出版物类	**Newspapers, Magazines and Electronic Publications**	**94.5**	**98.9**	**101.1**	**102.2**	**104.6**	**104.6**
教材及参考书	Teaching Materials and Reference Books	95.7	101.6	103.2	100.0	111.4	113.3
书报杂志	Newspapers and Magazines	100.0	100.0	100.0	101.3	100.9	100.0
电子音像制品	Electronic Audio-video Products	85.4	93.3	100.0	105.9	101.9	100.0
燃料类	**Fuels**	**111.2**	**97.8**	**105.5**	**101.1**	**100.2**	**92.2**
煤炭及制品类	Coal and Their Products	106.6	100.0	96.7	103.8	100.3	101.2
石油及制品类	Petroleum and Their Products	112.6	97.0	108.2	100.4	100.2	89.6
建筑材料及五金电料类	**Building Materials and Hardwares**	**101.3**	**99.3**	**99.3**	**100.9**	**99.8**	**105.6**
建筑装潢材料	Building Decoration Materials	101.9	99.7	99.8	101.2	99.8	106.7
五金电料类	Hardwares	99.2	97.8	97.6	100.0	100.0	101.3

6-14 山南地区商品零售价格分类指数

RETAIL PRICE INDICES BY CATEGORY OF SHANNAN

上年=100　　(preceding year=100)

项　目	Item	2008	2009	2010	2013	2014	2015
商品零售价格总指数	**General Retail Price Index**	**102.2**	**99.3**	**101.6**	**101.8**	**101.6**	**100.5**
食品类	**Food**	**110.0**	**104.2**	**103.2**	**105.8**	**104.6**	**101.5**
粮食	Grain	106.1	100.8	103.0	106.0	103.7	102.5
淀粉	Starches	100.0	100.0	100.0	101.2	100.0	102.0
干豆类及豆制品	Dry Bean and Bean Products	141.6	100.0	112.4	99.3	99.1	103.6
油脂	Oil or Fat	118.2	98.9	104.7	100.8	99.0	99.9
肉禽及其制品	Meat, Pourtry and It's Products	123.8	105.0	98.3	111.8	99.1	105.1
蛋	Eggs	104.9	111.0	103.1	107.9	107.5	100.7
水产品	Aquatic Products	116.4	103.1	107.0	107.1	100.9	101.3
菜	Vegetable	99.0	114.2	104.3	106.9	115.1	99.1
#鲜菜	Fresh Vegetables	99.7	110.5	99.7	103.3	113.5	101.0
调味品	Flavoring	97.1	100.2	101.9	100.1	100.5	101.9
糖	Sugar	109.3	103.9	102.5	100.3	101.2	103.7
干鲜瓜果	Dried and Fresh Fruits	109.5	114.9	107.0	100.0	113.2	95.7
糕点饼干面包	Cake, Biscuits and Bread	94.9	100.0	100.0	100.4	100.0	100.0
液体乳及乳制品	Liquid Milk and Its Products	116.0	99.8	101.3	110.3	101.4	102.2
在外用膳食品	Out-dining Food	103.0	100.7	106.0	107.1	108.7	103.9
其他食品	Other Food	100.0	105.7	102.2	100.0	100.0	100.0
饮料、烟酒类	**Beverages,Tobacco and Liquor**	**99.8**	**100.0**	**104.3**	**100.0**	**99.8**	**102.5**
茶及饮料	Tea and Beverages	99.8	100.0	100.0	100.0	100.0	100.0
烟草	Tobacco	99.6	98.8	99.6	100.0	100.9	106.6
酒	Liquor	99.9	101.9	114.6	100.0	98.0	97.0
服装、鞋帽类	**Garments,Shoes and Hats**	**99.7**	**100.5**	**102.5**	**101.8**	**100.8**	**102.0**
服装	Garments	99.4	101.4	103.9	101.0	101.2	102.1
鞋袜帽	Shoes and Hats	99.5	99.4	100.9	103.3	100.5	102.4
其他	Others	102.4	100.0	100.0	100.0	100.0	100.0
纺织品类	**Textiles**	**99.9**	**99.8**	**102.1**	**100.3**	**100.1**	**100.0**
衣着材料	Clothing Material	100.0	99.7	104.0	100.8	100.3	100.1
床上用品	Bed Articles	99.8	100.0	100.4	100.0	100.0	100.0
家用电器及音像器材类	**Household Appliances and Video Appliances**	**99.7**	**96.2**	**98.0**	**98.0**	**99.6**	**100.1**
家庭设备	Home Appliances	99.7	98.5	98.7	98.2	99.7	100.2
文娱耐用消费品	Culture and Recreat Durable Consumable	100.0	93.6	97.4	97.7	99.4	100.0
音像器材类	Video Appliances	98.3	93.0	94.6	100.0	100.0	100.0

6-14 续表 continued

上年=100 (preceding year=100)

项目	Item	2008	2009	2010	2013	2014	2015
文化办公用品类	**Culture and Office Articles**	**98.8**	**93.4**	**95.8**	**100.0**	**100.3**	**100.6**
日用品类	**Articles for Daily Use**	**94.9**	**93.8**	**98.0**	**100.9**	**101.2**	**100.7**
日用百货	Articles for Daily Use	92.6	90.1	97.6	100.9	100.4	100.7
日用杂品	Sundries for Daily Use	99.4	97.7	99.3	100.7	100.2	100.1
洗涤用品	Washing Articles	94.2	95.4	98.7	101.5	103.5	101.1
其他日用品	Others	94.0	92.9	94.8	100.0	100.3	100.3
体育娱乐用品类	**Sports and Recreation Goods**	**93.4**	**93.1**	**92.6**	**100.3**	**99.9**	**99.2**
体育用品	Sports Goods	94.7	96.7	93.5	100.4	99.8	98.5
娱乐用品	Recreationa Goods	91.0	85.7	90.7	100.1	100.0	100.0
交通通信用品类	**Transportation and Communication Goods**	**98.4**	**90.5**	**96.4**	**96.7**	**98.1**	**97.2**
交通运输机械	Transportation Machines	100.0	100.0	99.0	100.0	100.0	100.0
通讯器材类	Telecommunication Appliances	96.8	81.0	93.4	96.7	98.1	97.2
家具类	**Furniture**	**99.6**	**98.0**	**104.4**	**100.3**	**100.8**	**101.9**
化妆品类	**Cosmetics**	**96.2**	**98.9**	**103.5**	**103.1**	**102.6**	**101.4**
金银珠宝类	**Jewelry**	**97.8**	**94.3**	**109.3**	**98.7**	**95.9**	**97.4**
中西药及医疗保健品类	**Traditional Chinese and Western Medicine**	**99.4**	**98.4**	**99.6**	**99.5**	**101.5**	**102.1**
医疗器具及用品	Special Appliances of Medicines	108.9	102.7	100.0	101.2	100.0	100.0
中药材及中成药	Traditional Chinese Medicine	99.7	100.1	100.0	99.8	103.1	103.0
西药	Western Medicine	91.6	92.5	98.6	98.4	100.8	102.7
保健器具及用品	Healthcare Equipment	105.4	101.7	100.0	100.0	100.0	100.0
书报杂志及电子出版物类	**Newspapers, Magazines and Electronic Publications**	**98.6**	**99.4**	**101.7**	**100.2**	**100.6**	**101.2**
教材及参考书	Teaching Materials and Reference Books	100.0	105.0	105.3	100.7	99.4	100.0
书报杂志	Newspapers and Magazines	100.4	100.0	100.0	100.0	102.0	103.1
电子音像制品	Electronic Audio-video Products	94.3	91.4	99.6	100.0	100.0	100.0
燃料类	**Fuels**	**106.5**	**99.3**	**104.0**	**99.8**	**98.9**	**91.8**
煤炭及制品类	Coal and Their Products	98.6	94.8	86.9	100.0	100.0	100.0
石油及制品类	Petroleum and Their Products	109.0	101.0	109.7	99.7	98.5	89.4
建筑材料及五金电料类	**Building Materials and Hardwares**	**99.2**	**98.6**	**99.6**	**100.2**	**100.0**	**100.0**
建筑装潢材料	Building Decoration Materials	100.5	100.3	103.0	100.0	100.0	100.0
五金电料类	Hardwares	94.4	92.2	87.8	100.7	100.0	100.0

6-15 日喀则市商品零售价格分类指数

RETAIL PRICE INDICES BY CATEGORY OF XIGAZE

上年=100 (preceding year=100)

项目	Item	2008	2009	2010	2013	2014	2015
商品零售价格总指数	**General Retail Price Index**	**103.3**	**99.1**	**100.9**	**102.1**	**102.2**	**101.5**
食品类	**Food**	**112.6**	**102.9**	**104.5**	**106.1**	**104.6**	**102.8**
粮食	Grain	103.2	100.2	108.4	104.0	105.4	105.8
淀粉	Starches	129.2	96.8	100.0	101.3	110.7	100.6
干豆类及豆制品	Dry Bean and Bean Products	106.6	111.0	113.9	109.3	102.4	99.0
油脂	Oil or Fat	131.4	92.8	95.6	103.6	105.9	101.4
肉禽及其制品	Meat, Pourtry and It's Products	120.9	103.6	103.1	112.1	108.9	100.5
蛋	Eggs	111.8	99.3	101.1	105.9	108.6	99.8
水产品	Aquatic Products	111.5	100.0	100.6	106.1	102.4	101.9
菜	Vegetable	101.0	115.0	110.6	107.1	103.8	103.2
#鲜菜	Fresh Vegetables	99.4	123.3	108.6	106.9	105.1	102.4
调味品	Flavoring	107.2	100.1	100.5	101.8	100.4	100.9
糖	Sugar	102.1	106.1	102.0	102.4	101.8	100.8
干鲜瓜果	Dried and Fresh Fruits	118.4	107.8	114.8	109.7	103.9	106.8
糕点饼干面包	Cake, Biscuits and Bread	101.5	102.9	100.0	104.3	101.0	102.9
液体乳及乳制品	Liquid Milk and Its Products	120.8	100.5	100.8	101.7	101.2	101.9
在外用膳食品	Out-dining Food	117.0	101.9	103.1	104.9	102.9	105.2
其他食品	Other Food	102.1	100.0	100.0	103.7	100.0	100.0
饮料、烟酒类	**Beverages,Tobacco and Liquor**	**100.0**	**100.1**	**100.5**	**100.3**	**100.7**	**101.7**
茶及饮料	Tea and Beverages	100.0	100.0	100.0	102.1	100.0	100.0
烟草	Tobacco	100.0	100.0	100.0	98.3	100.4	103.0
酒	Liquor	100.0	100.5	101.7	102.0	101.7	101.1
服装、鞋帽类	**Garments,Shoes and Hats**	**99.7**	**101.3**	**101.7**	**99.6**	**100.0**	**102.9**
服装	Garments	99.4	100.1	102.1	100.2	99.7	103.1
鞋袜帽	Shoes and Hats	100.1	104.2	101.2	98.7	101.1	102.7
其他	Others	100.0	100.0	100.0	99.4	93.2	100.0
纺织品类	**Textiles**	**99.5**	**100.6**	**100.0**	**100.2**	**103.4**	**102.7**
衣着材料	Clothing Material	100.0	101.3	100.0	100.0	105.0	102.0
床上用品	Bed Articles	99.2	100.0	100.0	100.3	102.0	103.4
家用电器及音像器材类	**Household Appliances and Video Appliances**	**99.1**	**92.3**	**95.6**	**99.2**	**99.8**	**99.5**
家庭设备	Home Appliances	99.2	90.8	96.9	98.4	100.0	100.2
文娱耐用消费品	Culture and Recreat Durable Consumable	99.1	92.4	96.5	99.8	99.5	98.6
音像器材类	Video Appliances	98.5	96.0	90.1	101.5	100.5	100.0

6-15 续表 continued

上年=100 (preceding year=100)

项　　目	Item	2008	2009	2010	2013	2014	2015
文化办公用品类	**Culture and Office Articles**	**99.8**	**95.2**	**95.2**	**101.0**	**102.0**	**99.0**
日用品类	**Articles for Daily Use**	**99.7**	**99.7**	**100.0**	**99.8**	**104.9**	**103.8**
日用百货	Articles for Daily Use	100.7	97.5	100.2	100.0	102.5	103.1
日用杂品	Sundries for Daily Use	98.6	100.0	100.0	97.7	101.1	105.0
洗涤用品	Washing Articles	100.2	101.6	100.0	100.9	109.8	103.0
其他日用品	Others	98.9	100.0	100.0	100.1	105.8	104.8
体育娱乐用品类	**Sports and Recreation Goods**	**95.4**	**91.5**	**97.2**	**100.1**	**101.7**	**103.1**
体育用品	Sports Goods	99.7	100.0	100.0	100.0	101.4	100.5
娱乐用品	Recreationa Goods	89.8	79.5	93.0	100.2	102.4	107.3
交通通信用品类	**Transportation and Communication Goods**	**93.7**	**81.8**	**89.1**	**100.3**	**100.1**	**100.0**
交通运输机械	Transportation Machines	99.3	92.9	100.0	100.0	100.0	100.0
通讯器材类	Telecommunication Appliances	90.7	75.8	82.6	100.5	100.2	100.0
家具类	**Furniture**	**99.8**	**99.9**	**100.0**	**99.7**	**100.0**	**101.7**
化妆品类	**Cosmetics**	**99.7**	**98.5**	**99.2**	**100.3**	**100.0**	**100.8**
金银珠宝类	**Jewelry**	**112.7**	**96.9**	**105.1**	**96.9**	**93.6**	**98.8**
中西药及医疗保健品类	**Traditional Chinese and Western Medicine**	**100.1**	**99.2**	**100.6**	**100.3**	**105.3**	**103.3**
医疗器具及用品	Special Appliances of Medicines	100.0	100.0	100.0	100.0	102.6	102.1
中药材及中成药	Traditional Chinese Medicine	100.5	98.1	102.4	102.3	113.1	106.9
西药	Western Medicine	100.0	100.0	100.0	99.0	103.2	102.0
保健器具及用品	Healthcare Equipment	100.0	98.7	99.6	100.0	100.0	100.9
书报杂志及电子出版物类	**Newspapers, Magazines and Electronic Publications**	**98.3**	**98.7**	**100.0**	**100.4**	**100.0**	**100.0**
教材及参考书	Teaching Materials and Reference Books	100.0	100.0	100.0	100.0	100.0	100.0
书报杂志	Newspapers and Magazines	100.0	100.0	100.0	101.3	100.0	100.0
电子音像制品	Electronic Audio-video Products	94.7	95.8	100.0	100.0	100.0	100.0
燃料类	**Fuels**	**110.2**	**101.8**	**106.9**	**103.2**	**100.6**	**92.9**
煤炭及制品类	Coal and Their Products	100.0	100.0	100.0	111.2	104.3	103.7
石油及制品类	Petroleum and Their Products	113.8	102.5	109.4	99.9	98.8	87.6
建筑材料及五金电料类	**Building Materials and Hardwares**	**101.6**	**102.3**	**101.4**	**102.0**	**101.0**	**101.0**
建筑装潢材料	Building Decoration Materials	101.6	102.8	101.8	101.9	100.2	100.5
五金电料类	Hardwares	101.5	100.2	100.0	102.3	104.2	103.0

6-16 那曲地区商品零售价格分类指数

RETAIL PRICE INDICES BY CATEGORY OF NAGQU

上年=100 (preceding year=100)

项　目	Item	2008	2009	2010	2013	2014	2015
商品零售价格总指数	**General Retail Price Index**	**105.2**	**98.8**	**98.6**	**102.1**	**102.2**	**102.5**
食品类	**Food**	**111.1**	**106.9**	**104.9**	**105.2**	**105.5**	**103.4**
粮食	Grain	104.1	100.4	103.9	100.2	99.9	100.1
淀粉	Starches	112.2	93.7	108.9	100.0	100.0	100.0
干豆类及豆制品	Dry Bean and Bean Products	134.0	101.6	105.6	99.1	98.8	108.2
油脂	Oil or Fat	162.2	105.9	102.5	100.7	100.0	100.0
肉禽及其制品	Meat, Pourtry and It's Products	116.8	102.1	108.5	108.3	108.8	107.8
蛋	Eggs	111.5	103.8	100.3	102.7	103.2	102.4
水产品	Aquatic Products	120.9	102.6	109.8	108.1	103.4	104.6
菜	Vegetable	95.3	102.3	103.2	110.6	102.7	100.9
#鲜菜	Fresh Vegetables	100.7	109.4	105.1	111.2	101.1	104.7
调味品	Flavoring	93.5	102.2	99.9	100.0	100.0	100.1
糖	Sugar	105.8	99.3	104.3	100.0	100.0	100.0
干鲜瓜果	Dried and Fresh Fruits	98.0	107.7	107.2	100.9	109.6	110.7
糕点饼干面包	Cake, Biscuits and Bread	107.2	90.3	105.3	100.0	100.0	100.1
液体乳及乳制品	Liquid Milk and Its Products	112.7	123.5	104.2	109.3	117.4	102.0
在外用膳食品	Out-dining Food	110.3	110.7	104.9	102.0	100.9	105.6
其他食品	Other Food	100.0	100.4	100.3	100.0	100.0	100.0
饮料、烟酒类	**Beverages,Tobacco and Liquor**	**109.9**	**98.8**	**100.0**	**100.8**	**101.1**	**106.9**
茶及饮料	Tea and Beverages	103.9	101.8	100.2	102.5	104.1	100.9
烟草	Tobacco	107.4	100.2	99.9	100.2	100.0	112.1
酒	Liquor	116.2	96.0	99.8	100.2	100.0	106.5
服装、鞋帽类	**Garments,Shoes and Hats**	**103.6**	**98.8**	**98.6**	**100.2**	**100.5**	**100.8**
服装	Garments	103.0	105.2	99.4	100.1	100.6	100.6
鞋袜帽	Shoes and Hats	105.2	92.0	97.1	100.5	100.4	101.6
其他	Others	104.5	61.0	94.1	100.0	100.0	100.0
纺织品类	**Textiles**	**108.0**	**98.7**	**99.6**	**100.2**	**100.0**	**100.0**
衣着材料	Clothing Material	117.7	97.8	99.0	100.0	100.0	100.1
床上用品	Bed Articles	98.9	99.9	100.2	100.4	100.0	100.0
家用电器及音像器材类	**Household Appliances and Video Appliances**	**92.6**	**90.2**	**95.4**	**100.2**	**100.0**	**100.0**
家庭设备	Home Appliances	91.6	89.5	99.3	100.5	100.0	100.0
文娱耐用消费品	Culture and Recreat Durable Consumable	93.3	91.4	95.0	100.0	100.0	100.0
音像器材类	Video Appliances	90.0	81.5	81.8	100.0	100.0	100.0

6-16 续表 continued

上年=100 (preceding year=100)

项 目	Item	2008	2009	2010	2013	2014	2015
文化办公用品类	**Culture and Office Articles**	**95.3**	**87.0**	**93.9**	**100.0**	**100.3**	**100.7**
日用品类	**Articles for Daily Use**	**105.7**	**88.6**	**88.6**	**99.9**	**100.2**	**100.3**
日用百货	Articles for Daily Use	102.8	92.1	89.9	100.0	100.4	101.4
日用杂品	Sundries for Daily Use	100.5	100.1	95.0	100.0	100.2	100.2
洗涤用品	Washing Articles	102.7	93.2	85.4	100.0	100.0	99.4
其他日用品	Others	117.3	72.1	89.0	99.6	100.0	100.5
体育娱乐用品类	**Sports and Recreation Goods**	**98.0**	**82.5**	**80.1**	**98.5**	**98.1**	**103.5**
体育用品	Sports Goods	101.9	80.4	80.0	99.7	99.6	100.7
娱乐用品	Recreationa Goods	93.1	85.1	80.1	96.9	96.0	107.4
交通通信用品类	**Transportation and Communication Goods**	**92.0**	**98.5**	**93.2**	**100.0**	**100.0**	**100.0**
交通运输机械	Transportation Machines	89.9	105.2	91.5	100.0	100.0	100.0
通讯器材类	Telecommunication Appliances	93.3	94.2	94.4	100.0	100.0	100.0
家具类	**Furniture**	**106.0**	**104.8**	**94.4**	**100.1**	**100.3**	**100.6**
化妆品类	**Cosmetics**	**91.7**	**83.6**	**88.3**	**103.5**	**99.1**	**97.4**
金银珠宝类	**Jewelry**	**133.3**	**89.3**	**97.2**	**110.9**	**102.8**	**113.1**
中西药及医疗保健品类	**Traditional Chinese and Western Medicine**	**99.8**	**103.2**	**102.1**	**100.9**	**99.7**	**100.0**
医疗器具及用品	Special Appliances of Medicines	98.2	91.8	96.9	100.0	100.0	100.0
中药材及中成药	Traditional Chinese Medicine	99.8	102.8	103.3	101.9	99.4	100.0
西药	Western Medicine	99.7	106.3	100.9	100.0	100.0	100.0
保健器具及用品	Healthcare Equipment	100.8	104.2	103.7	100.8	100.0	100.0
书报杂志及电子出版物类	**Newspapers, Magazines and Electronic Publications**	**98.6**	**107.6**	**98.6**	**100.0**	**100.0**	**100.0**
教材及参考书	Teaching Materials and Reference Books	99.9	103.3	96.8	100.0	100.1	99.9
书报杂志	Newspapers and Magazines	104.0	127.2	112.9	100.0	100.0	100.0
电子音像制品	Electronic Audio-video Products	90.5	82.7	78.2	100.0	100.0	100.0
燃料类	**Fuels**	**106.5**	**93.8**	**99.6**	**100.2**	**102.0**	**103.8**
煤炭及制品类	Coal and Their Products	100.9	89.7	93.7	100.8	103.8	116.0
石油及制品类	Petroleum and Their Products	113.6	99.9	107.3	99.6	99.9	89.8
建筑材料及五金电料类	**Building Materials and Hardwares**	**99.6**	**102.3**	**99.5**	**100.0**	**100.0**	**100.0**
建筑装潢材料	Building Decoration Materials	100.2	106.4	101.3	100.0	100.0	100.0
五金电料类	Hardwares	97.7	86.9	91.9	100.0	100.0	100.0

6-17 阿里地区商品零售价格分类指数

RETAIL PRICE INDICES BY CATEGORY OF NGARI

上年=100 (preceding year=100)

项　　目	Item	2008	2009	2010	2013	2014	2015
商品零售价格总指数	**General Retail Price Index**	**105.2**	**99.6**	**100.6**	**102.6**	**104.2**	**99.9**
食品类	**Food**	**112.1**	**107.8**	**104.2**	**104.3**	**111.3**	**100.3**
粮食	Grain	106.6	118.2	107.9	102.9	114.5	93.1
淀粉	Starches	99.8	107.4	109.7	97.0	98.4	102.2
干豆类及豆制品	Dry Bean and Bean Products	100.2	105.2	104.9	101.2	99.6	102.5
油脂	Oil or Fat	118.1	99.3	109.3	101.0	100.0	100.7
肉禽及其制品	Meat, Pourtry and It's Products	115.0	100.8	108.9	101.2	118.5	100.3
蛋	Eggs	101.5	98.1	108.8	103.9	99.8	103.9
水产品	Aquatic Products	113.5	99.2	101.2	98.8	100.0	101.9
菜	Vegetable	131.7	125.2	99.3	103.2	103.9	98.3
#鲜菜	Fresh Vegetables	134.5	117.0	106.1	105.4	106.4	97.4
调味品	Flavoring	92.3	117.7	99.7	100.4	100.0	99.5
糖	Sugar	99.9	101.4	100.9	101.0	100.2	101.1
干鲜瓜果	Dried and Fresh Fruits	114.8	114.0	91.9	106.6	101.9	102.1
糕点饼干面包	Cake, Biscuits and Bread	106.5	103.2	97.2	105.0	102.2	101.1
液体乳及乳制品	Liquid Milk and Its Products	102.1	100.8	99.4	107.8	101.7	99.0
在外用膳食品	Out-dining Food	109.5	103.1	98.2	129.5	118.3	117.7
其他食品	Other Food	100.5	102.5	97.6	105.0	101.3	101.8
饮料、烟酒类	**Beverages,Tobacco and Liquor**	**100.4**	**100.4**	**100.4**	**99.5**	**99.7**	**102.0**
茶及饮料	Tea and Beverages	100.3	95.9	100.0	100.8	99.2	99.0
烟草	Tobacco	100.0	100.3	99.3	100.0	100.0	104.1
酒	Liquor	100.9	103.2	102.1	98.2	99.6	101.4
服装、鞋帽类	**Garments,Shoes and Hats**	**100.6**	**101.8**	**100.9**	**105.5**	**101.5**	**98.9**
服装	Garments	102.1	103.2	101.9	104.3	101.8	99.1
鞋袜帽	Shoes and Hats	97.9	99.3	99.2	108.8	101.2	98.4
其他	Others	100.0	100.0	100.0	100.0	100.0	100.0
纺织品类	**Textiles**	**99.1**	**98.5**	**104.5**	**104.0**	**100.8**	**100.0**
衣着材料	Clothing Material	100.0	112.2	100.0	103.3	100.4	100.0
床上用品	Bed Articles	98.7	93.1	106.3	104.3	101.0	100.0
家用电器及音像器材类	**Household Appliances and Video Appliances**	**98.6**	**91.0**	**99.9**	**100.0**	**100.0**	**100.0**
家庭设备	Home Appliances	98.6	91.2	101.0	100.1	100.1	100.1
文娱耐用消费品	Culture and Recreat Durable Consumable	98.6	90.4	99.0	100.0	100.0	100.0
音像器材类	Video Appliances	100.0	98.8	97.4	100.0	100.0	100.0

6-17 续表 continued

上年=100 (preceding year=100)

项　目	Item	2008	2009	2010	2013	2014	2015
文化办公用品类	**Culture and Office Articles**	**98.7**	**97.2**	**90.0**	**102.1**	**101.3**	**100.2**
日用品类	**Articles for Daily Use**	**99.4**	**96.9**	**91.1**	**101.5**	**101.1**	**100.6**
日用百货	Articles for Daily Use	98.3	96.0	98.8	102.1	100.7	100.3
日用杂品	Sundries for Daily Use	99.8	96.5	99.0	99.9	100.8	100.8
洗涤用品	Washing Articles	99.6	97.2	77.4	103.0	102.5	101.1
其他日用品	Others	100.1	98.0	89.2	100.8	100.6	100.2
体育娱乐用品类	**Sports and Recreation Goods**	**99.0**	**94.9**	**96.7**	**100.6**	**101.1**	**100.3**
体育用品	Sports Goods	99.3	96.3	96.0	101.0	101.8	100.5
娱乐用品	Recreationa Goods	98.6	92.5	98.0	99.9	100.0	100.0
交通通信用品类	**Transportation and Communication Goods**	**122.3**	**82.9**	**101.8**	**99.9**	**100.0**	**100.0**
交通运输机械	Transportation Machines	99.3	94.6	104.9	100.0	100.0	100.0
通讯器材类	Telecommunication Appliances	139.1	75.1	99.4	99.8	100.0	100.0
家具类	**Furniture**	**98.8**	**97.7**	**103.8**	**107.3**	**102.4**	**100.2**
化妆品类	**Cosmetics**	**100.7**	**91.8**	**104.0**	**100.9**	**100.3**	**101.5**
金银珠宝类	**Jewelry**	**96.0**	**96.5**	**98.5**	**99.8**	**101.5**	**101.6**
中西药及医疗保健品类	**Traditional Chinese and Western Medicine**	**99.7**	**100.1**	**100.0**	**99.8**	**100.2**	**100.5**
医疗器具及用品	Special Appliances of Medicines	100.0	100.0	100.0	100.0	100.0	100.0
中药材及中成药	Traditional Chinese Medicine	99.4	100.0	100.0	100.8	101.6	101.6
西药	Western Medicine	99.2	100.0	100.0	99.2	99.4	100.0
保健器具及用品	Healthcare Equipment	101.5	100.5	100.0	99.5	99.7	100.0
书报杂志及电子出版物类	**Newspapers, Magazines and Electronic Publications**	**99.6**	**100.8**	**98.4**	**103.9**	**100.5**	**100.1**
教材及参考书	Teaching Materials and Reference Books	100.0	95.1	98.8	104.7	101.0	100.3
书报杂志	Newspapers and Magazines	99.7	106.8	98.4	104.7	100.3	100.0
电子音像制品	Electronic Audio-video Products	98.8	95.9	96.3	100.0	100.0	100.0
燃料类	**Fuels**	**107.5**	**99.8**	**101.7**	**100.4**	**99.8**	**93.5**
煤炭及制品类	Coal and Their Products	100.0	100.0	100.0	100.0	100.0	100.0
石油及制品类	Petroleum and Their Products	112.4	99.8	102.8	100.7	99.7	89.7
建筑材料及五金电料类	**Building Materials and Hardwares**	**99.3**	**92.6**	**98.0**	**108.7**	**105.3**	**103.9**
建筑装潢材料	Building Decoration Materials	99.3	92.8	102.0	110.5	105.8	104.5
五金电料类	Hardwares	99.4	91.9	83.4	100.5	103.0	100.9

6-18 林芝市商品零售价格分类指数

RETAIL PRICE INDICES BY CATEGORY OF NYINGCHI

上年=100 (preceding year=100)

项　　目	Item	2008	2009	2010	2013	2014	2015
商品零售价格总指数	**General Retail Price Index**	**102.5**	**100.8**	**102.0**	**102.1**	**100.9**	**100.7**
食品类	**Food**	**106.0**	**103.6**	**104.7**	**107.6**	**101.4**	**102.6**
粮食	Grain	102.6	101.4	106.1	105.9	102.4	99.4
淀粉	Starches	103.3	99.2	103.7	104.4	104.0	87.8
干豆类及豆制品	Dry Bean and Bean Products	112.2	103.3	109.4	105.3	99.4	95.8
油脂	Oil or Fat	115.1	96.9	98.2	107.6	101.0	100.1
肉禽及其制品	Meat, Pourtry and It's Products	113.1	103.1	103.3	115.4	103.1	99.2
蛋	Eggs	105.5	102.1	105.4	103.0	100.1	100.0
水产品	Aquatic Products	105.3	101.3	98.8	106.9	92.9	106.8
菜	Vegetable	102.6	108.8	107.6	109.7	102.4	113.3
#鲜菜	Fresh Vegetables	104.0	109.0	109.0	106.2	100.0	115.6
调味品	Flavoring	101.0	100.6	102.7	105.3	104.7	100.0
糖	Sugar	100.4	104.7	104.0	97.6	100.0	100.2
干鲜瓜果	Dried and Fresh Fruits	104.4	108.9	108.9	104.1	96.9	97.9
糕点饼干面包	Cake, Biscuits and Bread	102.1	100.2	101.7	99.7	100.7	101.2
液体乳及乳制品	Liquid Milk and Its Products	108.1	101.7	103.3	101.7	101.8	100.6
在外用膳食品	Out-dining Food	104.1	105.5	105.0	109.5	103.2	101.0
其他食品	Other Food	102.8	100.1	100.0	119.7	100.0	100.1
饮料、烟酒类	**Beverages,Tobacco and Liquor**	**102.9**	**101.3**	**101.4**	**100.7**	**100.5**	**101.2**
茶及饮料	Tea and Beverages	100.5	100.8	101.8	103.0	103.3	102.1
烟草	Tobacco	100.1	99.8	100.9	100.8	99.8	101.9
酒	Liquor	107.8	103.8	101.9	99.5	100.0	100.0
服装、鞋帽类	**Garments,Shoes and Hats**	**103.8**	**100.9**	**102.6**	**101.4**	**103.2**	**100.6**
服装	Garments	106.7	101.2	102.4	100.8	102.1	98.3
鞋袜帽	Shoes and Hats	97.3	100.8	103.0	102.7	106.7	106.3
其他	Others	100.0	100.0	102.0	102.3	100.0	100.0
纺织品类	**Textiles**	**101.3**	**99.5**	**98.2**	**101.3**	**100.4**	**101.4**
衣着材料	Clothing Material	100.0	100.8	100.8	103.0	101.0	103.3
床上用品	Bed Articles	102.3	98.6	96.3	100.0	100.0	100.0
家用电器及音像器材类	**Household Appliances and Video Appliances**	**94.5**	**93.5**	**94.9**	**100.6**	**100.8**	**100.0**
家庭设备	Home Appliances	93.9	94.1	95.7	101.9	101.2	100.0
文娱耐用消费品	Culture and Recreat Durable Consumable	99.1	92.7	93.4	98.9	100.2	100.0
音像器材类	Video Appliances	67.9	92.9	100.0	100.0	100.0	100.0

6-18 续表 continued

上年=100 (preceding year=100)

项 目	Item	2008	2009	2010	2013	2014	2015
文化办公用品类	**Culture and Office Articles**	**92.7**	**96.1**	**101.5**	**97.2**	**101.3**	**100.0**
日用品类	**Articles for Daily Use**	**97.8**	**104.2**	**100.5**	**100.7**	**100.9**	**100.8**
日用百货	Articles for Daily Use	96.5	105.5	103.4	100.2	100.6	100.5
日用杂品	Sundries for Daily Use	98.8	98.8	99.2	101.9	100.5	100.6
洗涤用品	Washing Articles	99.9	112.1	102.2	100.9	101.1	100.0
其他日用品	Others	95.5	97.8	95.4	100.1	101.3	102.4
体育娱乐用品类	**Sports and Recreation Goods**	**96.6**	**99.5**	**97.5**	**98.5**	**100.7**	**100.2**
体育用品	Sports Goods	97.8	104.5	100.4	97.3	100.8	100.4
娱乐用品	Recreationa Goods	95.1	93.5	93.5	99.9	100.5	100.0
交通通信用品类	**Transportation and Communication Goods**	**94.7**	**91.8**	**93.8**	**95.1**	**100.0**	**100.0**
交通运输机械	Transportation Machines	100.0	97.9	96.1	100.5	100.0	100.0
通讯器材类	Telecommunication Appliances	91.4	87.7	91.8	95.1	100.0	100.0
家具类	**Furniture**	**101.9**	**100.8**	**102.4**	**99.6**	**100.8**	**101.2**
化妆品类	**Cosmetics**	**103.0**	**101.5**	**99.7**	**104.2**	**102.5**	**100.3**
金银珠宝类	**Jewelry**	**109.6**	**98.7**	**107.8**	**95.7**	**102.6**	**100.1**
中西药及医疗保健品类	**Traditional Chinese and Western Medicine**	**99.9**	**100.3**	**101.9**	**97.8**	**100.3**	**100.0**
医疗器具及用品	Special Appliances of Medicines	100.0	102.9	102.5	103.5	101.2	100.0
中药材及中成药	Traditional Chinese Medicine	99.8	100.0	100.0	96.8	100.1	100.0
西药	Western Medicine	100.4	100.0	103.5	95.8	100.0	100.0
保健器具及用品	Healthcare Equipment	98.6	100.2	101.9	100.6	100.8	100.0
书报杂志及电子出版物类	**Newspapers, Magazines and Electronic Publications**	**99.1**	**101.5**	**100.7**	**99.0**	**100.7**	**100.3**
教材及参考书	Teaching Materials and Reference Books	100.0	100.6	102.7	93.4	101.4	100.0
书报杂志	Newspapers and Magazines	100.4	104.7	102.2	104.0	100.6	99.9
电子音像制品	Electronic Audio-video Products	97.4	99.1	98.2	100.0	100.0	101.5
燃料类	**Fuels**	**110.9**	**100.0**	**107.4**	**98.6**	**98.7**	**91.9**
煤炭及制品类	Coal and Their Products	96.5	101.8	101.6	100.0	100.0	100.0
石油及制品类	Petroleum and Their Products	116.1	99.4	109.5	98.2	98.3	89.2
建筑材料及五金电料类	**Building Materials and Hardwares**	**104.0**	**101.9**	**103.0**	**101.5**	**96.7**	**100.5**
建筑装潢材料	Building Decoration Materials	105.7	101.9	103.7	102.6	95.6	100.5
五金电料类	Hardwares	98.0	101.9	100.6	96.6	101.3	100.5

6-19 各月商品零售价格分类指数（2015年）

RETAIL PRICE INDICES BY CATEGORY AND EACH MONTH(2015)

上年=100 (preceding year=100)

项 目	Item	1月 Jan.	2月 Feb.	3月 Mar.	4月 Apr.	5月 May.	6月 June.
总指数	**General Consumer Price Index**	**101.6**	**101.3**	**101.3**	**101.4**	**101.6**	**101.3**
食品类	Food	105.1	104.3	103.9	104.3	103.8	103.1
#粮食	Grain	106.8	106.1	105.0	104.0	104.1	104.0
鲜菜	Fresh Vegetables	103.6	100.5	97.4	99.3	102.3	102.2
饮料、烟酒类	Beverages,Tobacco and Liquor	101.0	100.9	100.9	100.9	104.0	103.5
服装、鞋帽类	Garments,Shoes and Hats	99.2	99.4	99.7	99.9	100.4	100.5
纺织品类	Textiles	101.4	101.0	101.1	101.1	100.2	100.2
家用电器及音像器材类	Household Appliances and Audio-vides Appliance	100.1	100.1	100.1	100.1	99.9	99.9
文化办公用品类	Cultural Office Article	100.1	100.1	100.1	100.1	100.7	100.8
日用品类	Articles for Daily Use	101.4	101.2	101.1	100.9	100.9	100.9
体育娱乐用品类	Sports and Recreation Goods	100.9	100.7	100.7	100.7	100.7	100.8
交通通信用品类	Transportation and Communication Goods	99.6	99.6	99.6	99.6	99.6	99.6
家具类	Furniture	101.5	101.8	101.8	101.8	101.9	101.9
化妆品类	Cosmetics	99.0	99.0	99.1	99.3	99.3	99.3
金银珠宝类	Jewelry	99.7	99.8	98.9	97.9	98.3	99.1
中西药及医疗保健品类	Traditional Chinese and Western Medicine	103.8	103.6	103.3	103.4	103.4	104.0
书报杂志及电子出版物类	Newspapers and Magazines	100.8	100.2	100.2	101.0	101.0	101.0
燃料类	Fuels	93.0	92.5	93.6	93.1	94.6	94.2
建筑材料及五金电料类	Building Materials and Hardwares	102.0	102.1	102.1	102.1	102.2	102.2

6-19 续表 continued

项 目	Item	7月 July.	8月 Aug.	9月 Sep.	10月 Oct.	11月 Nov.	12月 Dec.
总指数	**General Consumer Price Index**	**101.1**	**101.2**	**101.2**	**101.2**	**101.6**	**101.7**
食品类	Food	102.5	102.9	103.0	102.6	102.9	102.5
#粮食	Grain	102.8	102.0	101.8	102.4	102.7	102.7
鲜菜	Fresh Vegetables	102.9	107.0	105.6	101.0	104.3	103.2
饮料、烟酒类	Beverages,Tobacco and Liquor	103.7	104.0	104.1	104.2	104.2	104.2
服装、鞋帽类	Garments,Shoes and Hats	100.7	100.8	100.7	101.0	101.9	101.9
纺织品类	Textiles	100.6	100.6	100.4	100.6	101.1	101.6
家用电器及音像器材类	Household Appliances and Audio-vides Appliance	100.0	99.9	100.0	100.1	100.0	100.1
文化办公用品类	Cultural Office Article	101.7	101.0	100.4	100.4	100.5	100.6
日用品类	Articles for Daily Use	101.2	101.2	101.2	101.1	101.0	101.1
体育娱乐用品类	Sports and Recreation Goods	100.8	100.7	100.7	100.4	100.2	100.1
交通通信用品类	Transportation and Communication Goods	99.6	100.0	100.0	100.0	100.0	100.0
家具类	Furniture	100.5	100.5	100.6	100.7	101.0	101.5
化妆品类	Cosmetics	100.3	100.3	100.1	100.5	100.7	100.7
金银珠宝类	Jewelry	98.0	98.2	99.4	99.1	97.7	97.1
中西药及医疗保健品类	Traditional Chinese and Western Medicine	104.3	104.3	103.6	104.4	104.9	104.9
书报杂志及电子出版物类	Newspapers and Magazines	100.8	100.8	100.9	100.9	100.9	100.8
燃料类	Fuels	93.2	91.9	92.2	93.4	94.4	95.6
建筑材料及五金电料类	Building Materials and Hardwares	101.0	101.1	101.1	101.1	104.3	106.9

6-20 农业生产资料价格分类指数（2015年）

PRICE INDICES FOR MEANS OF AGRICULTURAL PRODUCTION BY CATEGORY(2015)

上年=100 (preceding year=100)

项　　目	Item	全 年 The Year	1月 Jan.	2月 Feb.	3月 Mar.	4月 Apr.	5月 May.	6月 June
总指数	**General Consumer Price Index**	**99.7**	**99.7**	**99.7**	**99.8**	**99.8**	**99.8**	**99.9**
农用手工工具	Farm Hand Tools	100.8	100.1	100.1	100.1	100.1	100.1	100.1
饲料	Forage	100.0	100.0	100.0	100.0	100.0	100.0	100.0
幼禽家畜	Young Livestock and Fowls	100.3	100.0	100.2	100.4	100.4	100.4	100.4
半机械化农具	Semi-mechanized Farm Implements	100.0	100.0	100.0	100.0	100.0	100.0	100.0
机械化农具	Mechanized Farm Implements	100.0	100.0	100.0	100.0	100.0	100.0	100.0
化学肥料	Chemecal Fertilizer	99.9	100.0	100.0	100.0	100.0	100.0	100.0
氮肥	Nitrogenous Fertilizer	100.0	100.0	100.0	100.0	100.0	100.0	100.0
磷肥	Phosphate	99.9	99.8	99.8	99.8	99.8	99.8	99.8
钾肥	Kalium Fertilizer	99.4	100.0	100.0	100.0	100.0	100.0	100.0
复合肥料	Compound Fertilizer	100.0	100.0	100.0	100.0	100.0	100.0	100.0
农药及农药械	Pesticide and Its Appliances	100.0	100.0	100.0	100.0	100.0	100.0	100.0
化学农药	Chemecal Pesticide	100.0	100.0	100.0	100.0	100.0	100.0	100.0
农药器械	Chemecal Pesticide Appliances	100.0	100.0	100.0	100.0	100.0	100.0	100.0
农用机油	Oil for Farm Machinery	93.9	93.6	93.0	94.1	94.2	94.5	95.0
其他农业生产资料	Others	100.4	100.6	100.6	100.6	100.6	100.6	100.6
农业生产服务	Service for Agricultural Production	104.0	105.4	105.4	105.4	105.4	105.4	105.4

6-20 续表 continued

项　　目	Item	7月 July.	8月 Aug.	9月 Sep.	10月Oct.	11月Nov.	12月Dec.
总指数	**General Consumer Price Index**	**99.9**	**99.8**	**99.8**	**99.6**	**99.5**	**99.7**
农用手工工具	Farm Hand Tools	101.4	101.4	101.4	101.3	101.3	101.3
饲料	Forage	100.0	100.0	100.0	100.0	100.0	100.0
幼禽家畜	Young Livestock and Fowls	100.4	100.4	100.4	100.4	100.4	100.4
半机械化农具	Semi-mechanized Farm Implements	100.0	100.0	100.0	100.0	100.0	100.0
机械化农具	Mechanized Farm Implements	100.0	100.0	100.0	100.0	100.0	100.0
化学肥料	Chemecal Fertilizer	100.0	100.0	100.0	99.9	99.7	99.7
氮肥	Nitrogenous Fertilizer	100.0	100.0	100.0	100.0	100.0	100.0
磷肥	Phosphate	99.8	99.8	99.8	100.0	100.0	100.0
钾肥	Kalium Fertilizer	100.0	100.0	100.0	98.7	97.3	97.3
复合肥料	Compound Fertilizer	100.0	100.0	100.0	100.0	100.0	100.0
农药及农药械	Pesticide and Its Appliances	100.0	100.0	100.0	100.0	100.0	100.0
化学农药	Chemecal Pesticide	100.0	100.0	100.0	100.0	100.0	100.0
农药器械	Chemecal Pesticide Appliances	100.0	100.0	100.0	100.0	100.0	100.0
农用机油	Oil for Farm Machinery	94.1	93.6	93.7	93.5	93.0	94.6
其他 农业生产资料	Others	100.6	100.3	100.0	99.9	99.9	99.9
农业生产服务	Service for Agricultural Production	105.5	105.4	105.4	100.0	100.0	100.0

6-21 昌都市农业生产资料价格分类指数
PRICE INDICES FOR MEANS OF AGRICULTURAL PRODUCTION BY CATEGORY OF QAMDO

上年=100 (preceding year=100)

项 目	Item	2007	2008	2009	2010	2013	2014	2015
总指数	**General Consumer Price Index**	**101.1**	**101.8**	**99.8**	**99.9**	**101.3**	**101.3**	**99.8**
农用手工工具	Farm Hand Tools	101.7	99.9	99.9	99.1	101.7	100.0	100.0
饲料	Forage	103.8	107.4	98.2	100.7	100.0	100.0	100.0
幼禽家畜	Young Livestock and Fowls	104.7	107.8	101.7	99.6	103.4	101.9	101.2
半机械化农具	Semi-mechanized Farm Implements	97.6	99.3	97.9	100.0	100.0	100.2	100.0
机械化农具	Mechanized Farm Implements	99.9	100.7	100.1	100.0	100.0	100.0	100.0
化学肥料	Chemecal Fertilizer	100.0	100.0	100.0	100.0	100.3	101.8	100.0
氮肥	Nitrogenous Fertilizer	100.0	100.0	100.0	100.0	100.1	100.4	100.0
磷肥	Phosphate	100.0	100.0	100.0	100.0	100.1	100.4	100.0
钾肥	Kalium Fertilizer	100.0	100.0	100.0	100.0	100.1	100.4	100.0
复合肥料	Compound Fertilizer	100.0	100.0	100.0	100.0	100.7	103.7	100.0
农药及农药械	Pesticide and Its Appliances	99.8	99.9	100.0	100.0	100.0	100.0	100.0
化学农药	Chemecal Pesticide	100.0	100.0	100.0	100.0	100.0	100.0	100.0
农药器械	Chemecal Pesticide Appliances	99.1	99.3	100.0	100.0	100.0	100.0	100.0
农用机油	Oil for Farm Machinery	101.4	104.6	100.3	100.3	101.3	100.1	93.9
其他农业生产资料	Others	100.3	101.1	100.0	100.6	102.2	104.8	100.0
农业生产服务	Service for Agricultural Production	100.0	100.0	100.0	100.0	101.2	104.7	113.5

6-22 山南地区农业生产资料价格分类指数
PRICE INDICES FOR MEANS OF AGRICULTURAL PRODUCTION BY CATEGORY OF SHANNAN

上年=100 (preceding year=100)

项 目	Item	2007	2008	2009	2010	2013	2014	2015
总指数	**General Consumer Price Index**	**100.2**	**101.7**	**97.2**	**101.7**	**100.4**	**99.9**	**99.3**
农用手工工具	Farm Hand Tools	100.0	100.0	97.8	100.1	100.4	100.0	100.0
饲料	Forage	103.6	108.3	90.0	99.7	100.4	100.0	100.0
幼禽家畜	Young Livestock and Fowls	100.7	100.5	100.0	100.0	100.0	100.0	100.0
半机械化农具	Semi-mechanized Farm Implements	100.0	100.0	100.0	100.0	101.9	100.0	100.0
机械化农具	Mechanized Farm Implements	100.0	103.4	101.5	100.0	102.8	100.0	100.0
化学肥料	Chemecal Fertilizer	100.0	102.4	96.5	104.0	101.2	100.1	99.8
氮肥	Nitrogenous Fertilizer	100.0	97.4	89.0	110.1	101.6	100.0	100.0
磷肥	Phosphate	100.0	100.0	96.1	99.6	100.0	100.0	100.0
钾肥	Kalium Fertilizer	100.0	100.0	99.4	102.1	102.9	100.3	98.4
复合肥料	Compound Fertilizer	100.0	106.2	100.3	101.4	100.8	100.1	100.0
农药及农药械	Pesticide and Its Appliances	100.0	100.3	100.3	100.3	100.0	100.0	100.0
化学农药	Chemecal Pesticide	100.0	100.0	100.0	100.4	100.0	100.0	100.0
农药器械	Chemecal Pesticide Appliances	100.0	101.0	101.4	100.0	100.0	100.0	100.0
农用机油	Oil for Farm Machinery	100.0	118.8	106.4	107.2	99.7	97.9	90.4
农业生产资料	Others	100.0	102.1	94.6	103.3	99.5	100.6	101.0
农业生产服务	Service for Agricultural Production	100.0	100.0	100.1	100.9	100.0	100.0	100.0

6-23 那曲地区农业生产资料价格分类指数
PRICE INDICES FOR MEANS OF AGRICULTURAL PRODUCTION BY CATEGORY OF NAGQU

上年=100 (preceding year=100)

项　　目	Item	2007	2008	2009	2010	2013	2014	2015
总指数	**General Consumer Price Index**	**101.0**	**104.4**	**100.0**	**100.6**	**101.1**	**100.0**	**100.0**
农用手工工具	Farm Hand Tools	97.9	110.3	98.4	100.6	100.0	100.4	101.0
饲料	Forage	100.0	105.3	101.2	100.1	100.0	100.0	100.0
幼禽家畜	Young Livestock and Fowls	101.0	105.4	98.5	101.1	101.9	100.0	100.0
半机械化农具	Semi-mechanized Farm Implements	100.0	102.7	103.1	99.5	100.2	100.0	100.0
机械化农具	Mechanized Farm Implements	100.0	100.5	99.2	100.0	100.9	100.0	100.0
化学肥料	Chemecal Fertilizer	100.0	100.0	102.2	100.0	100.0	99.9	99.8
氮肥	Nitrogenous Fertilizer	100.0	100.0	102.8	100.0	100.0	100.0	100.0
磷肥	Phosphate	100.0	100.0	101.1	99.9	100.0	99.8	99.3
钾肥	Kalium Fertilizer	100.0	100.0	102.5	100.0	100.0	100.0	100.0
复合肥料	Compound Fertilizer	100.0	100.0	102.5	100.0	100.0	100.0	100.0
农药及农药械	Pesticide and Its Appliances	99.2	99.9	100.4	99.6	100.0	100.0	100.0
化学农药	Chemecal Pesticide	100.0	100.4	103.6	100.0	100.0	100.0	100.0
农药器械	Chemecal Pesticide Appliances	98.1	99.2	96.0	99.0	100.0	100.0	100.0
农用机油	Oil for Farm Machinery	100.0	100.0	95.5	100.0	100.0	100.0	100.0
其他农业生产资料	Others	120.2	108.5	96.3	99.1	100.8	100.0	100.0
农业生产服务	Service for Agricultural Production	100.0	100.0	100.0	100.0	100.0	100.0	100.0

6-24 阿里地区农业生产资料价格分类指数
PRICE INDICES FOR MEANS OF AGRICULTURAL PRODUCTION BY CATEGORY OF NGARI

上年=100 (preceding year=100)

项　　目	Item	2007	2008	2009	2010	2013	2014	2015
总指数	**General Consumer Price Index**	**100.0**	**100.0**	**99.9**	**100.2**	**104.3**	**101.8**	**100.0**
农用手工工具	Farm Hand Tools	100.0	100.0	96.9	103.2	100.0	100.0	100.0
饲料	Forage	100.0	100.0	100.0	100.0	100.0	100.0	100.0
幼禽家畜	Young Livestock and Fowls	100.0	100.0	100.0	100.0	102.0	101.1	100.0
半机械化农具	Semi-mechanized Farm Implements	100.0	100.0	100.0	100.0	100.0	100.0	100.0
机械化农具	Mechanized Farm Implements	100.0	100.0	100.0	100.0	99.5	100.0	100.0
化学肥料	Chemecal Fertilizer	100.0	100.0	100.0	100.0	158.9	115.1	100.0
氮肥	Nitrogenous Fertilizer	100.0	100.0	100.0	100.0	126.8	110.2	100.0
磷肥	Phosphate	100.0	100.0	100.0	100.0	136.7	114.3	100.0
钾肥	Kalium Fertilizer	100.0	100.0	100.0	100.0	100.0	100.0	100.0
复合肥料	Compound Fertilizer	100.0	100.0	100.0	100.0	213.7	120.0	100.0
农药及农药械	Pesticide and Its Appliances	100.0	100.0	98.4	101.6	100.0	100.0	100.0
化学农药	Chemecal Pesticide	100.0	100.0	98.4	101.6	100.0	100.0	100.0
农药器械	Chemecal Pesticide Appliances	100.0	100.0	97.3	102.8	100.0	100.0	100.0
农用机油	Oil for Farm Machinery	100.0	100.0	100.0	100.0	100.9	100.1	100.0
农业生产资料	Others	100.0	100.0	100.0	100.0	102.2	100.0	100.0
农业生产服务	Service for Agricultural Production	100.0	100.0	100.0	100.0	104.5	101.4	100.0

6-25 林芝市农业生产资料价格分类指数

PRICE INDICES FOR MEANS OF AGRICULTURAL PRODUCTION BY CATEGORY OF NYINGCHI

上年=100　　(preceding year=100)

项　　目	Item	2007	2008	2009	2010	2011	2012	2013	2014	2015
总指数	**General Consumer Price Index**	**102.0**	**103.9**	**100.1**	**100.8**	**102.3**	**98.8**	**104.3**	**99.8**	**99.9**
农用手工工具	Farm Hand Tools	105.0	100.0	99.9	99.2	100.5	99.5	101.0	100.0	103.1
饲料	Forage	109.7	110.4	100.5	100.4	100.7	92.6	103.6	100.0	100.0
幼禽家畜	Young Livestock and Fowls	100.4	100.1	99.4	99.8	102.5	100.0	118.0	100.0	100.0
半机械化农具	Semi-mechanized Farm Implements	93.2	90.1	99.0	99.3	102.5	106.4	101.3	100.0	100.0
机械化农具	Mechanized Farm Implements	99.2	98.2	99.4	99.6	104.0	113.0	103.0	100.0	100.0
化学肥料	Chemecal Fertilizer	100.6	105.6	100.5	100.4	100.7	100.6	100.8	100.0	100.0
氮肥	Nitrogenous Fertilizer	101.0	105.6	100.5	100.2	100.4	100.1	100.0	100.0	100.0
磷肥	Phosphate	100.5	105.9	101.4	100.5	101.3	99.5	102.5	100.0	100.0
钾肥	Kalium Fertilizer	100.5	104.9	100.0	101.0	102.2	102.2	100.2	100.0	100.0
复合肥料	Compound Fertilizer	100.5	105.7	100.3	100.2	100.2	101.2	100.6	100.0	100.0
农药及农药械	Pesticide and Its Appliances	99.7	100.0	100.0	102.2	100.1	99.8	100.0	100.0	100.0
化学农药	Chemecal Pesticide	100.0	100.0	100.0	100.0	100.0	100.0	100.0	100.0	100.0
农药器械	Chemecal Pesticide Appliances	99.1	100.0	100.0	106.9	101.3	97.4	100.0	100.0	100.0
农用机油	Oil for Farm Machinery	102.1	114.3	101.1	105.0	109.4	103.2	99.6	97.1	94.9
其他农业生产资料	Others	102.5	99.8	99.2	100.2	103.0	91.2	105.3	100.0	99.9
农业生产服务	Service for Agricultural Production	100.0	100.0	100.0	100.0	100.0	100.0	116.0	100.0	100.0

6-26 工业生产者出厂价格主要分组指数

PRODUCER PRICE INDICES FOR MANUFACTURED GOODS BY MAIN GROUP

上年=100 (preceding year=100)

项目名称	Item	2012	2013	2014	2015
总指数	**Total Index**	**99.7**	**99.8**	**99.0**	**93.2**
核心指数	Core Index	98.7	99.3	99.5	91.7
高技术	High-tech	101.4	100.1	92.7	86.4
能源	Energy	100.1	100.1	100.1	92.3
按轻重工业分	Grouped by Light and Heavy Industries				
轻工业	Light Industry	101.6	100.6	100.6	100.4
以农产品为原料	Using Farm Products as Raw Materials	101.3	100.5	100.6	100.4
以非农产品为原料	Using Non-farm Products as Raw Materials	103.0	101.2	100.7	100.3
重工业	Heavy Industry	99.0	99.5	98.4	90.4
采掘	Mining and Quarrying	90.4	95.5	100.4	90.2
原料	Raw Materials	102.7	98.5	99.4	93.9
加工	Processing	103.2	102.2	96.6	88.7
按生产生活资料分	Grouped by Means of Production and Consumer Goods				
生产资料	Means of Production	98.8	99.4	99.5	91.4
采掘	Mining and Quarrying	90.4	95.5	100.4	90.2
原料	Raw Materials	102.7	98.6	99.5	94.0
加工	Processing	103.8	103.0	98.6	90.6
生活资料	Consumer Goods	101.5	100.4	98.2	96.4
食品	Foods	101.2	100.4	97.8	95.9
衣着	Clothes	99.6	97.4	102.1	98.0
一般日用品	Articles for Daily Use	105.3	101.8	103.4	103.2
耐用消费品	Durable Consumer Goods	96.0	127.2	122.4	123.2
按初级中间最终产品分	Grouped by Primary, Intermediate and Final Products				
初级产品	Primary Products	90.4	95.5	100.4	90.2
矿产品	Mineral Products	90.4	95.5	100.4	90.2
废料	Wastes				
中间产品	Intermediate Products	102.9	101.3	98.3	92.4
最终产品	Final Products	101.2	100.6	98.8	95.5
最终投资品	Final Investment Products	102.8	103.8	99.5	98.8
最终消费品	Final Consumer Products	101.1	100.3	98.8	95.2
按工业部门分	Grouped by Industrial Sectors				
冶金工业	Metallurgical Industry	90.0	95.3	100.4	90.3
电力工业	Power Industry	100.0	100.0	100.0	92.3
煤炭及炼焦工业	Coal and Coking Industry	108.3	109.1	107.7	100.0
石油工业	Petroleum Industry				

6-26 续表 continued

上年=100 (preceding year=100)

项目名称	Item	2012	2013	2014	2015
化学工业	Chemical Industry	101.3	100.1	93.8	87.8
机械工业	Machine Manufacturing Industry	100.1	100.0	100.0	100.0
建筑材料工业	Building Materials Industry	104.4	103.4	98.4	89.1
森林工业	Timber Industry	124.6	88.0	93.9	107.8
食品工业	Food Industry	101.3	100.5	100.6	100.6
纺织工业	Textile Industry	103.4	100.0	100.0	98.6
缝纫工业	Tailoring Industry	99.1	93.9	102.0	97.4
皮革工业	Leather Industry	100.8	106.0	101.9	100.0
造纸工业	Paper Making Industry	99.8	101.7	100.3	100.2
文教艺术用品工业	Industry for Cultural, Educational & Art Articles	100.0	100.0	100.0	100.0
其它工业	Others	103.9	101.5	100.5	100.1
按工业行业大类分	Grouped by Industrial Categories				
黑色金属矿采选业	Mining and Dressing of Ferrous Metal Ores	85.7	101.9	102.2	78.0
有色金属矿采选业	Mining and Dressing of Nonferrous Metal Ores	92.1	92.1	99.2	96.4
非金属矿采选业	Mining and Dressing of Nonmetallic Ores	105.0	100.9	100.9	85.8
农副食品加工业	Processing of Food from Agricultural Products	103.4	103.2	101.5	104.4
食品制造业	Manufacture of Food	105.1	111.3	106.1	101.2
饮料制造业	Manufacture of Beverage	100.3	98.9	99.9	99.6
纺织业	Textile Industry	103.4	100.0	100.0	98.6
纺织服装、鞋、帽制造业	Manufacture of Textile Garments, Footwear and Headgear	99.1	93.9	102.0	97.4
皮革、毛皮、羽毛(绒)及其制品业	Leather, Fur, Feather, Down and Related Products	100.8	106.0	101.9	100.0
木材加工及木、竹、藤、棕、草制品业	Timber Processing, Bamboo, Cane, Palm Fiber & Straw Products	124.7	87.7	93.7	107.7
家具制造业	Manufacture of Furniture	96.0	127.2	122.4	123.2
造纸及纸制品业	Manufacture of Paper and Paper Products	99.8	101.7	100.3	100.2
印刷业和记录媒介的复制	Printing and Reproduction of Record Medium	100.0	100.0	100.0	100.0
化学原料及化学制品制造业	Manufacture of Raw Chemical Materials and Chemical Products	101.1	100.0	100.8	100.8
医药制造业	Manufacture of Medicines	101.4	100.1	92.7	86.4
非金属矿物制品业	Nonmetallic Mineral Products	104.3	103.4	98.4	89.0
交通运输设备制造业	Manufacture of Transport Equipment	100.1	100.0	100.0	100.0
工艺品及其他制造业	Handicraft and Other Manufactures	116.9	107.5	102.9	100.4
电力、热力的生产和供应业	Production and Supply of Electric Power and Heat Power	100.0	100.0	100.0	92.3
水的生产和供应业	Production and Supply of Water	100.0	100.0	100.0	100.0

第七篇

人 民 生 活

Chapter 7

PEOPLE'S LIVELIHOOD

7-1 人民物质文化生活提高情况

IMPROVEMENT IN PEOPLE'S MATRERIAL AND CULTURAL LIFE

指 标	Item	2000	2010	2013	2014	2015
就 业	**Employment**					
每一农村劳动力负担人数 (人)	Number of Dependents per Rural Laborer (person)	1.74	1.59	1.69	1.73	1.64
每一城镇就业者负担人数 (人)	Number of Dependents per Urban Employee (person)	1.89	2.25	1.96	1.96	2.05
收 入	**Income of Rural and Urban Residents**					
农村居民人均可支配收入 (元)	Annual Per Capita Disposable Income of Rural Residents (yuan)	1326	4123	6553	7359	8244
城镇居民家庭人均可支配收入 (元)	Annual Per Capita Disposable Income of Urban Residents (yuan)	6448	14980	20023	22016	25457
职工年平均工资 (元)	Annual Average Wages of Staff and Workers (yuan)	14976	54397	64409	68059	110980
消费水平	**Annual Per Capita Consumption**					
全区居民消费水平 (元)	Per Capita Consumption of All Residents (yuan)	1823	4326	6275	7205	8756
农村居民 (元)	Urban Residents (yuan)	1144	2381	3874	4498	5412
城镇居民 (元)	Rural Residents (yuan)	4737	11028	14001	15009	17466
储 蓄	**Savings**					
城乡居民年末储蓄存款余额 (亿元)	Balance of Savings Deposit of Rural and Urban Residents (year-end) (100 million yuan)	40.48	267.13	496.03	559.28	653.63
平均每人年末储蓄存款余额 (元)	Per Capita Balance of Saving Deposit (yuan)	1558	9159	15896	17766	20378
住 房 (平方米)	**Per Capita Floor Space of Residential Buildings** (sq.m)					
农村平均每人自有住房面积	Per Capita Floor Space of Residential Building in Rural Areas	23.16	24.03	30.51	33.77	32.75
城市平均每人自有住房面积	Per Capita Floor Space of Residential Building in Urban Areas	19.86	34.72	42.81	28.93	26.19
文化、教育	**Culture and Education**					
城市每百户拥有彩色电视机 (台)	Number of Color TV Sets Per 100 Households in Urban (unit)	120	129	128	130.1	133.7
农村每百户拥有电视机 (台)	Number of TV Sets Per 100 Households in Rural (unit)	13.7	75.5	97.3	100.7	103.9
学龄儿童入学率 (%)	Enrollment Ratio of School-Age Children (%)	85.8	99.2	99.6	99.6	99.7
每万人口中在校学生数 (人)	Number of Students Per 10000 Persons (person)	1467	1775	1683	1659	1598
卫 生	**Public Health**					
每千人拥有床位数 (张)	Every Thousand People Has Berths to Count (unit)	2.52	3.02	3.54	3.79	4.33
每千人拥有卫生技术人员数 (人)	Number of Medical Technical Personnel Per 1000 Persons (person)	3.44	3.44	3.75	4.08	4.43

注：2014年居民收入及消费数据均来源于城乡一体化住户收支与生活状况抽样调查新口径数据。（以下各表相同）

Note: Income of urban and rural residents and household consumption in 2014 refer to urban and rural household survey.The same applies to all tables following.

7-2 城乡居民家庭人均可支配收入及指数

PER CAPITA ANNUAL INCOME OF URBAN AND RURAL HOUSEHOLDS

单位：元、% (yuan,%)

年份 Year	全体居民人均可支配收入		农村居民人均可支配收入 Per Capita Net Income of Rural Residents		城镇居民人均可支配收入 Per Capita Annual Disposable Income of Rural Areas	
	绝对数 Value	指数(上年=100) Indeces (Preceding year=100)	绝对数 Value	指数(上年=100) Indeces (Preceding year=100)	绝对数 Value	指数(上年=100) Indeces (Preceding year=100)
1965	141		108		456	
1978	219	109.2	174	109.0	575	108.2
1980	327	116.7	273	117.6	696	109.3
1981	338	103.1	295	108.0	728	104.7
1982	366	108.5	323	109.5	782	107.4
1983	369	100.8	317	98.1	856	109.4
1984	494	133.8	444	140.3	932	108.9
1985	581	117.7	533	120.0	1002	107.5
1986	547	94.0	490	92.0	1045	104.3
1987	610	111.6	517	105.5	1252	119.8
1988	680	111.4	571	110.4	1401	112.0
1989	712	104.7	553	96.9	1504	107.3
1990	754	105.9	580	104.9	1643	109.2
1991	845	112.0	615	106.0	2032	123.7
1992	887	105.0	651	105.8	2122	104.4
1993	982	110.7	703	108.1	2392	112.7
1994	1242	126.4	814	115.7	3392	141.8
1995	1409	113.5	875	107.5	4074	120.1
1996	1715	121.7	971	111.0	5123	125.8
1997	1837	107.1	1081	111.3	5230	102.1
1998	1968	107.1	1154	106.7	5540	105.9
1999	2171	110.3	1253	108.6	6109	110.3
2000	2339	107.7	1326	105.8	6567	107.5
2001	2548	108.9	1399	105.5	7251	110.4
2002	2786	109.3	1515	108.3	7906	109.0
2003	3003	107.8	1685	111.2	8207	103.8
2004	3187	106.1	1854	110.1	8352	101.8
2005	3425	107.5	2070	111.7	8567	102.6
2006	3838	112.1	2426	117.2	9107	106.3
2007	4618	120.3	2777	114.5	11337	124.5
2008	5255	113.8	3164	113.9	12713	112.1
2009	5811	110.6	3519	111.2	13795	108.5
2010	6647	114.4	4123	117.2	15258	110.6
2011	7522	113.2	4885	118.5	16496	108.1
2012	8578	114.0	5697	116.6	18362	111.3
2013	9740	113.5	6553	115.0	20394	111.1
2014	10730	110.2	7359	112.3	22016	107.9
2015	12254	114.2	8244	112.0	25457	115.6

注：历史数据均已推算为可支配收入。
Note: Historical data have been adjusted accordingly.

7-3 各地区农牧民人均纯收入

PER CAPITA ANNUAL NET INCOME OF RURAL HOUSEHOLDS BY REGION

单位：元、% (yuan,%)

年份 Year / 地区 Region	拉萨市 Lhasa	昌都市 Qamdo	山南地区 Shannan	日喀则市 Xigazê	那曲地区 Nagqu	阿里地区 Ngari	林芝市 Nyingchi
绝对数 Value							
2005	2402	1844	2159	1896	2123	1801	2723
2008	3732	2830	3305	2881	3219	2695	4095
2009	4149	3144	3676	3203	3577	2987	4562
2010	5003	3662	4330	3750	4081	3451	5411
2011	6019	4332	5183	4473	4860	4183	6433
2012	7082	4962	6056	5165	5586	5452	7498
2013	8265	5900	7099	6027	6398	6391	8612
2014(人均可支配收入)	9258	6616	8006	6717	7134	7107	9582
2015(人均可支配收入)	10378	7311	8991	7402	7862	7903	10703
增长速度 Increase rate							
2005	9.3	9.8	14.1	9.0	9.7	11.2	13.8
2008	14.8	13.7	14.2	13.7	13.2	12.8	13.9
2009	11.2	11.1	11.2	11.2	11.1	10.9	11.4
2010	20.6	16.5	17.8	17.1	14.1	15.5	18.6
2011	20.3	18.3	19.7	19.3	19.1	21.2	18.9
2012	17.7	14.5	16.9	15.5	14.9	30.4	16.6
2013	16.7	18.9	17.2	16.7	14.5	17.2	14.9
2014	12.3	12.7	13.2	11.9	12.0	11.6	11.7
2015	12.1	10.5	12.3	10.2	10.2	11.2	11.7

7-4 各地区农村居民人均可支配收入和生活消费支出（2015年）

PER CAPITA ANNUAL NET INCOME AND CONSUMPTION EXPENDITURE OF RURAL HOUSEHOLDS BY REGION (2015)

单位：元 (yuan)

指标	Item / Region 地区	拉萨市 Lhasa	昌都市 Qamdo	山南地区 Shannan	日喀则市 Xigazê	那曲地区 Nagqu	阿里地区 Ngari	林芝市 Nyingchi
人均可支配收入	**Annual Per Capita Net Income of Rural Residents**	**10378**	**7311**	**8991**	**7402**	**7862**	**7903**	**10703**
工资性收入	Income of Wages and Salaries	2846	1557	2000	2093	231	717	1279
家庭经营性净收入	Income from Household Business Operation	6236	4710	4342	3772	7143	5516	7433
转移性和财产性净收入	Transfer Income and Property Income	1297	1044	2649	1537	489	1670	1991
生活消费支出	**Living Expenditure**	**6545**	**4994**	**5870**	**3608**	**5226**	**5925**	**7200**
食品	Food	2910	2634	1866	829	3972	3056	2907
衣着	Clothing	764	488	740	638	223	807	588
居住	Residence	952	734	864	632	223	210	1468
家庭设备用品及服务	Household Facilities, Articles and Services	242	504	264	258	196	417	269
交通通讯	Transportation and Communications	1008	342	1738	420	471	616	1253

7-5 各地区城镇居民人均可支配收入和消费支出

单位：元

年份 Year	地区 Region	全区 Total 2014	全区 Total 2015	拉萨市 Lhasa 2014	拉萨市 Lhasa 2015	昌都市 Qamdo 2014	昌都市 Qamdo 2015
可支配收入	**Disposable Income**	**22016**	**25457**	**23057**	**26908**	**19256**	**22374**
总收入	**Total Income**	**22773**	**26769**	**23527**	**27965**	**19795**	**23323**
工资性收入	Wage Income	17405	20561	17298	19369	14680	16899
经营性收入	Management Income	669	956	404	634	833	1203
财产收入	Income from Properties	1544	1667	2238	2866	578	649
转移性收入	Income from Transfers	3156	3586	3587	5096	3705	4572
消费性支出	**Total Living Expenditurs**	**15669**	**17022**	**16410**	**18666**	**13705**	**15412**
食品	Food	7218	7238	6712	7263	5589	6600
衣着	Clothing	1656	1612	1416	1787	929	1040
居住	Residence	3398	3589	4419	4712	3857	3885
家庭设备用品及服务	Household Facitities,Articles and Services	891	740	662	909	496	658
医疗保健	Medicine and Medical Services	553	534	382	496	407	498
交通和通讯	Transportation and Communications	1730	2038	1450	1931	1124	1293
教育文化娱乐服务	Education,Recreation and Cultural Services	727	758	860	922	731	796
其它商品和服务	Others Commodities and Services	548	515	509	645	573	642

PER CAPITA ANNUAL DISPOSABLE INCOME AND CONSUMPTION EXPENDITURE OF URBAN HOUSEHOLDS BY REGION

(yuan)

山南地区 Shannan		日喀则市 Xigazê		那曲地区 Nagqu		阿里地区 Ngari		林芝市 Nyingchi	
2014	2015	2014	2015	2014	2015	2014	2015	2014	2015
20797	**23811**	**21694**	**25078**	**22314**	**26154**	**23406**	**27451**	**19526**	**22387**
22905	**25857**	**22376**	**26347**	**23008**	**27140**	**23895**	**28018**	**21086**	**24642**
20438	23834	17681	20992	20113	22879	21651	24584	16607	19520
632	761	1284	1238	397	975	263	300	1780	1885
876	865	550	576	927	1505	274	356	442	575
958	397	2861	3541	1571	1781	1706	2211	2257	2662
14802	**17073**	**15440**	**17370**	**11475**	**13002**	**16658**	**18074**	**13897**	**14726**
5572	6026	8291	9470	6447	7260	8578	7819	4784	5359
2070	2180	1544	1706	1089	1225	3068	3097	898	909
2234	2051	2316	2581	1609	1821	1176	1877	3599	3260
1133	1252	510	563	288	325	301	472	402	573
411	686	587	630	368	456	454	985	542	562
2167	3662	1544	1706	1044	1195	1543	1707	2947	3116
733	758	463	516	225	253	904	987	491	698
482	458	185	198	405	467	633	1130	237	249

7-6 全区居民消费水平

ANNUAL PER CAPITA CONSUMPTION OF ALL RESIDENTS

年份 Year	居民消费水平 Annual Per Capita Consumption of All Residents			指数(上年=100) Indeces (Preceding year=100)		
	全区居民 (元/人) All Residents (yuan/person)	农村居民 Rural Residents	城镇居民 Urban Residents	全区居民 (%) All Residents (%)	农村居民 Rural Residents	城镇居民 Urban Residents
1980	276	210	635	126.6	142.9	102.4
1981	301	198	878	109.1	94.3	138.3
1982	319	209	968	106.0	105.6	110.3
1983	293	215	814	91.3	102.9	84.1
1984	359	268	971	122.5	124.7	119.3
1985	422	309	1182	117.5	115.3	121.7
1986	438	296	1387	103.8	95.8	117.3
1987	499	374	1478	113.9	126.4	106.6
1988	543	382	1519	108.8	102.1	102.8
1989	647	412	2078	119.2	107.9	136.8
1990	735	484	2329	113.6	117.5	112.1
1991	839	554	2721	114.1	114.5	116.8
1992	903	594	2825	107.6	107.2	104.8
1993	931	591	3083	102.9	99.5	109.1
1994	1110	694	3700	119.2	117.4	120.0
1995	1202	762	3981	108.2	109.8	107.6
1996	1312	873	4023	109.2	114.6	101.1
1997	1471	939	4744	112.1	107.6	117.9
1998	1551	981	4169	105.3	100.6	107.8
1999	1669	1030	4579	107.6	105.0	109.8
2000	1823	1144	4737	109.2	111.0	103.4
2001	1939	1223	4992	106.4	106.9	105.4
2002	2725	1365	8278	119.3	109.2	237.4
2003	2825	1272	9112	103.7	93.2	110.1
2004	2950	1483	8895	112.1	111.8	112.2
2005	3019	1532	9040	102.3	103.3	101.6
2006	2990	1874	7515	112.1	111.8	112.2
2007	3215	1950	7888	107.5	104.1	105.0
2008	3504	2149	8324	105.5	106.1	102.6
2009	4027	2397	9421	112.3	109.7	110.0
2010	4326	2381	11028	107.5	107.7	105.2
2011	4730	2755	11393	103.4	109.7	98.1
2012	5340	3098	12958	109.0	107.2	110.2
2013	6275	3874	14001	116.7	122.4	108.7
2014	7205	4498	15009	111.3	112.8	103.6
2015	8756	5412	17466	116.1	117.3	109.1

7-7 城镇居民家庭基本情况

BASIC CONDITIONS OF URBAN HOUSEHOLDS

项　　目	Item	1990	1995	2000	2010	2014	2015
调查户数　(户)	**Number of Households Surveyed (household)**	**100**	**100**	**100**	**800**	**800**	**781**
平均每户家庭人口数　(人)	**Average Household Size (person)**	**3.95**	**3.53**	**3.41**	**3.48**	**2.93**	**3.03**
平均每户就业人口数　(人)	**Average Number of Enployed Persons Per Household (person)**	**1.97**	**1.80**	**1.80**	**1.55**	**1.50**	**1.48**
平均每户就业面　(%)	**Percentage of Employment per Household (%)**	**49.9**	**51.0**	**52.8**	**44.5**	**51.2**	**48.8**
平均每一就业者负担人数　(人)	**Number of Persons Supported by Each Employee Including the Employee Himself (person)**	**2.01**	**1.96**	**1.89**	**2.25**	**1.96**	**2.05**
平均每人每年可支配收入　(元)	**Per Capita Annual Disposable Income (yuan)**	**1685**	**5071**	**7426**	**14980**	**22016**	**25457**
平均每人每年总收入　(元)	**Per Capita Annual Income (yuan)**	**2120**	**5360**	**11772**	**16539**	**22773**	**26769**
工资性收入	Wage Income				14707	17405	20561
经营性收入	Income from Operations				396	669	956
财产性收入	Income from Properties	2	26	5	233	1544	1667
转移性收入	Income from Transfers	204	323	356	1203	3156	3586
出售财物收入	**Selling Asset Income**				**2**	**6**	**1**
借贷收入	**Debit and Credit Income**		**276**	**4295**	**583**	**153**	**276**
平均每人消费性支出　(元)	**Per Capita Annual Living Expenditures for Consumption (yuan)**	**1340**	**3912**	**5554**	**9686**	**15669**	**17022**
食品	Food	888	2255	2570	4848	7218	7238
衣着	Clothing	208	774	876	1159	1656	1612
居住	Residence	27	151	340	727	3398	3589
家庭设备用品及服务	Household Facilities,Articles and Service	122	134	275	376	891	740
医疗保健	Health Care and Medical Services	10	109	265	386	553	534
交通和通讯	Transport and Communications	12	102	443	1231	1730	2038
教育文化娱乐服务	Education,Cultural and Recreation Service	48	156	419	478	727	758
其它商品和服务	Others Commodities and Services	24	231	367	482	548	515

注：本表至8-12表城镇居民家庭收支抽样调查资料,2005年以前数据为拉萨市城镇居民家庭调查数据,2006年以后为全区城镇居民家庭调查数据。

Note:Date from the tables to 8-12 are obtained from the sample survey on income and expenditures of urban households. The data before 2005 are obtained from the sample survey on income and expenditures of Lhasa urban households. Since 2006, the data obtained from the sample survey on income and expenditures of Tibet urban households.

7-8 城镇居民家庭平均每百户年底耐用消费品拥有量
NUMBER OF MAJOR DURABLE CONSUMER GOODS OWNED PER 100 URBAN HOUSEHOLDS AT YEAR-END

项 目	Item		1990	1995	2000	2005	2007	2010	2014	2015
助力车	(辆) Auto-bicycle	(unit)					…	5	12	15.83
家用汽车	(辆) Automobile	(unit)				3	7	16	26	32.46
家用电脑	(台) Household Computer	(unit)			1	19	18	39	51	54.39
组合音响	(台) Hi-Fi Stereo Component System	(unit)		13	24	32	38	39	19	19.96
微波炉	(台) Microwave Oven	(unit)			3	34	15	27	38	40.28
洗衣机	(台) Washing Machine	(unit)	42	78	100	95	82	84	84	89.29
电冰箱	(台) Refrigerator	(unit)	24	50	74	88	73	81	86	92.65
摩托车	(辆) Motorcycle	(unit)	1	9	5	7	14	12	16	11.81
彩色电视机	(台) Color TV Set	(unit)	88	98	120	135	112	129	127	133.65
淋浴热水器	(台) Shower	(unit)		1	12	25	16	26	41	42.21
照相机	(架) Camera	(unit)	26	46	54	56	37	37	39	37.81
中高档乐器	(件) Other Medium and High Grade Musical Instrument	(unit)	8	2	2	2	2	1	3	3.01
摄像机	(台) Cold Wind Machine	(unit)				6	5	6	7	8.32
空调器	(台) Air Conditioner	(unit)		2	3	5	3	6	8	9.29
消毒碗柜	(台) Dish-sterilization Boxes	(unit)				8	3	5	6	5.32
洗碗机	(台) Dish-washer	(unit)				2	1	1	2	4.15
健身器材	(套) Healthy Equipment	(sets)				1	1	2	3	2.38
固定电话	(部) Fixed Telephones	(unit)				89	85	79	50	48.03
移动电话	(部) Mobile Telephone	(unit)			30	112	119	156	189	212.28

7-9 城镇居民家庭平均每人全年购买主要商品数量
PER CAPITA ANNUAL PURCHASES OF MAJOR COMMODITIES IN URBAN HOUSEHOLDS

指 标	Item	1990	1995	2000	2005	2007	2010	2014	2015
粮食 （千克）	Grain (kg)	149.7	117.9	91.4	99.7	107.1	100.8	113.6	124.6
油脂类 （千克）	Oil and Fats (kg)	7.2	6.5	7.6	14.4	11.1	10.3	17.5	15.7
猪肉 （千克）	Pork (kg)	10.4	16.5	14.4	12.8	9.2	9.8	11.7	10.1
牛肉 （千克）	Beef (kg)	5.4	13.5	13.8	15.4	21.4	17.1	13.8	16.4
羊肉 （千克）	Mutton (kg)	5.4	2.0	1.7	2.6	5.6	3.0	4.3	3.9
家禽 （千克）	Poultry (kg)	1.4	2.6	4.9	9.1	3.7	4.0	4.1	3.9
鲜蛋 （千克）	Eggs (kg)	3.8	9.5	4.9	5.9	5.8	6.7	6.0	6.6
水产品类 （千克）	Aquatic Products (kg)	2.7		5.7	6.0	1.9	2.1	2.5	2.0
鲜菜 （千克）	Fresh Vegetables (kg)	52.4	68.9	84.7	105.7	82.2	71.5	68.9	57.3
白酒 （千克）	Liquor (kg)	1.5	0.9	0.7	0.4	0.2	0.3	0.3	0.3
啤酒 （千克）	Beer (kg)	9.3	12.9	6.4	10.0	11.5	22.2	13.7	16.2
茶叶 （千克）	Tea (kg)	1.0	1.6	1.4	0.6	0.7	2.7	1.8	2.2
干鲜瓜果 （千克）	Dried and Fresh Melons and Fruits (kg)	15.6	26.9	35.7	42.8	24.9	22.8	16.3	19.5
糕点 （千克）	Cake (kg)	1.2	1.5	1.9	2.5	1.9	1.9	1.9	2.3

7-10 按收入等级分的城镇居民家庭平均每百户年底耐用消费品拥有量（2015年）

项目		Item		总平均 Average	最低收入户 Lowest Incme Households	#贫困户 Difficult Households
助力车	(辆)	Auto-bicycle	(unit)	15.8	21.2	21.6
家用汽车	(辆)	Automobile	(unit)	32.5	2.7	16.7
家用电脑	(台)	Household Computer	(unit)	54.4	8.8	14.7
组合音响	(台)	Hi-Fi Stereo Component System	(unit)	20.0	13.6	24.3
微波炉	(台)	Microwave Oven	(unit)	40.3	11.2	4.6
洗衣机	(台)	Washing Machine	(unit)	89.3	58.8	83.1
电冰箱	(台)	Refrigerator	(unit)	92.6	65.7	81.0
摩托车	(辆)	Motorcycle	(unit)	11.8	20.8	24.0
彩色电视机	(台)	Color TV Set	(unit)	133.7	106.4	114.7
淋浴热水器	(台)	Shower	(unit)	42.2	8.0	4.6
照相机	(架)	Camera	(unit)	37.8	4.6	11.9
中高档乐器	(件)	Other Medium and High Grade Musical Instrument	(unit)	3.0	2.2	0.0
摄像机	(台)	Cold Wind Machine	(unit)	8.3	0.0	0.0
空调器	(台)	Air Conditioner	(unit)	9.3	0.0	0.0
消毒碗柜	(台)	Dish-sterilization Boxes	(unit)	5.3	0.0	0.0
洗碗机	(台)	Dish-washer	(unit)	4.1	0.0	0.0
健身器材	(套)	Healthy Equipment	(sets)	2.4	2.2	0.0
固定电话	(部)	Fixed Telephones	(unit)	48.0	22.7	41.2
移动电话	(部)	Mobile Telephone	(unit)	212.3	180.2	220.0

NUMBER OF MAJOR DURABLE CONSUMER GOODS OWNED PER 100 URBAN HOUSEHOLDS AT YEAR-END BY LEVEL OF INCOME（2015）

低收入户 Low Income Households	中等偏下户 Lower Middle Income Huoseholds	中等收入户 Middle Income Households	中等偏上户 Upper Middle Income Households	高收入户 High Income Households	最高收入户 Highest Income Households
13.9	24.6	12.7	14.8	8.9	10.0
8.0	21.8	33.0	52.9	51.0	40.2
20.3	38.6	61.5	79.0	75.7	77.5
15.5	12.3	21.6	24.6	22.3	25.8
20.6	40.1	42.2	51.4	51.9	54.3
86.5	94.0	93.2	92.8	86.8	88.8
86.3	87.8	100.2	97.8	99.5	95.5
22.5	16.2	4.5	8.6	2.9	12.1
115.2	139.6	141.3	146.5	128.5	127.2
9.0	28.4	50.3	62.7	67.9	55.6
6.0	27.4	42.6	61.8	53.6	46.2
0.9	2.6	5.0	1.9	0.0	9.0
1.8	7.7	10.3	12.7	9.0	11.0
2.6	8.5	8.5	14.0	9.1	19.0
1.8	3.8	9.7	7.2	2.4	7.6
1.8	2.7	2.9	6.7	6.7	8.4
0.0	2.1	1.3	1.2	3.9	9.4
34.2	45.4	46.0	60.5	60.8	49.5
188.6	218.5	220.9	234.3	212.4	174.6

7-11 城镇居民家庭平均每人全年消费性支出

ANNUAL PER CAPITAL LIVING EXPENDITURES OF URBAN HOUSEHOLDS

单位：元 (yuan)

项 目	Item	1990	1995	2000	2007	2010	2014	2015
消费性支出	**Total Living Expenditurs**	**1340**	**3912**	**5554**	**7532**	**9686**	**15669**	**17022**
食　品	**Food**	**888**	**2255**	**2570**	**3837**	**4848**	**7218**	**7238**
粮食	Grain	83	343	280	425	432	560	652
淀粉及薯类	Starches and tubers		37	35	33	34	65	65
豆类	Btarches and Tubers	9	12	11	10	5	10	9
油脂类	Oil and Fats	17	62	72	129	163	305	350
肉类	Meat	156	415	426	884	996	1412	1674
禽类	Poultry	40	104	106	72	89	100	93
蛋类	Eggs	21	57	50	49	54	85	108
水产品类	Aquatic Products	14	44	97	47	51	58	52
蔬菜和食用菌	Fresh Vegetables	86	234	280	431	533	755	752
糖果糕点类	Sugar	18	47	69	79	59	124	132
烟草类	Tobacco	123	243	275	421	408	532	615
酒类	Liquor and Beverages	54	81	107	167	184	215	249
饮料	Beverages	26	38	50	75	114	184	206
干鲜瓜果类	Fresh Fruits	40	120	163	162	206	223	276
奶及奶制品	Milk and Dairy Products	21	251	283	285	311	303	377
其他食品	Other Food	121	13	36	78	82	81	153
食品加工服务费	Food Processig Service Fees		2	13	2	1	5	3
在外饮食	Dining Out	26	75	103	356	964	1150	1471

7-11 续表 continued

单位：元 (yuan)

项目	Item	1990	1995	2000	2007	2010	2014	2015
衣　着	**Clothing**	**208**	**774**	**876**	**880**	**1159**	**1656**	**1612**
衣类	Garments	77	565	657	616	842	1238	1166
鞋类	Shoes				240	288	418	446
居　住	**Residence**	**27**	**151**	**340**	**628**	**727**	**3398**	**3589**
水电燃料其他	Water , Electricity , Fuels and Others	25	111	240	537	560	682	837
家庭设备用品及服务	**Household Facilities , Articles and Services**	**122**	**134**	**275**	**271**	**376**	**891**	**740**
耐用消费品	Durable Consumer Goods	50	42	151	42	76	92	50
室内装饰品	Room Decorations	1	10	17	18	20	68	55
床上用品	Bed Articles		27	28	74	87	84	73
家庭日用杂品	Household Articles for Daily Use	6	51	73	124	179	321	239
家庭服务	Household Services		4	6	8	11	8	7
医疗保健	**Medicine and Medical Services**	**10**	**109**	**265**	**273**	**386**	**553**	**534**
交通和通讯	**Transportation and Communications**	**12**	**102**	**443**	**866**	**1231**	**1730**	**2038**
交通	Transportation	5	93	134	286	569	775	1128
通讯	Communications	7	9	309	581	662	955	910
教育文化娱乐服务	**Education, Recreation and Cultural Services**	**48**	**156**	**419**	**441**	**478**	**727**	**758**
文化娱乐用品	Culture and Recreation Articles	3	36	105	89	145	165	224
教育	Education	25	104	256	264	198	351	278
文化娱乐服务	Cultrre and Recreation Service	20	16	58	89	135	211	256
其它商品和服务	**Others Commodities and Services**	**24**	**231**	**367**	**336**	**482**	**548**	**515**
其它商品服务	Others Commodities and Services	24	231	367	336	482	548	515

7-12 按收入等级分组城镇居民家庭人均消费支出情况（2015年）

单位：元

项　目	Item	总平均 Average	最低收入户 Lowest-Income Households	#贫困户 Difficult Households
消费性支出	**Total Living Expenditurs**	**17022**	**8627**	**7502**
食　品	**Food**	**7238**	**4493**	**3739**
粮油类	Grain and Oil	1076	796	706
肉禽蛋水产品类	Meat,Poultry,Eggs and Aquatic Products	1927	1526	1170
蔬菜类	Vegetables	752	584	483
糖、糕点烟酒饮料类	Suger,Cigarette and Liquor	1202	564	504
干鲜瓜果类	Dried and Fresh Melons and Fruits	276	166	124
奶及奶制品	Cake,Milk and Dairy Products	377	317	291
其他食品	Other Food	153	86	103
饮食服务	Dining Service	1474	454	356
衣　着	**Clothing**	**1612**	**513**	**599**
衣类	Garments	1166	358	429
鞋类	Shoes	446	155	170
居　住	**Residence**	**3589**	**1895**	**1436**
水电燃料及其他	Water, Electricity, Fuels and Others	837	524	458

PER CAPITAL ANNUAL LIVING EXPENDITURE OF URBAN HOUSHOLDS （GROUPED BY LEVEL OF INCOME）(2015)

(yuan)

低收入户 Low Income Households	中等偏下户 Lower Middle Income Households	中等收入户 Middle Income Households	中等偏上户 Upper Middle Income Households	高收入户 High Income Households	最高收入户 Highest Income Households
10506	**14365**	**16553**	**21792**	**26003**	**33310**
5258	**5934**	**7049**	**8513**	**10535**	**14998**
986	996	1118	1162	1285	1569
1457	1503	1782	2280	2521	4285
635	630	764	795	1131	1250
655	994	999	1552	1678	3426
195	225	249	283	505	699
418	326	399	369	395	581
83	157	157	169	230	235
829	1104	1582	1903	2790	2953
851	**1242**	**1595**	**2093**	**2652**	**3871**
593	889	1148	1552	1831	2901
258	354	448	540	821	969
2002	**3622**	**3395**	**5294**	**3915**	**5205**
687	725	782	914	1239	1727

7-12 续表

单位：元

项目	Item	总计 Total	最低收入户 Lowest Income Households	#贫困户 Difficult Households
家庭设备用品及服务	**Household Facilities , Articles and Services**	**740**	**297**	**189**
家具及室内装饰品	Room Decorations	55	21	1
床上用品(家用纺织品)	Bed Articles	73	29	13
家庭日用杂品	Household Articles for Daily Use	239	131	100
家具材料(个人用品)	Furniture Materials	367	117	75
家庭服务	Household Services	7		
医疗保健	**Medicine and Medical Services**	**534**	**238**	**202**
医疗器具及药品	Medical Treatment Apparatus	384	226	194
保健器具(医疗服务)	Medical Services Apparatus	150	12	8
交通和通讯	**Transportation and Communications**	**2038**	**681**	**769**
交通	Transportation	1128	192	212
通讯	Communications	910	488	557
教育文化娱乐服务	**Education, Recreation and Cultural Services**	**758**	**319**	**360**
文化娱乐用品	Recreational Articles	224	61	87
文化娱乐服务	Recreational Services	256	65	124
教育	Education	278	193	150
其它商品和服务	**Others Commodities and Services**	**515**	**192**	**208**
其它商品	Others Commodities	169	13	10
服务	Services	346	179	197

continued

(yuan)

低收入户 Low Income Households	中等偏下户 Lower Middle Income Households	中等收入户 Middle Income Households	中等偏上户 Upper Middle Income Households	高收入户 High Income Households	最高收入户 Highest Income Households
356	**547**	**730**	**986**	**1204**	**1906**
3	35	33	45	76	410
32	47	79	104	103	194
146	195	256	295	319	500
175	265	356	538	670	788
1	5	6	3	36	14
292	**364**	**427**	**758**	**914**	**1476**
251	269	324	499	708	878
41	96	103	259	206	598
896	**1637**	**2168**	**2584**	**3879**	**3964**
355	952	1277	1446	2374	2111
541	684	891	1138	1505	1853
524	**704**	**740**	**869**	**1623**	**915**
117	171	213	288	635	265
137	195	245	346	509	469
270	338	282	235	479	182
327	**315**	**449**	**695**	**1280**	**975**
76	46	144	251	644	367
251	268	305	445	636	607

7-13 城镇居民家庭平均每人全年现金收支情况（2015年）

单位：元

项　目	Item	总平均 Average	最低收入户 Lowest Incme Households	#贫困户 Difficult Households
现金可支配收入	**Cash Disposable Income**	**24383**	**5138**	**3022**
现金工资性收入	Cash Wage Income	20560	2851	857
现金经营净收入	Cash Management Income	806	837	683
现金财产性净收入	Cash Property Income	563	452	601
现金转移性净收入	Cash Transfering Income	2455	998	881
现金支出	**Cash Expenditurs**	**17147**	**8027**	**6878**
现金消费支出	Cash Consumption Expenditure	14811	7711	6743
食品烟酒	Food and Tobacco	7235	4489	3735
衣着	Clothing	1612	513	599
居住	Clothing	1435	983	681
生活用品及服务	Articles for Daily Use and Services	740	297	189
交通通信	Transport and Communications	2037	681	769
交通	Transport	1128	192	212
通信	Communications	910	488	557
教育文化娱乐	**Education,Cultural and Recreation**	**758**	**319**	**360**
教育	Education	278	193	150
文化娱乐	Cultural and Recreational Articles	480	126	211
医疗保健	Health Care and Medical Services	480	238	202
医疗器具及用品	Medical Apparatus and Articles	384	226	194
医疗服务（不含报销医	Medical Services	96	12	8
其他用品及服务	Others Commodities and Services	515	192	208
其他用品	Others Commodities	169	13	10
其他服务	Other Services	346	179	197

URBAN HOUSEHOLD ANNUAL PER CAPITAL CASH INCOME (2015)

(yuan)

低收入户 Low Income Households	中等偏下户 Lower Middle Income Huoseholds	中等收入户 Middle Income Households	中等偏上户 Upper Middle Income Households	高收入户 High Income Households	最高收入户 Highest Income Households
7942	**14746**	**25056**	**35148**	**47852**	**68363**
4448	10968	21988	29340	44337	63938
1035	983	491	535	251	2511
469	542	411	689	373	1229
1991	2253	2166	4583	2891	685
9887	**13928**	**17464**	**20811**	**29196**	**35713**
9349	12136	14194	18225	23996	31014
5257	5934	7042	8513	10535	14998
851	1242	1595	2093	2652	3871
846	1425	1072	1847	1962	3145
356	547	730	986	1204	1906
896	1637	2168	2584	3879	3964
355	952	1277	1446	2374	2111
541	684	891	1138	1505	1853
524	**704**	**740**	**869**	**1623**	**915**
270	338	282	235	479	182
254	366	458	635	1144	733
292	333	398	638	860	1239
251	269	324	499	708	878
41	64	75	139	152	361
327	315	449	695	1280	975
76	46	144	251	644	367
251	268	305	445	636	607

7-14 按收入等级分的城镇居民家庭平均每人全年购买主要商品数量（2015年）

单位：公斤

指 标	Item	总平均 Average	最低收入户 Lowest Income Households	#贫困户 Difficult Households
粮 食	Grain	124.6	108.4	97.3
油脂类	Oil and Fats	15.7	11.2	10.4
猪 肉	Pork	10.1	7.0	8.4
牛 肉	Beef	16.4	13.9	9.4
羊 肉	Mutton	3.9	5.1	1.8
家 禽	Poultry	3.9	1.3	1.4
鲜 蛋	Eggs	6.6	5.4	4.7
水产品类	Aquatic Products	2.0	1.3	0.6
鲜 菜	Fresh Vegetables	57.3	52.7	41.7
白 酒	Liquor	0.3	0.2	0.2
啤 酒	Beer	16.2	9.5	4.7
茶 叶	Tea	2.2	1.9	1.9
干鲜瓜果	Dried and Fresh Melons and Fruits	19.5	12.9	9.5
糕 点	Cake	2.3	0.6	1.1

PER CAPITA ANNUAL PURCHASES OF MAJOR COMMODITIES OF URBAN HOUSEHOLDS BY LEVEL OF INCOME（2015）

(kg)

低收入户 Low Income Households	中等偏下户 Lower Middle Income Households	中等收入户 Middle Income Households	中等偏上户 Upper Middle Income Households	高收入户 High Income Households	最高收入户 Highest Income Households
126.5	113.3	123.1	123.5	149.0	190.3
13.0	16.2	15.8	17.7	17.5	19.4
6.2	8.4	10.1	12.5	12.5	17.9
14.3	12.8	13.7	19.4	21.4	37.1
3.5	2.9	4.7	3.2	4.2	9.1
2.7	3.1	3.8	4.9	6.0	8.5
6.1	5.3	5.6	8.1	8.8	11.9
0.3	1.2	1.6	2.7	4.5	5.8
49.0	51.4	56.7	56.4	80.9	93.1
0	0.2	0.2	0.8	0.0	0.4
9.4	15.9	16.4	17.1	20.6	40.6
2.4	1.7	1.6	2.5	2.5	5.3
13.7	16.6	18.1	19.4	33.5	46.9
1.8	2.0	2.7	2.5	3.0	4.5

7-15 农村居民家庭基本情况

BASIC CONDITIONS OF RURAL HOUSEHOLDS

项　　目	Item	1990	1995	2000	2007	2010	2014	2015
调查户数　　(户)	**Number of Households Surveyed (unit)**	**480**	**480**	**480**	**1480**	**1480**	**1485**	**1480**
调查户人口　　(人)	**Number of Residents Surveyed (person)**							
常住人口	Number of Permanent Residents in the Households Surveyed	2787	3145	3255	9256	9271	8070	7824
平均每户常住人口	Average Number of Permanent Residents Per Household	5.81	6.55	6.78	6.25	6.26	5.4	5.28
平均每户整半劳力	Average Number of Able-bodied and Semi-able-bodied Laborers per Household	3.43	4.03	3.91	3.67	3.93	3.13	3.21
平均每个劳动力负担人口(含本人)	Average Number of Persons Supported by a Laborer(including the laborer himself or herself)	1.44	1.63	1.74	1.70	1.59	1.73	1.64
平均每人年收入　　(元)	**Per Capita Annual Income (yuan)**							
总收入	Total Revenue	623	1501	1727	3598	5027	9131	10052
人均可支配收入	Per Capita Annual Disposable Income	447	1200	1331	2788	4139	7359	8244
平均每人年支出　　(元)	**Per Capita Annual Expenditure (yuan)**							
总支出	Total Expenditure	485	1211	1477	2912	3311	5879	6824
家庭经营费用支出	Expenditure for Household Business	110	180	227	508	530	695	956
生活消费支出	Expenditure for Consumption	341	873	1117	2167	2503	4822	5580
其他非生产性支出	Other Nonproductive Expenditure	35	157	133	237		122	121
现金支出	Cash Expenditure	262	704	719	2107	2533	3846	4710
生产费用	Productive Costs	63	223	228	438	509	576	846
生活消费支出	Expenditure for Consumption	173	413	477	1640	1969	2908	3575

7-16 农村居民家庭平均每人总收入

PER CAPITA ANNUAL GROSS INCOME OF RURAL HOUSEHOLDS

单位：元 (yuan)

项　目	Item	1990	1995	2000	2007	2010	2014	2015
总收入	**Gross Income**	**623**	**1501**	**1727**	**3598**	**5027**	**9131**	**10052**
基本收入	Basic Income	582	1392	1547	3150	4388	7705	8582
工资性收入	Income of Wages and Salaries	1	79	232	612	891	1571	1873
经营收入	Income from Operations	580	1313	1316	2538	3497	6085	6709
转移性和财产性收入	Transfer Income and Property Income	42	109	179	448	639	1475	1470
按收入来源分	**Grouped by Sourse**							
基本收入	Basic Income	582	1392	1547	3150	4388	7705	8582
工资性收入	Income of Wages and Salaries	1	79	232	612	891	1571	1873
经营收入	Income from Operations	580	1313	1316	2538	3497	6085	6709
农业收入	Farming	288	586	517	1139	1625	1325	1391
林业收入	Forestry	15	45	9	119	160	1216	1339
牧业收入	Animal Husbandry	130	307	271	843	1075	2189	2387
渔业收入	Fishery	…	…	…	…	1	…	
工业收入	Industry	1	10	34	16	25	13	17
建筑业收入	Construction	9	20	143	62	75	157	210
运输业收入	Transportion	22	85	161	195	321	587	596
批发和零售贸易餐饮业收入	Wholesale and Retail Trades and Catering Trades	11	57	47	96	131	343	405
服务业收入	Service Trade	1	13	15	33	44	114	163
其他收入	Others	39	148	115	35	40	66	60
转移性和财产性收入	Transfer Income and Property Income	42	109	179	448	639	1475	1470
按收入性质分	**Grouped by Type of Income**							
生产性收入	Productive Income	580	1392	1547	3150	4388	7705	8582
第一产业收入	Primary Industry	505	1127	913	2101	2860	5239	5664
第二产业收入	Secondary Industry	18	50	177	620	992	1680	1802
第三产业收入	Teriary Industry	57	215	458	429	536	786	1116
非生产性收入	Nonproductive Income	42	109	179	448	639	1475	1470

7-17 农村居民家庭平均每人可支配收入

PER CAPITA DISPOSABLE INCOME OF RURAL HOUSEHOLDS

单位：元 (yuan)

项　　目	Item	1990	1995	2000	2007	2010	2014	2015
可支配收入	**Disposable Income**	**447**	**1200**	**1331**	**2788**	**4139**	**7359**	**8244**
基本收入	Basic Income	417	1101	1221	2348	3504	5933	6811
工资性收入	Income of Wages	1	79	232	611	891	1571	1873
经营性净收入	Income from Household Business Operation	416	1022	989	1735	2613	4362	4938
转移性和财产性净收入	Transfer Income and Property Income	30	99	110	442	635	1426	1433
按收入来源分	**Grouped by Sourse**							
基本收入	Basic Income	417	1101	1221	2348	3504	5933	6811
工资性收入	Income of Wages	1	79	232	611	891	1571	1873
经营性净收入	Income from Household Business Operation	416	1022	989	1735	2613	4362	4938
农业收入	Farming	206	457	314	811	1239	740	853
林业收入	Forestry	11	35	9	117	158	1214	1336
牧业收入	Animal Husbandry	93	239	218	508	731	1514	1659
渔业收入	Fishery	…	…	…	…	1		
工业收入	Industry	1	8	31	14	24	10	13
建筑业收入	Construction	7	16	143	52	71	98	150
运输业收入	Transportion	16	66	112	92	198	299	309
批发和零售贸易餐饮业收入	Wholesale and Retail Trades and Catering Trades	8	45	46	81	113	255	299
服务业收入	Service Trade	1	10	14	32	43	103	126
其他收入	Others	28	115	102	29	35	57	54
转移性和财产性净收入	Transfer Income and Property Income	30	99	110	442	635	1426	1433
按收入性质分	**Grouped by Type of Income**							
生产性收入	Productive Income	417	1101	1221	2348	3504	5933	6811
第一产业收入	Primary Industry	356	877	752	1435	2129	3738	4291
第二产业收入	Secondary Industry	8	44	174	570	924	1246	1362
第三产业收入	Teriary Industry	54	181	295	343	451	949	1158
非生产性收入	Nonproductive Income	30	99	110	448	635	1426	1433

注：2014年开始使用可支配收入，以前历史数据均为人均纯收入。

Note: Since 2014, per capita annual income has changed to per capita disposable income，and historical data haven't been adjusted accordingly.

7-18 农村居民家庭平均每人生活消费支出

PER CAPTA LIVING EXPENDITURE OF RURAL HOUSEHOLDS

单位：元 (yuan)

项　目	Item	1990	1995	2000	2007	2010	2014	2015
生活消费支出	**Living Expenditure**	**341**	**873**	**1117**	**2167**	**2502**	**4822**	**5580**
按消费类别分	**By Category of Consumption**							
食品	Food	253	644	886	1082	1287	2535	2912
衣着	Clothing	43	93	87	234	317	458	507
居住	Residence	20	45	47	371	308	688	702
家庭设备用品及服务	Household Facilities , Articles and Services	19	62	40	134	174	253	290
医疗保健	Medicines and Medical Services	…	6	16	61	75	92	136
交通通讯	Transportation and Communications	…	8	15	161	219	517	719
文教娱乐用品及服务	Cultural , Educational and Recreational Articles and Services	2	6	11	64	51	129	179
其他商品及服务	Other Commodities and Services	5	9	14	60	71	150	135
按消费性质分	**By Source of Consumption**							
货币性消费	Consumption Paid in Money	173	413	477	1639	1969	3846	4710
食品	Food	87	204	257	592	771	1176	1507
衣着	Clothing	43	92	87	222	304	457	506
居住	Residence	18	26	36	350	304	177	149
家庭设备用品及服务	Household Facilities , Articles and Services	19	61	40	130	174	251	288
医疗保健	Medicines and Medical Services	…	6	16	61	75	52	93
交通通讯	Transportation and Communications	…	8	15	160	219	517	719
文教娱乐用品及服务	Cultural , Educational and Recreational Articles and Services	2	6	11	64	51	129	179
其他商品及服务	Other Commodities and Services	5	9	14	60	71	150	134
实物性消费	Consumption in kind	168	460	640	528	533	976	870
食品	Food	165	440	629	490	516	1359	1405
衣着	Clothing		1	…	12	13	1	1
居住	Residence	3	19	11	21	4	511	553

7-19 农村居民家庭主要实物消费量

MAIN CONSUMPTIONS IN KIND OF RURAL HOUSEHOLDS

项　　目		Item		1990	1995	2000	2007	2010	2014	2015
粮食(原粮)	(公斤/人)	Grain (Unprocessed)	(kg/person)	183.63	264.56	280.18	290.60	277.89	279.32	313.26
细粮		Wheat and Rice		155.64	89.08	134.73	174.73	161.27	167.64	217.1
稻谷		Rice		4.12	13.04	40.06	74.06	64.84	65.45	78.98
小麦		Wheat		55.45	76.04	94.67	100.67	96.43	102.19	138.12
粗粮		Non-Wheat and Rice		27.99	175.48	145.45	115.87	116.62	111.66	96.16
蔬菜	(公斤/人)	Vegetables	(kg/person)	22.83	23.31	23.58	24.00	16.16	10.98	13.38
食用油	(公斤/人)	Edible oil	(kg/person)	3.56	4.59	6.17	7.07	7.23	20.33	15.13
植物油		Vegetable Oil		2.18	3.55	5.00	6.07	6.16	14.00	9.17
动物油		Animal Oil		1.38	1.04	1.17	1.00	1.07	6.33	5.96
肉类	(公斤/人)	Meat	(kg/person)	14.69	12.17	11.83	17.83	15.95	49.03	41.68
#猪肉		Pork		1.48	1.06	1.90	2.46	2.43	4.37	5.71
牛羊奶	(公斤/人)	Cow and Sheep Milk	(kg/person)	50.02	14.06	12.25	38.29	78.27	42.91	23.09
家禽	(公斤/人)	Poultry	(kg/person)	0.01	0.01	0.01	0.04	0.04	0.04	0.03
蛋类	(公斤/人)	Eggs	(kg/person)	0.51	1.05	0.64	0.64	0.87	1.09	1.86
水产品	(公斤/人)	Fish and Shrimp	(kg/person)		0.01	0.01	0.01	0.01	0.01	
食糖	(公斤/人)	Sugar	(kg/person)	1.06	2.43	2.62	2.64	3.1	2.93	3.45
酒	(公斤/人)	Liquor	(kg/person)	96.37	0.53	0.89	2.71	3.35	33.95	35.72
茶叶	(公斤/人)	Tea	(kg/person)	3.97	2.35	1.77	8.11	6.64	5.63	5.22
化肥	(公斤/人)	Chemical Fertilizers	(kg/person)	70.85	73.25	14.5	22.52	21.11	21.7	
农药	(公斤/人)	Pesticides	(kg/person)		0.47	1.32	1.32	1.00	0.24	
生产用燃料	(公斤/人)	Fuels for Prodution	(kg/person)	13.26	15.03	13.17	7.19	21.23	10.43	

7-20 农村居民家庭平均每百户主要耐用物品拥有量

NUMBER OF DURABLE CONSUMER GOODS OWNED PER 100 RURAL HOUSEHOLDS AT THE YEAR-END

项　目		Item		1990	1995	2000	2007	2009	2010	2014	2015
自行车	(辆)	Bicycle	(unit)	6.80	11.73	79.38	32.09	32.02	32.64	3.42	
洗衣机	(台)	Washing Machine	(unit)		0.13	2.29	8.58	9.70	10.41	35.30	45.41
摩托车	(辆)	Motorcycle	(unit)		0.03	0.20	33.37	42.56	46.69	79.1	80.34
彩色电视机	(台)	Colour TV Set	(unit)	0.04	0.57	8.96	53.91	68.44	73.45	102.1	103.88
照相机	(台)	Camera	(unit)	0.04	0.03	0.83	0.68	1.08	0.95	0.81	0.88
电冰箱	(台)	Refrigerator	(unit)			0.41	10.13	11.82	14.73	38.1	45.34
电话机	(部)	Telephone	(unit)			0.20	44.66	77.97	98.04	189.4	210.1
影碟机	(台)	VCD Player	(unit)			0.41	29.59	45.06	45.27	42.6	
助力车	(辆)	Auto-bicycle	(unit)				0.08	0.87	0.95	4.7	8.39

7-21 农村居民家庭主要农产品生产量、出售量

PRODUCTS AND SALES OF MAJOR AGRICULTURE OF RURAL HOUSEHOLDS

项　目		Item		1990	1995	2000	2007	2009	2010	2014	2015
生产量		**Products**									
粮食	(公斤/人)	Grain	(kg/person)	496.66	528.95	628.89	382.88	340.61	371.90	497.94	433.87
油料	(公斤/人)	Oil-bearing Crops	(kg/person)	16.97	20.90	20.66	18.78	21.83	25.97	15.45	36.78
出售量		**Sales**									
粮食	(公斤/人)	Grain	(kg/person)	10.71	56.54	47.34	42.00	49.68	50.23	34.91	46.12
油料	(公斤/人)	Oil-bearing Crops	(kg/person)	22.57	4.34	3.21	5.71	4.88	3.46	4.53	2.67
蔬菜	(公斤/人)	Vegetables	(kg/person)	5.10	4.28	6.47	6.48	7.04	7.27	0.72	1.1
水果	(公斤/人)	Fruits	(kg/person)	20.40	0.69	0.82	0.67	0.96	1.14	3.66	1.64
猪肉	(公斤/人)	Pork	(kg/person)	14.05	0.32	0.96	1.40	1.46	1.17	1.17	1.29
羊肉	(公斤/人)	Mutton	(kg/person)	17.27	1.05	0.18	3.49	4.98	3.63	4.39	3.72
牛羊奶	(公斤/人)	Cow and Goat Milk	(kg/person)	0.35	3.14	1.89	1.17	0.78	1.01	1.74	0.81
家禽	(只/人)	Poultry	(head/person)	2.82	0.26	0.23	1.19	0.02	0.06	0.02	0.01
禽蛋	(公斤/人)	Poultry Eggs	(kg/person)	15.27	0.62	0.69	0.35	0.33	0.24	0.58	0.26
羊毛	(公斤/户)	Wool	(kg/household)	18.11	0.56	7.64	10.47	17.52	16.01	3.67	5.46

第八篇

农　业

Chapter 8

AGRICULTURE

8-1 农村和农业基本情况

BASIC CONDITIONS OF RURAL AND AGRICULTURE

项　目		Item		2000	2014	2015
乡村户数	(万户)	Number of Rural Households	(10000 units)	37.83	55.28	57.02
乡村从业人员	(万人)	Number of Rural Laborers	(10000 persons)	100.83	133.77	136.26
男		Male		50.80	70.14	71.73
女		Female		50.03	63.63	64.53
按行业分乡村劳动力	(万人)	Number of Rural Laborers by Sector	(10000 persons)	100.83	133.77	136.26
农业林牧渔业		Farming,Forestry,Animal Husbandry & Fishery		90.12	91.76	94.56
工业		Industry		1.57	2.54	2.50
建筑业		Construction		2.33	15.32	15.60
交通运输业、仓储及邮电通信业		Transport,Storage,Post and Telecommunications		1.89	5.17	5.56
批发零售贸易业餐饮业		Wholesale and Retail Trade & Catering Services		1.99	4.51	7.32
其他非农业行业		Other Non-agricultural Trades		2.93	14.47	10.72
年末实有耕地面积	(千公顷)	Cultivated Areas (Year-end)	(1000 hectares)	230.85	233.43	236.80
水田		Paddy Fields		1.09	1.22	1.22
旱地		Dry Fields		229.76	232.21	235.58
当年减少耕地面积	(千公顷)	Decrease in Cultivated Area by Cause	(1000 hectares)	0.94	0.97	0.65
农村机械总动力	(千瓦)	Total Agricultural Machinery Power	(kw)	1145276	6605589	7222386
农用大中型拖拉机	(台)	Number of Large & Medium Tractors	(unit)	2025	51619	61720
农用大中型拖拉机	(千瓦)	Capacity of Large & Medium Tractors	(kw)	126960	1240757	1367606
小型拖拉机	(台)	Number of Mini-tractors	(unit)	30999	167277	181716
小型拖拉机	(千瓦)	Capacity of Mini-tractors	(kw)	332177	2286737	2420002
化肥施用量	(吨)	Consumption of Chemical Fertilizers	(ton)	24955	58208	60303
农林牧渔业总产值	(万元)	Gross Output of Farming, Forestry, Animal Husbandry and Fishery	(10000 yuan)	512185	1387236	1494633
#农业		Farming		263649	632558.8	680481.5
牧业		Animal Husbandry		235282	693385.9	752956.5
农作物总播种面积	(千公顷)	Total Sown Area	(1000 hectares)	231.05	250.87	252.84
#粮食		Grain Crops		201.44	176.41	178.94
油料		Oil-bearing Crops		16.11	24.48	23.81
蔬菜		Vegetables			23.77	23.11
粮食总产量	(万吨)	Yield of Grain Crops	(10000 tons)	96.22	97.97	100.63
#小麦		Wheat		30.73	23.73	23.39
年末牲畜总头数	(万头)	Number of Animals (Year-end)	(10000 heads)	2266.31	1861.44	1832.68
猪牛羊肉产量	(万吨)	Output of Pork,Beef and Mutton	(10000 tons)	14.93	28.62	29.28

8-2 农村基本情况

BASIC CONDITIONS OF RURAL

年份 地区 Year Region		乡村户数 (万户) Number of Households (10000 households)	乡村从业人员 (万人) Number of Rural Employed Persons (10000 persons)	男 Male	女 Female
1965		23.14	67.94		
1978		30.84	80.86		
1985		31.81	87.83	43.69	44.14
1990		33.49	90.85	45.00	45.85
1991		33.89	91.19	45.35	45.84
1992		34.21	91.55	46.03	45.52
1993		35.04	92.81	46.20	46.61
1994		35.79	94.35	47.21	47.33
1995		35.44	94.71	47.57	47.14
1996		34.87	95.34	47.71	47.63
1997		36.28	97.77	49.03	48.72
1998		36.75	97.52	50.14	47.38
1999		37.11	100.91	51.05	49.86
2000		37.83	100.83	50.80	50.03
2001		38.34	100.67	51.08	49.60
2002		38.87	103.50	52.64	50.86
2003		39.02	103.61	52.66	50.95
2004		39.26	105.69	53.52	52.17
2005		40.35	108.83	55.31	53.52
2006		40.75	109.92	55.86	54.06
2007		42.78	112.42	57.72	54.70
2008		44.09	115.07	59.40	55.67
2009		46.03	119.36	61.77	57.59
2010		47.78	121.94	63.78	58.16
2011		50.34	126.08	65.43	60.65
2012		52.36	127.92	66.84	61.07
2013		53.98	129.98	68.61	61.37
2014		55.28	133.77	70.14	63.63
2015		57.02	136.26	71.73	64.53
拉萨市	Lhasa	7.39	16.47	8.52	7.96
昌都市	Qamdo	11.49	34.18	18.48	15.70
山南地区	Shannan	8.61	16.07	8.32	7.76
日喀则市	Xigazê	13.93	36.49	19.12	17.37
那曲地区	Nagqu	10.26	21.51	11.11	10.40
阿里地区	Ngari	2.21	4.63	2.45	2.18
林芝市	Nyingchi	3.13	6.90	3.73	3.16

8-3　乡村从业人员

RURAL EMPLOYED PERSONS BY SECTOR

单位：万人　　(10000 persons)

年份 Year	地区 Region	合计 Total	农林牧渔业 Farming Forestry, Animal Husbandry and Fishery	工　业 Industry	建筑业 Construction	交通运输、仓储和邮政业 Transportation, Storage and Post	批发和零售业 Wholesale and Retail Trade	其它非农行　业 Other Non-agricultural Trades
1978		80.86	79.65	0.30				0.91
1990		90.85	86.01	0.40	0.48	0.79	0.67	2.50
1991		91.19	86.05	0.52	0.41	0.91	0.73	2.57
1992		91.55	85.86	0.63	0.47	0.92	0.76	2.91
1993		92.81	87.15	1.07	0.69	0.95	0.84	2.11
1994		94.35	88.92	1.02	0.87	1.01	0.93	1.60
1995		94.72	88.48	1.23	0.79	1.17	1.12	1.93
1996		95.34	88.68	1.29	1.03	1.42	1.18	1.74
1997		97.77	90.34	1.40	1.32	1.37	1.23	2.11
1998		97.52	88.79	1.56	1.63	1.63	1.39	2.52
1999		100.91	91.75	1.33	1.56	1.68	1.43	3.16
2000		100.83	90.12	1.57	2.33	1.89	1.99	2.93
2001		100.68	88.84	1.86	2.72	2.04	1.74	3.48
2002		103.50	88.80	1.66	2.97	2.39	2.11	5.57
2003		103.61	84.39	1.95	5.75	2.28	2.21	7.03
2004		105.69	85.19	2.03	5.96	2.52	2.57	7.42
2005		108.83	85.53	2.62	5.63	2.98	2.81	9.26
2006		109.92	86.38	2.65	5.68	3.01	2.84	9.36
2007		112.42	87.67	2.34	7.71	3.59	2.64	8.47
2008		115.07	88.28	2.39	7.59	3.50	2.94	10.37
2009		119.36	91.19	2.44	8.41	3.45	2.80	11.07
2010		121.94	91.55	2.97	8.77	3.69	3.19	11.77
2011		126.08	91.88	2.75	11.62	3.89	3.34	12.60
2012		127.92	92.07	3.14	12.33	4.25	3.77	12.36
2013		129.98	91.48	3.12	13.29	4.57	4.31	13.21
2014		133.77	91.76	2.54	15.33	5.17	4.51	14.46
2015		136.26	94.67	2.50	15.60	5.56	4.63	13.30
拉萨市	Lhasa	16.47	8.73	0.51	1.32	1.44	0.91	3.58
昌都市	Qamdo	34.18	27.17	0.18	2.39	1.05	1.09	2.30
山南地区	Shannan	16.07	6.92	0.62	6.02	0.80	0.62	1.09
日喀则市	Xigazê	36.49	25.83	0.92	4.03	0.90	0.87	3.94
那曲地区	Nagqu	21.51	16.80	0.21	0.90	0.91	0.83	1.86
阿里地区	Ngari	4.63	3.74	0.03	0.35	0.13	0.15	0.23
林芝市	Nyingchi	6.90	5.47	0.04	0.59	0.32	0.17	0.31

注：2002年以前交通运输、仓储和邮政业为交通运输、仓储和邮电通讯业资料,批发和零售业为批发零售贸易餐饮业资料。

Note:The Data of Transportation,Storage and Post Included Telecommunacations Before 2002.

The Data of Wholesale and Retail Sale Included Catering at 2002.

8-4 农林牧渔业总产值

GROSS OUTPUT VALUE OF FARMING, FORESTRY, ANIMAL HUSBANDRY AND FISHERY

单位：万元　　(10000 yuan)

年份 地区 Year Region		农林牧渔业总产值 Gross Output Value	农业 Farming	林业 Forestry	牧业 Animal Husbandry	渔业 Fishery	农林牧渔服务业 FFAF Services
1959		14417	4704		9713		
1965		26420	8522	20	17878	2	
1978		39228	14657	167	24386	18	
1980		53215	24846	765	27597	7	
1985		108875	50999	2274	55562	40	
1990		195023	98138	3250	93573	62	
1991		210063	95755	2949	111278	81	
1992		224530	101092	3485	119863	90	
1993		229860	100452	5659	123661	89	
1994		268249	131327	6487	130335	100	
1995		358961	177927	7151	173782	101	
1996		385282	192157	8773	184083	269	
1997		414546	218195	8577	187624	150	
1998		423770	224346	8821	190350	253	
1999		482155	260666	9224	212062	202	
2000		512185	263649	13130	235282	124	
2001		527791	276113	12849	238695	134	
2002		558874	290759	12221	255772	122	
2003		586339	252779	53084	270867	78	9531
2004		627373	265638	57186	291197	87	13265
2005		677408	298887	56997	300498	136	20890
2006		704765	304974	60191	316975	1762	20863
2007		798309	359382	63078	349108	1073	25668
2008		884518	396962	67971	389629	2804	27152
2009		933807	390575	71155	442880	2049	27147
2010		1007685	462822	24602	488612	2268	29381
2011		1093675	496152	23929	541123	2181	30290
2012		1183267	533863	25577	590193	2220	31415
2013		1279967	579235	26534	641557	1762	30879
2014		1387236	632559	26371	693386	1676	33244
2015		1494633	680481	21087	752956	1774	38334
拉萨市	Lhasa	233843	101958	3368	127159	164	1194
昌都市	Qamdo	349073	140271	7956	193322	39	7486
山南地区	Shannan	104420	48253	1704	49645	190	4628
日喀则市	Xigazê	410905	233239	4927	157507	1200	14032
那曲地区	Nagqu	201384	91609	14	104269		5492
阿里地区	Ngari	71875	3837	250	66494		1293
林芝市	Nyingchi	123134	61315	2868	54560	181	4210
其它	Others						

注：①本表按当年价格计算。②2002年以前农林牧渔业总产值不含农林牧渔服务业产值。

Note:The data in terms of value in this table are calculated at current prices.

The data of gross output of FFAF Didn't Include FFAF Services before 2002.

8-5 农林牧渔业总产值指数

INDICES OF GROSS OUTPUT VALUE OF FARMING, FORESTRY, ANIMALS HUSBANDRY AND FISHERY

上年=100 (preceding year=100)

年份 Year	农林牧渔业总产值 Gross Output Value	农业 Farming	林业 Forestry	牧业 Animal	渔业 Fishery	农林牧渔服务业 FFAF Services
1959	92.1	109.8		85.0		
1965	111.3	107.3	105.0	113.6		
1978	103.9	103.2	130.7	103.9	293.7	
1980	111.0	130.0	89.4	102.0	80.2	
1985	112.3	106.6	119.4	111.4	79.9	
1986	104.8	85.7	77.1	107.4	76.3	
1987	104.4	104.4	103.8	105.6	105.4	
1988	102.6	107.9	112.5	96.7	103.9	
1989	101.4	102.2	86.3	99.0	131.4	
1990	106.4	116.2	132.6	98.8	64.5	
1991	104.5	91.1	89.5	103.1	106.6	
1992	103.4	100.4	96.0	104.4	119.1	
1993	100.3	123.4	111.7	98.7	89.0	
1994	104.5	102.3	119.8	104.8	109.3	
1995	104.4	108.9	119.4	100.7	102.1	
1996	103.4	107.4	107.3	100.2	153.1	
1997	103.4	104.2	85.4	104.5	94.6	
1998	102.4	104.5	103.1	100.9	135.4	
1999	107.5	110.8	97.5	105.9	100.0	
2000	101.9	102.2	104.0	101.6	45.2	
2001	105.4	108.5	84.7	104.5	91.8	
2002	103.8	103.0	119.8	103.6	70.3	
2003	103.2	84.9	218.7	102.2	41.9	
2004	104.1	102.0	102.7	104.2	156.4	152.0
2005	105.1	109.6	97.0	92.5	152.2	155.2
2006	100.8	98.8	102.3	102.8	1254.7	97.9
2007	107.9	112.8	100.3	104.3	58.3	119.0
2008	106.5	106.1	103.5	100.2	251.1	100.0
2009	102.3	96.6	102.8	104.8	71.8	98.6
2010	103.5	112.3	32.8	107.1	104.9	105.9
2011	103.5	104.0	94.4	103.9	93.3	98.0
2012	103.6	103.0	102.4	104.5	97.5	99.3
2013	104.0	104.3	99.7	104.5	76.3	94.5
2014	104.2	105.0	95.6	103.9	91.5	103.5
2015	104.5	104.4	77.6	105.3	102.7	111.9

注：本表按可比价格计算。

Note:The indices in this table are calculated at comparable prices.

8-6 农林牧渔业总产值指数

INDICES OF GROSS OUTPUT VALUE OF FARMING, FORESTRY, ANIMALS HUSBANDRY AND FISHERY

1951年=100 (year of 1951=100)

年份 Year	农林牧渔业总产值 Gross Output Value	农业 Farming	林业 Forestry	牧业 Animal	渔业 Fishery	农林牧渔服务业 FFAF Services
1959	102.1	113.2		108.2		
1965	187.1	205.1	145.3	190.3	100.0	
1978	277.9	344.4	1239.8	263.0	1010.9	
1980	320.8	390.0	2653.5	282.2	671.3	
1985	396.5	419.0	8122.4	341.7	1317.8	
1986	415.5	359.1	6262.4	367.0	1005.5	
1987	433.8	374.9	6500.4	387.6	1059.8	
1988	445.1	404.5	7313.0	374.8	1101.1	
1989	451.3	413.4	6311.1	371.1	1446.8	
1990	480.2	480.4	8368.5	366.6	933.2	
1991	501.9	437.6	7489.8	378.0	994.8	
1992	519.0	439.4	7190.2	394.6	1184.8	
1993	520.6	542.2	8031.5	389.5	1054.5	
1994	544.0	554.7	9621.7	408.2	1152.6	
1995	565.8	604.1	11488.3	411.1	1176.8	
1996	583.9	648.8	12326.9	411.9	1801.7	
1997	603.8	676.0	10527.2	430.4	1704.4	
1998	618.3	706.4	10853.5	434.3	2307.8	
1999	664.7	782.7	10582.2	459.9	2307.8	
2000	677.3	799.9	11005.5	467.3	1043.1	
2001	713.9	867.9	9321.7	488.3	957.6	
2002	741.0	893.9	11167.3	505.9	673.2	
2003	764.7	758.9	24423.0	517.0	282.1	100.0
2004	796.1	774.1	25082.4	538.8	441.1	152.0
2005	836.7	848.4	24329.9	498.9	671.4	236.5
2006	843.4	838.2	24889.5	512.9	8424.6	231.5
2007	910.0	945.5	24964.2	534.9	4911.5	275.5
2008	969.2	1003.2	25838.0	535.9	12332.8	275.5
2009	991.5	969.1	26561.5	561.6	8855.0	271.6
2010	1026.2	1088.3	8712.2	601.5	9288.8	287.6
2011	1062.1	1131.8	8224.3	625.0	8666.5	281.9
2012	1100.3	1165.8	8421.7	653.1	8449.8	279.9
2013	1143.8	1215.6	8395.6	682.2	6444.7	264.4
2014	1192.2	1276.7	8024.5	709.1	5893.8	273.7
2015	1246.0	1332.3	6224.3	746.9	6052.0	306.1

注：本表按可比价格计算。

Note:The indices in this table are calculated at comparable prices.

8-7 各地市农林牧渔业总产值

GROSS OUTPUT VALUE OF FARMING, FORESTRY, ANIMAL HUSBANDRY AND FISHERY BY REGION

单位：万元 (10000 yuan)

年份 Year	合计 Total	拉萨 Lhasa	昌都 Qamdo	山南 Shannan	日喀则 Xigazê	那曲 Nagqu	阿里 Ngari	林芝 Nyingchi	其它 Others
2000	512185	85059	124269	53416	132220	56272	22473	34151	4325
2001	527791	73916	126207	53969	146264	67220	21003	36017	3195
2002	558874	84212	131970	54160	148314	75969	23832	40417	
2003	586339	86548	149635	50852	144143	79603	26760	46273	2525
2004	627373	93403	150532	56521	161838	80070	30619	53159	1231
2005	677408	100255	163423	55463	179421	89761	30463	57975	647
2006	704765	105644	168553	55887	187627	95261	31208	59966	619
2007	798309	116473	186534	59992	222011	109835	37155	66002	307
2008	884518	128401	207577	65884	246360	122109	41074	72417	696
2009	933807	135551	219636	69105	259657	128430	44188	76738	502
2010	1007685	149944	236928	72238	280526	138153	48091	81806	
2011	1093675	163173	256777	78298	304989	149627	52030	88781	
2012	1183267	177096	277329	84261	329968	161468	56693	96452	
2013	1279967	192488	299782	90466	356154	174509	61666	104903	
2014	1387236	212650	323770	97258	383739	188942	66845	114031	
2015	1494633	233843	349073	104420.07	410905	201384	71875	123134	

注：本表按当年价格计算。

Note: The indices in this table are caculated at current prices.

8-8 各地市农林牧渔业总产值指数

INDEX OF GROSS OUTPUT VALUE OF FARMING, FORESTRY, ANIMAL HUSBANDRY AND FISHERY BY REGION

上年=100 (preceding year=100)

年份 Year	合计 Total	拉萨 Lhasa	昌都 Qamdo	山南 Shannan	日喀则 Xigazê	那曲 Nagqu	阿里 Ngari	林芝 Nyingchi	其它 Others
2000	101.9	105.7	106.3	100.5	101.0	97.4	100.7	99.8	90.1
2001	105.4	101.0	98.2	99.7	114.2	111.5	107.9	99.7	
2002	103.8	111.3	103.3	102.1	101.2	104.4	101.9	102.9	
2003	103.2	100.4	111.3	89.9	94.6	100.4	108.2	115.5	
2004	104.1	103.6	101.5	103.7	105.2	106.6	108.9	101.3	82.0
2005	105.1	104.5	105.7	95.5	107.9	109.2	96.9	106.2	51.2
2006	100.8	102.0	99.9	97.6	101.3	102.8	99.2	100.2	92.7
2007	107.9	105.7	106.1	102.9	113.5	110.6	114.2	105.6	47.6
2008	106.5	106.0	107.0	105.6	106.7	106.9	106.3	105.5	217.9
2009	102.3	102.3	102.5	101.6	102.1	101.9	104.2	102.7	69.9
2010	103.5	106.2	103.5	100.3	103.7	103.2	104.4	102.3	
2011	103.5	103.8	103.4	103.4	103.7	103.3	103.2	103.5	
2012	103.6	103.9	103.4	103.1	103.6	103.3	104.3	104.0	
2013	104.0	104.5	103.9	103.2	103.7	103.9	104.5	104.5	
2014	104.2	106.3	103.9	103.4	103.6	104.1	104.2	104.5	
2015	104.5	106.7	104.6	104.1	103.9	103.4	104.3	104.7	

注：本表按可比价格计算。

Note:The indices in this table are caculated at comparable prices .

8-9 农林牧渔业分项产值

GROSS OUTPUT VALUE OF FARMING, FORESTRY, ANIMAL HUSBANDRY AND FISHERY BY BRANCH

指　　标	Item	绝对数(万元) Value (10000 yuan)						2015年为2014年%
		2000	2003	2007	2010	2014	2015	2015/2014 Rate
农林牧渔业总产值	**Gross Output Value**	**512185**	**586339**	**798309**	**1007685**	**1387236**	**1494633**	**4.5**
农业产值	**Farming**	**263649**	**252779**	**359382**	**462910**	**632559**	**680481**	**4.4**
谷物及其它作物	Corn and Other Crops	190664	183092	210819	223833	298912	328550	6.6
#粮食作物	#Grain Grops	178246	168417	182447	195058	259336	286874	7.3
# 谷物	#Corn	172777	162398	175515	188369	252217	278353	7.1
#小麦	#Wheat		38157	43464	43494	53153	55979	2.2
玉米	Maize		2253	3066	5979	5640	6689	15.0
薯类	Potato		417	978	973	1363.47	2379	69.2
油料	Oil Plants		13810	20988	23624	30578	31462	-0.2
#油菜籽	#Rapeseed		12252	20907	23484	30376	31267	-0.2
林业产值	**Forestry**	**13130**	**53085**	**63078**	**24602**	**26371**	**21087**	**-22.4**
林木培育和种植	Tree Breeding and Planting	2668	6591	8201	10438	11292	10932	-6.1
林产品	Forest Products	4898	30909	38368	2177	62	216	238.1
村及村以下竹木采伐	Lumbering in Village and Below	5564	9584	8445	11987	12229	9939	-21.2
牧业产值	**Animal Husbandry**	**235282**	**270867**	**349108**	**488612**	**693386**	**752956**	**5.3**
牲　畜	Domestic Animals	152357	258429	330978	456985	658979	715409	5.3
牛	Cattles	78157	97436	130343	240656	387320	418915	4.9
猪	Hogs	10614	6606	14212	26416	25620.9	27560	4.3
羊	Sheep and Goats	63586	65259	84677	110595	137092	148787	5.3
家禽饲养	Poultry Raising	1161	2749	3858	5403	8699.15	9844.44	9.8
捕　猎	Hunting	136	634	6	…			
渔业产值	**Fishery**	**124**	**78**	**1073**	**2268**	**1675.59**	**1774**	**2.7**
农林牧渔服务业产值	**FFAF Services**		**9531**	**25667**	**29381**	**33244.3**	**38334**	**11.9**

注：本表绝对数按当年价计算,指数按可比价计算。

Note:Data in terms of value in this table are calculated at current prices,while the related indices are caleulated at comparable prices.

8-10　农林牧渔业分项产值构成
COMPOSITION OF GROSS OUTPUT VALUE OF FARMING, FORESTRY, ANIMAL HUSBANDRY AND FISHERY BY BRANCH

指　标	Item	构成 Composition (%)					
		2000	2003	2007	2010	2014	2015
农林牧渔业	**Gross Output Value**	**100.0**	**100.0**	**100.0**	**100.0**	**100.0**	**100.0**
农 业	**Farming**	**51.5**	**43.1**	**45.0**	**45.9**	**45.6**	**45.5**
谷物及其它作物	Corn and Other Crops	37.2	31.2	26.4	22.2	21.5	22.0
#粮食作物	#Grain Grops	34.8	28.7	22.9	19.3	18.7	19.2
#谷物	#Corn	33.7	27.7	21.9	18.7	18.2	18.6
#小麦	#Wheat		6.5	5.4	4.3	3.8	3.7
玉米	Maize		0.4	0.4	0.6	0.4	0.4
薯类	Potato		0.1	0.1	0.1	0.1	0.2
油料	Oil Plants		2.4	2.6	2.3	2.2	2.1
#油菜籽	#Rapeseed		2.1	2.6	2.3	2.2	2.1
林 业	**Forestry**	**2.6**	**9.1**	**7.9**	**2.4**	**1.9**	**1.4**
林木培育和种植	Tree Breeding and Planting	0.5	1.1	0.8	1.0	0.8	0.7
林产品	Forest Products	1.0	5.3	4.8	0.2	0.0	0.0
村及村以下竹木采伐	Lumbering in Village and Below	1.1	1.6	1.1	1.2	0.9	0.7
牧 业	**Animal Husbandry**	**45.9**	**46.2**	**43.7**	**48.5**	**50.0**	**50.4**
牲　畜	Domestic Animals	29.7	44.1	41.5	45.3	47.5	47.9
牛	Cattles	15.3	16.6	16.3	23.9	27.9	28.0
猪	Hogs	2.1	1.1	1.8	2.6	1.8	1.8
羊	Sheep and Goats	12.4	11.1	10.6	11.0	9.9	10.0
家禽饲养	Poultry Raising	0.2	0.5	0.4	0.5	0.6	0.7
捕　猎	Hunting	…	0.1	…	…		
渔 业	**Fishery**	**…**	**…**	**0.2**	**0.2**	**0.1**	**0.1**
农林牧渔服务业	**FFAF Services**	**…**	**1.6**	**3.2**	**2.9**	**2.4**	**2.6**

注：本表构成按当年价计算。

Note:The data in terms of composition in this table are calculated at current prices.

8-11 全区农村社会总产值

RURAL SOCIAL GROSS OUTPUT VALUE

单位：万元 (10000 yuan)

年份 地区 Year Region		农村社会总产值 Rural Social Gross Output Value	农林牧渔业总产值 Gross Output Value	农村工业总产值 Rural Industry Gross Output Value	农村建筑业总产值 Rural Constration Gross Output Value	农村运输业总产值 Rural Transportation Gross Output Value	农村商业总产值 Rural Commerce Gross Output Value
1990		182283	170347	2055	2712	3433	3736
1991		221175	208923	1551	2550	4458	3693
1992		236362	223249	1942	2910	5009	3252
1993		242776	229860	2381	2336	4632	3567
1994		282293	268113	2628	2532	5206	2314
1995		389605	358961	5857	5447	8957	10383
1996		416824	382553	6711	5279	10992	11289
1997		455711	414546	8901	8459	13454	10350
1998		470337	423770	14076	8888	11820	11783
1999		536358	482155	14588	10624	14570	14421
2000		570808	512185	13307	14546	17086	13684
2001		577709	527791	14244	12407	13274	9993
2002		618802	558874	11707	14788	20832	12601
2003		675593	586339	20033	23995	26120	19106
2004		757243	627373	26536	40567	41556	21211
2005		823658	677408	27207	43925	45077	30041
2006		877722	704765	27802	64743	47445	32967
2007		1021216	798309	29411	103807	53065	36624
2008		1150468	884519	30385	126476	59854	49234
2009		1236703	933807	28520	150398	67243	56733
2010		1351837	1007685	35194	154366	82109	72483
2011		1469501	1093675	40599	151534	95565	88128
2012		1650604	1183267	58446	185357	113415	110119
2013		1790707	1279967	61561	208761	130753	109666
2014		1954588	1387236	63863	252978	139092	111420
2015		2174131	1494633	73311	299370	178962	127854
拉萨市	Lhasa	369664	233843	19155	40459	62373	13834
昌都市	Qamdo	471868	349073	8398	70362	13422	30613
山南地区	Shannan	295807	104420	23899	85644	50072	31772
日喀则市	Xigazê	539390	410905	19579	55930	30807	22170
那曲地区	Nagqu	233396	201384	381	10499	8393	12739
阿里地区	Ngari	98972	71875	202	15998	3037	7860
林芝市	Nyingchi	165034	123134	1696	20477	10859	8868

注：本表按当年价计算，全区农林牧渔业总产值中含有区直产值。

Note:The data in value terms in this table are calculated at current prices. Straight output value of containing area in the gross output value of the agriculture, forestry, animal husbandry and fishery.

8-12 农村社会总产值构成

RURAL SOCIAL GROSS OUTPUT PERCENTAGE

单位：% (%)

年份 Year	地区 Region	农村社会总产值 Rural Social Gross Output Value	农林牧渔业总产值 Gross Output Value	农村工业总产值 Rural Industry Gross Output Value	农村建筑业总产值 Rural Constration Gross Output Value	农村运输业总产值 Rural Transportation Gross Output Value	农村商业总产值 Rural Commerce Gross Output Value
1985		100.0	90.8	1.0	2.9	2.7	2.6
1990		100.0	93.4	1.1	1.5	1.9	2.1
1991		100.0	94.4	0.7	1.2	2.0	1.7
1992		100.0	94.5	0.8	1.2	2.1	1.4
1993		100.0	94.6	1.0	1.0	1.9	1.5
1994		100.0	95.0	0.9	0.9	1.8	1.4
1995		100.0	92.1	1.5	1.4	2.3	2.7
1996		100.0	91.8	1.6	1.3	2.6	2.7
1997		100.0	91.0	2.0	1.9	3.0	2.3
1998		100.0	90.1	3.0	1.9	2.5	2.5
1999		100.0	89.9	2.7	2.0	2.7	2.7
2000		100.0	89.7	2.4	2.5	3.0	2.4
2001		100.0	91.4	2.5	2.1	2.3	1.7
2002		100.0	90.3	1.9	2.4	3.4	2.0
2003		100.0	86.7	3.0	3.6	3.9	2.8
2004		100.0	82.8	3.5	5.4	5.5	2.8
2005		100.0	82.2	3.3	5.4	5.5	3.6
2006		100.0	80.3	3.2	7.4	5.4	3.7
2007		100.0	78.2	2.9	10.1	5.2	3.6
2008		100.0	76.9	2.6	11.0	5.2	4.3
2009		100.0	75.5	2.3	12.2	5.4	4.6
2010		100.0	74.5	2.6	11.4	6.1	5.4
2011		100.0	74.4	2.8	10.3	6.5	6.0
2012		100.0	71.7	3.5	11.2	6.9	6.7
2013		100.0	71.5	3.4	11.7	7.3	6.1
2014		100.0	71.0	3.3	12.9	7.1	5.7
2015		100.0	68.7	3.4	13.8	8.2	5.9
拉萨市	Lhasa	100.0	63.3	5.2	10.9	16.9	3.7
昌都市	Qamdo	100.0	74.0	1.8	14.9	2.8	6.5
山南地区	Shannan	100.0	35.3	8.1	29.0	16.9	10.7
日喀则市	Xigazê	100.0	76.2	3.6	10.4	5.7	4.1
那曲地区	Nagqu	100.0	86.3	0.2	4.5	3.6	5.5
阿里地区	Ngari	100.0	72.6	0.2	16.2	3.1	7.9
林芝市	Nyingchi	100.0	74.6	1.0	12.4	6.6	5.4

注：本表按当年价格计算。

Note:The data in value terms in this table are calculated at current prices.

8-13 农业商品产值

GROSS OUTPUT VALUE OF AGRICULTURE

单位：万元 (10000 yuan)

年份 地区 Year Region		合 计 Total	农 业 Farming	林 业 Forestry	牧 业 Animal Husbandry	渔 业 Fishery
1991		45911	14059	1187	22861	15
1992		52423	13619	1024	27893	24
1993		55278	21169	1003	33086	20
1994		75214	32384	2163	40640	27
1995		108615	40283	5084	63215	33
1996		111774	47668	3984	60032	90
1997		122948	53337	4170	65398	43
1998		123332	48887	3242	71055	148
1999		153485	71350	3500	78485	150
2000		166980	73846	4220	88829	85
2001		184887	84725	4955	95084	122
2002		204237	95700	5235	103194	108
2003		235559	104097	9192	122177	93
2004		300929	136705	8126	156000	98
2005		327154	153080	8494	165477	103
2006		379614	177401	10307	191800	106
2007		425378	199780	9488	215995	115
2008		485152	228141	11441	245455	115
2009		560052	292188	11873	254372	1619
2010		596053	288973	11521	293962	1595
2011		617494	285682	11204	318851	1758
2012		668265	287462	14517	364476	1811
2013		708638	331240	14645	361599	1155
2014		744880	357112	15662	370786	1320
2015		786492	358184	15322	411480	1506
拉萨市	Lhasa	92233	42904	297	48913	120
昌都市	Qamdo	233288	119420	8623	105245	
山南地区	Shannan	37772	20922	357	16304	190
日喀则市	Xigazê	157972	63683	410	93399	480
那曲地区	Nagqu	152496	77192		74636	668
阿里地区	Ngari	47068	404		46664	
林芝市	Nyingchi	65662	33660	5635	26320	47

注：本表按当年价格计算。

Note:The data in value terms in this table are calculated at current prices.

8-14 耕地面积

AREAS UNDER CULTIVATION

年份 Year	地区 Region	年末实有耕地面积(千公顷) Cultivated Area (1000 hectares)	旱地 Dry Fields	水田 Paddy Fields	当年减少(千公顷) Decrease in This Year (1000 hectares)	#国家基建占地 Capital Construction	当年增加(千公顷) Increase in This Year (1000 hectares)
1959		167.63					
1965		202.77					
1978		227.60					
1980		228.67					
1986		222.33	221.74	0.59	1.99	0.06	0.34
1987		221.40	220.84	0.56	1.97	1.60	1.04
1988		221.50	220.85	0.65	0.96	0.06	2.61
1989		222.35	221.47	0.88	0.45	0.21	1.35
1990		222.50	221.86	0.64	1.31	0.10	1.20
1991		222.90	222.30	0.60	1.33	0.04	1.73
1992		223.79	222.97	0.83	0.73	0.02	1.60
1993		222.62	221.83	0.79	0.52	0.07	0.75
1994		222.84	222.07	0.77	0.35	0.09	0.57
1995		224.47	221.68	0.79	0.31	0.08	2.17
1996		224.80	223.99	0.81	3.37	0.34	3.72
1997		228.76	227.91	0.85	0.61	0.20	3.94
1998		230.32	229.44	0.88	0.98	0.17	2.31
1999		231.16	230.23	0.93	1.33	0.09	2.15
2000		230.83	229.76	1.07	0.39	…	0.06
2001		230.20	229.15	1.05	1.40	0.25	0.77
2002		229.89	228.90	1.00	2.45	0.66	2.15
2003		225.34	224.38	0.96	6.22	0.79	2.77
2004		222.74	221.77	0.97	4.03	0.35	1.46
2005		223.01	222.03	0.98	1.55	0.37	1.83
2006		223.01	222.03	0.98	1.55	0.37	1.83
2007		228.23	227.26	0.97	1.27	0.68	1.95
2008		225.92	224.95	0.97	0.44	0.09	1.58
2009		229.57	228.49	1.08	0.83	0.04	5.06
2010		229.53	228.43	1.10	1.53	0.09	1.49
2011		231.57	230.44	1.13	0.71	0.14	2.04
2012		232.57	231.34	1.23	0.75	0.19	1.74
2013		233.05	231.81	1.24	0.72	0.43	1.21
2014		233.43	232.21	1.22	0.97	0.67	1.34
2015		236.80	235.58	1.22	0.65	0.50	4.03
拉萨市	Lhasa	36.35	36.35		0.11	0.11	1.66
昌都市	Qamdo	48.79	48.79		0.22	0.22	0.38
山南地区	Shannan	31.64	31.64		0.04	0.02	0.19
日喀则市	Xigazê	92.62	92.62		0.17	0.05	1.58
那曲地区	Nagqu	5.01	5.01				
阿里地区	Ngari	2.78	2.78				
林芝市	Nyingchi	19.61	18.38	1.22	0.10	0.10	0.21

8-15 主要农业机械年末拥有量

(年底数) (year-end)

指　标		Item		2001	2002	2003	2007
农业机械总动力	(千瓦)	**Total Power of Agricultural Machinery**	**(kw)**	**1232123**	**1458024**	**1812121**	**3294227**
耕作机械		**Cultivation Machinery**					
农用大中型拖拉机	(台)	Large and Medium Agricultural Tractors	(unit)	2538	3205	5302	9973
	(千瓦)		(kw)	112967	106499	158915	307370
小型拖拉机及手扶拖拉机	(台)	Mini and Walking Tractors	(unit)	38318	50598	60524	88321
	(千瓦)		(kw)	409866	513355	662170	1457540
大中型拖拉机配套农具	(部)	Farm Tools for Large and Medium Tractor	(unit)	2136	2558	2507	3486
小型拖拉机配套农具	(部)	Farm Tools for Mini Tractor	(unit)	10424	11684	15252	21294
农用排灌动力机械		Irrigating Machinery					
柴油机	(台)	Diesel Engines	(unit)	2853	3596	4675	2529
	(千瓦)		(kw)	27168	36276	43134	21929
电动机	(台)	Electromotors	(unit)	1075	1487	2420	1036
	(千瓦)		(kw)	11697	15997	17091	13625
农用水泵	(台)	Pumps	(unit)	446	754	786	1015
收获机械		**Harvest Machinery**					
联合收割机	(台)	Combine Harvesters	(unit)	1694	625	2176	2261
	(千瓦)		(kw)	2602	5614	35938	39053
机动脱粒机	(台)	Thresher Threshing Machines	(unit)	8201	13721	13032	21574
运输机械		**Transport Machinery**					
农用运输车	(辆)	Transport Vehicles for Agricultureal Use	(unit)	3462	8781	11044	15382
	(千瓦)		(kw)	168407	607526	777161	1001836

MAIN AGRICULTURL MACHINERY YEAR-END POSSESSED

2010	2011	2012	2013	2014	2015	拉萨 Lhasa	昌都 Qamdo	山南 Shannan	日喀则 Xigazê	那曲 Nagqu	阿里 Ngari	林芝 Nyingchi
4119871	**4450898**	**4994835**	**5783259**	**6605589**	**7222386**	**1253334**	**926931**	**989974**	**2538946**	**439379**	**239612**	**834211**
22946	26761	36074	43068	51619	61720	7592	3404	14160	29275	1555	1077	4657
531847	747127	782093	942540	1240757	1367606	233305	71818	253380	534987	76063	26548	171504
119621	133805	141512	156020	167277	181716	28714	15929	31542	74842	6535	10837	13317
1547424	1826992	1952234	2140591	2286737	2420002	405601	254266	328163	1036156	64268	142160	189390
8484	25493	9233	11033	12018	15534	1367	1510	3329	6918	170	40	2200
37260	48768	52221	79702	97866	90114	25395	5447	16133	29764	594	1138	11643
4313	4055	4168	4259	3983	4070	20	1156	2246	16			632
47257	49275	51980	53793.6	49501	49522	294	7456	20526	1159			20087
2908	1632	1861	1421	1462	1719	442	291	274	92			620
36940	30666	28719	27187	28410	33972	2665	3025	4139	9825			14318
395	528	508	436	482	500	138	1	229	106			26
4138	3917	3536	4012	5109	6433	1567	14	1222	3187	30		413
74164	91516	72640	90965.2	123600	148323	45243	1167	22044	54596	2646		22627
27968	35032	40310	45696	54820	56917	8794	3587	18978	19639	5	18	5896
20496	22110	24938	33670	37918	41165	7642	6748	4186	10052	4648	2555	5334
1453403	1677221	1879611	2242338	2495216	2749714	489154	535700	343680	613146	296402	70904	400728

8-16 农业电气化、化学化及水利情况

指 标	Item	2001	2002
农村电气化情况	**Electrization in Rural Areas**		
农村小型水电站个数 (个)	Number of Small Hydropower Station in Rural Areas (unit)	235	237
农村用电量 (万千瓦时)	Electricity Consumed in Rural Area (10000 kwh)	3117	3586
发电量 (万千瓦时)	Generate Electricity (10000 kwh)	1540	5173
农业化学化情况	**Chemistry in Rural Areas**		
农用化肥施用折纯量 (吨)	Consumption of Chemical Fertilizers (ton)	30164	30361
氮肥	Nitrogenous Fertilizer	15730	14081
磷肥	Phosphate Fertilizer	4719	6165
钾肥	Potash Fertilizer	1312	1597
复合肥	Compound Fertilizer	8404	8518
每公顷耕地平均化肥施用量 (公斤)	Chemical Fertilizer Per Hectare (kg)	131	132
农用塑料薄膜使用量 (吨)	Plastic Film for Agricultural Use (ton)	294	521
农药使用量 (吨)	Consumption of Chemical Fertilizers (ton)	583	1611
每公顷播种面积用农药 (公斤)	Chemical Fertilizer Per Hectare (kg)	3	7
农业水利化情况	**Irrigation Works in Rural Areas**		
农田有效灌溉面积 (千公顷)	Effective Irrigated Areas (1000 hectares)	154.37	159.73
#机电灌溉面积 (千公顷)	Irrigated Areas by Power (1000 hectares)	5.81	6.82
有效灌溉面积占耕地面积比重 (%)	Effective Irrigated Areas as Proportion of Cultivated Areas (%)	67.10	69.48
有效灌溉面积占播种面积比重 (%)	Effective Irrigated Areas Proportion of Areas (%)	66.90	68.58
机电灌溉面积占有效灌溉面积比重 (%)	Irrigated Areas by Power as Proportion of Irrigated Land (%)	3.80	4.26
旱涝保收面积 (千公顷)	Dried and Flooded Area Under Control and Ensuring Stable Yields (1000 hectares)	82.99	94.2
旱涝保收面积占播种面积比重 (%)	Rate of Dried and Flooded Area Under Control and Ensuring Stable Yields (%)	36.00	40.44
草场灌溉面积 (千公顷)	Irrigated Area of Grass (1000 hectares)	16.41	208.44

ELECTRIFICATION，CHEMICAL AND WATER CONSERVANCY OF AGRICULTURE

2003	2007	2010	2012	2013	2014	2015	拉萨 Lhasa	昌都 Qamdo	山南 Shannan	日喀则 Xigazê	那曲 Nagqu	阿里 Ngari	林芝 Nyingchi
239	283	296	280	277	266	251	1	117	24	41	10	15	43
4305	5553	7623	10149	10894	11829	12753	1581	2615	2126	3892	166	301	2070
4941	11779	8576	10739	9968	10476	10827	359	4500	513	2625	84	522	2225
31837	45837	47351	49876	56959	58208	60303	18137	9615	7456	18818	20	384	5872
16957	18705	19185	16931	19699	20386	20377	2344	4446	3602	7887	9	130	1959
5694	10560	10677	10210	12323	11102	11643	3361	984	1620	4582	4	12	1081
1572	1865	4423	5524	5601	5620	5452	3535	113	660	644	7	0.2	492
7614	14707	13066	17211	19335	21100	22831	8897	4072	1574	5705		242	2341
141	200	206	214	244		255	499	197	236	203	4	138	300
579	484	734	1153	1336	1724	1866	313	574	725	180		0.25	75
596	953	1036	923	1031	1012	1074	160	59	115	546		0.23	194
3	4	9	4	4		4	4	1	4	6		0.02	9
154.95	156.37	167.04	178.32	173.56	175.74	176.94	32.44	20.72	29.65	76.63		1.50	16.00
8.99	8.04	9.55	10.78	8.45389	9.71	10.02	0.83		5.12	3.67			0.39
68.76	68.51	72.77	76.70	74.47	75.28	74.72	89.24	42.47	93.71	82.73		53.90	81.62
66.31	67.13	69.59	73.10	69.82	70.05	69.98	82.42	37.40	91.46	87.45		15.93	70.33
5.80	5.14	5.71	6.34	4.87	5.53	5.66	2.57		17.28	4.80			2.43
90.36	82.63	78.83	82.22	74.03	91.30	91.96	17.64	6.69	12.80	49.81		0.64	4.38
38.67	35.47	32.84	33.70	30.11	36.39	36.37	44.83	12.08	39.47	56.84		6.75	19.25
514.54	1314.44	550.56	574.39	473.79	552.99	635.234	17.79	2.85	76.08	534.46		4.07	

8-17 主要农作物播种面积

单位：千公顷

年份 Year 地区 Region		总计 Total	粮食作物 Grain Crops	青稞 Qingke	小麦 Wheat	冬小麦 Winter Wheat	豆类 Soybeans
1951		134.15	128.74				
1959		140.23	133.47				
1965		184.68	176.87				
1978		219.83	205.00	106.68	65.65	47.90	21.43
1985		209.97	194.03	121.78	38.71	23.15	25.79
1990		213.71	191.95	120.17	41.80	27.43	21.83
1991		215.72	191.91	121.36	43.31	29.51	19.58
1992		214.99	192.29	122.26	43.57	31.12	18.53
1993		215.57	192.55	120.32	46.75	35.82	18.54
1994		216.46	187.28	116.67	48.12	34.06	17.31
1995		220.17	189.14	109.38	52.04	33.75	16.71
1996		225.02	191.86	119.90	52.51	35.37	14.52
1997		229.15	197.94	123.09	53.91	38.81	13.92
1998		229.40	200.41	126.31	55.04	38.86	12.47
1999		230.44	200.76	127.10	54.73	39.71	11.78
2000		231.04	201.44	131.56	51.91	38.41	10.53
2001		230.86	199.12	134.62	46.99	33.70	10.60
2002		232.90	195.01	129.60	44.77	28.72	11.08
2003		234.35	186.12	125.71	42.38	28.13	9.93
2004		231.23	179.79	120.11	40.64	25.03	9.00
2005		234.95	177.68	120.27	42.00	27.95	8.97
2006		233.02	171.66	116.28	41.49	29.98	8.05
2007		232.94	171.78	117.99	40.29	28.66	7.79
2008		235.29	170.63	117.85	37.34	28.41	7.08
2009		235.07	169.43	117.83	36.77	26.85	6.66
2010		240.02	170.15	117.83	37.06	28.04	6.62
2011		241.43	170.15	118.42	37.60	27.91	6.46
2012		243.95	170.86	118.26	37.73	28.28	6.31
2013		248.57	175.87	123.85	37.81	28.04	5.84
2014		250.87	176.41	125.19	36.92	27.52	5.71
2015		252.84	178.94	129.31	36.34	26.54	5.06
拉萨市	Lhasa	39.36	26.94	18.07	8.63	6.36	0.24
昌都市	Qamdo	55.40	45.88	36.49	6.03	3.44	0.83
山南地区	Shannan	32.42	23.06	12.94	8.78	8.53	1.00
日喀则市	Xigazê	87.63	58.98	51.32	4.79	1.35	2.55
那曲地区	Nagqu	5.87	4.54	4.43	0.05	0.05	0.05
阿里地区	Ngari	9.42	1.61	1.36	0.07	0.00	0.12
林芝市	Nyingchi	22.75	17.91	4.70	7.99	6.81	0.26

TOTAL SOWN AREAS OF MAJOR FARM CROPS

(1000 hectares)

薯类 Tubers	油料 Oil-bearing Crops	油菜籽 Rapeseeds	花生 Peanuts	其他 Others	蔬菜 Vegetables	青饲料 Fresh
	4.73	4.73		0.68		
	5.03	5.03		1.73		
	5.87	5.87		1.95		
	10.54	10.54		4.29		
1.72	10.38	9.99	0.39	5.56	3.38	2.01
1.23	10.74	10.73	0.01	11.02	8.11	2.87
1.11	11.65	11.63	0.01	12.16	8.28	3.86
1.21	11.53	11.51	0.02	11.17	6.61	4.11
3.27	12.13	12.08	0.01	10.89	6.14	4.52
1.57	16.21	16.20	0.01	12.97	7.80	4.14
1.28	18.52	18.50	0.02	12.51	7.24	4.77
0.87	18.33	18.30	0.03	14.83	9.29	4.85
0.05	17.34	17.33	0.01	13.87	9.01	3.49
0.11	16.98	16.95	0.02	12.10	7.35	4.44
0.15	17.12	17.06	0.05	12.56	7.36	4.65
0.22	16.11	16.08	0.03	13.48	7.47	5.74
0.28	16.82	16.77	0.03	13.82	8.71	5.11
0.56	20.39	18.74	0.03	16.23	9.74	6.50
0.42	21.64	21.61	0.02	26.59	14.11	10.00
1.87	24.35	24.32	0.03	27.02	15.15	10.50
0.55	26.11	26.05	0.06	31.15	18.04	12.14
0.61	24.12	24.05	0.07	37.24	18.99	17.37
0.62	23.13	23.06	0.07	38.03	19.66	17.59
0.53	24.73	24.65	0.07	39.93	20.14	18.90
0.53	24.49	24.42	0.07	41.15	20.44	19.83
0.54	24.02	23.92	0.10	45.85	21.16	19.21
0.62	24.02	23.92	0.10	47.26	22.40	23.86
0.79	24.02	23.89	0.13	49.07	23.72	24.67
0.82	24.55	24.33	0.21	48.15	23.85	24.14
1.01	24.48	24.36	0.12	49.98	23.76	25.55
1.04	23.81	23.69	0.12	50.10	23.11	26.77
	4.22	4.22		8.19	4.42	3.76
0.66	3.08	3.08		6.43	3.47	2.95
	4.59	4.59		4.77	1.77	2.97
0.05	9.77	9.77		18.88	11.31	7.55
0.01	0.03	0.03		1.30	0.47	0.80
0.06	0.12	0.12		7.68	0.16	7.52
0.26	1.99	1.88	0.11	2.85	1.51	1.21

8-18 主要农作物产品产量

单位：吨

年份 Year 地区 Region		粮食总产量 Total	稻谷 Rice	小麦 Wheat	冬小麦 Winter Wheat	青稞 Qingke
1951		153200				
1959		182905				
1965		290725				
1978		513449	2631	192959	153223	245233
1985		530669	2488	118519	72621	333736
1990		608280	3264	164271	115911	369294
1991		644186	2717	183088	133874	392309
1992		657121	3905	196282	150679	393429
1993		672185	3889	212417	170673	386806
1994		664480	4108	223177	181120	379059
1995		719605	4731	249366	187865	380922
1996		777249	4897	261422	193082	448663
1997		791904	5239	283052	212053	446564
1998		849793	4937	290773	210880	498482
1999		922138	5550	312117	237536	547530
2000		962234	5517	307288	245319	597094
2001		982508	6024	284453	220672	628400
2002		983970	5831	278250	208505	635978
2003		966001	5564	272308	211484	619137
2004		959950	5533	257279	192324	612273
2005		933918	5452	255506	171172	613548
2006		923688	5884	265315	209286	592000
2007		938634	5460	264859	206941	610845
2008		950343	5140	257556	193002	618196
2009		905330	5172	245617	194763	595192
2010		912289	5932	242373	197811	602570
2011		937290	5960	249064	191653	621886
2012		948963	5446	245716	184297	637102
2013		961506	5480	240735	187660	656577
2014		979736	4663	237252	185669	680542
2015		1006336	4522	233895	167540	708451
拉萨市	Lhasa	182198		65480	48065	115791
昌都市	Qamdo	183972		21114	12573	147808
山南地区	Shannan	157207		70657	69079	79651
日喀则市	Xigazê	382791	180	42621	8017	327808
那曲地区	Nagqu	12812		285	285	12349
阿里地区	Ngari	5257		21		4356
林芝市	Nyingchi	82099	4342	33717	29521	20688

YIELD OF MAJOR FARM CROPS

(ton)

豆 类 Bean	其 他 Others	油菜籽 Repeseed	花 生 Peanut	蔬 菜 Vegetable	青饲料 Fodder
		1750			
		2610			
		5264			
49266	23360	7914			
57296	18630	14455		60244	
52439	19012	17140	11	84545	27898
48090	17982	18457	37	98394	26265
44975	18530	17862	35	51364	24026
49023	20050	26040		51610	46081
44362	13774	29373	34	96773	37356
45962	38624	33689	29	93400	59342
40816	21451	35104	33	123300	36383
33402	23647	33682	30	141478	38429
33758	21843	34009	34	137920	45515
33295	23646	41091	121	170734	49553
29467	22867	39610	46	173727	54820
31813	31818	43469	74	202654	216598
34435	29476	45157	94	234506	84109
33541	35453	49378	100	281979	121088
30780	53937	53944	50	299858	149247
32371	27041	61164	154	429225	152852
31550	28939	54490	108	449309	213352
31882	25588	52125	137	450650	213923
26527	45118	57729	126	551060	271249
24333	42924	60145	161	481408	276243
23503	37911	57986		581208	317757
23467	36913	63276	239	600705	296288
22806	37894	63047	262	655905	316085
21843	36870	63367	404	669918	326912
22107	35173	63433	338	682132	355752
20112	39356	63722	324	696310	379969
927		11349		258076	58379
2318	12732	5183	5	55760	25304
4821	2078	13062		32345	57411
11040	1142	30158		329572	207284
58	119	21		1711	1941
273	607	239		2548	22039
674	22678	3709	319	16297	7612

8-19 主要农产品单位面积产量

YIELD OF MAJOR FARM CROPS PER HECTARE（BY SOWN AREAS）

单位：公斤/公顷 (kg / hectare)

年份 Year	粮食作物 Grain Crops	#小麦 Wheat	#冬小麦 Winter Wheat	#青稞 Qingke	#豆类 Bean	油菜籽 Repeseed
1959	1370					519
1965	1644					896
1978	2505	2940	3025	2300	2300	750
1980	2543	3090	3480	2235	2813	953
1985	2738	3060	3135	2738	2220	1448
1990	3170	3930	3365	3074	2403	1598
1991	3357	4227	3365	3233	2456	1587
1992	3417	4499	4842	3218	2427	1551
1993	3491	4544	3888	3215	2642	2147
1994	3548	4638	5318	3255	2564	1814
1995	3804	4793	4804	3483	2751	1821
1996	4051	4779	5459	3928	2811	1919
1997	4017	5250	5463	3628	2399	1944
1998	4240	5283	5427	3946	2705	2006
1999	4593	5703	5982	4095	2827	2408
2000	4777	5920	6387	4539	2798	2456
2001	4934	6053	6546	4667	3000	2592
2002	5045	6215	7260	4907	3106	2409
2003	5195	6451	7516	4926	3377	2285
2004	5339	6330	7684	5098	3420	2220
2005	5256	6083	6124	5101	3609	2348
2006	5381	6395	6981	5091	3917	2266
2007	5464	6574	7221	5177	4092	2260
2008	5570	6897	6793	5245	3745	2432
2009	5343	6679	7254	5051	3653	2824
2010	5361	6540	7054	5114	3553	2424
2011	5509	6624	6866	5252	3634	2645
2012	5554	6512	6517	5387	3614	2639
2013	5467	6367	6692	5301	3740	2581
2014	5554	6426	6748	5436	3872	2604
2015	5624	6437	6312	5479	3975	2690

8-20 农作物播种面积及产量

SOWN AREAS AND OUTPUT OF FARM CROPS

指　标	Item	播种面积(千公顷) Sown Area (1000 hectare)				产　量(吨) Yield (ton)			
		2000	2014	2015	2015年比2014年± % 2015Increase Over 2014	2000	2014	2015	2015年比2014年± % 2015Increase Over 2014
农作物总播种面积	**Total Sown Area**	**231.05**	**250.87**	**252.84**	**0.8**				
粮食作物	**Grain Crops**	**201.44**	**176.41**	**178.94**	**1.4**	**962234**	**979736**	**1006336**	**2.7**
谷物	Cereal	190.68	169.68	172.84	1.9	931829	952206	979627	2.9
#稻谷	Rice	1.01	0.99	0.99	-0.3	5518	4663	4522	-3.0
小麦	Wheat	51.91	36.92	36.34	-1.6	307288	237252	233895	-1.4
#冬小麦	Winter Wheat	38.41	27.52	26.54	-3.5	245319	185669	167540	-9.8
玉米	Corn	3.15	4.16	4.53	8.9	14131	23849.2	27082	13.6
青稞	Qingke	131.56	125.19	129.31	3.3	597094	680542	708451	4.1
其他谷物	Other Cereal	3.06	2.43	1.67	-31.4	7798	5900	5676	-3.8
豆类	Bean	10.53	5.71	5.06	-11.4	29467	22107	20112	-9.0
大豆	Soybean	0.31	0.11	0.08	-24.3	554	351	312	-11.1
杂豆	Other Beans	10.22	0.73	0.54	-26.2	28913	3028	1855	-38.7
薯类(按折粮计算)	Tuber	0.23	1.01	1.04	2.3	938	5424	6598	21.6
油　料	**Oil-bearing**	**16.11**	**24.48**	**23.81**	**-2.7**	**39610**	**63770**	**64047**	**0.4**
#花生油	Peanut	0.03	0.12	0.12	-5.0	46	337.5	324	-3.9
油菜籽	Rapeseed	16.08	24.36	23.69	-2.7	39564	63433	63722	0.5
蔬菜、瓜类	**Vegetable and Melon**	**7.47**	**23.87**	**23.19**	**-2.9**	**176728**	**683938**	**697697**	**2.0**
蔬菜	Vegetable	7.47	23.76	23.11	-2.7	176695	682132	696310	2.1
瓜类	Melon	…	0.11	0.07	-34.6	33	1806	1386	-23.2
其他作物	**Other Crops**	**6.01**	**25.59**	**26.81**	**4.8**	**57622**	**357873**	**380062**	**6.2**
#青饲料	Succulence	5.74	25.55	26.77	4.8	54820	355752	379969	6.8

8-21 茶园、果园面积和茶叶、水果产量

TEA PLANTATIONS，ORCHARDS AND OUTPUT OF TEA AND FRUIT

指　标	Item	1990	1995	2000	2010	2014	2015
面 积　(公顷)	**Ares　(hectare)**						
茶园面积	Ares of Tea Plantations	149	146	48	224	470	548
果园面积	Area of Orchards	629	1277	1235	1860	3222	3215
#苹果园	Apple Plantations	508	1145	1051	1375	1717	1603
梨园	Pear Plantations	41	58	112	81	247	242
产 量　(吨)	**Yield　(ton)**						
茶叶产量	Yield of Tea	66	130	1	8	54	92
水果产量	Yield of Fruits	5445	6242	7418	9484	12553	13528
#苹果	Apple	3696	3615	5299	5124	5546	6317
梨	Pear	319	705	803	1228	1461	1486

8-22 各地市造林面积情况（2015年）

AFFORESTATIONS AREA BY REGION(2015)

单位：公顷　　(hectare)

地　区	Region	当年造林面积 Current New Forest Areas	#用材林 Commercial Forest	#经济林 Ecomomic Forest	育苗面积 Nursery Garden Areas	幼林抚育面积 Actual Nursery Areas	成林抚育面积 Forest Areas	迹地更新面积 Update Areas
全区合计	**Total**	**35861**	**636**	**3039**	**186**	**86**	**1384**	**594**
拉萨市	Lhasa	11348		18	8		105	
昌都市	Qamdo	5945	14	1020	36	86	158	179
山南地区	Shannan	7301	2		56			
日喀则市	Xigazê	9323	509	1370	48		1121	323
那曲地区	Nagqu	25	25					
阿里地区	Ngari	193		15	5			
林芝市	Nyingchi	1727	85	617	33			92

8-23 林业生产情况

OUTPUT OF FOREST PRODUCTS

指　　标	Item	1990	1995	2000	2007	2014	2015
营林情况	**Tree Planting and Forestation**						
当年造林面积　(公顷)	Current New Forest Areas　(hectare)	5977	12966	14101	22264	35894	35861
用材林	Commercial Forest	193	478	2293	2813	491	636
经济林	Economic Forest	15	179	398	1593	6231	3039
防护林	Shelter Forest	440	3306	2721	13132	28951	31741
薪炭林	Firewood Charcoal Forest	18	2	299	1239	5	
其他林	Other Forest	201	48	80	291	216	445
迹地更新面积　(公顷)	Update Areas　(hectare)	469	684	1684	129	588	594
零星植树　(万株)	Odd Pieces of Planting　(10000units)	28	1893	840	1155	1152	1158
育苗面积　(公顷)	Nursery Garden Areas　(hectare)	486	92	165	190	338	186
幼林抚育作业面积　(公顷)	Actual Nursery Areas　(hectare)	989	1893	2626	2346	65	86
成林抚育面积　(公顷)	Forest Areas　(hectare)	2660	3269	6150	16040	6660	1384
主要林产品产量	**Output of Major Forest Products**						
松茸　(吨)	Songrong　(ton)	8	155		756	80	93
香菇　(吨)	Xianggu				11	506	836
核桃　(吨)	Walnuts　(ton)	98	1386	1829	2247	4352	4023
花椒　(吨)	Huajiao　(ton)	1		35	67	137	130
农村竹木采伐	**Cut Bamboo and Timber in Rural Areas**						
木材　(万立方米)	Timber　(10000cu. m)	13.13	14.09	13.39	35.68	14.85	11.81
竹材　(万根)	Lumbering　(10000units)	45.68	118.98	170.31	52.75	110.72	121.94

8-24 年末牲畜存栏情况

NUMBER OF LIVESTOCK IN YEAR-END

单位：万头（只、匹） (10000 heads)

年份 Year	地区 Region	牲畜总头数 Number of Animal	大牲畜 Large Animal	牛 Cattle and Buffalo	羊 Sheep and Goat	绵羊 Sheep	猪 Pig
1951		955	242	221	710	463	3
1959		956	243	222	707	474	6
1965		1701	459	427	1229	799	13
1978		2349	509	474	1815	1236	25
1980		2351	502	465	1825		24
1985		2179	539	499	1627	1086	13
1990		2251	554	506	1681	1113	16
1991		2317	575	526	1724	1146	18
1992		2395	598	547	1779	1188	19
1993		2320	588	537	1713	1145	20
1994		2297	582	531	1695	1126	20
1995		2379	590	539	1767	1168	22
1996		2276	560	511	1693	1109	23
1997		2310	574	524	1715	1126	21
1998		2252	559	509	1671	1096	21
1999		2290	579	528	1689	1104	22
2000		2266	579	526	1664	1074	23
2001		2360	607	553	1729	1111	24
2002		2439	633	577	1782	1139	24
2003		2451	647	591	1779	1134	25
2004		2509	668	613	1816	1151	26
2005		2415	686	632	1698	1072	30
2006		2438	703	651	1703	1066	32
2007		2407	674	622	1707	1060	26
2008		2405	696	645	1678	1032	31
2009		2324	705	653	1584	968	35
2010		2321	706	654	1579	977	36
2011		2185	690	645	1459	900	36
2012		2056	668	625	1352	841	36
2013		1948	640	599	1272	795	36
2014		1861	634	594	1190	749	38
2015		1833	637	599	1156	736	40
拉萨市	Lhasa	133	79	77	50	32	5
昌都市	Qamdo	273	177	156	91	53	5
山南地区	Shannan	149	45	43	102	83	2
日喀则市	Xigazê	469	88	83	379	248	2
那曲地区	Nagqu	525	191	187	334	239	0
阿里地区	Ngari	208	15	14	193	79	0
林芝市	Nyingchi	74	42	38	6	3	26

8-25 牛、猪、羊出栏情况

SLAUGHTERED OF CATTLE AND BUFFALA，PIG AND SHEEP AND GOAT

单位：万头(只)　　(10000 heads)

年份 Year	地区 Region	牛 Cattle and Buffalo 出栏数 Number of Slaughtered	牛 出栏率(%) Come Out Rate (%)	猪 Pig 出栏数 Number of Slaughtered	猪 出栏率(%) Come Out Rate (%)	羊 Sheep and Goat 出栏数 Number of Slaughtered	羊 出栏率(%) Come Out Rate (%)
1978		22.87	4.8	4.96	22.8	213.72	12.3
1985		34.30	7.0	5.65	45.2	283.32	17.4
1990		43.74	7.6	7.10	43.4	317.49	18.6
1991		43.32	7.8	8.81	53.9	333.74	19.9
1992		47.16	8.2	9.02	50.6	357.04	20.7
1993		53.73	9.0	9.66	52.0	352.94	19.9
1994		58.08	9.9	9.86	49.9	365.13	21.5
1995		68.17	11.7	9.46	52.7	388.66	22.9
1996		62.49	11.6	12.23	55.6	328.82	18.6
1997		66.59	13.0	13.24	57.6	403.28	23.8
1998		69.63	12.1	12.64	60.2	411.33	24.0
1999		77.49	15.2	12.95	60.9	439.16	26.3
2000		80.13	15.2	13.64	62.0	437.52	25.9
2001		85.31	16.2	12.73	55.3	467.74	28.1
2002		89.47	16.2	14.38	59.9	530.38	30.7
2003		96.28	16.3	13.93	55.7	516.19	29.0
2004		105.10	17.1	15.26	61.0	475.92	26.8
2005		106.07	16.8	18.84	62.8	483.07	28.4
2006		107.96	16.6	18.31	57.2	508.52	29.9
2007		116.59	17.9	15.58	48.6	526.90	30.9
2008		123.35	18.9	15.60	60.0	520.08	30.5
2009		126.58	19.6	19.67	63.5	529.84	31.6
2010		136.89	21.0	20.45	58.7	525.11	33.1
2011		147.89	22.60	19.85	55.30	547.81	34.70
2012		162.02	25.12	19.32	53.80	540.59	37.05
2013		160.08	25.62	17.86	49.43	484.03	35.79
2014		149.52	24.96	17.26	48.49	408.63	32.11
2015		159.94	26.92	17.42	45.42	406.62	34.18
拉萨市	Lhasa	20.16	28.21	2.32	48.01	20.26	37.55
昌都市	Qamdo	52.80	32.26	2.38	45.22	35.89	34.68
山南地区	Shannan	14.78	33.82	1.59	81.47	40.83	38.36
日喀则市	Xigazê	17.60	21.29	1.08	66.53	127.95	33.46
那曲地区	Nagqu	48.74	26.81	0.15	42.40	116.43	34.74
阿里地区	Ngari	1.92	14.39			63.91	31.73
林芝市	Nyingchi	3.95	10.51	9.90	40.69	1.37	20.56

8-26 畜产品产量

OUTPUT OF LIVESTOCK PRODUCTS

年份 地区 Year Region		猪牛羊肉总产量 (万吨) Output of Pork Beef and Mutton (10000 tons)	猪 肉 Pork	牛 肉 Beef	羊 肉 Mutton	奶类产量 (万吨) Milk (10000 tons)	牛 奶 Cow Milk
1978		4.71	0.19	2.09	2.43	9.34	6.01
1985		7.07	0.28	3.38	3.41	10.28	8.79
1990		8.78	0.50	4.35	3.93	15.75	12.55
1991		9.10	0.47	4.42	4.21	17.71	14.03
1992		9.74	0.51	4.85	4.38	18.60	14.82
1993		10.25	0.53	5.31	4.41	16.56	13.20
1994		10.39	0.47	5.60	4.33	16.16	13.08
1995		11.21	0.56	6.13	4.52	17.61	14.10
1996		11.54	0.66	6.24	4.64	16.62	13.51
1997		12.15	0.69	6.67	4.79	18.60	14.90
1998		12.91	0.67	7.33	4.91	19.56	15.58
1999		14.69	0.73	8.29	5.67	20.88	16.72
2000		14.93	0.79	8.48	5.66	20.40	16.20
2001		16.01	0.83	8.94	6.23	23.05	18.14
2002		17.21	0.92	9.40	6.89	24.30	19.00
2003		18.98	0.86	10.76	7.36	25.13	19.62
2004		20.82	1.04	12.19	7.59	26.20	20.29
2005		21.46	1.22	12.76	7.47	26.98	21.21
2006		22.70	1.19	13.46	8.05	27.61	21.57
2007		23.48	1.08	14.20	8.20	28.94	22.98
2008		24.46	1.11	15.07	8.28	29.46	23.32
2009		25.52	1.25	16.31	7.96	29.43	23.69
2010		26.31	1.26	16.91	8.14	30.25	24.15
2011		27.67	1.17	17.89	8.61	31.35	25.34
2012		28.95	1.13	19.76	8.06	31.69	25.64
2013		29.21	1.01	20.71	7.49	32.52	26.51
2014		28.62	1.04	20.69	6.89	34.06	28.73
2015		29.28	1.07	21.63	6.59	35.44	30.47
拉萨市	Lhasa	3.66	0.20	3.06	0.40	6.33	6.19
昌都市	Qamdo	8.25	0.18	7.08	0.99	7.67	6.85
山南地区	Shannan	2.45	0.09	1.83	0.53	4.84	4.54
日喀则市	Xigazê	3.13	0.07	1.52	1.54	7.32	5.43
那曲地区	Nagqu	9.41	0.01	7.30	2.11	6.16	5.06
阿里地区	Ngari	1.25		0.26	1.00	0.82	0.14
林芝市	Nyingchi	1.12	0.52	0.58	0.02	2.29	2.25

第九篇

工　业

Chapter 9

INDUSTRY

9-1 全部工业企业单位数
NUMBER OF ALL INDUSTRIAL ENTERPRISES

单位：个 (unit)

分　类	Item	2000	2007	2010	2013	2014	2015
总计	**Total**	**482**	**443**	**479**	**547**	**763**	**1008**
按登记注册类型分	**Grouped by Ownership**						
国有经济	State-owned	288	214	138	120	143	115
集体经济	Collective-Owned	105	81	66	84	102	93
其他经济	Others	89	148	275	343	518	800
按轻重工业分	**Grouped by Light and Heavy Industry**						
轻工业	Enterprises of Light Industry	202	168	167	282	419	558
重工业	Enterprises of Heavy Industry	280	275	312	265	344	450
按企业规模分	**Grouped by Size of Enterprises**						
大型企业	Large-sized			1	2	1	2
中型企业	Medium-sized	4	10	13	13	14	16
小型企业	Small	478	433	465	186	247	236
微型企业	Micro-sized				346	501	768
按国民经济行业分	**Grouped by Sectors**						
煤炭开采和洗选业	Coal Mining and Dressing	2	2	2	2	2	2
黑色金属矿采选业	Ferrous Metals Mining and Dressing	10	14	16	17	17	11
有色金属矿采选业	Nonferrous Metals Mining and Dressing	19	42	52	44	46	56
非金属矿采选业	Nonmetal Minerals Mining and Dressing	17	24	29	30	52	68
开采辅助活动	Support Activities for Mining						2
其他矿采选业	Other Minerals Mining and Dressing	1	1				3
农副食品加工业	Farm and Sideline Products Processing	38	25	44	66	101	119
食品制造业	Food Production	10	11	12	14	26	39
酒、饮料和精制茶制造业	Manufacture of Liquor,Beverages and Tea	16	21	25	33	42	62
烟草加工业	Tobacco Processing	1					
纺织业	Textile Industry	18	10	11	13	23	47
纺织服装、服饰业	Manufacture of Textile Wearing Apparel and Haberdashery	22	12	11	12	19	31

注：2002年以前总计中含“木材及竹材采运业”。

Note:Before 2002, Total has excluded Loffing and Transport of Timber.

9-1 续表 continued

单位：个　　(unit)

分　类	Item	2000	2007	2010	2013	2014	2015
皮革、毛皮、羽毛及其制品和制鞋业	Manufacture of Leather, Fur, Feather and Its Products， Shoes	1	1	3	4	5	8
木材加工和木、竹、藤、棕、草制品业	Processing of Timber, Manufacture of Wood, Bamboo, Rattan, Palm and Straw Products	25	15	13	14	19	21
家具制造业	Furniture Manufacturing	9	7	7	14	25	38
造纸及纸制品业	Papermaking and Paper Products	1		2	3	6	9
印刷业和记录媒介的复制	Printing and Record Medium Reproduction	16	14	14	13	21	23
文教、工美、体育和娱乐用品制造业	Manufacture of Education, Culture， Artwork, Sports and Recreation Articles	5			50	68	75
石油加工、炼焦和核燃料加工业	Processing of Petroleum, Coking and Processing of Nuclear Fuel						1
化学原料及化学制品制造业	Raw Chemical Materials and Chemical Products	9	10	15	19	37	43
医药制造业	Medical and Pharmaceutical Products	16	20	23	27	29	35
橡胶和塑料制品业	Plastics and Articles Thereof Rubber and Articles Thereof	3	1	4	4	5	7
非金属矿物制品业	Nonmetal Mineral Products	45	34	55	60	95	136
黑色金属矿冶炼及压延加工业	Smelting and Pressing of Ferrous Metals	2			1	1	1
有色金属矿冶炼及压延加工业	Smelting and Pressing of Nonferrous Metals		1	1	1	2	
金属制品业	Metal Products	6	3	8	13	15	24
通用设备制造业	General Equipment	2	1			1	1
专用设备制造业	Special Purposes Equipment	9	2	2	4	4	2
汽车制造业	Motor Vehicles	33	22	18			
电气机械及器材制造业	Electrical Machinery and Equipment		3	3	3	5	8
其他制造业	Other Manufacturing				2	3	7
废弃资源综合利用业	Recycling and Disposal of Waste Thermal Power						2
金属制品、机械和设备修理业	Repair of Metal Products and Mechanical Equipments					1	10
电力、热力的生产和供应业	Production and Supply of Electric Power and Heat Power	102	105	60	70	76	97
燃气生产和供应业	Production and Supply of Gas					1	1
自来水生产和供应业	Production and Supply of Tap Water	7	11	14	14	16	19

9-2 工业总产值

GROSS OUTPUT VALUE OF INDUSTRY

单位：万元 (10000 yuan)

年 份 Year	合 计 Total	按登记注册类型分 Grouped by Ownership			按轻重工业分 Grouped by Light and Heavy Industry		按企业规模分 Grouped by Size of Enterprises	
		国有经济 State-owned	集体经济 Collective-owned	其他经济 Other	轻工业 Light Industry	重工业 Heavy Industry	大中型企业 Large and Medium-sized	小型企业 Small
1956	140	140				140		140
1959	4344	4243	101		164	4180		4344
1965	2349	1797	522		892	1457		2349
1978	14934	11438	3496		5691	9243		14934
1980	14894	13818	1076		4600	10294	477	14417
1986	20200	13085	2022	5093	7734	12466	1343	18857
1987	21608	15353	2255	4000	9500	12108	2173	19435
1988	26496	19615	2881	4000	11088	15408	1628	24868
1989	33300	24119	3406	5775	12900	20400	1578	31722
1990	37200	25395	4230	7575	14518	22682	2102	35098
1991	44214	28709	3805	11700	20307	23907	1815	42399
1992	49696	31502	4871	13323	23053	26643	3559	46137
1993	59873	39637	5475	14761	23531	36342	4263	55610
1994	76200	48895	6139	21166	35964	40236	3997	72203
1995	90816	65679	13909	11228	28479	62337	12774	78042
1996	103617	69561	20642	13414	28137	75480	11507	92110
1997	117586	78033	17648	21905	40981	76605	21905	40981
1998	144313	94543	22381	27389	47554	96759	13842	130471
1999	166010	94686	14090	57234	65626	100384	11804	154206
2000	183036	94970	44529	43537	68814	114222	26749	156287
2001	199769	85086	44612	70071	79495	120274	50337	149432
2002	216337	96244	44899	75194	87977	128360	51343	164994
2003	239635	105503	40209	93923	89753	149882	98005	141630
2004	284243	116453	43073	124717	119924	164319	104399	179844
2005	336462	133805	44358	158299	136300	200162	111569	224893
2006	401641	135733	53667	212241	158267	243374	123194	278447
2007	504375	166871	28471	309033	187171	317204	203869	300506
2008	597153	184919	27994	384240	227571	369582	183802	413351
2009	657970	191361	20251	446358	271729	386241	254967	403003
2010	756144	225250	18063	512831	276447	479697	325047	431097
2011	950805	298104	25378	627323	369933	580872	417738	533067
2012	1059120	369199	30444	659477	406740	652380	454272	604848
2013	1258348	397547	30403	830398	481087	777260	573533	684815
2014	1516709	526160	31481	959068	664133	852576	628491	888218
2015	1791452	667985	15242	1108225	799598	991854	680004	1111448

注：2014年国有经济包含纯国有和国有控股企业。

Note: Date of State-owned includes that of State Sole Funded Corporations and State-holding Enterprises in 2014.

9-3 工业总产值指数

INDICES OF GROSS OUTPUT VALUE OF INDUSTRY

(上年=100) (Preceding year=100)

年 份 Year	合 计 Total	按登记注册类型分 Grouped by Ownership			按轻重工业分 Grouped by Light and Heavy Industry		按企业规模分 Grouped by Size of Enterprises	
		国有经济 State-owned	集体经济 Collective-owned	其他经济 Other	轻工业 Light Industry	重工业 Heavy Industry	大中型企业 Large and Medium-sized	小型企业 Small
1957	252.7	252.7				252.7		252.7
1959	96.5	95.8	138.3		137.0	95.4		96.5
1965	119.2	102.6	251.3		251.2	90.2		119.2
1978	113.5	113.5	113.5		107.1	117.8		113.5
1980	91.9	111.7	27.4		95.1	90.4	87.0	92.1
1986	92.7	89.2	117.7	92.9	68.3	120.4	98.1	92.4
1987	113.7	119.7	113.7	98.7	129.5	103.5	111.9	113.7
1988	110.3	99.4	118.0	139.3	119.4	103.0	111.6	110.2
1989	109.5	108.7	108.2	112.0	109.1	109.9	112.8	109.3
1990	106.3	101.2	117.3	135.8	110.4	102.6	92.1	107.2
1991	107.2	97.9	99.0	160.0	135.0	89.7	84.7	108.7
1992	108.2	105.0	110.5	113.8	112.6	103.9	169.5	105.0
1993	108.5	109.5	97.4	110.6	102.1	115.1	135.2	106.3
1994	113.1	104.0	116.9	129.0	111.8	114.2	86.0	116.0
1995	114.7	132.9	202.0	51.0	108.5	117.8	300.7	99.2
1996	110.4	113.3	104.9	103.7	97.1	117.8	91.2	120.7
1997	112.2	102.1	116.2	175.2	133.0	123.2	29.8	129.3
1998	113.5	106.7	124.6	123.7	111.4	114.8	125.7	105.3
1999	108.7	111.2	104.0	103.8	121.2	101.7	100.8	109.2
2000	108.1	103.7	115.2	109.4	114.0	107.5	103.2	105.4
2001	108.0	98.4	96.8	137.2	108.1	106.3	110.7	102.9
2002	108.0	107.5	103.3	112.0	113.1	103.2	113.5	107.2
2003	109.6	113.4	92.2	118.6	106.8	111.9	112.1	108.6
2004	114.6	111.0	118.7	126.9	116.4	113.1	104.5	118.4
2005	116.5	104.7	109.7	114.7	120.4	113.0	112.7	117.5
2006	117.0	110.5	115.4	129.2	100.9	135.6	111.5	118.3
2007	117.4	113.6	90.7	141.9	110.4	122.2	101.8	120.2
2008	112.1	117.6	93.2	111.0	115.9	109.9	85.4	130.3
2009	112.9	104.9	89.3	118.8	120.5	108.7	112.2	113.5
2010	113.2	118.2	108.0	108.6	98.8	122.1	101.4	120.9
2011	120.6	126.9	134.7	118.4	128.3	116.1	149.4	104.3
2012	111.7	124.2	120.3	105.4	110.3	112.6	109.1	113.8
2013	115.7	107.6	106.5	126.2	112.0	118.1	126.5	113.4
2014	120.8	132.7	103.9	115.8	138.5	110.0	109.9	130.1
2015	118.6	127.7	47.0	114.9	121.0	116.8	108.4	125.8

注：本表按可比价格计算。

Note:Data in this table are calculated at comparable prices.

9-4 工业总产值指数

INDICES OF GROSS OUTPUT VALUE OF INDUSTRY

(1956年=100) (year of 1956=100)

年 份 Year	合 计 Total	按登记注册类型分 Grouped by Ownership			按轻重工业分 Grouped by Light and Heavy Industry		按企业规模分 Grouped by Size of Enterprises	
		国有经济 State-owned	集体经济 Collective-owned	其他经济 Other	轻工业 Light Industry	重工业 Heavy Industry	大中型企业 Large and Medium-sized	小型企业 Small
1957	252.7	252.7				252.7		252.7
1959	3095.7	3501.0	213.2		137.0	3060.4		3095.7
1965	1673.9	1485.2	1148.9		746.1	1065.6		1673.9
1978	9459.1	8356.1	6490.7		3977.8	6243.4		9459.1
1980	9710.0	10425.9	1986.5		3468.9	2998.6	87.0	9408.8
1986	9368.2	6886.6	3197.8	109.9	4044.6	6084.1	148.0	8849.6
1987	10651.6	8243.3	3635.9	108.5	5237.8	6297.0	165.7	10062.0
1988	11748.7	8193.8	4290.4	151.1	6253.9	6485.9	185.0	11088.3
1989	12864.8	8906.7	4642.2	169.1	6823.0	7128.0	208.7	12119.5
1990	13675.3	9013.6	5445.3	198.4	7532.6	7313.3	192.3	12992.1
1991	14659.9	8824.3	5390.8	198.3	10169.0	6560.0	206.6	14122.4
1992	15862.0	9265.5	5956.8	225.8	11450.3	6815.8	350.3	14828.5
1993	17210.3	10145.7	5801.9	249.7	11690.8	7845.0	473.6	15762.7
1994	19464.8	10551.5	6782.4	322.1	13070.3	8959.0	407.3	18284.7
1995	22534.9	14022.9	13700.4	164.3	14181.3	10553.7	1224.8	18436.0
1996	24878.0	15887.9	14371.7	170.4	13770.0	12432.3	1117.0	22252.3
1997	27913.7	16221.5	16699.9	298.5	18314.1	15316.6	332.9	28772.2
1998	31682.0	17308.3	20808.1	369.2	20401.9	17583.5	418.5	30297.1
1999	34438.3	19246.8	21640.4	383.2	24727.1	17882.4	421.8	33084.4
2000	37227.8	19958.9	24929.7	419.2	28188.9	19223.6	435.3	34871.0
2001	40206.0	19639.6	24131.9	575.1	30472.2	20434.7	481.9	35882.3
2002	43422.5	21112.6	24928.3	644.1	34464.1	21088.6	546.9	38465.8
2003	47591.1	23941.7	22983.9	763.9	36807.7	23598.1	613.1	41773.9
2004	54539.4	26575.3	27281.9	969.4	42844.2	26689.5	640.7	49460.3
2005	63538.4	27824.3	29928.2	1111.9	51584.4	30159.1	722.1	58115.9
2006	74339.9	30745.9	34537.1	1582.7	52048.7	40895.7	805.1	68751.1
2007	87275.0	34927.3	31325.1	2245.9	57461.8	49974.5	819.6	82638.8
2008	97835.3	41074.5	29195.0	2492.9	66598.2	54921.9	699.9	107678.4
2009	110456.1	43087.2	26071.1	2961.6	80250.8	59700.1	785.3	122215.0
2010	125036.3	50929.1	28156.8	3216.3	79287.8	72893.8	796.3	147757.9
2011	150793.8	64629.0	37927.2	3808.9	101726.2	84629.7	1189.7	154111.5
2012	168436.7	80269.2	45626.4	4014.6	112204.0	95293.0	1298.0	175378.9
2013	194881.3	86369.7	48592.1	5066.4	125668.5	112541.0	1642.0	198879.7
2014	235416.6	114612.6	50487.2	5866.9	174050.9	123795.1	1804.6	258742.5
2015	279204.1	146360.3	23729.0	6741.1	210531.9	144567.9	1956.5	325549.8

注：本表按可比价格计算。

Note:Data in this table are calculated at comparable prices.

9-5 全部工业企业分行业工业总产值

GROSS OUTPUT VALUE OF ALL INDUSTRIAL ENTERPRISES BY BRANCH

单位：万元　　(10000 yuan)

分　类	Item	2000	2007	2010	2014	2015
总计	**Total**	**176035**	**473407**	**704849**	**1441006**	**1708542**
按登记注册类型分	**Grouped by Ownership**					
国有企业	State-owned Enterprises	94969	166872	225250	526160	667985
集体企业	Collective-owned Enterprises	44529	28471	18063	31481	15242
股份合作企业	Cooperative Share Holding Enterprises	2170	7152	3881	11248	3372
股份制企业	Share Holding Enterprises	24535	178787	333501	727955	866466
外商及港澳台商企业	Foreign-invested and Hong Kong, Macao and Taiwan Funded	682	48726	54891	68315	65827
其他经济企业	Other Enterprises	9150	43399	69263	75848	89650
按国民经济行业分	**Grouped by Sectors**					
煤炭开采和洗选业	Coal Mining and Processing	799			1686	
黑色金属矿采选业	Ferrous Metals Mining and Dressing	13222	38013	39589	27545	20158
有色金属矿采选业	Nonferrous Metals Mining and Dressing	15317	86483	103550	262433	288148
非金属矿采选业	Nonmetal Minerals Mining and Dressing	8847	10789	13796	18770	16537
其他矿采选业	Other Minerals Mining and Dressing	774				
农副食品加工业	Farm and Sideline Products Processing	2258	10192	25954	64947	65038
食品制造业	Food Production	3413	9981	11291	59822	69593
酒、饮料和精制茶制造业	Manufacture of Liquor,Beverages and Tea	13700	51359	106958	196078	278251
烟草加工业	Tobacco Processing	19				
纺织业	Textile Industry	1700	3230	8549	15719	17459
纺织服装、服饰业	Manufacture of Textile Wearing Apparel and Haberdashery	789	686	880	2606	5967
皮革、毛皮、羽毛及其制品和制鞋业	Manufacture of Leather, Fur, Feather and Its Products，Shoes	608	610	1176	1424	2363
木材加工和木、竹、藤、棕、草制品业	Processing of Timber, Manufacture of Wood, Bamboo, Rattan, Palm and Straw Products	6532	15834	10822	11585	10843
家具制造业	Furniture Manufacturing	600	429	721	3044	6696
造纸及纸制品业	Papermaking and Paper Products	250		8651	9429	30945
印刷业和记录媒介的复制	Printing and Record Medium Reproduction	3925	9872	8188	32824	36418
文教、工美、体育和娱乐用品制造业	Manufacture of Education, Culture，Artwork，Sports and Recreation Articles	3066	3580	5873	35530	33722
石油加工、炼焦和核燃料加工业	Processing of Petroleum, Coking and Processing of Nuclear Fuel					6889
化学原料及化学制品制造业	Raw Chemical Materials and Chemical Products	1114	5414	9317	34569	36575
医药制造业	Medical and Pharmaceutical Products	25800	63819	65027	150473	147015
化学纤维制造业	Chemical Fiber					
橡胶和塑料制品业	Plastics and Articles Thereof Rubber and Articles Thereof	179	53	632	3441	4120
非金属矿物制品业	Nonmetal Mineral Products	32690	81377	147662	288895	330944
黑色金属矿冶炼及压延加工业	Smelting and Pressing of Ferrous Metals	560			4163	6209
有色金属矿冶炼及压延加工业	Smelting and Pressing of Nonferrous Metals		349		45	
金属制品业	Metal Products	116	27	343	2985	5695
通用设备制造业	General Equipment	31	11		1301	1912
专用设备制造业	Special Purposes Equipment	1510	520	42	696	2685
汽车制造业	Motor Vehicles	5800	4311	10791		
电气机械及器材制造业	Electrical Machinery and Equipment		790	1481	6846	14626
其他制造业	Other Manufacturing				2235	1626
废弃资源综合利用业	Recycling and Disposal of Waste					172
金属制品、机械和设备修理业	Repair of Metal Products and Mechanical Equipments				74	2173
电力、热力的生产和供应业	Production and Supply of Electric Power and Heat Power	23701	65556	110616	183387	243975
燃气生产和供应业	Production and Supply of Gas				496	1201
自来水生产和供应业	Production and Supply of Tap Water	4007	10121	12940	17958	20588

9-6 全部规模以上工业企业主要经济指标

MAIN ECONOMIC INDICATORS OF ALL INDUSTRIAL ENTERPRISES ABOVE DESIGNATED SIZE

单位：万元 (10000 yuan)

指 标	Item	2000	2007	2010	2013	2014	2015
企业单位数 (个)	Number of Industrial Enterprises (unit)	219	100	97	76	97	104
#亏损企业	Number of Loss Making Enterprises	45	14	24	26	27	27
工业总产值(当年价)	Gross Industrial Output Value (at current price)	152376	413637	622246	1022358	1154723	1394995
工业增加值(当年价)	Added Value of Industry (at current price)	86419	234621	292500	458293	488749	561870
工业销售产值(当年价)	Sales Value of Industry (at current price)	141582	387163	600627	970893	1092714	1261216
#出口交货值	Delivery Value of Industry	1094	90	254	1499	4109	309
流动资产合计	Circulating Funds	223916	573217	907575	1410667	1771808	1885085
固定资产原价	Original Value of Fixed Assets	562109	1204026	1898472	3438040	3805237	5679550
固定资产净值	Net Value of Fixed Assets				2589056	2773810	4374441
资产总计	Total Assets	752352	1721826	3152355	5545520	6685218	8950002
流动负债合计	Liquid Liabilities	137495	290843	583755	1090354	1479215	2741629
非流动负债合计	Non-current Liabilities	46655	102952	300521	797738	1165445	1660622
所有者权益合计	Creditors Equity	566057	1328031	2232227	3571655	4010101	4471154
实收资本	Total Capital Hold	437438	554520	898243	1272639	1395656	1411736
营业收入	Business Income Products				992143	1212026	1373004
主营业务收入	Business Income of The Main Products	144227	367308	597092	981000	1171413	1363799
营业成本	Business Cost				850426	921117	1099440
主营业务成本	Cost of The Core Business	81691	228165	483103	835663	884773	1089935
营业税金及附加	Operating Tax and Extra Charges				16950	16968	17575
主营业务税金及附加	Sales Tax of the Core Business and Adding	4053	5649	8409	16601	16666	17201
销售费用	Selling Expenses				64187	88422	62879
管理费用	Management Expenses				95414	103452	101103
财务费用	Financing Expenses				16276	19109	48964
利息收入	Interest Revenue				10042	10445	6697
利息支出	Interest Expenses				25622	29130	56068
营业利润	Business Profits	14012	65895	29001	-38146	62243	52288
投资收益	Profit from Investment				3659	1985	9056
政府补助	Government grants				101130	49316	24361
营业外收入	Non-business Revenue				118160	70733	15933
营业外支出	Non-business Expenditure				6669	7388	7390
利润总额	Total Profits	26848	71465	108200	73423	125588	69258
亏损企业亏损总额	Total Loss of Loss-suffering Enterprises	2773	14300	31301	134113	123502	174948
应交所得税	Income Taxes Payable	1504	5649	14642	28481	34744	21548
利税总额	Total Profits				173176	219623	154903
应交税金及附加	Sales Tax of The Core Business and Adding				129488	129684	108024
本年应交增值税	Value-added Tax Payable This Year	11216	43772	50084	82804	77067	68070
本年应付职工薪酬	Payroll Payable This Year	27462	52277	85435	164463	188262	213382
本年应付福利费总额	Welfarisms Payable in This Year	2224	4097	2908			
全部从业人员年平均人数 (人)	Average Number of Employees(person)	22934	20170	19144	19147	19829	20408

注：2007年以前为全部国有及主营业务收入500万元以上非国有工业企业，2007年以后为主营业务收入500万元以上工业企业。2011年为主营业务收入2000万元以上工业企业。

Note:Date in the table are all state-owned and non-state-owned industrial enterprises with business income of the main products over 5 million yuan before 2007,since2007 late for business income of the main products over 5 million yuan industrial enterprises, since2011 late for business income of the main products over 20 million yuan industrial enterprises.

9-7 规模以下工业企业主要经济指标
MAIN ECONOMIC INDICATORS OF INDUSTRIAL ENTERPRISES BELOW DESIGNATED SIZE

单位：万元 (10000 yuan)

指 标	Item	2010	2014	2015
企业单位数 (个)	**Number of Industrial Enterprises (unit)**	**382**	**666**	**904**
期末从业人数 (人)	Average Number of Employees (person)	8761	16443	15431
工业总产值(当年价)	Gross Industrial Output Value (at current price)	82603	286282	313548
应收账款	Accounts Receivable		34896	44165
主营业务收入	Business Income of The Main Products	76627	283447	310443
出口产品销售收入	Proceeds of Exports		3062	1093
主营业务成本	Cost of The Core Business		189364	198793
税金总额	Total Tax	4517	15708	14848
其中:企业所得税	Company Imcome Tax	770	1523	430
营业利润	Business Profits	24201	32095	
利润总额	Total Profits			44381
应付职工薪酬	Payroll Payable	14416	53701	59754
资产总计	Total Assets	314600	1083826	1417485
负债合计	Total Liabilities		289268	283455
固定资产原价	Original Value of Fixed Assets	251806	696083	1175398
本年折旧	Depreciation of Fixed Assets	10457	33372	102861
利息支出	Interest Expenses	153	7197	5978

注：本表从2011年起包括年主营业务收入2000万元以下的工业企业数据。（注：2015年度营业利润取消增加利润总额）

Note:Data in this table include state-owned industrial enterprise with business income of the main products 20 millinon yuan.

(The same as in the following table)

9-8 全部规模以上工业企业分类型主要经济指标（2015年）

单位：万元

指标	Item	企业单位数（个）Number of Enterprises (unit)	#亏损企业 Number of Loss Making Enterprises	工业总产值（当年价）Gross Industrial Output Value (At current price)
总计	**Total**	**104**	**27**	**1394995**
按登记注册类型分	**Grouped by Ownership**			
国有企业	State-owned Enterprises	6	2	127632
集体企业	Collective-owned Enterprises	1	1	3061
股份合作企业	Cooperative Share Holding Enterprises			
有限责任公司	Limited Liability Corporations	49	15	610962
股份制企业	Share Holding Enterprises	15	3	399525
私营企业	Private Enterprises	29	6	188086
外商及港澳台商企业	Foreign-invested and Hong kong, Macao and Taiwan Funded	4		65728
按轻重工业分	**By Light Industry and Heavy Industry**			
轻工业	Light Industry	51	7	575535
重工业	Heavy Industry	53	20	819459
按企业规模分	**By Size of Enterprises**			
大型企业	Large-sized	2	1	213902
中型企业	Medium-sized	16	1	466102
小型企业	Small	72	19	686822
微型企业	Micro-sized	14	6	28169
总计中：	**Of the Toatl:**			
国有及国有控股企业	State-owned Enterprises (Including Enterprises with Controlling Share Hold by the State)	28	9	614882

MAIN ECONOMIC INDICATORS OF ALL INDUSTRIAL ENTERPRISES ABOVE DESIGNATED SIZE BY STATUS OF REGISTRATION (2015)

(10000 yuan)

工业销售产值(当年价) Sales Revenue (At Current Prices)	出口交货值 Delivery Value of Industry	资产总计 Total Assets	流动资产合计 Circulating Funds	固定资产合计 Fixed Assets	固定资产净值 Net Value of Fixed Assets
1261216	**309**	**8950002**	**1885085**	**4665962**	**4374441**
47935		1692289	106193	1091530	994659
2917		16821	7983	4309	4309
571787	31	5031310	1051915	3023734	2975218
403170	274	1722362	450856	417445	275726
170649	5	336834	186179	75760	71516
64758		150387	81960	53184	53013
540820	304	1379178	685857	293317	261704
720397	5	7570825	1199228	4372645	4112737
134694		4115694	517593	2626558	2537078
478710	31	1739748	488703	447490	300970
622063	278	2870683	805535	1472632	1431220
25750		223877	73254	119282	105174
531230		6446030	971100	4090284	3978375

9-8 续表1

单位：万元

指 标	Item	流动负债合计 Liquid Liabilities	非流动负债合计 Non-current Liabilities
总计	**Total**	**2741629**	**1660622**
按登记注册类型分	**Grouped by Ownership**		
国有企业	State-owned Enterprises	945474	546789
集体企业	Collective-owned Enterprises	5003	
股份合作企业	Cooperative Share Holding Enterprises		
有限责任公司	Limited Liability Corporations	1246959	727182
股份制企业	Share Holding Enterprises	418591	341464
私营企业	Private Enterprises	107958	29687
外商及港澳台商企业	Foreign-invested and Hong kong, Macao and Taiwan Funded	17645	15500
按轻重工业分	**By Light Industry and Heavy Industry**		
轻工业	Light Industry	459734	105577
重工业	Heavy Industry	2281896	1555045
按企业规模分	**By Size of Enterprises**		
大型企业	Large-sized	629924	911510
中型企业	Medium-sized	442932	312128
小型企业	Small	1606044	355063
微型企业	Micro-sized	62730	81921
总计中：	**Of the Toatl:**		
国有及国有控股企业	State-owned Enterprises (Including Enterprises with Controlling Share Hold by the State)	1840543	1248385

continued

(10000 yuan)

所有者权益合计 Creditor's Equity	实收资本 Total Capital Hold	营业收入 Business Income Products	主营业务收入 Business Income of The Main Products	营业成本 Business Cost	主营业务成本 Cost of The Core Business
4471154	**1411736**	**1373004**	**1363799**	**1099440**	**1089935**
200026	207596	109694	109018	95915	95865
11818	3158	3292	3292	3229	3229
3017930	598674	598580	591594	581786	575873
938877	482721	398695	397971	233292	232926
185261	59192	189266	189194	136741	136594
117242	60396	73476	72731	48477	45449
806792	286128	507610	505854	317387	313303
3664362	1125608	865394	857946	782053	776633
2574260	476000	262652	259308	368614	366947
965277	460278	470740	467340	311627	308103
853813	406448	599531	597071	387260	383074
77804	69011	40081	40081	31939	31813
3338505	856539	656522	648696	654207	649009

9-8 续表2

单位：万元

指　标	Item	营业税金及附加 Operating Tax and Extra charges	主营业务税金及附加 Sales Tax of The Core Business and Adding
总计	**Total**	**17575**	**17201**
按登记注册类型分	**Grouped by Ownership**		
国有企业	State-owned Enterprises	2214	2214
集体企业	Collective-owned Enterprises	44	44
股份合作企业	Cooperative Share Holding Enterprises		
有限责任公司	Limited Liability Corporations	4764	4390
股份制企业	Share Holding Enterprises	7499	7498
私营企业	Private Enterprises	2402	2402
外商及港澳台商企业	Foreign-invested and Hong kong, Macao and Taiwan Funded	652	652
按轻重工业分	**By Light Industry and Heavy Industry**		
轻工业	Light Industry	4143	4141
重工业	Heavy Industry	13432	13059
按企业规模分	**By Size of Enterprises**		
大型企业	Large-sized	2260	2174
中型企业	Medium-sized	8686	8604
小型企业	Small	6542	6336
微型企业	Micro-sized	87	87
总计中：	**Of the Toatl:**		
国有及国有控股企业	State-owned Enterprises (Including Enterprises with Controlling Share Hold by the State)	7111	6739

continued

(10000 yuan)

销售费用 Selling Expenses	管理费用 Management Expenses	财务费用 Financing Expenses	利息收入 Interest Revenue	利息支出 Interest Expenses	营业利润 Business profits
62879	**101103**	**48964**	**6697**	**56068**	**52288**
2503	12765	24698	103	24743	-27648
6	653	18	3		-659
28459	32202	16524	4972	22089	-61194
20579	41051	5828	-44	6545	94687
5714.4	11450.5	2803.3	210.2	2690	30464.2
5618	2981	-907	1453	1	16639
44436	41867	1684	1823	3720	102665
18444	59236	47279	4874	52348	-50377
438	11208	13415	3553	16917	-131994
16807	38833	3294	1616	5544	93326
45500	48818	28474	1397	30615	89044
134	2245	3780	130	2992	1913
12450	39964	41362	5269	47692	-94804

9-8 续表3

单位：万元

指　标	Item	投资收益 Profit from Investment	政府补助
总计	**Total**	**9056**	**15933**
按登记注册类型分	**Grouped by Ownership**		
国有企业	State-owned Enterprises	308	6484
集体企业	Collective-owned Enterprises		
股份合作企业	Cooperative Share Holding Enterprises		
有限责任公司	Limited Liability Corporations	4487. 9	4746
股份制企业	Share Holding Enterprises	3959	3651
私营企业	Private Enterprises	300	711
外商及港澳台商企业	Foreign-invested and Hong kong, Macao and Taiwan Funded		342
按轻重工业分	**By Light Industry and Heavy Industry**		
轻工业	Light Industry	5066	7142
重工业	Heavy Industry	3989	8791
按企业规模分	**By Size of Enterprises**		
大型企业	Large-sized	194	2942
中型企业	Medium-sized	1702	3961
小型企业	Small	7147	9020
微型企业	Micro-sized	13	10
总计中：	**Of the Toatl:**		
国有及国有控股企业	State-owned Enterprises (Including Enterprises with Controlling Share Hold by the State)	2011	9794

continued

(10000 yuan)

营业外 收　入 Non-business Revenue	营业外 支　出 Non-business Expenditure	利　润 总　额 Total Profits	所得税 费用 Income Tax	亏损企业 亏损总额 Total Loss of Loss-making Enterprises
24361	**7390**	**69258**	**21548**	**174948**
8699	744	-19694	199	22524
1	56	-714		714
8793	4018	-56419	9009	148797
5272	2266	97694	7159	308
1251	294	31422	3679	2605
344	13	16970	1502	
9829	881	111613	9579	6142
14532	6509	-42354	11969	168806
5736	2885	-129143	366	130476
5316	1914	96728	8646	1214
13241	2569	99716	12527	41700
68	23	1958	8	1558
15798	4503	-83510	4151	160235

9-8 续表4

单位：万元

指　标	Item	利　税 总　额 Total Profits	应交税金 及附加 Sales Tax of The Core Business and Adding
总计	**Total**	**154903**	**108024**
按登记注册类型分	**Grouped by Ownership**		
国有企业	State-owned Enterprises	-16677	3418
集体企业	Collective-owned Enterprises	-149	565
股份合作企业	Cooperative Share Holding Enterprises		
有限责任公司	Limited Liability Corporations	-25970	39671
股份制企业	Share Holding Enterprises	134638	44370
私营企业	Private Enterprises	40397	12773
外商及港澳台商企业	Foreign-invested and Hong kong, Macao and Taiwan Funded	22663	7228
按轻重工业分	**By Light Industry and Heavy Industry**		
轻工业	Light Industry	142768	41066
重工业	Heavy Industry	12135	66959
按企业规模分	**By Size of Enterprises**		
大型企业	Large-sized	-124315	5396
中型企业	Medium-sized	137569	49667
小型企业	Small	138985	52246
微型企业	Micro-sized	2664	716
总计中：	**Of the Toatl:**		
国有及国有控股企业	State-owned Enterprises (Including Enterprises with Controlling Share Hold by the State)	-55592	32435

continued

(10000 yuan)

本年应付职工薪酬 Wages Payable in This Year	本年应交增值税 Welfarisms Payable in This Year	全部从业人员年平均人数(人) Average Number of Employees (person)
213382	**68070**	**20100**
17719	803	1544
653	521	232
126809	25686	10541
46764	29446	4343
15739	6574	2723
5698	5041	717
37976	27012	6495
175406	41058	13605
93160	2568	4948
60277	32156	6741
57340	32727	7581
2605	619	830
143840	20807	10998

9-9 全部规模以上工业企业分行业主要经济指标（2015年）

单位：万元

指标	Item	企业单位数（个）Number of Enterprises (unit)	#亏损企业 Number of Loss Making Enterprises
总计	**Total**	**104**	**27**
按国民经济行业分	**Grouped by Sectors**		
黑色金属矿采选业	Ferrous Metals Mining and Dressing	2	1
有色金属矿采选业	Nonferrous Metals Mining and Dressing	12	5
非金属矿采选业	Nonmetal Minerals Mining and Dressing	1	1
农副食品加工业	Farm and Sideline Products Processing	10	1
食品制造业	Food Production	3	
酒、饮料和精制茶制造业	Manufacture of Liquor,Beverages and Tea	15	2
纺织业	Textile Industry	2	
纺织服装、服饰业	Manufacture of Textile Wearing Apparel and Haberdashery	1	
木材加工和木、竹、藤、棕、草制品业	Processing of Timber, Manufacture of Wood, Bamboo, Rattan, Palm and Straw Products	1	
造纸及纸制品业	Manufacture of Paper and Paper Products	2	
印刷业和记录媒介的复制	Printing and Record Medium Reproduction	3	
文教、工美、体育和娱乐用品制造业	Manufacture of Articlel for Culture,Education,Art and Crafts,Sport and Entertainment Activities	3	
化学原料及化学制品制造业	Row Chemical Materials and Chemical Products	5	1
医药制造业	Medical and Pharmaceutical Products	8	3
橡胶和塑料制品业	Rubber and Articles Products	1	
非金属矿物制品业	Nonmetal Mineral Products	19	7
黑色金属矿冶炼及压延加工业	Smelting and Pressing of Ferrous Metals	1	
专用设备制造业	General Equipment	1	
电气机械及器材制造业	Manufacture of Electrical Machinery and Equipment	3	
电力、热力的生产和供应业	Production and Supply of Electricity and Thermal Power	10	5
自来水生产和供应业	Production and Supply of Tap Water	1	1

MAIN ECONOMIC INDICATORS OF ALL INDUSTRIAL ENTERPRISES ABOVE DESIGNATED SIZE BY SECTOR (2015)

(10000 yuan)

工业总产值(当年价) Gross Industrial Output Value (At current price)	工业销售产值(当年价) Sales Revenue (At Current Prices)	出口交货值 Delivery Value of Industry	资产总计 Total Assets	流动资产合计 Circulating Funds	固定资产合计 Fixed Assets	固定资产净值 Net Value of Fixed Assets
1394995	**1261216**	**309**	**8950002**	**1885085**	**4665962**	**4374441**
15553	19363		268760	45169	13672	13143
275593	171259		1946686	369748	489682	262686
1026	1026		9998	4920	795	795
38377	37812		56744	28637	18988	18988
59492	59159		92133	41523	22165	4565
243391	222921		692560	335206	151762	146271
7716	7176		17566	14129	3306	2838
2034	2417		1866	847	327	327
5574	5152		49613	22934	15770	7334.6
30189	30410		36191	21098	5322	4202
23592	26478	31	42303	29469	12361	9297
17411	16029		49679	18902	8628	7428
23650	30680		73415	21129	24433	24283
126675	117440	274	338873	185261	45789	43270
3364	3702	5	7482	5248	402	402
285749	283455		461618	226452	198363	196842
6209	5639		2560	2266	294	294
2664	2162		4456	3417	767	767
13670	11655		33172	18646	11236	1809
199885	199557		4742534	486470	3626753	3613753
13181	7726		21795	3616.2	15146.8	15147

9-9 续表1

单位：万元

指　　标	Item	流动负债合　计 Liquid Liabilities	非流动负债合　计 Non-current Liabilities
总计	**Total**	**2741629**	**1660622**
按国民经济行业分	**Grouped by Sectors**		
黑色金属矿采选业	Ferrous Metals Mining and Dressing	24265	4839
有色金属矿采选业	Nonferrous Metals Mining and Dressing	447478	767237
非金属矿采选业	Nonmetal Minerals Mining and Dressing	3488	40
农副食品加工业	Farm and Sideline Products Processing	15906	806
食品制造业	Food Production	8309	10245
酒、饮料和精制茶制造业	Manufacture of Liquor,Beverages and Tea	288821	63451
纺织业	Textile Industry	3456	6110
纺织服装、服饰业	Manufacture of Textile Wearing Apparel and Haberdashery	597	236
木材加工和木、竹、藤、棕、草制品业	Processing of Timber, Manufacture of Wood, Bamboo, Rattan, Palm and Straw Products	6181	5297
造纸及纸制品业	Manufacture of Paper and Paper Products	8137	2720
印刷业和记录媒介的复制	Printing and Record Medium Reproduction	33168	
文教、工美、体育和娱乐用品制造业	Manufacture of Articlel for Culture,Education,Art and Crafts,Sport and Entertainment Activities	15510	590
化学原料及化学制品制造业	Row Chemical Materials and Chemical Products	9862	554
医药制造业	Medical and Pharmaceutical Products	80987	21419
橡胶和塑料制品业	Rubber and Articles Products	3896	1000
非金属矿物制品业	Nonmetal Mineral Products	145248	50323
黑色金属矿冶炼及压延加工业	Smelting and Pressing of Ferrous Metals	2456	
专用设备制造业	General Equipment	4175	
电气机械及器材制造业	Manufacture of Electrical Machinery and Equipment	13426	524
电力、热力的生产和供应业	Production and Supply of Electricity and Thermal Power	1626030	725232
自来水生产和供应业	Production and Supply of Tap Water	233	

continued

(10000 yuan)

所有者权益合计 Creditor's Equity	实收资本 Total Capital Hold	营业收入 Business Income Products	主营业务收入 Business Income of The Main Products	营业成本 Business Cost	主营业务成本 Cost of The Core Business
4471154	**1411736**	**1373004**	**1363799**	**1099440**	**1089935**
222373	67597	29483	28960	25741	24362
695982	552826	238027	237470	143216	143076
6470	1579	1107	1026	947	941
34324	12238	37468	37456	29155	29155
73579	18759	59046	59046	45478	45472
339177	129602	215157	214192	129917	126188
7999	7850	4786	4786	3856	3856
1033	460	2417	2417	2199	2199
38136	16275	6967	5152	4382	2976
25334	5233	34501	34494	28544	28544
8890	5984	26046	25728	23573	23546
33579	4350	12973	12921	11564	11450
53852	11485	26465	25708	15516	14889
236466	83775	99310	99069	32564	32356
2585	3000	3115	3115	2166	2146
258935	95649	267793	267714	183591	183515
103	260	5601	5601	5078	5078
281	400	2162	2162	1896	1793
19222	19603	7205	7205	5710	5710
2391272	365772	285489	281853	398972	397306
21563	9041	7887	7726	5378	5378

9-9 续表2

单位：万元

指标	Item	营业税金及附加 Operating Tax and Extra charges	主营业务税金及附加 Sales Tax of The Core Business and Adding
总计	**Total**	**17575**	**17201**
按国民经济行业分	**Grouped by Sectors**		
黑色金属矿采选业	Ferrous Metals Mining and Dressing	570	570
有色金属矿采选业	Nonferrous Metals Mining and Dressing	8438	8437
非金属矿采选业	Nonmetal Minerals Mining and Dressing	19	18
农副食品加工业	Farm and Sideline Products Processing	113	113
食品制造业	Food Production	344	344
酒、饮料和精制茶制造业	Manufacture of Liquor,Beverages and Tea	1917	1915
纺织业	Textile Industry	…	…
纺织服装、服饰业	Manufacture of Textile Wearing Apparel and Haberdashery		
木材加工和木、竹、藤、棕、草制品业	Processing of Timber, Manufacture of Wood, Bamboo, Rattan, Palm and Straw Products	530	458
造纸及纸制品业	Manufacture of Paper and Paper Products	35	35
印刷业和记录媒介的复制	Printing and Record Medium Reproduction	87	87
文教、工美、体育和娱乐用品	Manufacture of Articlel for Culture,Education,Art and	89	89
制造业	Crafts,Sport and Entertainment Activities	276	266
化学原料及化学制品制造业	Row Chemical Materials and Chemical Products		
医药制造业	Medical and Pharmaceutical Products	1433	1433
橡胶和塑料制品业	Rubber and Articles Products	8	8
非金属矿物制品业	Nonmetal Mineral Products	3354	3167
黑色金属矿冶炼及压延加工业	Smelting and Pressing of Ferrous Metals	78	78
专用设备制造业	General Equipment	3	3
电气机械及器材制造业	Manufacture of Electrical Machinery and Equipment	14	14
电力、热力的生产和供应业	Production and Supply of Electricity and Thermal Power	211	110
水的生产和供应业	Production and Supply of Tap Water	56	56

continued

(10000 yuan)

销售费用 Selling Expenses	管理费用 Management Expenses	财务费用 Financing Expenses			营业利润 Business profits
			利息收入 Interest Revenue	利息支出 Interest Expenses	
62879	**101103**	**48964**	**6697**	**56068**	**52288**
235	5249	1171	441	1271	-142
4325	34655	3622	694	5311	43892
	403	62	1	63	-324
833	3413	374	2	362	3581
5127	2352	207	8	159	5538
20164	14598	172	1824	2232	50570
150	221	69	0	69	490
	33	0	0		185
73	1248	-247	248		980
950	1308	97	24	82	3567
105	1495	200	5	204	683
147	476	16			682
1505.6	2603.5	311.2	16	313.2	6012.8
15612	15269	513	-91	542	36213
92	401	310	0	310	138
12515	12789	2246	-189	2488	52385
	355				90
6	40	19			199
430	738	34	-1	32	2039
1	1362	39798	3669	42598	-154247
609	2097	-12	45	34	-241

9-9 续表3

单位：万元

指　标	Item	投　资 收　益 Profit from Investment	政府 补助 Government grants
总计	**Total**	**9056**	**15933**
按国民经济行业分	**Grouped by Sectors**		
黑色金属矿采选业	Ferrous Metals Mining and Dressing	1682	20
有色金属矿采选业	Nonferrous Metals Mining and Dressing	494	6090
非金属矿采选业	Nonmetal Minerals Mining and Dressing		
农副食品加工业	Farm and Sideline Products Processing		204
食品制造业	Food Production		4046
酒、饮料和精制茶制造业	Manufacture of Liquor,Beverages and Tea	2688	2426
纺织业	Textile Industry		
纺织服装、服饰业	Manufacture of Textile Wearing Apparel and Haberdashery		48
木材加工和木、竹、藤、棕、草制品业	Processing of Timber, Manufacture of Wood, Bamboo, Rattan, Palm and Straw Products	20	13
造纸及纸制品业	Manufacture of Paper and Paper Products		
印刷业和记录媒介的复制	Printing and Record Medium Reproduction	101.9	
文教、工美、体育和娱乐用品制造业	Manufacture of Articlel for Culture,Education,Art and Crafts,Sport and Entertainment Activities		387
化学原料及化学制品制造业	Row Chemical Materials and Chemical Products		20
医药制造业	Medical and Pharmaceutical Products	2277	10
橡胶和塑料制品业	Rubber and Articles Products		
非金属矿物制品业	Nonmetal Mineral Products		327
黑色金属矿冶炼及压延加工业	Smelting and Pressing of Ferrous Metals		
专用设备制造业	General Equipment		
电气机械及器材制造业	Manufacture of Electrical Machinery and Equipment	1780	
电力、热力的生产和供应业	Production and Supply of Electricity and Thermal Power	13	2342
水的生产和供应业	Production and Supply of Tap Water		

continued

(10000 yuan)

营业外收入 Non-business Revenue	营业外支出 Non-business Expenditure	利润总额 Total Profits	亏损企业亏损总额 Total Loss of Loss-making Enterprises	所得税费用 Income Tax
24361	**7390**	**69258**	**21548**	**174948**
155	229	-216	79	1214
7989	2368	49513	7312	5560
14	42	-352		352
641	39	4183	20	117
4160	155	9543	750	
3154	428	53296	5135	4844
100	0	590		
48		233		
370	21	1329	19	
1		3567	535	
475	13	1145	134	
387	12	1057		
102	55	6060	490	67
844	199	36858	3005	905
	10	127		
747	918	52213	3885	3454
		90		
		199		
21	132	1928	7	
5154	2736	-151829	176	158160
	34	-275		275

9-9 续表4

单位：万元

指　标	Item	利税总额 Pre-tax Profits	应交税金及附加 Sales Tax of The Core Business and Adding
总计	**Total**	**154903**	**108024**
按国民经济行业分	**Grouped by Sectors**		
黑色金属矿采选业	Ferrous Metals Mining and Dressing	2684	3009
有色金属矿采选业	Nonferrous Metals Mining and Dressing	78909	37053
非金属矿采选业	Nonmetal Minerals Mining and Dressing	-158	229
农副食品加工业	Farm and Sideline Products Processing	4501	346
食品制造业	Food Production	12720	3955
酒、饮料和精制茶制造业	Manufacture of Liquor,Beverages and Tea	66199	18113
纺织业	Textile Industry	162	-421
纺织服装、服饰业	Manufacture of Textile Wearing Apparel and Haberdashery	233	
木材加工和木、竹、藤、棕、草制品业	Processing of Timber, Manufacture of Wood, Bamboo, Rattan, Palm and Straw Products	2687	1378
造纸及纸制品业	Manufacture of Paper and Paper Products	3875	843
印刷业和记录媒介的复制	Printing and Record Medium Reproduction	1757	746
文教、工美、体育和娱乐用品制造业	Manufacture of Articlel for Culture,Education,Art and Crafts,Sport and Entertainment Activities	1150	183
化学原料及化学制品制造业	Row Chemical Materials and Chemical Products	7573	2025
医药制造业	Medical and Pharmaceutical Products	50514	16787
橡胶和塑料制品业	Rubber and Articles Products	155	36
非金属矿物制品业	Nonmetal Mineral Products	63172	14898
黑色金属矿冶炼及压延加工业	Smelting and Pressing of Ferrous Metals	167	78
专用设备制造业	General Equipment	202	3
电气机械及器材制造业	Manufacture of Electrical Machinery and Equipment	1942	22
电力、热力的生产和供应业	Production and Supply of Electricity and Thermal Power	-143555	8454
水的生产和供应业	Production and Supply of Tap Water	13	288

continued

(10000 yuan)

本年应付职工薪酬 Wages Payable in This Year	本年应交增值税 Welfarisms Payable in This Year	全部从业人员年平均人数(人) Average Number of Employees (person)
213382	**68070**	**20100**
5647	2331	860
40435	20958	3508
457	175	114
3617	206	814
3769	2833	553
13058	10986	2023
296	-428	84
446		197
2875	828	720
1168	273	305
2748	525	619
553	4	226
5384	1237	623
9287.7	12223.3	1200
190	20	48
25716	7605	3093
420		150
91		16
1178		137
93897	8063	4563
2151	232	247

9-10 分地区全部规模以上工业企业主要经济指标（2015年）

单位：万元

指标	Item	合计 Total	拉萨 Lhasa
企业单位数 (个)	Number of Industrial Enterprises (unit)	**104**	**71**
#亏损企业	Number of Loss Making Enterprises	27	18
工业总产值(当年价)	Gross Industrial Output Value (at current price)	1394995	971152
工业销售产值(当年价)	Sales Value of Industry (at current price)	1261216	839332
#出口交货值	Delivery Value of Industry	309	31
流动资产合计	Circulating Funds	1885085	1354064
固定资产合计	Original Value of Fixed Assets	4665962	3133420
固定资产净值	Net Value of Fixed Assets	4374441	2998092
资产总计	Total Assets	8950002	5881065
流动负债合计	Liquid Liabilities	2741629	1201869
非流动负债合计	Non-current Liabilities	1660622	1101748
所有者权益合计	Creditors Equity	4471154	3519469
实收资本	Total Capital Hold	1411736	929987
营业收入	Business Income Products	1373004	917770
主营业务收入	Business Income of The Main Products	1363799	912675
营业成本	Business Cost	1099440	823003
主营业务成本	Cost of The Core Business	1089935	819684
营业税金及附加	Operating Tax and Extra Charges	17575	8044
主营业务税金及附加	Sales Tax of the Core Business and Adding	17201	7945
销售费用	Selling Expenses	62879	40656
管理费用	Management Expenses	101103	60687
财务费用	Financing Expenses	48964	21747
利息收入	Interest Revenue	6697	6820
利息支出	Interest Expenses	56068	28209
营业利润	Business Profits	52288	-31729
投资收益	Profit from Investment	9056	4906
政府补助	Government grants	15933	9936
营业外收入	Non-business Revenue	24361	16328
营业外支出	Non-business Expenditure	7390	5006
利润总额	Total Profits	69258	-20407
亏损企业亏损总额	Total Loss of Loss-suffering Enterprises	174948	142908
所得税费用	Income Taxes Payable	21548	7875
利税总额	Total Profits	154903	17086
应交税金及附加	Sales Tax of The Core Business and Adding	108024	45909
本年应交增值税	Value-added Tax Payable This Year	68070	29449
本年应付职工薪酬	Payroll Payable This Year	213382	153771
全部从业人员年平均人数 (人)	Average Number of Employees (person)	20100	13795

MAIN ECONOMIC INDICATORS OF ALL INDUSTRIAL ENTERPRISES ABOVE DESIGNATED SIZE BY REGION (2015)

(10000 yuan)

昌都 Qamdo	山南 Shannan	日喀则 Xigazê	那曲 Nagqu	阿里 Ngari	林芝 Nyingchi
4	11	14		1	3
	5	3		1	
63515.5	188370	98950		4347	68661
57931	189230	102331.1		4347	68045
		5			274
46848	213444	138442		5734	126554
248484	1030567.3	132869.1		94303.4	26317.9
132758.8	999023	132381.5		94303.4	17882.7
767234	1591041	343220		130039.3	237403.5
262194	1091724	61485		88483.1	35874.9
392624	86727	71159		250	8113
112416	395031	209517		41306.2	193415.5
112000	161593.1	146880.4		2800	58475
67657	189996.4	121903		4406.9	71271
66584	189343	121636		4347	69215
48926	121151	71902		9133	25325.7
45886	119710	71813		9130	23712.5
936	4408	2731		2	1453.6
921	4408	2543		2	1381
4399.2	7578	6375			3870.8
2759.3	18546	10043			9068
-51	25003	2599.4		-4.9	-331
27	497.1	-810		5.1	158
4	24339.6	3504		10	1
10597	16061	28099		-4773.5	34033.4
	1695	300			2155
900	2966.3	247.2		1870.7	13
1775	3127	828		1875.9	427.2
524	1138	673		2	48
11848	18050	28253.7		-2899	34413
	23813	5328		2899	
550	6238.6	3934			2951
20854	41487	34063		-2897	44309.2
9589.5	29771	9840.1		2.4	12912
8070	19028.8	3078.4			8443
19690	21773	7900.1		2438.5	7810
1551	1992	1638		120	1004

9-11 分地区规模以下工业企业主要经济指标（2015年）

单位：万元

指　标	Item	合 计 Total	拉 萨 Lhasa
企业单位数　(个)	**Number of Industrial Enterprises　(unit)**	**904**	**336**
期末从业人数　(人)	Average Number of Employees　(person)	15431	6568
工业总产值(当年价)	Gross Industrial Output Value (at current price)	313548	182644
应收账款	Accounts Receivable	44165	18508
主营业务收入	Business Income of The Main Products	310443	180836
出口产品销售收入	Proceeds of Exports	1093	167
主营业务成本	Cost of The Core Business	198793	114211
税金总额	Total Tax	14848	8961
其中:企业所得税	Company Imcome Tax	430	99
利润总额	Total Profits	44381	28005
应付职工薪酬	Wages Payable in This Yesr	59754	29384
固定资产原价	Original Value of Fixed Assets	1175398	824009
本年折旧	Depreciation of Fixed Assets	102861	67320
资产总计	Total Assets	1417485	815250
负责合计	Total Liabilities	283455	79667
利息支出	Interest Expenses	5978	3453

注：2015年度营业利润取消增加利润总额

MAIN ECONOMIC INDICATOR OF INDUSTRIAL ENTERPRISE BELOW DESIGNATED SIZE BY REGION (2015)

(10000 yuan)

昌 都 Qamdo	山 南 Shannan	日喀则 Xigazê	那 曲 Nagqu	阿 里 Ngari	林 芝 Nyingchi
90	**119**	**195**	**24**	**33**	**107**
1591	2304	3173	418	434	943
30326	41250	36000	4887	9127	9314
4381	14121	3366	137	2873	780
30025	40841	35644	4838	9036	9222
489	126	99			212
21843	22301	23987	3707	6281	6462
1597	1513	1619	187	411	560
173	47	25	5	16	66
2902	7231	4363	673	470	737
7125	7337	9137	1305	1977	3490
59567	120343	98391	12668	12558	47862
4341	15422	5754	2743	1502	5778
160765	181311	144534	14146	33419	68061
94560	85645	5563	1255	11222	5543
89	2295	91	4	25	22

9-12 工业主要产品产量

年份 Year	铬矿石 (吨) Chromium Ore (ton)	发电量 (万千瓦时) Electricity (10000 kwh)	#水电 Hydropower	水 泥 (吨) Cement (ton)	啤酒 (吨) Beer (ton)	包装饮用水 (吨) Packing Drinking Water (ton)
1956		3	3			
1959		88	88			
1965		2782	2782	10600		
1978	12500	13398	13398	62000		
1980	50300	17459	17459	52200		
1986	42118	26266	18193	29822		
1987	64193	25665	20295	44516		
1988	72091	26860	19414	94869		
1989	87047	27492	21969	119815		
1990	93120	31582	24798	132345		
1991	75513	34491	24991	136637	1635	
1992	84175	35602	26095	140911	2659	
1993	71277	39288	37998	130893	1858	
1994	74000	44584	28252	150188	2029	
1995	109882	48343	30361	219952	1211	
1996	111979	51511	38119	231100	4527	
1997	122138	57766	45133	322300	16571	
1998	213719	62162	49644	370000	13440	
1999	183661	63323	52204	390378	24080	
2000		66075	55350	493200	25017	2167
2001	159446	69690	58958	495900	27525	3894
2002	124222	79650	68796	590800	29105	5225
2003	155796	101600	92083	889100	32942	3716
2004	142251	116469	104628	959800	38860	3961
2005	116679	133389	120970	1372800	48917	3983
2006	121758	151514	137901	1666659	63280	8114
2007	128637	169072	156164	1596600	83500	15588
2008	101690	184537	168707	1684952	90429	41255
2009	124461	220275	192960	1898671	113039	71719
2010	201000	241593	189631	2191200	133300	85173
2011	120500	271357	206730	2349100	181700	96475
2012	123544	262150	189878	2866712	175279	97860
2013	132900	291400	197100	2960000	172900	95720
2014	91052	322255	255082	3422480	158483	152727
2015	91731	447693	395023	4679049	158075	425632

OUTPUT OF MAIN INDUSTRIAL PRODUCTS

中成药 (吨) Traditional Chinese Medicine (ton)	面粉 (吨) Flour (ton)	食用植物油 (吨) Edible Vegetable Oil (ton)	毛线 (吨) Knitting Wool (ton)	地毯 (平方米) Carpet (sq. m)	服装 (件) Garments (unit)
	10				
	3252	856			
71	17486	1908	410	6762	
101	14407	1841	371	6182	
45	14801	3637	69	1908	24900
44	5279	1962	186	9034	37221
48	6501	1465	211	37861	45140
47	10014	1638	167	13889	38078
55	9319	1917	72	16799	25576
61	9048	1593	27	30659	42450
76	11128	2150	25	15709	67324
48	14663	4496	34	69489	41410
47	10423	2447	26	80000	40000
222	8337	1562	89	21841	100900
271	3319	747	39	16001	126518
85	10699	1330	55	17516	351700
652		1278	84	18807	128898
538	8661	1502	38	22660	50728
591	9210	1020	30	22880	441900
697	34700	342	28	20426	63600
995	18600	352	17	20933	36400
889	5500	192	7	25984	17900
1090	7900	1126	10	34042	15500
1210	8300	1121	2	37118	20900
1296	2422	1231	38	31373	1600
1176	2689	1156	39	35286	17300
1465	3092	1482	9	60135	19230
1366	2923	1354		33878	10800
1249	12977	1202	6	31563	12056
1589	14441	1236	6	22786	12695
1657	13893	1344	5	32096	13689
2102	22273	1526	6	40242	13986
1987	25689	1786	7	52553	14923
2459	30650	2503	8	62303	15632

9-13 规模以下工业企业分行业主要经济指标（2015年）

单位：万元

指　　标	Item	企业单位数（个） Number of Enterprises (unit)	期末从业人员（人） Average Number of Employees (person)
总计	**Total**	**904**	**15431**
按国民经济行业分	**Grouped by Sectors**		
煤炭开采和洗选业	Coal Mining and Processing	2	
黑色金属矿采选业	Ferrous Metals Mining and Dressing	9	125
有色金属矿采选业	Nonferrous Metals Mining and Dressing	44	779
非金属矿采选业	Nonmetal Minerals Mining and Dressing	67	902
开采辅助活动	Support Activities for Mining	2	
其他采矿业	Mining of Other Ores	3	18
农副食品加工业	Farm and Sideline Products Processing	109	1329
食品制造业	Food Production	36	341
酒、饮料和精制茶饮料制造业	Manufacture of Liquor,Beverages and Tea	47	983
纺织业	Textile Industry	45	912
纺织服装、服饰业	Manufacture of Textile Wearing Apparel and Haberdashery	30	439
皮革、毛皮、羽毛及其制品和制鞋业	Manufacture of Leather, Fur, Feather and Its Products，Shoes	8	167
木材加工和木、竹、藤、棕、草制品业	Processing of Timber, Manufacture of Wood, Bamboo, Rattan, Palm and Straw Products	20	387
家具制造业	Furniture Manufacturing	38	402
造纸及纸制品业	Manufacture of Paper and Paper Products	7	46
印刷业和记录媒介的复制	Printing and Record Medium Reproduction	20	941
文教、工美、体育和娱乐用品制造业	Manufacture of Education, Culture，Artwork，Sports and Recreation Articles	72	1481
石油加工、炼焦和核燃料加工业	Processing of Petroleum, Coking and Processing of Nuclear Fuel	1	45
化学原料及化学制品制造业	Row Chemical Materials and Chemical Products	38	522
医药制造业	Medical and Pharmaceutical Products	27	837
橡胶和塑料制品业	Rubber and Articles Products	6	82
非金属矿物制品业	Nonmetal Mineral Products	117	1579
有色金属矿冶炼及压延加工业	Smelting and Pressing of Nonferrous Metals		
金属制品业	Metal Products	24	339
通用设备制造业	Manufacture of General Purpose Machinery	1	23
专用设备制造业	General Equipment	1	22
电气机械及器材制造业	Electrical Machinery and Equipment	5	35
其他制造业	Other Manufacturing	7	67
废弃资源综合利用业	Utilization of Waste Resources	2	17
金属制品、机械和设备修理业	Repair of Metal Products and Mechanical Equipments	10	57
电力、热力的生产和供应业	Production and Supply of Electricity and Thermal Power	87	2054
燃气生产和供应业	Production and Supply of Gas	1	28
自来水生产和供应业	Production and Supply of Tap Water	18	472

注：2015年度营业利润取消增加利润总额

MAIN ECONOMIC INDICATORS OF INDUSTRIAL ENTERPRISES BELOW DESIGNATED SIZE BY SECTOR (2015)

(10000 yuan)

工业总产值(当年价) Gross Industrial Output Value (At current price)	主营业务收入 Business Income of The Main Products	税金总额 Total Tax	其中:所得税 Imcome Tax Company	利润总额 Total Profits	出口产品销售收入 Proceeds of Exports	固定资产原价 Original Value of Fixed Assets	本年折旧 Depreciation of Fixed Assets	利息支出 Interest Expenses	应收账款 Accounts Receivable	负债合计 Total Liabilities
313548	**310443**	**14848**	**430**	**44381**	**1093**	**1175398**	**102861**	**5978**	**44165**	**283455**
4605	4560	282		834		14139	120	2		
12555	12430	505		3080		525940	54882	2731	1928	
15511	15357	850	28	2249	52	17668	1440	9	1773	7563
				-28		480				17519
26661	26397	1076	56	4325	233	51660	1625	59	2454	4679
10102	10002	225	0	1748		17605	366	17	451	342
34859	34514	1979	30	6526	3	51128	3688	197	2943	10349
9743	9647	251	13	1712		15580	3282	5	453	189
3933	3895	204	1	588		8310	236	0	1087	1170
2363	2339	181		97	99	4745	1046	2	109	3409
5270	5217	193	33	470	205	12630	355	2	36	580
6696	6629	237		1162		7893	542	0	605	54
756	748	33		82		699	29		21	
12826	12699	592	86	1456		32814	5051	9.40364	1718	11522
16311	16150	511		3157		27852	757	65	1087	10975
6889	6820	223	24	-105		667	110	292	5769	37620
12925	12797	675	4	2681	12	20210	671	1	336	65
20341	20139	2038	12	2654	152	35089	4151	115	4390	19733
756	748	42		81		2194	45		9	
45194	44747	1574	25	3936		75215	2310	68	4054	3040
5695	5638	417	0	824		8422	414	13	206	524
1912	1893	34		829		3000	6		300	
21	21	2		9		24	5	1	6	
956	947	47		88		1724	14		31	21
1626	1610	189		58	7	518	34		48	301
172	171	9		19		267	16			
2173	2151	28		177		2216	38		18	21
44090	43654	1756	117	4267	330	204942	17277	2389	13102	150728
1201	1189	217		550		332	35			
7407	7334	478		855		31435	4315		1232	3051

9-13 续表

单位：万元 (10000 yuan)

指标	Item	应付职工薪酬 Payroll Payable	主营业务成本 Cost of The Core Business	资产总计 Total Assets
总计	**Total**	**59754**	**198793**	**1417485**
按国民经济行业分	**Grouped by Sectors**			
煤炭开采和洗选业	Coal Mining and Processing			
黑色金属矿采选业	Ferrous Metals Mining and Dressing	807	2571	14258
有色金属矿采选业	Nonferrous Metals Mining and Dressing	4434	5981	397099
非金属矿采选业	Nonmetal Minerals Mining and Dressing	2974	9247	41299
开采辅助活动	Support Activities for Mining	3		
其他采矿业	Mining of Other Ores	87	28	17616
农副食品加工业	Farm and Sideline Products Processing	4128	17763	76580
食品制造业	Food Production	957	6111	20557
酒、饮料和精制茶饮料制造业	Manufacture of Liquor,Beverages and Tea	3538	20352	75508
纺织业	Textile Industry	2209	5893	17790
纺织服装、服饰业	Manufacture of Textile Wearing Apparel and Haberdashery	986	2560	10846
皮革、毛皮、羽毛及其制品和制鞋业	Manufacture of Leather, Fur, Feather and Its Products，Shoes	654	1625	5789
木材加工和木、竹、藤、棕、草制品业	Processing of Timber, Manufacture of Wood, Bamboo, Rattan, Palm and Straw Products	1157	3661	14028
家具制造业	Furniture Manufacturing	1518	3645	9546
造纸及纸制品业	Manufacture of Paper and Paper Products	152	536	961
印刷业和记录媒介的复制	Printing and Record Medium Reproduction	7742	11858	47807
文教、工美、体育和娱乐用品制造业	Manufacture of Education, Culture，Artwork，Sports and Recreation Articles	3586	8907	44505
石油加工、炼焦和核燃料加工业	Processing of Petroleum, Coking and Processing of Nuclear Fuel	25	6152	40439
化学原料及化学制品制造业	Row Chemical Materials and Chemical Products	1237	7730	29816
医药制造业	Medical and Pharmaceutical Products	3966	11842	52470
橡胶和塑料制品业	Rubber and Articles Products	242	599	2637
非金属矿物制品业	Nonmetal Mineral Products	5169	30381	92668
有色金属矿冶炼及压延加工业	Smelting and Pressing of Nonferrous Metals			
金属制品业	Metal Products	1165	3983	14022
通用设备制造业	Manufacture of General Purpose Machinery	58	1045	3000
专用设备制造业	General Equipment	8	14	46
电气机械及器材制造业	Electrical Machinery and Equipment	190	631	1919
其他制造业	Other Manufacturing	141	1054	3653
废弃资源综合利用业	Utilization of Waste Resources	43	99	295
金属制品、机械和设备修理业	Repair of Metal Products and Mechanical Equipments	123	1136	5418
电力、热力的生产和供应业	Production and Supply of Electricity and Thermal Power	9449	27376	339763
燃气生产和供应业	Production and Supply of Gas	98	845	780
自来水生产和供应业	Production and Supply of Tap Water	2910	5166	36371

第十篇

建 筑 业

Chapter 10

CONSTRUCTION

10-1 建筑业企业生产情况

MAJOR INDICATORS FOR CONSTRUCTION ENTERPRISES

指 标		Item		2000	2010	2014	2015
企业个数	(个)	Construction Enterprises	(unit)	141	174	172	167
建筑业总产值	(万元)	Gross Output Value of Construction	(10000 yuan)	168178	1218763	712462	1069180
建筑工程		Construction		153122	1201636	649555	878571
安装工程		Installation		10099	11641	40701	115307
其他		Others		4957	5486	22206	75302
建筑业增加值	(万元)	Value Added of Construction	(10000 yuan)	45811	277279	196879	244889
竣工产值	(万元)	Value of Building Completed	(10000 yuan)	133086	941158	482681	718914
房屋建筑施工面积	(万平方米)	Floor Space of Building Under Construction	(10000 sq.m)	86.98	272.42	225.18	295.41
房屋建筑工程竣工面积	(万平方米)	Floor Space of Building Under Completed	(10000 sq.m)	81.06	128.25	157.50	173.93
住宅面积		Floor Space of Residential Buildings		27.53	56.33	97.36	102.69
全部职工平均人数	(人)	Staff and Workers of Annual Average	(person)	26782	58315	28516	34783
全员劳动生产率	(元/人·年)	Overall Labor Productivity	(yuan/person.year)				
按总产值计算		In Terms of Gross Output Valuc		62795	208996	249846	307386
按增加值计算		In Terms of Construction Valuc-added		17105	47548	83373	70405

10-2 建筑业生产效益指标

ECONOMIC RESULTS INDICATORS OF CONSTRUCTION

指 标		Item		2000	2010	2014	2015
房屋建筑面积竣工率	(%)	Rat of Floor Space of Buildings Completed	(%)	93.2	47.1	69.94	58.9
产值利润率	(%)	Ratio of profit to Gross Output Value	(%)	4.4	0.8	6.5	7.3
资本金利润率	(%)	Ratio of Profit to Principal	(%)	11.0	18.4	9.1	16.0
工资利润率	(%)	Ratio of Profit to Wages	(%)	38.8	94.9	233	69.4
产值工资率	(%)	Ratio of Wages to Production Value	(%)	11.3	5.1	15.2	10.6
百元产值占用流动资金	(%)	Per 100 Output Value Engross Circulating Capital	(%)	53.5	40.8	49.5	45.2
流动比率	(%)	Circulating Rate	(%)	130.3	134.2	165.1	173.5
速动比率	(%)	Speed Rate	(%)	101.4	108.6	139.2	154.8
资产负债率	(%)	Ratio of Liabilities to Assets	(%)	37.9	45.1	48.2	48.1
职工人均生产房屋竣工面积	(平方米/人)	Per Staff and Workers Products Floor Space of Buildings Completed	(sp.m/person)	30.3	33.3	55.2	50.0

10-3 建筑业企业生产情况

CONDITIONS OF CONSTRUCTION ENTERPRISES

指　标		Item		2015
建筑业合同情况	(万元)	**Contracts**	**(10000 yuan)**	
签订的合同额		Value from Contracts Signed		1548064
上年结转合同额		Value from Contracts Signed Last Year		485908
本年新签合同额		Value from New Contracts Signed This Year		1062156
承包工程完成情况	(万元)	**Contracted Projects**	**(10000 yuan)**	
直接从建设单位承揽工程完成的产值		Completed Output Value of Projects Contracted Directly from Investors		1066821
自行完成施工产值		Own-completed Output Value		1002660
分包出去工程的产值		Output Value of Out-sourced Projects		64161
从建设单位以外承揽工程完成的产值		Others		66520
建筑业总产值	(万元)	**Gross Output Value of Construction**	**(10000 yuan)**	**1069180**
其中：装修装饰产值		Architectural Decoration		32155
其中：在外省完成的产值		from Other Provinces		38723
建筑工程产值		Output Value of Construction		878571
安装工程产值		Output Value of Installation		115307
其他产值		Others		75302
竣工产值	(万元)	**Output Value of Buildings Completed**	**(10000 yuan)**	**718914**
房屋建筑施工面积	(平方米)	**Floor Space of Buildings under Construction**	**(sq.m)**	**2954143**
其中：本年新开工面积		Started This Year		2008723
其中：实行投标承包面积		Bidding		1667701
年末施工自有机械设备		**Machinery and Equipment Owned at Year-end**		
净值	(万元)	Net Value	(10000 yuan)	51518
总台数	(台)	Total Number	(unit)	4924
总功率	(千瓦)	Total Power	(kw)	204054
主要建筑材料消耗量		**Building Materials**		
钢材	(吨)	Rolled Steel	(ton)	376874
木材	(立方米)	Timber	(cubic metres)	7636408
水泥	(吨)	Cement	(ton)	931868
平板玻璃	(重量箱)	Plate Glass	(weight cases)	238507
	(平方米)		(sq.m)	2669367
铝材	(吨)	Rolled Aluminium	(ton)	52382
企业总产值	(万元)	**Gross Output Value**	**(10000 yuan)**	**1119874**

10-4 建筑业企业财务状况

FINANCIAL INDICATORS OF CONSTRUCTION ENTERPRISES

单位：万元 (10000yuan)

指　　标	Item	2015
年初存货	**Inventory in the Year**	**83919**
期末资产负债	**Assets-Liability**	
流动资产合计	Total Working Capital	1141548
其中：应收工程款	Project Progressive Payment	301292
存货	Inventory	122842
固定资产合计	Total Fixed Assets	230121
固定资产减值准备	Fixed assets depreciation reserves	402
固定资产原价	Original Value of Fixed Assets	253956
累计折旧	Total Depreciation	84496
其中：本年折旧	Depreciation This Year	14378
在建工程	Projects under Construction	8191
资产总计	Total Assets	1650005
流动负债合计	Total Working Liabilities	658118
其中：应付账款	Accounts payable	156119
非流动负债合计	Non-current Liabilities	41199
负债合计	Total Liabilities	793344
所有者权益合计	Total Owners' Equities	856662
其中：实收资本	Paid-in Capital	490450
国家资本	National Capital	53692
集体资本	Collective Capital	22879
法人资本	Legal Person's Capital	276195
个人资本	Personal Capital	137684
港澳台资本	Hong Kong, Macao and Taiwan	
外商资本	Foreign businessmen's capital	
损益及分配	**Profits and Losses，Distribution**	
营业收入	Business Revenue	1065688
其中：主营业务收入	Revenue from Principal Business	1056998
营业成本	Business Cost	894469
其中：主营业务成本	Cost of Principal Business	855073

continued

单位：万元 (10000yuan)

指　　标	Item	2015
营业税金及附加	Business Taxes and Surcharges	38501
其中：主营业务税金及附加	Taxes and Other Charges on Principal Business	37971
其他业务利润	Other business profits	2306
销售费用	Selling Expenses	7879
管理费用	Managing Costs	54184
其中：税金	Taxes	1413
财务费用	Financing Expenses	7654
其中：利息收入	Interest Income	638
利息支出	Interest Expenses	6509
资产减值损失	Assets Devaluation	45
公允价值变动收益	Profit from Fair Value Changes	107
投资收益	investment income	12616
营业利润	Operating Profit	78093
营业外收入	Non-business Income	2326
其中：补贴收入	Subsidize revenue	39
营业外支出	non-business expenditure	1720
利润总额	Total Profits	78471
应交所得税	Income tax to be paid	9361
人工成本	**Labor Cost**	
应付职工薪酬	Payroll Payable	113035
其他资料	**others**	
建筑业企业在境外完成的营业收入	Business Revenue beyond the borders	6839

10-5 建筑业企业房屋建筑完成情况

COMPLETION OF BUILDINGS BY CONSTRUCTION ENTERPRISES

指　　标	Item	2015
房屋竣工面积 (平方米)	**Floor Space of Buildings Completed (sq.m)**	**1739265**
住宅房屋	Residential Buildings	1026853
商业及服务用房屋	Houses for Business Use	129628
商厦房屋（批发和零售用房）	Wholesale and Retail Trades	13183
宾馆用房屋（住宿用房）	Hotels	24047
餐饮用房屋（餐饮用房）	Catering Services	1500
商务会展用房屋	Business	20000
其他商业及服务用房屋（居民服务业用房）	others	70898
办公用房屋	Office Buildings	152264
科研、教育、医疗用房屋	Houses for Scientific Research,Education and public health	184319
科学研究用房屋	Scientific Research	4259
教育用房屋、	Education	179260
医疗用房屋（卫生医疗用房）	public health	800
文化、体育、娱乐用房屋	Houses for Culture，Sports and Entertainment	24597
厂房及建筑物	factory building	105564
仓库	Storage Buildings	480
其他未列明的房屋建筑物	others	115560
竣工房屋价值 (万元)	**Value of Buildings Completed (10000 yuan)**	**390899**
住宅房屋	Residential Buildings	237767
商业及服务用房屋	Houses for Business Use	31762
商厦房屋（批发和零售用房）	Wholesale and Retail Trades	2727
宾馆用房屋（住宿用房）	Hotels	2691
餐饮用房屋（餐饮用房）	Catering Services	480
商务会展用房屋	Business	6000
其他商业及服务用房屋（居民服务业用房）	others	19864
办公用房屋	Office Buildings	33627
科研、教育、医疗用房屋	Houses for Scientific Research,Education and public health	46282
科学研究用房屋	Scientific Research	1650
教育用房屋、	Education	44556
医疗用房屋（卫生医疗用房）	public health	75
文化、体育、娱乐用房屋	Houses for Culture，Sports and Entertainment	4109
厂房及建筑物	factory building	21482
仓库	Storage Buildings	5
其他未列明的房屋建筑物	others	15867

10-6 各地市建筑业生产情况（2015年）

指 标		Item		总计 Total	拉萨市 Lhasa
企业个数	(个)	Construction Enterprises	(unit)	167	75
建筑业总产值	(万元)	Gross Output Value of Construction	(10000 yuan)	1069180	762932
建筑工程		Construction Output Value		878571	603732
安装工程		Construction and Installation		115307	98977
其他		Others		75302	60223
建筑业增加值	(万元)	Value Added of Construction	(10000 yuan)	244889	133643
竣工产值	(万元)	Value of Building Completed	(10000 yuan)	718914	515138
房屋建筑施工面积	(万平方米)	Floor Space of Building Under Construction	(10000 sq.m)	295.41	212.67
房屋建筑工程竣工面积	(万平方米)	Floor Space of Building Under Completed	(10000 sq.m)	173.93	106.99
# 住宅面积		Floor Space of Residential Buildings		102.69	68.62
自有机械设备年末总台数	(台)	Machinery and Equipment Owned Unit	(unit)	4924	1602
施工机械功率	(万千瓦)	Power of Construction Machines	(10000 kw)	20.41	7.53
自有机械设备净值	(万元)	Net Value of Machinery and Equipment Owned	(10000 yuan)	51518	23518
全部职工平均人数	(人)	Staff and Workers of Annual Average	(person)	34783	21875
全员劳动生产率	(元/人·年)	Overall Labor Productivity	(yuan/person.year)		
按总产值计算		In Terms of Gross Output Valuc		307386	348769
按增加值计算		In Terms of Construction Valuc-added		70405	61094

MAJOR INDICATORS FOR CONSTRUCTION ENTERPRISES BY REGION(2015)

昌都市 Qamdo	山南地区 Shannan	日喀则市 Xigazê	那曲地区 Nagqu	阿里地区 Ngari	林芝市 Nyingchi
6	32	26	2	7	19
21240	70539	136109	6223	32892	39245
10700	69218	136109	1631	25957	31224
10487	1080		233	3030	1500
52	241		4359	3905	6522
3534	30173	53188	444	7544	16363
16320	66609	52048	1596	30887	36316
7.35	24.03	25.14	0.57	8.70	16.95
6.57	20.40	15.07	0.57	8.70	15.63
1.59	11.25	8.28		4.52	8.43
43	652	2147	43	158	279
0.11	0.57	9.70	0.81	0.53	1.16
785	2203	17145	7	3035	4825
993	3441	5037	261	824	2352
213897	204996	270218	238429	399187	166862
35589	87687	105595	7011	91553	69571

第十一篇

运输和邮电业

Chapter 11

TRANSPORTATION,POSTAL AND TELECOMMUNICATIONS SERVICES

11-1 公路、桥梁、渡口

HIGHWAY , BRIDGE AND FERRY

年 份 Year	公路通车里程 (公里) Highways in Operation (km)	#晴雨通车 Length of Highways in All Weathers	公路养护 (公里) Maintain Highways (km)	桥梁 (座/米) Bridge (seat/meter)	渡口 (处) Ferry (unit)
1954	1988	1988			
1959	7343	7343			
1965	14721	5713	5792	631/11286	6
1978	15852	7247	7247	665/15919	6
1980	21511	20663	7944	712/18358	10
1986	21662	20733	17863	744/20178	10
1987	21695	20766	17863	744/20178	10
1988	21695	20845	17863	746/20281	10
1989	21834	20970	17973	757/20549	10
1990	21842	20978	17981	777/21697	10
1991	21944	21066	17981	780/21718	10
1992	21944	20978	17981	881/23960	10
1993	21944	20978	17981	881/23960	10
1994	21842	20978	17981	881/23960	10
1995	22391	20988	17081	882/23988	10
1996	22391	16719	17081	948/27775	10
1997	22455	16719	17981	948/27775	8
1998	22455	8895	17981	948/27775	7
1999	22475	8895	17981	948/27775	7
2000	22503	8895	17981	1011/29472	7
2001	35537	17317	12419	1293/35240	5
2002	39760	18455	12419	1293/35240	
2003	41302	17104	13129	1528/42106	5
2004	42203	16762	39243	1831/47328	5
2005	43716	10916	39501	2012/59514	5
2006	44813	16766	42645	3507/96062	1
2007	48611	21299	45488	4265/115526	1
2008	51314	24317	47239	4452/118548	1
2009	53845	29658	49592	4906/133932	1
2010	58249	43774	55856	5545/147050	1
2011	63108	48179	57548	5971/157216	1
2012	65198	65198	60518	6437/170288	1
2013	70591	65374	65836	7320\187689	1
2014	75470		68042	7892/198285	1
2015	78000		69689	8188\205654	6

注：2014年起取消晴雨通车里程指标。

Note: Since 2014,statistics on length of highways in all weathers are no longer compiled.

11-2 全社会客、货运输量及周转量

TURNOVER VOLUME OF PASSENGER AND FREIGHT TRAFFIC

指　　标	Item	2014	2015
客运量总计　(万人次)	**Total Passenger Traffic (10000 person-times)**	**1934.55**	**2072.72**
公 路	Highways	1408.00	1490.00
民 航	Total Civil Aviation Routes	315.14	363.06
铁 路	Railways	211.41	219.66
旅客周转量总计　(万人公里)	**Total Passenger-Kilometers (10000 person-km)**	**626936**	**685511**
公 路	Highways	327809	347013
民 航	Total Civil Aviation Routes	175734	197621
铁 路	Railways	123393	140877
货运量总计　(万吨)	**Total Freight Traffic (10000 tons)**	**2397.54**	**2478.19**
公 路	Highways	1871.00	1973.00
民 航	Total Civil Aviation Routes	2.46	2.86
管 道	Petroleum and Gas Pipelines	15.37	8.11
铁 路	Railways	508.71	494.22
货物周转量总计　(万吨公里)	**Total Freight Ton-kilometers (10000 ton-km)**	**1121801**	**1153336**
公 路	Highways	859580	906366
民 航	Total Civil Aviation Routes	2435	2830
管 道	Petroleum and Gas Pipelines	15580	8729
铁 路	Railways	244206	235411

注：公路客货量统计因统计口径变化，相应调整了往年数据。

Note: The relative data of highways in the chapter are calculated according to the new standard, and historical data have been adjusted accordingly.

11-3 公路客货运输量、周转量（2015年）

HIGHWAYS OF PASSENGER AND FREIGHT TRAFFIC (2015)

指标 Item	客运量 (万人) Passenger Traffic (10000 persons)	旅客周转量 (万人公里) Passenger-Kilometers (10000 person-km)	货运量 (万吨) Freight Traffic (10000 tons)	货运周转量 (万吨公里) Freight Ton-kilometers (10000 ton-km)
全年	**1490**	**347013**	**1973**	**906366**
1月	113	16226	95	60325
2月	99	14859	91	51515
3月	98	14955	97	51297
4月	126	21769	169	67078
5月	117	27355	172	75339
6月	136	33155	182	74436
7月	165	51612	237	90653
8月	180	59459	242	92663
9月	128	36108	249	95225
10月	119	30084	236	90738
11月	104	20925	118	78598
12月	105	20506	85	78499

11-4 民用车辆拥有量（2015年）

NUMBER OF CIVIL MOTOR VEHICIES OWNED (2015)

单位：辆 (unit)

指标	Item	总计 Total	营运 In Management	非营运 Out Management	校车 school bus	总计中 (In Total) 进口 Import	个人 Private	新注册 Newly Register	报废 Useless
合计	**Total**	**374457**	**62765**	**311501**	**191**	**18624**	**306429**	**47216**	**5710**
汽车	**Vehicles**	**334398**	**59819**	**274388**	**191**	**18615**	**269027**	**44161**	**4855**
载客汽车	Buses and Cars	208756	10052	198513	191	18426	166738	27792	2615
大型	Large	44035	1499	42350	186	1645	33400	8162	834
中型	Middle	10063	534	9524	5	90	8433	688	167
小型	Small	151760	8015	143745		16678	122310	18876	1582
微型	Mini	2898	4	2894		13	2595	66	32
载货汽车	Trucks	120547	48672	71875		166	99739	15200	2113
重型	Heavy-duty	14706	11758	2948		9	10577	1769	1170
中型	Middle	26654	19077	7577		24	24806	1625	564
轻型	Light	76665	16236	60429		126	62769	11541	367
微型	Small	2522	1601	921		7	1587	265	12
其他汽车	Others	5059	1095	4000		23	2550	1169	127
摩托车	**Motorcycle**	**37011**	**416**	**36595**		**9**	**36058**	**2613**	**854**
普通	Common	31728	386	31342		9	30802	2339	844
轻便	Brisk	5283	30	5253			5256	274	10
挂车	**Trailers**	**2264**	**2124**	**140**			**1017**	**422**	**1**
拖拉机	**Tractors**	**684**	**306**	**378**			**227**	**20**	
其他	**Others**	**100**	**100**				**100**		

11-5　邮电通信网

SYSTEM OF POSTAL AND TELECOMMUNICATIONS SERVICES

年 份 Year	邮政局所 (个) Number of post Offices (unit)	邮路总长度 (公里) Length of Postal Routes (km)	农村投递路线 (公里) Rural Delivery Routes (km)	邮政主要设备汽车 (辆) Postal Trucks (unit)	局用交换机容量(门) Capacity of Local Telephone Exchange(line)	长途光缆线路长度(公里) Length of Long Distance Optical Cable Lines (km)
1958	12	2816		15		
1959	51	4839		19		
1965	90	12378	10498	48		
1978	112	95338	82480	183		
1980	117	15865	57487	200		
1986	124	17000	60252	198		
1987	118	14837	59937	193		
1988	117	14882	60996	168		
1989	118	14676	56725	166		
1990	119	14678	56725	177		
1991	120	14391	55769	113		
1992	123	15395	54999	175		
1993	125	15175	55186	155		
1994	133	17320	55367	146		
1995	138	17648	55367	155		
1996	139	16407	55260	173	423	
1997	134	16435	55260	174	4076	
1998	134	16332	58368	189	1450	
1999	138	16720	42016	210	2532	
2000	142	16646	42677	286	5317	
2001	133	16357	42677	341	6789	
2002	129	16576	42677	363	6872	
2003	128	18544	42677	406	6405	
2004	126	18615	44185	415	7565	
2005	126	15357	116710	464	9576	
2006	126	15347	116975	464	13345	
2007	193	17161	117736	501	19019	
2008	193	17654	117746	537	23000	
2009	194	19246	117635	554	419900	22000
2010	196	16752	117612	473	423000	22500
2011	203	16726	117432	492	428000	24800
2012	207	15513	97409	491	422292	30100
2013	207	15552	105926	531		30360
2014	281	19018	104314	552	1287000	38297
2015	738	19611	103768	585	1150000	33073

11-6 邮电业务量

POSTAL AND TELECOMMUNICATIONS SERVICES

年份 Year	邮电业务总量 (万元) Business Volume of Post and Telecommunications Services (10000 yuan)	邮政业务总量 Business Volume of Post	电信业务总量 Business Volume of Telecommunications	函件 (万件) Number of Letters (10000 pcs)	包件 (万件) Number of Parcels (10000 pcs)
1958	60	12	48	96	0.1
1959	99	31	43	273	0.2
1965	284	63	58	478	1
1978	214	89	125	557	5
1980	269	104	165	576	6
1986	829	191	638	727	6
1987	894	203	691	804	8
1988	1205	296	909	799	10
1989	1524	396	1128	784	12
1990	1713	836	877	792	12
1991	2121	1127	994	753	9
1992	2726	1480	1246	867	9
1993	3273	1399	1874	1168	12
1994	4112	1527	2585	1460	17
1995	5740		4075	1653	16
1996	7991	1858	6133	1587	20
1997	11787	2282	9505	1373	20
1998	16492	2410	14082	1298	27
1999	26030	3073	22960	1415	34
2000	38431	3220	35211	1349	31
2001	64831	7276	28165	926	31
2002	74549	8184	66364	932	35
2003	98192	9288	88904	637	35
2004	134657	10040	124617	473	36
2005	164833	10466	154367	343	36
2006	215134	11346	203788	350	32
2007	308899	13285	295614	301	37
2008	417265	14788	402477	284	30
2009	521235	16918	504317	536	35
2010	232784	12478	220306	291	19
2011	270424	13724	256700	237	22
2012	344116	14316	329800	287	23
2013	405937	15137	390800	368	21
2014	470765	16400	454365	391	16
2015	554084	17084	537000	216	98

注：邮电业务总量1980年以前按1970年不变价格计算，1981年至1990年按1980年不变价格计算，1991年至2000年按1990年不变价格计算，2001年以后按2000年不变价格计算。

Note: The business volume of post and telecommunications in 1980 and prerious years was calculated at 1970 constant prices while that in 1981-1990 was calculated in 1980 constant prices. Since 1991-2000was calculated in 1990 constant prices, since2001 was calculated at 2000 constant prices.

11-6 续表 continued

年份 Year	报刊期发数 (万份) Number of Newspapers & Magazines Circulation (10000 copies)	特快专递 (万件) Pieces of Express Mail Services (10000 pcs)	年末市内电话户数 (户) Local Telephone Subscribers Year-end (subscriber)	移动电话用户 (户) Number of Mobile Telephone Subscribers (subscriber)	年末农村电话户数 (户) Rural Telephone Subscribers Year-end (subscriber)
1958	2		139		
1959	3		276		
1965	4		735		
1978	19		3189		530
1980	23		3923		529
1986	29		6233		358
1987	24		6429		371
1988	25		7051		332
1989	21		7688		310
1990	25		9056		307
1991	27		10052		307
1992	25		11715		304
1993	26	1	15026	374	304
1994	58	1	19778	717	312
1995	22	3	26230	1422	300
1996	19		32794	2218	321
1997	26	5	43326	6580	310
1998	18	6	58867	11513	299
1999	27	10	79022	27774	530
2000	40	13	105005	72300	620
2001	20	17	144852	112836	4713
2002	24	20	187954	210521	9492
2003	22	28	247661	330900	9094
2004	24	31	378424	396557	24998
2005	27	33	495313	469303	30396
2006	36	39	649680	605483	32513
2007	26	47	678500	737259	11693
2008	26	50	695000	835259	27000
2009	26	63	512100	1255114	27200
2010	42	69	419142	1576388	19602
2011	47	45	390000	1964000	15000
2012	54	47	391000	2354900	14000
2013	50	52	400000	2656000	10000
2014	48	58	352000	2918000	6000
2015	52	93	347000	2716000	2300

第十二篇

国内贸易

Chapter 12

DOMESTIC TRADE

12-1 社会消费品零售总额

TOTAL RETAIL SALES OF CONSUMER GOODS

单位：万元 (10000 yuan)

年份 Year	地区 Region	社会消费品零售总额 Total Retail Sales of Consumer Goods	按地区分 Grouped by Region	
			城镇 Cities and towns	乡村 Rural
1978		24479	13139	11340
1981		33151	19660	13491
1982		37051	19862	17189
1983		39386	21151	18235
1984		92422	49630	42792
1985		94983	51650	43333
1986		91009	57951	33058
1987		98571	59141	39430
1988		106239	61812	44427
1989		128783	84802	43981
1990		128700	87141	41559
1991		138532	107167	31365
1992		152265	114199	38066
1993		181563	145250	36313
1994		207363	166165	41198
1995		243030	188415	54615
1996		261865	205005	56860
1997		323246	265806	57440
1998		347198	295073	52125
1999		376258	325339	50919
2000		425209	368524	56685
2001		486482	428405	58077
2002		529390	462319	67071
2003		578253	506740	71513
2004		631799	551904	79895
2005		732328	639467	92861
2006		900173	796638	103535
2007		1125992	1008452	117540
2008		1299875	1160724	139151
2009		1589000	1405944	183056
2010		1924000	1702740	221260
2011		2375000	1941000	434000
2012		2779000	2311000	468000
2013		3222146	2661045	561101
2014		3645084	3030117	614967
2015		4084887	3363534	721353

注：1. 本表2009—2012年按照三经普数据进行同口径调整；

2. 2011年以前按地区分数据的口径分别为市（县）和县以下两类。

Nate: Data from 2009 to 2012 have been adjusted according to the 3rd national economic census.

Data grouped by region include city (county) and under county level before 2011.

12-2 按行业分的社会消费品零售总额

TOTAL RETAIL SALES OF CONSUMER GOODS BY SECTOR

年份 Year	地区 Region	合计 (万元) Total (10000 yuan)	批发和零售业 Wholesale and Retail Trades	住宿和餐饮业 Hotel and Restaurants	其他行业 Others
1978		24477	22679	169	1631
1981		33151	28723	221	4207
1982		37051	33728	532	2791
1983		39386	37426	187	1773
1984		92422	76086	2662	13674
1985		94983	79556	3553	11874
1986		91009	70628	3640	16741
1987		98571	79510	4020	15041
1988		106239	86370	4961	14908
1989		128783	109325	5027	14431
1990		128700	110935	4657	13108
1991		138532	103539	9277	25716
1992		152265	123382	6240	22643
1993		181563	136325	11203	34035
1994		207363	168470	15724	23169
1995		243030	170493	37624	34913
1996		261865	175803	44556	41506
1997		323246	262961	36315	23970
1998		347198	265795	52623	28780
1999		376258	293794	53051	29413
2000		425209	319695	65861	39653
2001		486482	366299	73722	46461
2002		529390	419709	77131	32550
2003		578253	462009	81027	35217
2004		631799	510970	109958	10871
2005		732328	593024	123990	15314
2006		900173	718558	147790	33825
2007		1125992	890370	188975	46647
2008		1299875	1053295	196427	50153
2009		1589000	1298188	229319	61493
2010		1924000	1635520	288480	
2011		2375000	2005000	370000	
2012		2779000	2315000	464000	
2013		3222146	2697322	524824	
2014		3645084	3076032	569052	
2015		4084887	3375344	709543	

12-3 分地区社会消费品零售总额（2015年）

TOTAL RETAIL SALES OF CONSUMER GOODS BY REGION (2015)

单位：万元 (10000 yuan)

地区	Region	社会消费品零售总额 Total Retail Sales of Consumer Goods	城镇 Cities and towns	乡村 Rural
拉萨市	Lhasa	2057960	1806171	251789
昌都市	Qamdo	357524	262941	94583
山南地区	Shannan	396084	314278	81806
日喀则市	Xigazê	731436	555546	175890
那曲地区	Nagqu	172416	158152	14264
阿里地区	Ngari	86134	69507	16627
林芝市	Nyingchi	283333	196939	86394

12-4 各地区按行业分的社会消费品零售总额（2015年）

TOTAL RETAIL SALES OF CONSUMER GOODS BY REGION AND SECTOR (2015)

地区	Region	合计（万元） Total (10000 yuan)	批发和零售业 Wholesale and Retail Trades	住宿和餐饮业 Hotel and Restaurants
拉萨市	Lhasa	2057960	1740919	317041
昌都市	Qamdo	357524	283382	74142
山南地区	Shannan	396084	349498	46586
日喀则市	Xigazê	731436	567952	163484
那曲地区	Nagqu	172416	157158	15258
阿里地区	Ngari	86134	66382	19752
林芝市	Nyingchi	283333	210053	73280

12-5 限额以上批发和零售业法人企业基本情况（2015年）

BASIC CONDITIONS OF ENTERPRISES ABOVE DESIGNATED SIZE IN WHOLESALE TRADESALE AND RETAIL TRADES BY TYPES OF REGISTRATION AND SECTOR (2015)

指　标	Item	法人企业数(个) Number of Corporation Enterprises(unit)	年末从业人员数(人) Engaged Persons at Year-end(person)
总计	**Total**	**99**	**11354**
批发业合计	**Wholesale Trade**	**23**	**5651**
内资企业	**Domestic Funded Enterprises**	**22**	**4328**
国有企业	State-owned Enterprises	9	698
有限责任公司	Limited Liability Corporations	11	3247
私营企业	Private Enterprises	2	383
港、澳、台商投资企业	**Enterprises with Funds from Hong Kong,Macao and Taiwan**	**1**	**1323**
外商投资企业	**Foreign Funded Enterprises**		
零售业合计	**Retail Trade**	**76**	**5703**
内资企业	**Domestic Funded Enterprises**	**74**	**5652**
国有企业	State-owned Enterprises	5	421
集体企业	Collective-owned Enterprises		
有限责任公司	Limitcd Liability Corporations	30	2749
股份有限公司	Share-holding Corporations Ltd.	6	561
私营企业	Private Enterprises	32	1846
其他企业	Others	1	75
港、澳、台商投资企业	**Enterprises with Funds from Hong Kong,Macao and Taiwan**	**1**	**39**
外商投资企业	**Foreign Funded Enterprises**	**1**	**12**

12-6 按登记注册类型分限额以上批发和零售业法人企业商品购、销、存总额（2015年）

TOTAL PURCHASES，SALES AND STOCK OF ENTERPRISES ABOVE DESIGNATED SIZE OF WHOLESALE AND RETAIL TRADES BY STATUS OF REGISTRATION (2015)

单位：万元　(10000 yuan)

指　标	Item	购进总额 Total Purchases Value	销售总额 Total Sales Value	批发 Wholesale Value	零售 Retail Value	年末库存总额 Stock (yesr-end)
总计	**Total**	**1601246.1**	**2096025.1**	**1129931.0**	**966094.1**	**243292.0**
批发业合计	**Wholesale Trade**	**710735.6**	**1047480.1**	**1025170.2**	**22309.9**	**100905.6**
内资企业	**Domestic Funded Enterprises**	**562828.1**	**854035.7**	**831725.8**	**22309.9**	**100859.3**
国有企业	State-owned Enterprises	399040.2	561807.8	556369.4	5438.4	75633.5
有限责任公司	Limited Liability Corporations	162742.0	287190.5	271311.9	15878.6	24865.8
私营企业	Private Enterprises	1045.9	5037.4	4044.5	992.9	360.0
港、澳、台商投资企业	**Enterprises with Funds from Hong Kong,Macao and Taiwan**	**147907.5**	**193444.4**	**193444.4**		**46.3**
外商投资企业	**Foreign Funded Enterprises**					
零售业合计	**Retail Trade**	**890510.5**	**1048545.0**	**104760.8**	**943784.2**	**142386.4**
内资企业	**Domestic Funded Enterprises**	**879646.8**	**1038389.2**	**97746.0**	**940643.2**	**141562.5**
国有企业	State-owned Enterprises	117993.1	154948.7	43949.7	110999.0	13359.7
集体企业	Collective-owned Enterprises					
有限责任公司	Limited Liability Corporations	465245.4	23639.5	30932.5	446650.6	76127.4
股份有限公司	Share-holding Corporations Ltd.	135868.9	217946.4	15422.3	202524.1	8240.6
私营企业	Private Enterprises	159180.4	186553.2	7441.5	179111.7	43601.0
其他企业	Others	1359.0	1357.8		1357.8	233.8
港、澳、台商投资企业	**Enterprises with Funds from Hong Kong,Macao and Taiwan**	**7560.0**	**7014.8**	**7014.8**		**548.7**
外商投资企业	**Foreign Funded Enterprises**	**3303.7**	**3141.0**		**3141.0**	**275.2**

12-7 按行业分限额以上批发和零售业法人企业商品购、销、存总额（2015年）

TOTAL PURCHASES，SALES AND STOCK OF ENTERPRISES ABOVE DESIGNATED SIZE OF WHOLESALE AND RETAIL TRADES BY SECTOR（2015）

单位：万元 (10000 yuan)

指标	Item	购进总额 Total Purchases Value	销售总额 Total Sales Value	批发 Wholesale Value	零售 Retail Value	年末库存总额 Stock (yesr-end)
总计	**Total**	**1601246**	**2096025**	**1129931**	**966094**	**243292**
批发业合计	**Wholesale Trade**	**710736**	**1047480**	**1025170**	**22310**	**100906**
农、林、牧产品批发	Wholesale of Farm Fovest Produce Produce and Livestock Products	13983	10775	10757	18	1648
食品、饮料及烟草制品批发	Wholesale of Food,Beverages and Tobaccos	434166	611345	602982	8364	82380
文化、体育用品及器材批发	Wholesale of Culture,Sports Appliances and Equipments	17360	18958	16609	2350	4061
医药及医疗器材批发	Whollesale of Medicines and Medical Appliances	218982	371185	371185		8144
矿产品、建材及化工产品批发	Wholesalea of Mineral Products,Building Materials and Chemical Products					
机械设备、五金产品及电子产品批发	Wholesaale of Machimery,Hardware and Electronic Equipment	26245	35216	23638	11578	4673
零售业合计	**Retail Trade**	**890511**	**1048545**	**104761**	**943784**	**142386**
综合零售	Integrated Retail	86540	107749	2428	105321	54839
食品、饮料及烟草制品专门零售	Retail of Food,Beverages and Tobaccos	60836	71204	46704	24499	22085
纺织、服装及日用品专门零售	Special Retail of Textiles,Garments and Daily Consumer Articles	3304	3141		3141	275
文化、体育用品及器材专门零售	Retail of Culture,Sports Appliances and Equipments	5542	5886		5886	753
医药及医疗器材专门零售	Retail of Medicines and Medical Appliances	9220	13338		13338	492
汽车、摩托车、燃料及零配件专门零售	Retail of Motor Vehicles,Motorcycles, Fuel and Parts	663953	785680	28168	757512	49504
家用电器及电子产品专门零售	Special Retail of Household Electric Appliances and Electronic Products	48124	49636	15549	34087	10308
货摊、无店铺及其他零售	Stall, Non-shop and Other Retails	12992	11912	11912		4130

12-8 按登记注册类型分限额以上批发和零售业企业资产及负债（2015年）

BUSINESS OF ENTERPRISES ABOVE DESIGNATED SIZE OF HOTELS AND CATERING SERVICES BY STATUS OF REGISTRATION AND SECTOR (2015)

单位：万元　(10000 yuan)

指　标	Item	资产总计 Total Assets	流动资产合计 Working Capitals	固定资产原价 Original Value of Fixed Assets	负债合计 Total Liabilities	所有者权益合计 Total Owners' Equities
总计	**Total**	**1356760.7**	**971859.4**	**301846.0**	**891541.5**	**465219.2**
批发业合计	**Wholesale Trade**	**791860.1**	**652923.9**	**104769.2**	**531171.9**	**260688.2**
按登记注册类型分组	**By Status of Registration**					
内资企业	**Domestic Funded Enterprises**	**705683.0**	**606113.2**	**104289.0**	**450045.3**	**255637.7**
国有企业	State-owned Enterprises	361721.2	287983.5	77773.7	160269.8	201451.4
有限责任公司	Limited Liability Corporations	331116.2	305361.9	26471.5	279592.0	51524.2
私营企业	Private Enterprises	12845.6	12767.8	43.8	10183.5	2662.1
港、澳、台商投资企业	**Enterprises with Funds from Hong Kong,Macao and Taiwan**	**86177.1**	**46810.7**	**480.2**	**81126.6**	**5050.5**
外商投资企业	**Foreign Funded Enterprises**					
零售业合计	**Retail Trade**	**564900.6**	**318935.5**	**197076.8**	**360369.6**	**204531.0**
内资企业	**Domestic Funded Enterprises**	**555186.6**	**317912.3**	**189009.5**	**353874.4**	**201312.2**
国有企业	State-owned Enterprises	35537.2	18824.4	25033.8	12402.8	23134.4
集体企业	Collective-owned Enterprises					
有限责任公司	Limited Liability Corporations	344262.2	201250.2	82651.2	247473.7	96788.5
股份有限公司	Share-holding Corporations Ltd.	35441.0	9743.0	40422.7	10962.5	24478.5
私营企业	Private Enterprises	139866.2	88054.7	40856.8	83035.4	56830.8
其他企业	Others	80.0	40.0	45.0		80.0
港、澳、台商投资企业	**Enterprises with Funds from Hong Kong,Macao and Taiwan**	**9344.1**	**685.4**	**7895.6**	**6175.3**	**3168.8**
外商投资企业	**Foreign Funded Enterprises**	**369.9**	**337.8**	**171.7**	**319.9**	**50.0**

12-9 按行业分限额以上批发和零售业企业资产及负债（2015年）
ASSETS AND LIABILITIES OF ENTERPRISES ABOVE DESIGNATED SIZE OF WHOLESALE AND RETAIL TRADES BY SECTOR（2015）

单位：万元 (10000 yuan)

指 标	Item	资产总计 Total Assets	流动资产合计 Working Capitals	固定资产原价 Original Value of Fixed Assets	负债合计 Total Liabilities	所有者权益合计 Total Owners' Equities
总计	**Total**	**1356760.7**	**971859.4**	**301846.0**	**891541.5**	**465219.2**
批发业合计	**Wholesale Trade**	**791860.1**	**652923.9**	**104769.2**	**531171.9**	**260688.2**
农畜产品批发	Wholesale of Farm Produce and Livestock Products	61520.6	44593.1	10150.9	35043.5	26477.1
食品、饮料及烟草制品批发	Wholesale of Food,Beverages and Tobaccos	367905.4	293470.1	82920.0	148809.1	219096.3
文化、体育用品及器材批发	Wholesale of Culture,Sports Appliances and Equipments	13006.9	10550.9	3822.7	8036.2	4970.7
医药及医疗器材批发	Whollesale of Medicines and Medical Appliances	325307.4	283931.0	2823.4	325689.8	-382.4
矿产品、建材及化工产品批发	Wholesalea of Mineral Products,Building Materials and Chemical Products					
机械设备、五金交电及电子产品批发	Wholesaale of Machimery,Hardware and Electronic Equipment	24119.8	20378.8	5052.2	13593.3	10526.5
零售业合计	**Retail Trade**	**564900.6**	**318935.5**	**197076.8**	**360369.6**	**204531.0**
综合零售	Integrated Retail	74723.7	38560.7	29593.5	59737.4	14986.3
食品、饮料及烟草制品专门零售	Retail of Food,Beverages and Tobaccos	58582.8	31614.9	21020.7	28876.4	29706.4
纺织、服装及日用品专门零售	Special Retail of Textiles,Garments and Daily Consumer Articles	369.9	337.8	171.7	319.9	50.0
文化、体育用品及器材专门零售	Retail of Culture,Sports Appliances and Equipments	5842.0	3157.4	3947.3	3427.2	2414.8
医药及医疗器材专门零售	Retail of Medicines and Medical Appliances	10389.0	10343.2	233.2	8270.0	2119.0
汽车、摩托车、燃料及零配件专门零售	Retail of Motor Vehicles,Motorcycles, Fuel and Parts	368023.2	204023.6	129321.7	232588.0	135435.2
家用电器及电子产品专门零售	Special Retail of Household Electric Appliances and Electronic Products	31427.8	24697.7	3814.1	18874.9	12552.9
货摊、无店铺及其他零售	Stall, Non-shop and Other Retails	15542.2	6200.2	8974.6	8275.8	7266.4

12-10 按登记注册类型分限额以上批发和零售业法人企业主要财务指标（2015年）

MAIN FINANCIAL INDICATORS OF ENTERPRISES ABOVE DESIGNATED SIZE OF WHOLESALE RETAIL TRADES BY STATUS OF REGISTRATION AND SECTOR (2015)

单位：万元　　(10000 yuan)

指　标	Item	主营业务收入 Business Income of The Main Products	主营业务成本 Cost of The Core Business	主营业务税金及附加 Taxes and Other Charges on Principal Business	营业利润 Profits from Principal Business
总计	**Total**	**1926866.3**	**1546353.8**	**64462.9**	**50050.5**
批发业合计	**Wholesale Trade**	**928858.9**	**640623.8**	**57085.2**	**33601.8**
内资企业	**Domestic Funded Enterprises**	**763521.8**	**514236.7**	**56305.0**	**23784.7**
国有企业	State-owned Enterprises	476915.4	350398.4	48929.6	30721.2
有限责任公司	Limited Liability Corporations	281506.0	160123.7	7345.8	-6884.0
股份有限公司	Share-holding Corporations Ltd.				
私营企业	Private Enterprises	5100.4	3714.6	29.6	-52.5
港、澳、台商投资企业	**Enterprises with Funds from Hong Kong,Macao and Taiwan**	**165337.1**	**126387.1**	**780.2**	**9817.1**
外商投资企业	**Foreign Funded Enterprises**				
零售业合计	**Retail Trade**	**998007.4**	**905730.0**	**7377.7**	**16448.7**
内资企业	**Domestic Funded Enterprises**	**988308.0**	**896444.3**	**7371.8**	**16487.5**
国有企业	State-owned Enterprises	138077.9	121616.9	4277.2	3484.2
集体企业	Collective-owned Enterprises				
有限责任公司	Limited Liability Corporations	492490.7	446654.3	1264.8	11308.2
股份有限公司	Share-holding Corporations Ltd.	193715.7	188879.2	232.7	-6547.7
私营企业	Private Enterprises	162665.9	138207.7	1549.7	8040.2
其他企业	Others	1357.8	1086.2	47.4	202.6
港、澳、台商投资企业	**Enterprises with Funds from Hong Kong,Macao and Taiwan**	**7015**	**6441**	**6**	**503**
外商投资企业	**Foreign Funded Enterprises**	**2684.6**	**2844.7**		**-542.1**

12-11 按行业分限额以上批发和零售业法人单位主要财务指标（2015年）

MAIN FINANCIAL INDICATORS OF ENTERPRISES ABOVE DESIGNATED SIZE OF WHOLESALE AND RETAIL TRADES BY SECTOR (2015)

单位：万元 (10000 yuan)

指　标	Item	主营业务收入 Business Income of The Main Products	主营业务成本 Cost of The Core Business	主营业务税金及附加 Taxes and Other Charges on Principal Business	营业利润 Profits from Principal Business
总计	**Total**	**1926866.3**	**1546353.8**	**64462.9**	**50050.5**
批发业合计	**Wholesale Trade**	**928858.9**	**640623.8**	**57085.2**	**33601.8**
农、林、牧产品批发	Wholesale of Farm Produce and Livestock Products	10775.1	14508.1	137.0	-6226.7
食品、饮料及烟草制品批发	Wholesale of Food,Beverages and Tobaccos	524399.4	389578.9	53911.6	31255.1
文化、体育用品及器材批发	Wholesale of Culture,Sports Appliances and Equipments	15075.0	12813.2		1145.7
医药及医疗器材批发	Whollesale of Medicines and Medical Appliances	343285.0	194128.0	2995.1	4882.3
矿产品、建材及化工产品批发	Wholesalea of Mineral Products,Building Materials and Chemical Products				
机械设备、五金交电及电子产品批发	Wholesaale of Machimery,Hardware and Electronic Equipment	35324.4	29595.6	41.5	2545.4
零售业合计	**Retail Trade**	**998007.4**	**905730.0**	**7377.7**	**16448.7**
综合零售	Integrated Retail	90008.3	78488.1	1046.4	1271.3
食品、饮料及烟草制品专门零售	Retail of Food,Beverages and Tobaccos	64804.2	47094.3	4752.7	4298.8
纺织、服装及日用品专门零售	Special Retail of Textiles,Garments and Daily Consumer Articles	2684.6	2844.7		-542.1
文化、体育用品及器材专门零售	Retail of Culture,Sports Appliances and Equipments	5885.9	5124.3	11.0	83.1
医药及医疗器材专门零售	Retail of Medicines and Medical Appliances	13337.7	10921.4	46.6	865.8
汽车、摩托车、燃料及零配件专门零售	Retail of Motor Vehicles,Motorcycles, Fuel and Parts	764458.5	708842.6	1202.7	10390.2
家用电器及电子产品专门零售	Special Retail of Household Electric Appliances and Electronic Products	45551.4	42012.4	305.6	-477.1
货摊、无店铺及其他零售	Stall,Non-shop and Other Retails	11276.8	10402.2	12.7	558.7

12-12　限额以上批发和零售业商品分类销售额（2015年）
SALE VALUES OF ENTERPRISES ABOVE DESIGNATED SIZE OF WHOLESALE AND RETAIL TRADES BY CATEGORY OF COMMODITIES (2015)

单位：万元　　(10000 yuan)

指　标	Item	销售合计 Total Sales	批 发 Wholesale	零 售 Retail
粮油、食品、饮料、烟酒类	Grain and oil,Food,Beverages,Tobaccos and Liquor	745845	606026	139819
粮油、食品类	Grain and oil,Food	84967	32	84935
粮油类	Provisions and Oil	13480	1549	11931
肉禽类	Meat and Poultry	25280		25280
饮料类	Beverages	4651	922	3729
烟酒类	Tobacco and Liquor	656227	605072	51155
服装鞋帽、针、纺织品类	Clothing,Shoes,Hats and Textiles	32453	363	32090
服装类	Clothing	22206	363	21844
鞋帽类	Shoes and Hats	8931		8931
针、纺织品类	Knitwear and Textiles	1316		1316
化妆品类	Cosmectics	10528		10528
金银珠宝类	Gold,Sliver and Jewelry	9550		9550
日用品类	Articles for Daily Use	5442	1	5441
洗涤用品类	Washing Articles			
儿童玩具类	Children Toys	462		462
五金、电料类	Hardwarea and Electrical Materials	258		258
体育、娱乐用品类	Sports and Recreation Articles	116		116
书报杂志类	Newspapers ang Magazines	19688	13294	6394
电子出版物及音像制品类	E-journal and Video Products	8		8
家用电器和音像器材类	Household Appliances and Video Appliances	22823	20	22803
中西药品类	Traditional Chinese and Western Medicines	460918	447194	13724
西药	Western Medicines	14589	12477	2112
中草药及中成药	Traditional Chinese Medicines	196656	194201	2455
文化办公用品类	Culture and Official Goods	367		367
家俱类	Furniture	24		24
通讯器材类	Communication Appliances	27651		27651
煤炭及制品类	Coal and Related Products			
木材及制品类	Wood and Wooden Products			
石油及制品类	Petroleum and Relateel Products	538976	12460	526516
化工材料及制品类	Raw Chemical Materials	14034	14034	
化肥类	Fertilizer	14034	14034	
金属材料类	Metal Materials			
建筑及装潢材料类	Building and Decoration Materials			
机电产品及设备类	Mechanical and Electrical Products	29419	28746	673
农机类	Agricultural Machinery	24108	24108	
汽车类	Automobile	250339	168	250171
种子饲料类	Seeds and Feedstuff			
棉麻类	Cotton,Hemp			
其他类	Others	43518	16732	26786

12-13 限额以上住宿和餐饮业企业基本情况（2015年）

BASIC CONDITIONS OF ENTERPRISES ABOVE DESIGNATED SIZE IN HOTELS AND CATERING SERVICES BY TYPES OF REGISTRATION AND SECTOR (2015)

指　　标	Item	法人企业数(个) Number of Corporation Enterprises(unit)	年末从业人员数(人) Engaged Persons at Year-end(person)
总计	**Total**	**68**	**5350**
住宿业	**Hotesl**	**59**	**5013**
按登记注册类型分组	**By Status of Registration**		
内资企业	**Domestic Funded Enterprises**	**56**	**4558**
国有企业	State-owned Enterprises	15	1901
集体企业	Collective-owned Enterprises	1	47
股份合作企业	Cooperative Enterprises		
有限责任公司	Limited Liability Corporations	16	1382
股份有限公司	Share-holding Corporations Ltd.	3	116
私营企业	Private Enterprises	20	1082
其他企业	Others	1	30
港、澳、台商投资企业	**Enterprises with Funds from Hongkong,Macao and Taiwan**	**2**	**232**
外商投资企业	**Enterprises with Foreign Investment**	**1**	**223**
按行业分组	**by Sectors**		
旅游饭店	Tour Restaurant	58	4951
餐饮业	**Catering Services**	**9**	**337**
按登记注册类型分组	**By Status of Registration**		
内资企业	**Domestic Funded Enterprises**	**9**	**337**
有限责任公司	Limited Liability Corporations	3	108
私营企业	Private Enterprises	6	229
其他企业	Others		
港、澳、台商投资企业	**Enterprises with Funds from Hongkong,Macao and Taiwan**		
外商投资企业	**Enterprises with Foreign Investment**		
按行业分组	**by Sectors**		
正餐服务	Restaurant	8	305
快餐服务	Fast Food	1	32

12-14 限额以上住宿和餐饮业企业经营情况（2015年）

BASIC CONDITIONS OF ENTERPRISES ABOVE DESIGNATED SIZE IN HOTELS AND CATERING SERVICES BY TYPES OF REGISTRATION AND SECTOR (2015)

单位：万元 (10000 yuan)

指 标	Item	营业额 Business Revenue	客房收入 From Hotes Rooms	餐费收入 From Meala	商品销售收入 From Commodities	其他收入 Others
总计	**Total**	**73369.6**	**42511.3**	**21525.9**	**759.4**	**8573.0**
住宿业	**Hotesl**	**68290.9**	**42415.8**	**16652.1**	**757.3**	**8465.7**
按登记注册类型分组	**By Status of Registration**					
内资企业	**Domestic Funded Enterprises**	**55323.5**	**34275.1**	**12541.5**	**756.5**	**7750.4**
国有企业	State-owned Enterprises	25235.6	13592.4	6312.0	413.2	4918.0
集体企业	Collective-owned Enterprises	786.1	522.0			264.1
股份合作企业	Cooperative Enterprises					
有限责任公司	Limited Liability Corporations	16654.2	10821.4	4492.4	37.9	1302.5
股份有限公司	Share-holding Corporations Ltd.	1120.8	889.2	100.8	20.7	110.1
私营企业	Private Enterprises	11100.6	8076.3	1636.3	284.7	1103.3
其他企业	Others	426	374			52
港、澳、台商投资企业	**Enterprises with Funds from Hongkong,Macao and Taiwan**	**5985.2**	**4048.6**	**1719.1**		**217.5**
外商投资企业	**Enterprises with Foreign Investment**	**6982.2**	**4092.1**	**2391.5**	**0.8**	**497.8**
按行业分组	**by Sectors**					
旅游饭店	Tour Restaurant	67569.1	42105.1	16241.0	757.3	8465.7
餐饮业	**Catering Services**	**5078.7**	**95.5**	**4873.8**	**2.1**	**107.3**
按登记注册类型分组	**By Status of Registration**					
内资企业	**Domestic Funded Enterprises**	**5078.7**	**95.5**	**4873.8**	**2.1**	**107.3**
有限责任公司	Limited Liability Corporations	1643.9		1643.9		
私营企业	Private Enterprises	3434.8	95.5	3229.9	2.1	107.3
其他企业	Others					
港、澳、台商投资企业	**Enterprises with Funds from Hongkong,Macao and Taiwan**					
外商投资企业	**Enterprises with Foreign Investment**					
按行业分组	**by Sectors**					
正餐服务	Restaurant	4491.2	71.5	4310.3	2.1	107.3
快餐服务	Fast Food	587.5	24	563.5		

12-15 限额以上住宿和餐饮业法人企业资产及负债（2015年）

ASSETS AND LIABILITIES OF ENTERPRISES ABOVE DESIGNATED SIZE OF HOTELS AND CATERING SERVICES BY STATUS OF REGISTRATION ANDSECTOR (2015)

单位：万元 (10000 yuan)

指　　标	Item	资产总计 Total Assets	流动资产合计 Working Capitals	固定资产原价 Original Value of Fixed Assets	负债合计 Total Liabilities	所有者权益合计 Total Owners' Equities
总计	**Total**	**383426.7**	**85220.0**	**380426.4**	**114842.3**	**268584.4**
住宿业合计	**Hotesl**	**372698.3**	**76652.8**	**378070.2**	**108443.2**	**264255.1**
按登记注册类型分组	**By Status of Registration**					
内资企业	**Domestic Funded Enterprises**	**296951.2**	**68971.2**	**299002.0**	**101374.5**	**195576.7**
国有企业	State-owned Enterprises	154966.8	43466.9	152187.3	33199.5	121767.3
集体企业	Collective-owned Enterprises	2899.3	423.4	3943.6	974.6	1924.7
股份合作企业	Cooperative Enterprises					
有限责任公司	Limited Liability Corporations	71813.4	10936.9	77270.3	29877.1	41936.3
股份有限公司	Share-holding Corporations Ltd.	6053.4	1132.3	5871.2	4426.2	1627.2
私营企业	Private Enterprises	60953.0	12808.7	59729.6	32628.8	28324.2
其他企业	Others	265	203		268	-3
港、澳、台商投资企业	**Enterprises with Funds from Hongkong,Macao and Taiwan**	**2689.0**	**2689.0**		**2268.7**	**420.3**
外商投资企业	**Enterprises with Foreign Investment**	**73058.1**	**4992.6**	**79068.2**	**4800.0**	**68258.1**
按国民经济行业分	**by Sectors**					
旅游饭店	Tour Restaurant	370578.3	76063.4	376219.9	108193.6	262384.7
餐饮业合计	**Catering Services**	**10728.4**	**8567.2**	**2356.2**	**6399.1**	**4329.3**
按登记注册类型分	**By Status of Registration**					
内资企业	**Domestic Funded Enterprises**	**10728.4**	**8567.2**	**2356.2**	**6399.1**	**4329.3**
有限责任公司	Limited Liability Corporations	244.3	42.6	260.2	279.3	-35.0
私营企业	Private Enterprises	10484.1	8524.6	2096.0	6119.8	4364.3
其他企业	Others					
港、澳、台商投资企业	**Enterprises with Funds from Hongkong,Macao and Taiwan**					
外商投资企业	**Enterprises with Foreign Investment**					
按国民经济行业分	**by Sectors**					
正餐服务	Restaurant	10286.5	8486.0	2171.7	6260.9	4025.6
快餐服务	Fast Food	441.9	81.2	184.5	138.2	303.7

12-16 限额以上住宿和餐饮业企业主要财务指标（2015年）

MAIN FINANCIAL INDICATORS OF ENTERPRISES ABOVE DESIGNATED SIZE OF HOTELS AND CATERING SERVICES BY STATUS OF REGISTRATION AND SECTOR(2015)

单位：万元 (10000 yuan)

指标	Item	主营业务收入 Business Income of The Main Products	主营业务成本 Cost of The Core Business	主营业务税金及附加 Taxes and Other Charges on Principal Business	营业利润 Profits from Principal Business
总计	**Total**	**73330.9**	**22395.0**	**4251.8**	**-14234.3**
住宿业	**Hotesl**	**68358.4**	**20115.7**	**3994.7**	**-14157.2**
按登记注册类型分组	**By Status of Registration**				
内资企业	**Domestic Funded Enterprises**	**55579.7**	**16684.5**	**3247.9**	**-9047.7**
国有企业	State-owned Enterprises	23054.8	4570.3	1423.6	-1646.8
集体企业	Collective-owned Enterprises	786.1	440.6	44.0	137.5
股份合作企业	Cooperative Enterprises				
有限责任公司	Limited Liability Corporations	16674.3	5899.9	929.3	-4051.3
股份有限公司	Share-holding Corporations Ltd.	1120.8	197.7	63.0	-176.2
私营企业	Private Enterprises	13517.5	5576.0	764.1	-3278.5
其他企业	Others	426		24	-32
港、澳、台商投资企业	**Enterprises with Funds from Hongkong,Macao and Taiwan**	**5985.1**	**660.0**	**361.2**	**680.7**
外商投资企业	**Enterprises with Foreign Investment**	**6793.6**	**2771.2**	**385.6**	**-5790.2**
按行业分组	**by Sectors**				
旅游饭店	Tour Restaurant	67612.6	19960.7	3953.7	-14313.3
餐饮业	**Catering Services**	4972.5	2279.3	257.1	-77.1
按登记注册类型分组	**By Status of Registration**				
内资企业	**Domestic Funded Enterprises**	**4972.5**	**2279.3**	**257.1**	**-77.1**
有限责任公司	Limited Liability Corporations	1612.8	1026.7	90.1	-30.6
私营企业	Private Enterprises	3359.7	1252.6	167.0	-46.5
其他企业	Others				
港、澳、台商投资企业	**Enterprises with Funds from Hongkong,Macao and Taiwan**				
外商投资企业	**Enterprises with Foreign Investment**				
按餐饮行业小类分组	**by Sectors**				
正餐服务	Restaurant	4385.0	2007.9	234.8	-123.7
快餐服务	Fast Food	587.5	271.4	22.3	46.6

第十三篇

对外经济贸易和旅游

Chapter 13

FOREIGN TRADE AND TOURISM

13-1 进出口贸易总额

TOTAL VALUE OF IMPORTS AND EXPORTS

年份 Year	人民币(万元) RMB(10000 Yuan)			美元(万美元) USD (10000 US Dollars)		
	进出口总额 Total Imports And Exports	出口总额 Total Exports	进口总额 Total Imports	进出口总额 Total Imports And Exports	出口总额 Total Exports	进口总额 Total Imports
1953	1387	236	1151	402	68	334
1959	672	352	320	195	102	93
1965	693	110	583	243	39	204
1978	2869	272	2597	1664	158	1506
1981	3179	441	2738	1907	265	1642
1982	2049	757	1292	1107	409	698
1983	3202	941	2261	1633	480	1153
1984	3257	860	2397	1466	387	1079
1985	5422	1494	3928	1844	508	1336
1986	4119	2914	1205	1195	845	350
1987	9160	4501	4659	2473	1215	1258
1988	8219	5949	2270	2219	1606	613
1989	14481	7342	7139	3910	1982	1928
1990	14267	6581	7686	3022	1394	1628
1991	18460	8581	9879	3470	1613	1857
1992	34891	10466	24425	6434	1930	4504
1993	89305	13076	76229	10265	1503	8762
1994	266887	41857	225030	31288	4907	26381
1995	53726	24942	28784	7052	3494	3558
1996	84764	36768	47996	10471	4542	5929
1997	97954	41473	56481	11833	5010	6823
1998	93576	60911	32665	11304	7358	3946
1999	146140	75655	70485	16622	8605	8017
2000	113352	98597	14755	13029	11333	1696
2001	78416	68178	10238	9482	8244	1238
2002	107775	67070	40705	13032	8110	4922
2003	133271	100613	32658	16115	12166	3949
2004	184876	107584	77292	22355	13009	9346
2005	166366	133909	32457	20539	16532	4007
2006	256152	173332	82820	32840	22222	10618
2007	287422	238408	49014	39348	32638	6710
2008	531798	491348	40450	76543	70721	5822
2009	274507	256296	18211	40202	37535	2667
2010	565890	521942	43948	83594	77102	6492
2011	856047	745460	110587	135861	118310	17551
2012	2167236	2123587	43649	342397	335501	6896
2013	2055765	2024588	31177	331939	326905	5034
2014	1384815	1290039	94776	225494	210086	15408
2015	565535	362364	203171	90799	58179	32620

注：本表1998年以前为外贸部门统计数，1999年开始为海关统计数(下同)，2015年按照人民币对美元年平均汇率换算。

Note:Data before 1998 were obtained from the Ministry of Foreign Trade ,and the data since 1999 have been obtained from the Customs statistics(The same as in the following tables)，According to the year average exchange rate of RMB against the US doller conversion at the year of 2015.

13-2 边境进出口贸易总额

TOTAL VALUE OF IMPORTS AND EXPORTS FOR FRONTIER TRADE

年份 Year	人民币(万元) RMB(10000 Yuan)			美元(万美元) USD (10000 US Dollars)		
	边境进出口总额 Total Value of Imports And Exports for Frontier Trade	出口总额 Total Exports	进口总额 Total Imports	进出口总额 Total Value of Imports and Exports for Frontier Trade	出口总额 Total Exports	进口总额 Total Imports
1953	1387	236	1151	402	68	334
1959	672	352	320	195	102	93
1965	429	110	319	150	39	111
1978	601	272	329	349	158	191
1981	840	406	434	504	244	260
1982	994	446	548	537	241	296
1983	1328	631	697	664	316	348
1984	1136	562	574	511	253	258
1985	1647	819	828	559	278	281
1986	2876	1920	956	834	557	277
1987	2679	2087	592	723	563	160
1988	821	605	216	221	163	58
1989	5205	3168	2037	1405	855	550
1990	4026	2475	1551	902	524	378
1991	3625	2995	630	682	564	118
1992	5829	5352	477	1075	987	88
1993	7760	6072	1688	892	698	194
1994	10500	3557	6943	1231	417	814
1995	4806	4059	747	579	489	90
1996	9715	7448	2267	1200	920	280
1997	2989	2724	265	361	329	32
1998	6664	4892	1772	805	591	214
1999	69356	62014	7342	7972	7128	844
2000	94430	88644	5786	10854	10189	665
2001	67078	62951	4127	8111	7612	499
2002	50786	46792	3994	6141	5658	483
2003	64150	59883	4267	7757	7241	516
2004	74860	70816	4044	9052	8563	489
2005	98982	93806	5176	12220	11581	639
2006	137420	133832	3588	17618	17158	460
2007	181827	179584	2243	24892	24585	307
2008	166391	164487	1904	23949	23675	274
2009	169872	167468	2404	24878	24526	352
2010	338847	336884	1963	50055	49765	290
2011	586192	582329	3863	93033	92420	613
2012	1067474	1061721	5754	168648	167739	909
2013	1191504	1185354	6150	192389	191396	993
2014	1217439	1206826	10613	198190	196462	1728
2015	302351	299042	3309	48544	48013	531

13-3 旅游人数及旅游收入

NUMBER OF TOURISTS AND FOREIGN EARNINGS

年 份 Year	接待旅游者人数(人次) Number of International Tourists Received (persons-times)	入境旅游者人数 Number of Overseas Visitor Arrivals	#外国人 Foreigners	国内旅游者人数 Number of Civil Tourists	旅游总收入(万元) Business Income (10000 yuan)	国内旅游收入(万元) Earnings from International tourism (10000 yuan)	外汇收入(万美元) Foreign Exchange Earnings from Tourism (USD 10000)
1982	18201	1580	1578	16621	186		130
1983	37564	1723	1596	35841	263		150
1984	60183	1579	1508	58604	257		100
1985	71980	15402	15041	56578	399		120
1986	87968	31000	29553	56968	2970		620
1987	127554	108750	42889	18804	5600		800
1988	103255	56293	21835	46962	6229		700
1989	29833	8287	3341	21546	3726		222
1990	23954	6654	9842	17300	684		145
1991	117169	38286	14768	78883	5069		770
1992	161164	50963	49823	110201	7257		997
1993	184262	54409	53192	129853	9348		675
1994	198928	65980	62233	132948	15321		1045
1995	206598	67814	65428	138784	21375	6340	1130
1996	325468	75003	72580	250465	23258	7835	2955
1997	366610	81800	73412	284810	25974	10338	3172
1998	386643	96444	87039	290199	26491	10998	3302
1999	448547	108224	98966	340323	57000	22234	3630
2000	608335	149441	134539	458894	67462	25834	5226
2001	686116	127148	116440	558968	75053	37053	4638
2002	867320	142279	129617	725041	98777	55899	5166
2003	928639	51120	45685	877519	103723	88028	1891
2004	1223098	95816	88797	1127282	153195	122817	3660
2005	1800623	121308	111018	1679315	193524	157536	4443
2006	2512103	154818	136159	2357285	277072	228929	6094
2007	4029438	365370	338744	3664068	485160	383152	13529
2008	2246447	67997	62934	2178450	225865	204237	3112
2009	5610630	174910	162458	5435720	559870	506088	7873
2010	6851390	228321	214136	6623069	714401	644001	10359
2011	8697605	270785	249026	8426820	970568	886341	12963
2012	10583869	194933	174631	10388936	1264788	1198017	10570
2013	12910568	223198	187153	12687370	1651813	1572633	12786
2014	15531413	244401	199965	15287012	2039989	1949992	14469
2015	20175305	292610	142592	19882695	2819203	2710610	17666

第十四篇

Chapter 14

BANKING AND INSURANCE

14-1　金融机构人民币信贷收支

RMB CREDIT BALANCE OF PAYMENTS FINANCIAL INSTITUTIONS

单位：万元　　(10000 yuan)

年 份 Year	存款合计 Total Deposita	#财政存款 Treasury Deposits	#住户存款 Households Deposits	贷款合计 All Loans
1959	10182		975	1379
1965	23029	9572	2514	9092
1978	70608	26349	3340	16091
1981	101153	37500	6282	20709
1982	108201	34158	7611	22580
1983	134543	56092	9791	31542
1984	104475	24725	12622	59135
1985	133799	37260	15974	73413
1986	143599	33482	19978	66909
1987	175649	47448	23134	55915
1988	196274	42464	28360	108054
1989	215016	52762	33563	124308
1990	212611	32722	39961	172156
1991	262275	48162	58260	171817
1992	290493	30106	69880	208413
1993	326750	23824	90464	330067
1994	525744	59706	130731	403420
1995	716307	171699	193747	522528
1996	854659	122534	267651	593957
1997	977201	51638	304515	758123
1998	1101308	67252	334481	788391
1999	1318361	121042	368169	745852
2000	1449755	74919	404807	806248
2001	2129002	96742	501778	966246
2002	2829653	62803	703825	1211279
2003	3208709	47630	918982	1444358
2004	3617220	97697	1074935	1678969
2005	4551139	158668	1230959	1788521
2006	5445494	454718	1398071	2037107
2007	6424371	468457	1595615	2234699
2008	8278506	734226	1848908	2189754
2009	10272388	1052153	2263699	2480072
2010	12955418	1361434	2671317	3014941
2011	16612392	1698574	3188288	4087517
2012	20505784	1640168	4039065	6637578
2013	24990839	991134	4960316	10766900
2014	30823846	1873078	5592769	16187241
2015	36638524	2320853	6536348	21203290

14-2 金融机构各项存款

BALANCE DEPOSITS OF BANKING SYSTEM

单位：万元 (10000 yuan)

指　　标	Item	2015
各项存款	**Total Deposita**	**36638524**
住户存款	Households Deposits	6536348
活期存款	Demand Deposits	4277283
定期及其他存款	Time and Other Deposits	2259064
非金融企业存款	Deposits of Non-financial Sectors	6293708
活期存款	Demand Deposits	3595577
定期及其他存款	Time and Other Deposits	2698130
广义政府存款	Deposits of Government	23761813
财政性存款	Fiscal Deposits	2320853
机关团体存款	Deposits of Government Departments & Organizations	21440960
非银行业金融机构存款	Non-banking financial institutions deposits	40943

14-3 金融机构各项贷款

BALANCE LOANS OF BANKING SYSTEM

单位：万元 (10000 yuan)

指　　标	Item	2015
各项贷款	**Total Loans**	**21203290**
住户贷款	Households Loans	3011458
短期贷款	Short-term Loans	414051
消费贷款	Consumer loans	209133
经营贷款	Business loans	204919
中长期贷款	Medium & Long-term Loans	2597407
消费贷款	Consumer loans	1058807
经营贷款	Business loans	1538600
非金融企业及机关团体贷款	Loans of Non-financial Sectors and Government Departments & Organizations	18191822
短期贷款	Short-term Loans	2919118
中长期贷款	Medium & Long-term Loans	13560360

注：2015年金融指标进行了调整

financial indices have been made adjustment in 2015.

14-4 保险业务经济技术指标

ECONOMIC AND TECHNICAL INDICATORS OF INSURANCE COMPANIES

指　　标	Item	1999	2000	2007	2010	2013	2014	2015
保险金额（万元）	**Amount Insured (10000 yuan)**	**708697**	**687201**	**7710098**	**15351919**	**80283220**	**87828400**	**82053981**
财产险	Projects Insurance	708697	687201	2147224	8772787	19139087	24955700	31899858
企业财产险	Enterprise Property Insurance	134742	102170	201033	1134711	2650511	2836600	3546537
家庭财产险	Family Property Insurance	17731	47293	81213	24193	2559788	3823800	6119684
机动车辆险	Motor Vehicle Insurance	484534	462684	1558985	2549445	6901431	8681300	10791686
工程险	Projects Insurance		4050	161173	808382	1218341	1347400	2350181
责任险	Related Liability	65682	61354	1703790	4165740	5412365	7771300	7128979
信用险	Credit Insurance					100	200	
保证险	Guarantee Insurance		340	15	2239	2046	9600	8878
货物运输险	Freight Transport Insurance	6008	9310	44958	40026	26967	62500	62738
特殊风险险	Special Risk Insurance				34160	31931	95700	95438
农业险	Aerospase Insurance			33129	13610	334278	324100	1781375
其他险	Other Insurance				281	1330	3100	14362
人身险	Personal Insurance			3925802	6579132	61144133	62872700	50154123
寿险	Life Insurance				7167	54624	240100	451894
健康险	Health Insurance				1637485	29543888	30731600	28935508
意外伤害险	Accident Insurance			3925802	5114480	31545621	31901100	20766721
保费收入（万元）	**Premiums Income (10000 yuan)**	**5619**	**7011**	**26781**	**50585**	**114309**	**127557**	**173562**
财产险	Projects Insurance	5619	7011	25039	41123	79598	90101	111382
企业财产险	Enterprise Property Insurance	555	488	658	2009	2362	2414	2835
家庭财产险	Family Property Insurance	136	187	231	46	3319	1825	3066
机动车辆险	Motor Vehicle Insurance	4281	5432	20972	31398	52242	63217	73162
工程险	Projects Insurance		6	756	3311	3384	3480	5038
责任险	Related Liability	596	796	2217	3428	8715	9735	9641
信用险	Credit Insurance							
保证险	Guarantee Insurance		7		34	19	31	28
货物运输险	Freight Transport Insurance	51	87	39	72	90	126	144
特殊风险险	Special Risk Insurance			11	8	20	29	31
农业险	Aerospase Insurance			155	817	9446	9227	17342
其他险	Other Insurance		8			2	16	95
人身险	Personal Insurance			1742	9462	34711	37456	62180
寿险	Life Insurance				4295	9380	10917	34997
健康险	Agriculture Insurance				2083	11247	11825	12480
意外伤害险	Accident Insurance			1742	3084	14084	14714	14703

14-4 续表 continued

指标		Item	1999	2000	2007	2010	2013	2014	2015
已决赔案件数	**（笔、户、辆）**	**Number of Indemnity (unit)**	**3315**	**4250**	**14926**	**19082**	**64728**	**79517**	**90124**
财产险		Projects Insurance	3315	4250	14690	16378	61681	75721	85997
企业财产险	（笔）	Enterprise Property Insurance	97	90	276	791	660	358	392
家庭财产险	（户）	Family Property Insurance	548	567	385	97	437	501	818
机动车辆险	（笔）	Motor Vehicle Insurance	2517	3467	13867	13496	59424	68256	72964
工程险	（笔）	Projects Insurance			23	1010	72	74	131
责任险	（笔）	Related Liability	153	120	130	786	268	295	278
信用险	（笔）	Credit Insurance							
保证险	（笔）	Guarantee Insurance						17	762
货物运输险	（辆）	Motor Vehicle Insurance		6	5	42	5	9	11
特殊风险险	（笔）	Special Risk Insurance						36	
农业险	（笔）	Unforeseen Human Injury Insurance			4	155	814	1600	1577
其它险	（笔）	Other Insurance				1	1	4575	9064
人身险	（笔）	Personal Insurance			236	2704	3047	3796	4127
寿险	（笔）	Life Insurance				222			
健康险	（笔）	Agriculture Insurance				1060	1653	2259	2670
意外伤害险	（笔）	Accident Insurance			236	1422	1394	1537	1457
已决赔款金额	**（万元）**	**Indemnity Expenditure (10000 yuan)**	**2334**	**2534**	**14873**	**19082**	**49486**	**57684**	**74653**
财产险		Projects Insurance	503	2534	9233	16378	35498	41046	55380
企业财产险		Enterprise Property Insurance	245	185	668	791	1282	765	1197
家庭财产险		Family Property Insurance	25	31	115	97	1282	2983	10535
机动车辆险		Motor Vehicle Insurance	1831	2166	7728	13496	26001	29611	30086
工程险		Projects Insurance			233	1010	1578	1044	5707
责任险		Related Liability	233	139	339	786	1686	2561	2739
信用险		Credit Insurance							
保证险		Guarantee Insurance							5
货物运输险		Freight Transport Insurance		13	28	42	10	8	20
特殊风险险		Special Risk Insurance						2	
农业险		Agriculture Insurance			122	155	3659	4064	5072
其它险		Other Insurance				1		8	19
人身险		Personal Insurance			5640	2704	13988	16638	19273
寿险		Life Insurance				222			
健康险		Health Insurance				1060	4082	5498	8939
意外伤害险		Accident Insurance			5640	1422	9906	11141	10334

第十五篇

教育 科技和文化

Chapter 15

EDUCATION,SCIENCE AND CULTURE

15-1 教育事业基本情况

BASIC STATISTICS ON EDUCATION

指　　标	Item	2000	2007	2010	2014	2015
学校数	(所) **Number of Schools** **(unit)**	**956**	**1014**	**1006**	**969**	**968**
普通高等学校	Gegular Institutions of Higher Education	4	6	6	6	6
中等学校	Secondary Schools	110	124	128	134	136
#专业学校	Specialized Secondary Schools	12	7	6	9	9
普通中学	Regular Secondary Schools	98	117	122	125	127
小学	Primary Schools	842	884	872	829	826
专任教师	(人) **Number of Full-time Teachers** **(person)**	**19042**	**30108**	**33731**	**37769**	**39044**
普通高等学校	Gegular Institutions of Higher Education	813	1755	2195	2601	2619
中等学校	Secondary Schools	5048	10540	12635	15097	15745
#专业学校	Specialized Secondary Schools	742	507	591	993	1142
普通中学	Regular Secondary Schools	4306	10033	12044	14104	14603
小学	Primary Schools	13181	17813	18901	20071	20680
招生数	(人) **New Students Enrollment** **(person)**	**88908**	**133604**	**129697**	**128646**	**128388**
普通高等学校	Gegular Institutions of Higher Education	2320	8046	9213	9579	10377
中等学校	Secondary Schools	28619	73668	69737	68182	66288
#专业学校	Specialized Secondary Schools	2957	6654	7319	7087	5568
普通中学	Regular Secondary Schools	25662	67014	62418	61095	60720
小学	Primary Schools	57969	51890	50747	50885	51723
在校学生	(人) **Student Enrollment** **(person)**	**381099**	**546524**	**532850**	**526727**	**517770**
普通高等学校	Gegular Institutions of Higher Education	5475	26767	31109	34902	34203
中等学校	Secondary Schools	61817	199168	202333	196683	191277
#专业学校	Specialized Secondary Schools	6585	18958	22613	16719	15796
普通中学	Regular Secondary Schools	55232	180210	179720	179964	175481
小学	Primary Schools	313807	320589	299408	295142	292290
毕业生数	(人) **Graduates** **(person)**	**51822**	**110576**	**124490**	**120168**	**122333**
普通高等学校	Gegular Institutions of Higher Education	764	4346	8266	9399	9536
中等学校	Secondary Schools	14019	53992	65582	64463	64331
#专业学校	Specialized Secondary Schools	1895	2197	7312	6408	6139
普通中学	Regular Secondary Schools	12124	51795	58270	58055	58192
小学	Primary Schools	37039	52238	50642	46306	48466
每一教师负担学生数	**Student-teacher Ratio** **(person)**	**20.01**	**18.15**	**15.80**	**13.92**	**13.26**
普通高等学校	Gegular Institutions of Higher Education	6.73	15.25	14.17	13.42	13.06
中等学校	Secondary Schools	12.24	18.9	16.01	13.03	12.15
#专业学校	Specialized Secondary Schools	8.87	37.39	38.26	16.84	13.83
普通中学	Regular Secondary Schools	12.83	17.96	14.92	12.76	12.02
小学	Primary Schools	23.81	18.00	15.84	14.70	14.13

注：2014年招生数、在校学生、毕业生数均包括研究生数。

Note: New Students Enrollment,Student Enrollment and Graduates include Postgraduates in 2014.

15-2 各级各类学校数

NUMBER OF SCHOOLS BY LEVEL AND TYPE

单位：所 (unit)

年份 Year	高等学校 Regular Institutions of Higher Education	中等学校 Secondary Schools	中等专业学校 Specialized Secondary Schools	普通中学 Regular Secondary Schools	小学 Primary Schools	幼儿园 Kinder-gartens
1956					10	
1959		3	1	2	462	
1965	1	5	1	4	1822	
1978	4	88	28	60	6819	
1980	4	98	24	74	6266	256
1986	3	78	14	64	2388	
1987	3	81	14	67	2437	26
1988	3	82	15	67	2453	36
1989	3	83	15	68	2398	40
1990	3	78	15	63	2474	37
1991	3	76	15	61	2652	31
1992	3	76	14	62	2831	36
1993	4	84	15	69	3090	32
1994	4	93	16	77	3477	26
1995	4	102	16	86	3943	29
1996	4	104	16	88	790	46
1997	4	106	16	90	806	36
1998	4	106	16	90	814	31
1999	4	113	16	97	820	36
2000	4	110	12	98	842	21
2001	4	111	11	100	895	20
2002	3	114	11	103	899	32
2003	4	115	10	105	892	41
2004	4	120	10	110	886	41
2005	4	128	10	118	890	42
2006	6	128	10	118	880	46
2007	6	124	7	117	884	61
2008	6	126	7	119	885	83
2009	6	124	6	118	884	88
2010	6	128	6	122	872	119
2011	6	129	6	123	860	198
2012	6	128	6	122	857	480
2013	6	130	6	124	841	613
2014	6	134	9	125	829	722
2015	6	136	9	127	826	882

注：1996年以前小学校数包括教学点。(以下同)

Note: The total number of the primary schools in 1996 and previous year included teaching classes. (The same as in the following tables.)

15-3 各级各类学校教职工数

NUMBER OF SCHOOLS STAFF AND WORKERS BY LEVEL AND TYPE OF SCHOOL

单位：人　(person)

年份 Year	高等学校 Regular Institutions of Higher Education	中等学校 Secondary Schools	中等专业学校 Specialized Secondary Schools	普通中学 Regular Secondary Schools	小学 Primary Schools	幼儿园 Kinder-gartens
1959			396			
1965	703	232	110	122	2475	
1978	1399	2578	978	1600	12169	
1980	1689	2970	1174	1796	13964	254
1986	1675	3611	1078	2533	9115	107
1987	2883	4023	1215	2808	8685	212
1988	1757	4312	1269	3043	9186	317
1989	1791	4323	1258	3065	9072	291
1990	1737	4382	1202	3180	9573	224
1991	1763	4416	1237	3179	9399	288
1992	1773	4525	1315	3210	9659	300
1993	1744	4502	1340	3162	10528	289
1994	1771	5041	1441	3600	12390	300
1995	1818	5129	1463	3666	14090	347
1996	1720	5444	1462	3982	14712	416
1997	1737	5624	1398	4226	14750	360
1998	1762	5789	1320	4469	14659	343
1999	1736	6125	1264	4861	14418	397
2000	1673	6431	1255	5176	13936	322
2001	1836	7129	1254	5875	12926	283
2002	1829	7722	1222	6500	13631	537
2003	1794	8442	1108	7334	13767	628
2004	1913	9402	1155	8247	14378	616
2005	2033	10220	1214	9006	14967	672
2006	2669	10230	753	9477	16446	644
2007	2888	11586	725	10861	18450	822
2008	2990	12270	745	11525	18715	1131
2009	3082	13046	797	12249	19293	1281
2010	3312	13504	731	12773	19289	1576
2011	3460	14114	740	13374	19200	1769
2012	3485	14133	746	13387	18966	2221
2013	3623	14388	763	13625	18998	2822
2014	3640	15771	1125	14646	20287	3383
2015	3643	16466	1253	15213	20933	4098

15-4 各级各类学校专任教师数

NUMBER OF FULL-TIME TEACHERS BY LEVEL AND TYPE OF SCHOOL

单位：人 (person)

年份 Year	高等学校 Regular Institutions of Higher Education	中等学校 Secondary Schools	中等专业学校 Specialized Secondary Schools	普通中学 Regular Secondary Schools	小学 Primary Schools	幼儿园 Kinder-gartens
1978	438	1452	391	1061		
1981	571	1619	456	1163	10164	
1982	534	1634	440	1194	8322	
1983	518	1464	280	1184	8381	
1984	567	1760	354	1406	8118	
1985	571	1875	382	1493	7931	99
1986	659	2182	458	1724	7742	
1987	1071	2570	574	1996	7368	212
1988	723	2894	626	2268	8045	317
1989	756	2936	619	2317	7939	291
1990	719	2941	618	2323	8506	224
1991	741	2975	631	2344	8408	288
1992	727	3031	654	2377	8647	300
1993	761	3027	685	2342	9587	289
1994	777	3435	744	2691	11514	300
1995	782	3580	746	2834	13349	347
1996	833	3936	794	3142	13916	416
1997	849	4132	784	3348	13938	360
1998	834	4381	765	3616	13908	343
1999	765	4785	740	4045	13726	397
2000	813	5048	742	4306	13181	196
2001	867	5781	802	4979	11995	171
2002	885	6359	782	5577	12792	298
2003	972	7162	701	6461	13026	341
2004	1081	8145	774	7371	13610	345
2005	1187	8996	835	8161	14267	378
2006	1673	9161	484	8677	15961	373
2007	1755	10540	507	10033	17813	514
2008	1877	11293	541	10752	18087	757
2009	1969	12099	601	11498	18686	850
2010	2195	12635	591	12044	18901	1042
2011	2288	13279	595	12684	18912	1121
2012	2369	13272	632	12640	18853	1593
2013	2472	13738	652	13086	18679	2091
2014	2601	15097	993	14104	20071	2627
2015	2619	15745	1142	14603	20680	3183

15-5 各级各类学校在校学生数

NUMBER OF STUDENTS ENROLLMENT BY LEVEL AND TYPE OF SCHOOL

单位：人　　(person)

年份 Year	高等学校 Regular Institutions of Higher Education	中等学校 Secondary Schools	中等专业学校 Specialized Secondary Schools	普通中学 Regular Secondary Schools	小　学 Primary Schools	幼儿园 Kinder-gartens
1959		1732	1390	342	16300	
1965	2251	1514	455	1059	66781	
1978	2081	22319	4640	17679	262611	
1981	1522	19244	2327	16917	186882	3491
1982	1214	18340	1573	16767	141587	1020
1983	1326	19561	1403	18158	124612	731
1984	1370	20713	1826	18887	125469	850
1985	1577	22671	2249	20422	119939	1092
1986	1850	25011	3062	21949	121156	1243
1987	1801	27112	3231	23881	137069	1678
1988	1736	26904	3465	23439	144809	2648
1989	1973	27186	3960	23226	138875	2635
1990	2025	25478	4175	21303	157402	2257
1991	1961	26187	4385	21802	168062	2668
1992	2239	27964	4713	23251	191768	2974
1993	2813	30641	4948	25693	211872	2365
1994	3280	33915	5190	28725	232976	2517
1995	3878	38286	5575	32711	258651	4087
1996	3412	40340	5383	34957	284350	5141
1997	3200	44143	5730	38413	300453	5083
1998	3447	45417	5579	39838	310220	4583
1999	4021	49879	5672	44207	310437	5274
2000	5475	61817	6585	55232	313807	4491
2001	6793	78529	6819	71710	311993	3819
2002	8438	96906	6437	90469	319569	7098
2003	10409	120854	6718	114136	322060	7876
2004	14731	144437	8549	135888	326952	8204
2005	18979	161075	7027	154048	327497	9596
2006	23327	180334	14775	165559	329532	9149
2007	26767	199168	18958	180210	320589	11110
2008	29409	205516	21003	184513	311832	14667
2009	30264	202927	21357	181570	305235	16068
2010	31109	202333	22613	179720	299408	23414
2011	32374	200814	19767	181047	294725	41751
2012	33452	196382	18291	178091	292016	61495
2013	33562	196700	17491	179209	294799	73405
2014	34902	196683	16719	179964	295142	81123
2015	34203	191277	15796	175481	292290	87951

15-6 各级各类学校招生数

NEW STUDENTS ENROLLMENT BY LEVEL AND TYPE OF SCHOOL

单位：人 (person)

年份 Year	高等学校 Regular Institutions of Higher Education	中等学校 Secondary Schools	中等专业学校 Specialized Secondary Schools	普通中学 Regular Secondary Schools	小学 Primary Schools
1959		76		76	
1965	910	880	455	425	
1978	711	8722	1896	6826	
1981	284	6682	310	6372	38106
1982	245	6712	422	6290	25572
1983	266	7379	542	6837	30736
1984	471	8181	904	7277	43746
1985	530	7555	615	6940	25282
1986	579	8169	1031	7138	30333
1987	404	9158	913	8245	32057
1988	568	8301	1060	7241	37657
1989	670	8760	1150	7610	34608
1990	645	7687	1171	6516	38338
1991	552	8981	1117	7864	41748
1992	683	10655	1303	9352	52739
1993	1193	11215	1306	9909	52740
1994	1095	12262	1531	10731	63488
1995	1175	13946	1707	12239	59963
1996	909	14818	1517	13301	73218
1997	717	16317	1552	14765	59611
1998	1385	16784	1300	15484	60385
1999	1681	19831	1664	18167	58939
2000	2320	28619	2957	25662	57969
2001	2420	35912	2089	33823	58973
2002	3414	40080	2107	37973	60824
2003	4279	49138	2203	46935	58913
2004	6009	56938	4223	52715	59126
2005	7589	59684	2856	56828	54665
2006	8359	60573	2336	58237	52864
2007	8046	73668	6654	67014	51890
2008	8526	70173	5219	64954	50937
2009	9020	74964	11038	63926	53682
2010	9213	69737	7319	62418	50747
2011	9519	66655	5368	61287	49536
2012	10132	68854	7901	60953	51552
2013	9404	66627	6471	60156	51567
2014	9579	68182	7087	61095	50885
2015	10377	66288	5568	60720	51723

15-7 各级各类学校毕业生数

NUMBER OF GRADUATES BY LEVEL AND TYPE OF SCHOOL

单位：人　　(person)

年份 Year	高等学校 Regular Institutions of Higher Education	中等学校 Secondary Schools	中等专业学校 Specialized Secondary Schools	普通中学 Regular Secondary Schools	小学 Primary Schools
1959		2287	2287		
1965	1063	206		206	
1978	783	5338	1388	3950	
1981	205	5725	1422	4303	12199
1982	539	5679	1209	4470	11088
1983	106	4866	257	4609	13585
1984	411	4682	435	4247	11500
1985	305	4680	133	4547	11381
1986	315	5716	452	5264	11724
1987	424	6867	667	6200	13167
1988	683	6914	833	6081	7467
1989	394	7253	581	6672	7483
1990	587	6773	900	5873	9314
1991	543	6670	895	5775	8607
1992	593	7949	1006	6943	12403
1993	564	6644	1080	5564	11443
1994	621	7600	1291	6309	12594
1995	525	8351	1196	7155	14412
1996	1242	10104	1353	8751	15974
1997	857	11148	1366	9782	19378
1998	1151	13015	1693	11322	24611
1999	1066	13519	1427	12092	30725
2000	764	14019	1895	12124	37039
2001	1050	14701	1517	13184	42044
2002	1686	18023	2311	15712	43929
2003	1745	23263	1973	21290	45695
2004	2108	33570	2544	31026	45182
2005	3172	40010	2930	37080	47960
2006	3846	47975	2280	45695	48655
2007	4346	53992	2197	51795	52238
2008	5840	58358	2436	55922	52721
2009	8454	59316	3603	55713	50850
2010	8266	65582	7312	58270	50642
2011	8159	66160	8625	57535	48319
2012	8580	69214	9350	59864	47537
2013	9139	64875	6412	58463	46118
2014	9399	64463	6408	58055	46306
2015	9536	64331	6139	58192	48446

15-8 高等本科分科学生数（2015年）
NUMBER OF UNDERGRADUATES BYFIELD(2015)

单位：人 (person)

项目	Item	毕业生数 Grad-uates	招生数 New Student Enrollment	在校学生数 Student Enrollment
合计	**Total**	**5060**	**6149**	**23186**
哲学	Philosophy	22	30	66
经济学	Economics	173	259	928
法学	Law	331	523	1745
教育学	Education	235	368	1298
文学	Literature	791	983	3777
历史学	History	85	76	358
理学	Science	388	544	1915
工学	Engineering	985	1182	4262
农学	Agriculture	640	622	2103
医学	Medicine	427	680	2947
管理学	Management	897	791	3398
艺术学	Art	86	91	389

15-9 中等专业学校分科学生数（2015年）
NUMBER OF STUDENTS BY FIELD STUDY IN SPECIALIZED SECONDARY SCHOOLS(2015)

单位：人 (person)

项目	Item	毕业生数 Grad-uates	招生数 New Student Enrollment	在校学生数 Student Enrollment
合计	**Total**	**6139**	**5568**	**15796**
农林牧渔类	Agriculture,Forestry	766	584	1987
资源与环境类	Resource and Environment		103	180
能源与新能源类	Energy and new Energy	73	86	187
土木水利类	Constrution and Water Conservancy Engineering	1141	337	771
加工制造类	Machining and Manufacture	83	148	305
轻纺食品类	Light Fang and eats	94	148	185
交通运输类	Transport	144	334	772
信息技术类	Information Technology	511	449	1858
医药卫生类	Medicine and Health	1519	1179	3048
财经商贸类	Finance and Economics	92	256	535
旅游服务类	Travel service	434	707	2262
文化艺术类	Culture and Arts	552	557	1083
体育健身类	Pysical Education	69	68	548
教育类	Teacher Training	288	213	686
公共管理与服务类	Society Commonality Business	115	238	1011
其他	Others	258	161	378

15-10 高等专科分科学生数（2015年）

NUMBER OF STUDENTS ENROLLED IN SPECIALIZED CONURSES BY FIED(2015)

单位：人　　(person)

项　目	Item	毕业生数 Grad-uates	招生数 New Student Enrollment	在校学生数 Student Enrollment
合计	**Total**	**4476**	**4228**	**11017**
农林牧渔大类	Agriculture,Forestry	901	991	2326
材料和能源大类	Materials and Energy	114	179	444
土建大类	Civil Construction	274	293	597
水利大类	Water Cpnservancy	81	74	245
制造大类	Manufacturing	119	44	134
电子信息大类	Electric Information	310	324	773
环保、气象与安全大类	Environment Protection,Meteorology and Safety		32	142
财经大类	Eonomy and Finance	526	310	1022
医药卫生大类	Medicine and Health	185	100	168
旅游大类	Tourism	502	312	778
文化教育大类	Culture and Education	917	1179	3096
艺术设计传媒大类	Art Design Media	74	90	300
公安大类	Public Securty	330	300	816
法律大类	Law	143		176

15-11 各级学校教师负担学生数

STUDENT-TEACHER RATIO BY LEVEL OF SCHOOL

单位：人 (person)

年份 Year	高等学校 Institutions of Higher Education		中等专业学校 Specialized Secondary Schools		普通中学 Regular Secondary Schools		小学 Primary Schools	
	教师数 Number of of Teachers	平均每个教师负担学生数 Student-Teacher Ratio	教师数 Number of of Teachers	平均每个教师负担学生数 Student-Teacher Ratio	教师数 Number of of Teachers	平均每个教师负担学生数 Student-Teacher Ratio	教师数 Number of of Teachers	平均每个教师负担学生数 Student-Teacher Ratio
1978	438	4.75	391	11.87	1061	16.66		
1985	571	2.76	382	5.89	1493	13.68	7931	15.12
1986	659	2.81	458	6.69	1724	12.73	7742	15.65
1987	1071	1.68	574	5.63	1996	11.96	7368	18.60
1988	723	2.40	626	5.54	2268	10.33	8045	18.00
1989	756	2.61	619	6.40	2317	10.02	7939	17.49
1990	719	2.82	618	6.76	2323	9.17	8506	16.44
1991	741	2.65	631	6.95	2344	9.30	8408	19.99
1992	727	3.08	654	7.21	2377	9.78	8647	22.18
1993	761	3.70	685	7.22	2342	10.97	9587	22.10
1994	777	4.22	744	6.98	2691	10.67	11514	20.23
1995	782	4.96	746	7.47	2834	11.54	13349	19.38
1996	833	4.10	794	6.78	3142	11.13	13916	20.43
1997	849	3.76	784	7.31	3348	11.47	13938	21.56
1998	834	4.13	765	7.29	3616	11.02	13908	22.31
1999	765	5.26	740	7.66	4045	10.93	13726	22.62
2000	813	6.73	742	8.87	4306	12.83	13181	23.81
2001	867	7.84	802	8.50	4979	14.40	11995	26.01
2002	885	9.53	782	8.23	5577	16.22	12792	24.98
2003	972	10.71	701	9.58	6461	17.67	13026	24.72
2004	1081	13.63	774	11.05	7371	18.44	13610	24.02
2005	1187	15.99	835	8.42	8161	18.88	14267	22.95
2006	1673	13.94	484	30.53	8677	19.08	15961	20.65
2007	1755	15.25	507	37.39	10033	17.96	17813	18.00
2008	1877	15.67	541	38.82	10752	17.16	18087	17.24
2009	1969	15.37	601	35.54	11498	15.79	18686	16.34
2010	2195	14.17	591	38.26	12044	14.92	18901	15.84
2011	2288	14.15	595	33.23	12684	14.28	18912	15.59
2012	2369	14.12	632	28.94	12640	14.09	18853	15.49
2013	2472	13.58	652	26.82	13086	13.68	18679	15.78
2014	2601	13.42	993	16.84	14104	12.76	20071	14.70
2015	2619	13.06	1142	13.83	14603	12.02	20680	14.13

15-12 初中毕业生和小学毕业生升学率及小学学龄儿童入学率

PERCENTAGE GRADUATES OF JUNIOR SECONDARY SCHOOLS AND PRIMARY SCHOOLS ENTERING HIGHER LEVEL SCHOOLS, PERCENTAGE OF SCHOOL-AGE CHILDREN ENROLLED

单位：%　(%)

年份 Year	初中毕业生升学率 Percentage of Graduates of Junior Secondary Schools Entering Senior Secondary Schools	小学毕业生升学率 Percentage of Graduates of Primary Schools Entering Senior Secondary Schools	小学学龄儿童入学率 Percentage of School-Age Children Enrolled
1982	38.1	41.1	78.0
1983	39.2	49.7	42.1
1984	36.0	44.0	46.4
1985	49.4	44.9	46.0
1986	44.4	47.9	50.0
1987	48.8	53.2	48.4
1988	41.3	39.6	55.7
1989	40.7	73.6	53.1
1990	36.2	62.1	67.4
1991	32.9	67.7	45.6
1992	32.4	62.7	52.4
1993	30.2	74.0	58.9
1994	29.9	87.3	66.6
1995	43.2	67.7	70.4
1996	35.6	66.7	73.5
1997	52.8	61.7	78.2
1998	47.1	62.9	81.3
1999	66.6	45.2	81.7
2000	82.5	55.0	85.8
2001	73.3	67.0	87.2
2002	77.3	71.1	88.3
2003	72.1	82.9	91.8
2004	61.7	92.3	94.7
2005	50.5	91.7	95.9
2006	42.5	92.0	96.5
2007	58.0	97.1	98.2
2008	48.8	93.8	98.5
2009	55.2	98.4	98.8
2010	46.3	93.5	99.2
2011	48.6	92.2	99.4
2012	51.6	91.4	99.4
2013	54.1	92.0	99.6
2014	60.0	92.2	99.6
2015	61.9	84.9	99.7

15-13 平均每万人口中在校学生数和大中小学学生构成

STUDENT ENROLLMENT PER 10000 POPULATION AND COMPOSITION OF STUDENTS ENROLLED

年份 Year	平均每万人口中 Number of Students per 10000 Population				大中小学学生占学生总数 Students of Different Level as Percentage of Total Students			
	大学生 (人) University and College Students (person)	中专生 (人) Specialized Secondary School Students (person)	中学生 (人) Secondary School Students (person)	小学生 (人) Primary School Students (person)	大学生 (%) University and College Students (%)	中专生 (%) Specialized Secondary School Students (%)	中学生 (%) Secondary School Students (%)	小学生 (%) Primary School Students (%)
1965	16	3	8	487				
1978	12	26	99	1469	0.7	1.6	6.2	91.5
1985	8	11	102	601	1.1	1.6	14.2	83.2
1986	9	15	108	598	1.3	2.1	14.8	81.9
1987	9	16	115	659	1.1	1.9	14.4	82.6
1988	8	16	110	682	1.0	2.0	13.5	83.5
1989	9	19	109	654	1.2	2.4	13.8	82.7
1990	9	19	98	725	1.1	2.3	11.5	85.1
1991	9	20	98	758	1.0	2.2	11.1	85.7
1992	10	21	104	858	1.0	2.1	10.5	86.4
1993	12	22	112	926	1.2	2.0	10.5	86.4
1994	14	23	125	1011	1.2	1.9	10.6	86.2
1995	17	24	139	1098	1.3	1.9	10.9	86.0
1996	14	23	146	1188	1.0	1.6	10.7	86.7
1997	13	24	162	1238	0.9	1.7	11.0	86.4
1998	14	23	163	1271	1.0	1.6	11.1	86.4
1999	16	23	179	1253	1.1	1.6	12.1	85.2
2000	21	25	213	1199	1.4	1.7	14.6	82.3
2001	26	26	273	1187	1.7	1.7	18.1	78.5
2002	32	24	339	1197	2.0	1.5	21.3	75.2
2003	39	25	422	1192	2.3	1.5	25.2	71.0
2004	54	31	497	1195	3.0	1.8	28.0	67.3
2005	69	25	556	1182	3.7	1.4	30.4	64.5
2006	83	53	589	1173	4.4	2.8	31.1	61.8
2007	94	67	634	1128	4.9	3.5	33.0	58.7
2008	102	73	643	1086	5.4	3.8	33.7	57.0
2009	104	74	626	1052	5.6	4.0	33.7	56.7
2010	104	75	599	997	5.8	4.3	33.7	56.2
2011	107	65	597	972	6.1	3.8	34.3	55.8
2012	109	60	579	949	6.4	3.5	34.1	56.0
2013	108	56	574	944	6.4	3.3	34.1	56.1
2014	110	53	567	929	6.6	3.2	34.2	56.0
2015	106	49	542	902	6.6	3.1	33.9	56.4

15-14　高等学校分科专任教师数（2015年）

NUMBER OF FULL-TIME TEACHERS BY FIELD OF STUDY IN REGULAR HIGHER EDUCATIONAL INSTITUTIONS (2015)

单位：人　　(person)

项　目	Item	合计 Total	正高级 Senior Title	副高级 Associate Title	中级 Junior Title	初级 Primary Title	未定职级 Non-title
合计	**Total**	**2619**	**187**	**779**	**1090**	**443**	**120**
哲学	Philosophy	106	11	19	57	15	4
经济学	Economics	146	12	31	77	23	3
法学	Law	250	13	55	112	58	12
教育学	Education	355	10	101	143	57	44
文学	Literature	536	28	172	244	76	16
历史学	History	50	7	29	5	6	3
理学	Science	272	32	101	90	37	12
工学	Engineering	262	18	73	116	48	7
农学	Agriculture	182	21	63	62	29	7
医学	Medicine	186	25	60	55	39	7
管理学	Management	158	7	49	62	36	4
艺术学	Art	116	3	26	67	19	1

15-15　高等学校专任教师、聘请校外教师学历情况（2015年）

EDUCATIONAL BACKGROUND OF FULL-TIME TEACHERS AND ENGAGED FROM OTHER SCHOOLS IN INSTITUTIONS OF HIGHER EDUCATION (2015)

单位：人　　(person)

项　目	Item	合计 Total	博士研究生 Doctoral students	硕士研究生 Graduate students	大学本科 Regular College Course	大学专科及以下 Specializ subjec and Below
专任教师	**Full-time Teachers**	**2619**	**219**	**1261**	**1085**	**54**
正高级	Senior Title	187	46	50	91	
副高级	Associate Title	779	104	344	321	10
中级	Junior Title	1090	64	639	364	23
初级	Primary Title	443	3	161	268	11
未定职级	Non-title	120	2	67	41	10
聘请校外教师	**Engaged from Other Schools**	**182**	**42**	**49**	**88**	**3**
正高级	Senior Title	46	34	3	9	
副高级	Associate Title	52	5	19	27	1
中级	Junior Title	50	2	21	26	1
初级	Primary Title	16		2	14	
未定职级	Non-title	18	1	4	12	1

15-16 各级学校女学生和女教师数

NUMBER OF FEMALE STUDENTS AND TEACHERS BY LEVEL OF SCHOOL

单位：人 (person)

项　目	Item	2000	2007	2010	2014	2015
女学生数	**Number of Female Students**	**176102**	**261161**	**259211**	**252792**	**255597**
高等学校	Institutions of Higher Education	2049	13293	16156	18179	17833
中等专业学校	Specialized Secondary Schools	3433	9529	10432	7773	7036
普通中学	Regular Secondary Schools	25946	85371	87803	84062	88289
小学	Primaey Schools	144674	152968	144820	142778	142439
女学生占学生总数的百分比 (%)	**Percentage of Female Students to Total Students (%)**	**46.2**	**49.8**	**48.7**	**45.8**	**49.4**
高等学校	Institutions of Higher Education	37.4	49.7	51.9	52.1	52.1
中等专业学校	Specialized Secondary Schools	52.1	50.2	46.1	46.5	44.5
普通中学	Regular Secondary Schools	47.0	41.3	48.9	46.7	50.3
小学	Primaey Schools	46.1	47.8	48.4	48.4	48.7
女教师数	**Number of Female Teachers**	**7721**	**13878**	**16323**	**19564**	**20383**
高等学校	Institutions of Higher Education	290	783	1046	1294	1318
中等专业学校	Specialized Secondary Schools	299	189	219	462	537
普通中学	Regular Secondary Schools	1514	4162	5502	6966	7307
小学	Primaey Schools	5618	8744	9556	10842	11221
女教师数占教师总数的百分比 (%)	**Percentage of Female Teachers to Total Teachers (%)**	**40.6**	**44.0**	**48.4**	**51.8**	**52.2**
高等学校	Institutions of Higher Education	35.7	44.6	47.7	49.8	50.3
中等专业学校	Specialized Secondary Schools	40.3	37.3	37.1	46.5	47.0
普通中学	Regular Secondary Schools	35.2	41.5	45.7	49.4	50.0
小学	Primaey Schools	42.6	49.1	50.6	54.0	54.3

15-17 各地区普通中学基本情况（2015年）

BASIC STATISTICS OF REGULAR SECONDARY SCHOOLS BY REGION(2015)

单位：人 (person)

地　区	Region	学校(所) Schools (unit)	毕业生数 Graduates	招生数 New Students Enrollment	在校学生 Students Enrollment	专任教师 Full-time Teachers
拉萨市	Lhasa	25	13238	13257	39579	3527
昌都市	Qamdo	19	11895	9888	29463	2232
山南地区	Shannan	17	6775	6417	19690	1832
日喀则市	Xigazê	30	12963	14135	41236	3595
那曲地区	Nagqu	18	7633	10747	26660	1949
阿里地区	Ngari	8	1432	1984	6003	418
林芝市	Nyingchi	10	4256	4292	12850	1050

15-18 各地区普通小学基本情况（2015年）

BASIC STATISTICS OF REGULAR PRIMARY SCHOOLS BY REGION(2015)

单位：人 (person)

地　区	Region	学校(所) Schools (unit)	毕业生数 Graduates	招生数 New Students Enrollment	在校学生 Students Enrollment	专任教师 Full-time Teachers
拉萨市	Lhasa	75	7852	9180	52971	3764
昌都市	Qamdo	195	10362	11115	63760	3651
山南地区	Shannan	95	4663	4191	24899	2263
日喀则市	Xigazê	224	10508	11975	68771	4779
那曲地区	Nagqu	142	10067	10210	54261	3452
阿里地区	Ngari	32	1970	1710	9966	851
林芝市	Nyingchi	63	3044	3342	17662	1920

15-19 各类专业技术人员数

SCIENTIFIC AND TECHNICAL PERSONNEL

单位：人 (person)

指　　标	Item	1985	1990	1995	2000	2010	2014	2015
合计	**Total**	**23537**	**26751**	**30353**	**36587**	**52686**	**69709**	**77907**
工程技术人员	Engineering	1735	2367	2963	4093	2221	3324	4094
农业技术人员	Agriculture	1838	1578	1726	1852	2750	6279	7996
科学研究人员	Scientific Research	324	360	417	352	428	412	641
卫生技术人员	Health Care	6019	6530	7353	7304	8687	10696	11556
教学人员	Teaching	7699	8869	12089	17323	35453	39964	42568
会计人员	Financial Accounting	3447	2671	1735	1956	229	251	455
统计人员	Statistical	773	533	283	162	14	292	179
新闻、出版、播音人员	Editor, Reporter and Announcer	361	492	534	689	1037	2778	3065
翻译人员	Translator	79	310	332	391	202	418	252
体育教练人员	Physical Coaches	50	48	57	42	171	85	93
经济人员	Economic	370	1755	1028	870	61	165	272
图书、档案、文博人员	Books, Archives and Data	118	364	440	509	268	1537	2435
工艺美术人员	Industrial Arts	8	16	26	2	10	70	273
艺术人员	Literature	716	800	831	471	1029	1543	1679
律师、公证人员	Lawyer		58	51	66	13	20	18
政工人员	Politics			488	505	113	1875	2331

15-20 自治区科协系统科技活动情况

BASIC STATISTICS ON SCIENTIFIC AND TECHNOLOGICAL ACTIVITIES OF TIBET ASSOCIATIONS FOR SCIENCE AND TECHNOLOGY

项目		Item		2000	2007	2010	2014	2015
学术活动		**Academic Activities**						
参加活动次数	(次)	Number of Academic Meeting	(time)	41	28	42	32	18
参加人数	(人)	Number of Participants	(person)	4419	1270	2600	1480	868
交流论文数	(篇)	Number of Papers Presented	(piece)	579	281	340	248	218
科普活动		**Activities for Popular Science**						
讲座次数	(次)	Number of Lectures	(time)	19	12	150	34	31
参加人数	(人)	Number of Participants	(person)	5028	4700	170000	4600	6600
展览次数	(次)	Number of Exhibitions	(time)	6	5	160	60	97
参观人数	(人)	Number of Participants	(person)	30000	28000	165000	30000	58400
参加科技咨询的科技人员数	(人)	Number of Consultation for Decision-Making	(person)	150	300	3100	500	620
出 版		**Publications**						
科技期刊总数	(种)	Number of Academic Journals	(kind)	9	5	7		5
学术论著发行量	(册)	Number of Copies Distributed for Science Treatise	(copies)	21000		6000	36000	0
论文集种数	(种)	Number of Collections Articles	(kind)	1	3	2	2	2
发行量	(册)	Number of Copies Distributed	(copies)	1000	1000	1500	1500	500
科技报纸种数	(种)	Number of Scientific and Technological Newspapers	(kind)	2	2	2	2	2
发行份数	(万份)	Number of Copies Distributed	(10000 copies)	50	22	287	243	239

15-21 科学研究与技术开发机构科技活动情况

BASIC STATISTICS ON SCIENTIFIC RESEARCH AND DEVELOPMENT INSTITUTION

项　目		Item		2007	2010	2014	2015
科技活动人员	(人)	**Personnel Engaged in S&T Activities**	**(person)**	**881**	**880**	**762**	**835**
科学家和工程师	(人)	Scientists and Engineers	(person)	473	474	443	516
科技论文	(篇)	Scientific Papers	(piece)	229	246	136	206
科技著作	(种)	Scientific Books	(kind)	25	40	18	19
科技经费筹集额	**(万元)**	**Funding for S&T Activities**	**(10000 yuan)**	**13740**		**38975**	**30926**
政府资金	(万元)	Government Appropriation Fu	(10000 yuan)	13451		27403	30926
企业资金	(万元)	Enterprises Funds	(10000 yuan)			9722	
事业单位资金	(万元)	Institutions Funds	(10000 yuan)	238			
国外资金	(万元)	Foreign Funds	(10000 yuan)	51			
其他	(万元)	Others	(10000 yuan)			1850	
科技经费内部支出	**(万元)**	**Intramural Expenditures on S&T Activities**	**(10000 yuan)**	**10685**	**17136**	**26472**	**28660**
人员费用	(万元)	Personnel Cost	(10000 yuan)	4000	6143	11704	13014
资产购建费	(万元)	Purchases or Coustruction of Fixed Asssets	(10000 yuan)	2163	4050	4160	2869
其它日常支出	(万元)	Other Expenditure	(10000 yuan)	4522	5942	10607	12786
研究与试验发展经费支出	**(万元)**	**Expenditure on R&D**	**(10000 yuan)**	**4174**	**4654**	**14581**	**13956**
基础研究	(万元)	Basic Research	(10000 yuan)	427	1053	1165	4724
应用研究	(万元)	Applied Research	(10000 yuan)	3121	2046	3316	8171
试验发展	(万元)	Experimental Development	(10000 yuan)	626	1555	10100	1061
研究与试验发展折合全时工作量	(人年)	**Full-time Equivalent of R&Dnding for R&D Personnel**	**(man-year)**	**397**	**444**	**395**	**534**
基础研究	(人年)	Basic Research	(man-year)	48	140	82	224
应用研究	(人年)	Applied Research	(man-year)	298	220	139	281
试验发展	(人年)	Experimental Development	(man-year)	51	84	174	29
科技服务	(人年)	Science and Technology Service	(man-year)			164	239

15-22 文化艺术、文物和出版行业事业机构和人员情况

NUMBER OF INSTITUTIONS AND PERSONNEL IN CULTURE， ART， CULTURAL RELICS， NEWS AND PUBLISHING UNDERTAKINGS

机构类别	Catetory of Institutions	机构数(个) Number of Institutions (unit)				从业人员(人) Number of Persons Engaged (person)			
		2000	2010	2014	2015	2000	2010	2014	2015
文化事业合计	**Culture**	**143**	**377**	**951**	**954**	**1683**	**1763**	**4628**	**5479**
艺术事业	Art Institutions	46	50	99	99	1255	1335	2420	2418
剧团、文工团	Troupe and Cultural Troupes	10	10	10	10	816	858	742	704
乌兰牧骑、文宣队	Ulanmuchi and Performance Troupes	16	19	75	75	234	436	1623	1641
艺术表演场所	Art Centers	20	21	14	14	205	41	55	73
图书馆事业	Libraries	1	4	78	79	43	64	113	187
群众文化事业	Mass Culture	94	321	772	774	333	311	2044	2824
群众艺术馆	Mass Art Centers	7	8	8	8	183	154	193	209
文化馆	Culture Centers	52	74	74	74	118	100	210	249
文化站	Culture Stations	35	239	690	692	32	57	1641	2366
其他文化事业	Other Culture Units	2	2	2	2	52	53	51	50
文物事业	**Cultural Relics**	**18**	**79**	**88**	**88**	**286**	**346**	**460**	**472**
出版发行事业	**News and Publishing Undertakings**	**71**	**90**	**90**	**111**	**376**	**458**	**632**	**779**

15-23 图书、杂志出版情况

NUMBER OF BOOKS，MAGAZINES PUBLISHED

年份 Year	图书 Books Published				杂志 Magazines Published					
					合计 Total		汉文 Chinese		藏文 Tibetan	
	合计 (万册) Total (10000 copies)	汉文 Chinese	藏文 Tibetan	英文 English	种数 (种) Number of Publications (kind)	印数 (千册) Printed Copies (1000 copies)	种数 (种) Number of Publications (kind)	印数 (千册) Printed Copies (1000 copies)	种数 (种) Number of Publications (kind)	印数 (千册) Printed Copies (1000 copies)
1965	50	10	40							
1978	306	61	245		4	74	4	74		
1985	310	96	214		14	417	8	298	6	119
1986	293	124	169							
1987	378	153	225		12	218	6	107	6	111
1988	301	118	184		17	277	9	181	7	96
1989	372	125	247		15	217	7	137	8	80
1990	435	225	210		16	205	7	96	8	106
1991	363	114	249		18	299	8	109	9	187
1992	368	119	249		26	355	14	220	11	133
1993	416	108	308		26	297	15	171	11	126
1994	308	122	186		23	293	12	181	11	112
1995	402	94	308		23	286	12	182	11	104
1996	450				21	252				
1997	349	87	262		20	290	10	177	10	113
1998	456	88	369		20	329	10	172	10	157
1999	436	103	333		23	462	12	302	11	160
2000	524	151	373		32	580	17	347	15	233
2001	461	219	235		33	874	19	518	14	356
2002	874	400	474		34	720	14	263	20	457
2003	781	367	414		34	716	20	517	14	199
2004	795	374	421		34	750	20	531	14	219
2005	854	369	485		34	767	20	587	14	180
2006	927	381	546		34	830	20	635	14	195
2007	1206	725	481		34	3903	20	3614	14	289
2008	1286	788	498		34	2808	20	2478	14	330
2009	1339	899	441		34	1327	20	1009	14	318
2010	1446	977	469		34	1605	20	1174	14	431
2011	1790	957	833		35	1678	21	1293	14	385
2012	1354	757	512	85	35	1859	21	1467	14	392
2013	1200	564	536	100	35	1855	21	1423	14	432
2014	1302	640	509	153	35	2301	21	1908	14	393
2015	1258	638	499	121	35	2381	21	1928	14	453

15-24 报纸出版情况

NUMBER OF NEWSPAPER PUBLISHED

年份 Year	合计 Total			汉文报 Chinese			藏文报 Tibetan		
	种数 (种) Number of Newspaper Published (kind)	总印张 (千印张) Printed Sheets (1000 sheets)	总印数 (万份) Printed Copies (10 000copies)	种数 (种) Number of Newspaper Published (kind)	总印张 (千印张) Printed Sheets (1000 sheets)	总印数 (万份) Printed Copies (10 000copies)	种数 (种) Number of Newspaper Published (kind)	总印张 (千印张) Printed Sheets (1000 sheets)	总印数 (万份) Printed Copies (10 000copies)
1959		1560			800			760	
1965		3258			2008			1250	
1978		26669			10112			16557	
1985	13	16529		6	9035		7	7494	
1986									
1987	10	15121		5	8103		5	7018	
1988	11	15046		5	8177		6	6869	
1989	12	14782		6	8973		6	5809	
1990	11	13441		5	7493		6	5948	
1991	13	15535		6	8851		7	6684	
1992	14	16454		7	9325		7	7129	
1993	15	15377		8	9072		7	6305	
1994	15	27004		8	15451		7	11553	
1995	15	27207		8	15593		7	11614	
1996	10	28690							
1997	12	26739		7	20261		5	7578	
1998	14	27360		8	20134		6	7226	
1999	16	35573		9	26482		7	9091	
2000	16	28712		9	21987		7	6725	
2001	16	34370	2248	10	24470	1629	6	9900	619
2002	19	51330	2937	11	43953	2048	8	7377	889
2003	19	45130	2806	11	37722	1912	8	7408	894
2004	19	53520	3298	11	44737	2474	8	8783	824
2005	23	53511	2631	13	45632	1810	10	7879	821
2006	23	56000	3440	13	47754	2207	10	8246	1233
2007	23	76642	3788	13	65507	2488	10	11135	1300
2008	23	88662	5694	13	67372	4399	10	21290	1295
2009	23	122774	5927	13	98978	4346	10	23796	1581
2010	23	140237	6694	13	109232	4420	10	31005	2274
2011	23	175967	6441	13	144056	4531	10	31911	1910
2012	23	196881	7470	13	146945	4742	10	49936	2728
2013	23	206508	7624	13	155443	4848	10	51065	2777
2014	23	198276	7650	13	146543	4808	10	51733	2841
2015	25	201548	7803	14	148508	4883	11	53040	2919

15-25 广播、电视基本情况
BASIC STATISTICS BROADCASTING AND TELEVISION STATIONS

项　　目		Item		1995	2000	2010	2014	2015
广播电台	**(座)**	**Broadcasting Stations**	**(unit)**	**2**	**2**	**1**	**1**	**1**
节目套数	(套)	Produced Programs	(set)	4	3	4	4	11
中、短波转播发射台	(座)	Transmission Stations and Relaying Stations of MW & SW	(unit)	35	36	42	42	42
中、短波转播发射功率	(千瓦)	Power of MW & SW Transmitters	(kw)	1041	1401.9	179.0	206.0	206.0
广播综合人口覆盖率	(%)	Listener Rating	(%)	55.00	77.73	90.28	94.78	94.83
电视台	**(座)**	**Television Stations**	**(unit)**	**2**	**2**	**5**	**2**	**2**
节目套数	(套)	Produced Programs	(set)	3	3	10	4	4
电视转播发射台	(座)	Television Transmitters Stations and Relaying Stations	(unit)	333	647	2060	2060	2060
#50W以上电视转播发射台	(座)	With Power above 50W	(unit)	80	80	80	78	78
电视转播发射功率	(千瓦)	Power of Transmitters	(kw)	19.8	21.6	104.0	112.0	112.0
电视综合人口覆盖率	(%)	Viewer Rating	(%)	55.00	76.13	91.41	95.91	95.96
广播电视台	**(座)**	**Broadcast-Television Stations**	**(unit)**			**3**	**6**	**6**
节目套数	(套)	Produced Programs	(set)			6	14	15
县级以上有线电视转播发射台	**(座)**	**TV Transmission Stations and Relaying Stations in Counties and Cities**	**(unit)**	**76**	**72**	**76**	**76**	**76**
100W以上调频转播发射台	**(座)**	**Transmission and Relaying Stations of Frequency Modulation Broadcast With Power above 100W**	**(unit)**	**1**	**1**	**76**	**78**	**78**
卫星地球站	**(座)**	**Satellite Communication Earth Station**	**(unit)**		**1**	**1**	**1**	**1**

15-26 广播电视节目播出时间
BROADCAST IN THE BROADCAST TIME OF TV PROGRAMME

单位：小时:分　　(hour:minute)

项　　目	Item	2015	项　　目	Item	2015
广播节目	**Broadcasting Program**		**电视节目**	**Television Program**	
播出公共节目时间	Broadcast Public Program Time	58231:05	播出公共节目时间	Broadcast Public ProgramTime	81122:35
#转播中央台节目时间	Transfer to the Program time of chinese central Broadcasting	2920:00	#转播中央台节目时间	Transfer to the Program time of chinese central Broadcasting	2071:00
转播省级台节目时间	Transfer to and Save one Grade of Programs time	2702:30	转省级台节目时间	Transfer to and Save one Grade of Programs time	2881:00
制作广播节目时间	Length of Radio Programs Produced	36551:53	制作电视节目时间	Length of TV Programs Produced	13917:40
购买交换节目时间	Buy Exchange Program time	7375:45	购买交换节目时间	Buy Exchange Program time	45878:00

第十六篇

体育 卫生 环保

Chapter 16

SPORTS,PUBLIC HEALTH AND ENVIRONMENTAL PROTECTION

16-1 体育局系统职工人数

NUMBER OF STAFF AND WORKERS IN SPORTS COMMISSIONS

单位：人　　(person)

人员分类	Category Personnel	1995	2000	2007	2010	2014	2015
合计	**Total**	**707**	**640**	**672**	**607**	**541**	**532**
专职教练员	Full-time Coaches	40	22	47	42	38	42
专职文化教师	Full-time Teachers	53	3	18	23	55	39
医务人员	Medical Personnel	17	11	12	13	4	14
行政管理干部	Administrative Personnel	140	120	135	186	269	173
工人	Workers	457	325	327	145	147	25
其他	Others		137	133	198	28	239

16-2 等级运动员（2015年）

NUMBER OF ATHLETES IN GRADES BY TYPE OF SPORTS (2015)

单位：人　　(person)

运动项目	Item	等级运动员 Number of Athletes in Grades	国际运动健将 International Master of Sports	运动健将 Master of Sports	一级运动员 First Grade Sportsman	其他 Others
合计	**Total**	**77**	**5**	**15**	**33**	**24**
田径	Track and Field	15			3	12
射箭	Archery					
国际式摔跤	International Wrestling	27			15	12
攀岩	Rock climbing	5		2	3	
足球	Football					
登山	Mountaineering	19	5	10	4	
马术	Horsemanship	10		3	7	
射击	Shooting					
拳击	Mountaineering	1			1	
柔道	Weightlifting					

16-3 政府援建体育场地

PHYSICAL EDUCATION FIELD AIDED BY GOVERNMENT

级次 Level	场地设施数量（个/条） Number of Physical Field Establishment (unit)					投入(万元) Investment (10000 yuan)				场地规模(㎡) Field Size (m^2)	
	小计 Total	健身路径 Fitness Route	篮球场 Basketball Court	乒乓球台 Table Tennis Table	小篮板 Mini-Basketball	小计 Total	财政拨款 Government Subsidies	体彩公益金 Pysical Education lottery Public Fund	其他 Other	占地面积 Land Covering	场地面积 Field Area
2010年	1065	600	155	310		2229	1829	400		350600	234100
2014年	2250	250	1000	1000		12800		12800		50000	40000
2015年	2333	811	761	761		14560	6900	7660		27644	24016

16-4 体育彩票销量、公益金及税收情况

SITUATIONS OF SALES,PUBLIC FUND AND TAX OF PHYSICAL EDUCATION LOTTERY

单位：万元 (10000 yuan)

年度 Year	竞猜型销量 Guess	乐透型销量 Lottery	即开型销量 Instant	销量合计 Total Sales	公益金 Public Fund	上缴税款 Tax
2007	323	2087		2410	801	37
2008	298	3110	12180	15588	3590	185
2009	396	2875	16640	19911	4433	336
2010	745	3545	9669	13959	4765	166
2013	1458	11165	16916	29539	7283	353
2014	1670	20728	16320	38718	9830	619
2015	2817	34537	14901	52255	13876	316

16-5 环保系统机构、人员数

NUMBER OF ENVIRONMENTAL PROTECTION AGENCIES AND PERSONS

指　标	Item	2000	2010	2014	2015
机构总数 (个)	Number of Agencies (unit)	21	112	136	139
人员总数 (人)	Total Number of Staff & Workers (person)	176	588	890	906
#科技人员	Scientific and Technical Personnel	25			
监测人员	Monitoring Personal	48	78	103	101
监察人员	Supervising and Administrative Personnel	5	36	80	66

16-6 “三废”排放及治理情况

DISCHARGE AND TREATMENT OF WASTE WATER，WASTE GAS AND SOLID WASTES

指　标	Item	2000	2010	2014	2015
废 水	**Waste Water**				
废水排放总量 (万吨)	Total Volume of Industrial Waste Wate Discharged (10000 tons)	5204	736	431	481
化学需氧量排放量 (吨)	Discharge frome Industrial Waste Water (tons)			907	918
氨氮排放量 (吨)	Ammonia Nitrogen Discharge from Industrial Waste Water (tons)			41	43
废水处理量 (万吨)	Total Volume of Industrial Waste Water Treated (10000 tons)	1615	217	968	1089
废 气	**Waste Gas**				
废气排放总量 (亿标立方米)	Total Volume of Industrial Waste Gas Emission (100 Millon cu.m)	1.2	15.81	170	183
二氧化硫排放量 (吨)	Volume of Sulphur Dioxide Emission by Industrial (tons)			1360	1633
氮氧化物排放量 (吨)	Nitrogen Oxide Emission (tons)			3866	5934
工业烟(粉)尘排放量	Volume of Industrial Soot and Dust Emission (tons)	8530	1566	7808	10589
固体废物	**Solid Wastes**				
工业固体废物产生量 (万吨)	Volume of Industrial Solid Wastes Produced (10000 tons)	17.05	11.12	383	401
工业固体废物处置量 (万吨)	Volume of Industrial Solid Wastes Accumulated (10000 tons)			34.4	41
工业固体废物排放量 (万吨)	Volume of Industrial Solid Wastes Treated (10000 tons)	17.04	4.12		

16-7 卫生事业发展情况

指　标	Item	1980	1985	1990	1995
全区机构数　(个)	**Number of Health Institutions (unit)**	**832**	**958**	**1110**	**1198**
医院、卫生院	Hospitals	528	525	742	882
#医院	Hospitals	92	96	83	104
疗养院	Sanatoriums				1
门诊部(所)	Clinics	247	374	548	195
疾病预防控制中心	Center For Disease Control And Prerention	31	75	80	83
妇幼保健院(所、站)	Maternity and Child Care Centers		4	13	24
采供血机构	Blood Gathering and Supplying Institutions				
卫生监督所	Health Supervision				
社区卫生服务中心	Health Service Center for Community				
其他卫生事业机构	Other Health Care Institutions	20	20	15	4
全区床位数　(张)	**Nmber of Beds (unit)**	**4328**	**4580**	**5381**	**6176**
医院、卫生院	Hospitals	4261	4412	5015	5895
#医院	Hospitals	3719	3679	3361	4331
疗养院	Sanatoriums			150	150
门诊部	Clinics	67	160	207	78
妇幼保健所(站)	Maternity and Child Care Centers		8	9	43
社区卫生服务中心	Other Health Care Institutions				
其他卫生事业机构	Other Health Care Institutions				10
全区人员数　(人)	**Personnel (person)**	**8382**	**8461**	**9513**	**10747**
卫生技术人员	Medical Technical Personnel	6663	6837	7498	8467
#执业医师、助理医师	Working Traditional Doctors and Assistants	3564	3628	4514	4851
#注册护士	Registered Nurses	1104	1351	1883	1657
其他技术人员	Other Technical Personnel	100	16	185	272
管理人员	Managerial Personnel	644	584	584	758
工勤技能人员	Logistics Workers	975	1024	1246	1250

注：执业医师、助理医师和注册护士数2001年及以前各年份分别为医生和护士(师)数。

Note:The data of Working Traditional Doctors and Assistants and Registered Nurses is the data of Doctors and Nurses before 2001 .

DEVELOPMENT OF HEALTH INSTITUTIONS

1997	1998	1999	2000	2007	2008	2009	2010	2011	2012	2013	2014	2015
1324	**1307**	**1254**	**1237**	**1339**	**1326**	**1329**	**1352**	**1380**	**1403**	**1413**	**1451**	**1463**
895	876	824	810	765	764	763	773	783	777	783	790	819
108	108	107	105	97	99	100	101	103	104	106	112	139
1	1	1	1	1	1	1	1	1	1	1	1	1
303	303	303	303	419	412	417	430	444	473	480	489	489
84	84	83	81	79	81	81	81	82	82	82	82	82
30	32	32	32	58	57	57	55	57	57	54	54	55
				1	1	1	1	1	1	1	2	4
				1	2	2	2	2	2	2	2	3
				14	7	6	8	9	9	9	9	9
8	2	8	7	1	1	1	1	1	1	1	1	1
6246	**6512**	**6440**	**6348**	**7127**	**8765**	**8553**	**8838**	**9642**	**10134**	**11036**	**12024**	**14013**
6049	6305	6255	6156	6832	8344	8193	8439	9192	9666	10461	11384	13283
4498	4572	4462	4426	4462	5585	5368	5444	6314	6653	7292	8079	9954
150	150	120	120	57	40	40	40	40	40	40	40	40
47	57	65	72	235	336	320	342	377	415	471	531	626
				3			17	33	13	64	69	64
					45							
10929	**10974**	**10957**	**11027**	**10635**	**11680**	**12099**	**12269**	**12995**	**13896**	**14335**	**15531**	**17676**
8697	8785	8892	8948	8535	9435	10047	9983	10664	11313	11716	12946	14364
5149	5089	5181	5262	4148	4376	4465	4371	4105	4818	5204	5624	6213
1669	1760	1687	1816	1807	1920	2007	1986	2073	2278	2400	2753	3195
154	126	154	211	454	509	415	481	601	867	878	724	936
743	811	714	676	607	634	649	610	568	596	668	711	895
1335	1252	1197	1192	1039	1102	988	1195	1162	1120	1073	1150	1481

16-8 卫生机构数

NUMBER OF HEALTH INSTITUTIONS

单位：个 (unit)

年份 Year	合计 Total	医院、卫生院 Hospitals	# 医院 Hospitals	门诊部、所 Clinice	疾病预防控制中心 Center For Disease Control And Prerention
1958	43	8	8	35	
1959	62	11	11	51	
1965	193	86	83	106	1
1978	855	519	92	297	14
1985	958	525	96	330	75
1986	770	450	389	213	72
1987	868	544	85	188	81
1988	883	564	83	211	80
1989	1008	638	83	263	80
1990	1110	742	83	255	80
1991	1197	787	83	287	80
1992	1223	831	85	269	82
1993	1068	614	80	345	78
1994	1152	838	88	196	81
1995	1198	882	104	195	83
1996	1300	882	106	231	83
1997	1324	895	108	303	84
1998	1307	876	108	303	84
1999	1254	824	107	303	83
2000	1237	810	105	303	81
2001	1284	808	105	355	81
2002	1346	771	98	361	82
2003	1305	769	97	397	81
2004	1326	764	97	422	79
2005	1378	763	97	474	81
2006	1349	763	97	446	81
2007	1339	765	97	419	79
2008	1326	764	99	412	81
2009	1329	763	100	417	81
2010	1352	773	101	430	81
2011	1380	783	103	444	82
2012	1403	777	104	473	82
2013	1413	783	106	480	82
2014	1451	790	112	489	82
2015	1463	819	139	489	82

16-9 卫生机构床位数和卫生技术人员数

NUMBER OF BEDS AND TECHNICAL PERSONNEL IN HEALTH INSTITUTIONS

单位：张、人 (unit,person)

年份 Year	床位数 Beds	医院、卫生院 Hospitals Health Centers	# 医院 Hospitals	卫生技术人员数 Medical Technical Personnel	每千人拥有床位数 Every Thousand People has Berths to Count	每千人卫生技术人员数 Number of Medical Technical Personnel Per 1000 Population
1958	174	174	174	502	0.14	0.42
1959	480	480	480	791	0.39	0.64
1965	1631	1570	1570	2424	1.14	1.77
1978	4421	4198	3488	5780	2.35	3.23
1985	4580	4412	3679	6837	2.20	3.43
1986	4983	4720	2881	7001	2.30	3.46
1987	5222	4986	3414	7003	2.40	3.37
1988	5197	4876	3233	7097	2.30	3.34
1989	5355	4999	3325	8064	2.30	3.73
1990	5381	5015	3361	7498	2.30	3.39
1991	5397	5077	3337	7749	2.30	3.44
1992	5857	5555	3569	8030	2.50	3.51
1993	5042	4515	3036	7540	2.00	3.25
1994	5602	5333	3087	8176	2.29	3.46
1995	6176	5895	4331	8467	2.62	3.53
1996	6136	5979	4546	8006	2.56	3.29
1997	6246	6049	4498	7999	2.57	3.23
1998	6512	6305	4572	8785	2.65	3.49
1999	6440	6255	4462	8892	2.60	3.48
2000	6348	6156	4426	8948	2.52	3.44
2001	6372	6153	4385	8820	2.51	3.35
2002	6087	5694	4297	7913	2.38	2.97
2003	6216	5859	4261	8287	2.40	3.07
2004	6413	5928	4238	8569	2.34	3.13
2005	6767	6412	4426	8914	2.44	3.22
2006	7496	7091	4513	8895	2.67	3.17
2007	7127	6832	4462	8535	2.51	3.02
2008	8765	8344	5585	9435	3.05	3.29
2009	8553	8193	5368	10047	2.95	3.47
2010	8838	8439	5444	9983	3.02	3.44
2011	9642	9192	6314	10664	3.17	3.52
2012	10134	9666	6653	11313	3.29	3.67
2013	11036	10461	7292	11716	3.54	3.75
2014	12024	11384	8079	12946	3.79	4.08
2015	14013	13283	9954	14364	4.33	4.43

16-10 全区卫生机构、床位和人员情况（2015年）

指　　标	Item	机构数（个）Number of Institutions (unit)	床位数（张）Beds (unit)	人员数（人）Number of Personnel (person)
总计	**Total**	**1463**	**14013**	**17676**
医院	Hospitals	139	9954	10652
综合医院	Comprehensive Hospitals	102	7598	8098
民族医院	Native Hospitals	28	1707	1594
专科医院	Specialized hospitals	8	599	948
疗养院	Sanatoriums	1	40	35
社区卫生服务中心(站)	Community Health	9	64	206
卫生院	Rural Township Hospitals	680	3329	3861
乡镇卫生院	Township Hospitals	680	3329	3861
#中心卫生院	Center Hospitals	260		1578
诊所、卫生所、医务室	Center,community Health	489		1107
采供血机构	Blood Gathering and Supplying Institutions	4		48
妇幼保健院(所、站)	Meternity and Child Care Centers	55	626	520
疾病预防控制中心	Center For Disease Control And Prerention	82		1166
卫生监督所(中心)	Health Supervision	3		43
医学在职培训机构	Health Care Institution Earth Station	1		9

16-11 各地（市）卫生机构、床位和人员情况（2015年）

地　　区	Region	机构数（个）Number of Institutions (unit)	床位数（张）Beds (unit)	人员数（人）Number of Personnel (person)
拉萨市	Lhasa	288	3394	6102
昌都市	Qamdo	329	2932	3295
山南地区	Shannan	255	2301	2232
日喀则市	Xigazê	146	1451	1438
那曲地区	Nagqu	180	1302	1903
阿里地区	Ngari	188	1866	2007
林芝市	Nyingchi	77	767	699

NUMBER OF ALL HEALTH INSTITUTIONS,BEDS AND PERSONS ENGAGED BY TYPE OF INSTITUTIONS (2015)

卫生技术人员 Medical Technical Personnel	执业(助理)医师 Working Traditional Doctor's Assitants	执业医师 Working Traditional Doctors	注册护士 Registered Nurses	药剂师(士) Pharmaceutical Personnel	技师(士) Technician	检验师 Laboratory Personnel	其他 Others	其他技术人员 Other Technical Personnel	管理人员 Managerial Personnel	工勤人员 Logistics Workers
14364	**6213**	**4395**	**3195**	**636**	**627**	**371**	**3693**	**936**	**895**	**1481**
8256	3617	2689	2440	496	511	278	1192	603	723	1070
6459	2679	1917	1908	341	434	231	1097	498	499	642
1221	713	589	252	138	45	24	73	63	95	215
564	219	178	277	17	30	22	21	42	129	213
15	4		7				4	5	9	6
170	78	63	27	6	12	7	47	3		33
3430	1099	595	376	82	4	3	1869	253	59	119
3430	1099	595	376	82	4	3	1869	253	59	119
1392	465	275	144	31	2	2	750	106	28	52
1024	706	606	173	26	11	7	108			83
37	3	2	8	0	14	14	12		9	2
447	203	118	105	19	27	18	93	7	29	37
921	494	315	39	7	48	44	333	64	58	123
35							35		5	3
								1	3	5

NUMBER OF HEALTH INSTITUTION AND IT'S BEDS AND PERSONNEL BY REGION(2015)

卫生技术人员 Medical Technical Personnel	执业(助理)医师 Working Traditional Doctor's Assitants	执业医师 Working Traditional Doctors	注册护士 Registered Nurses	药剂师(士) Pharmaceutical Personnel	技师(士) Technician	检验师 Laboratory Personnel	其他 Others	其他技术人员 Other Technical Personnel	管理人员 Managerial Personnel	工勤人员 Logistics Workers
4671	2078	1742	1299	189	212	138	893	258	438	735
2783	1228	747	576	112	116	58	751	185	121	206
1855	635	401	361	73	65	37	721	173	83	121
1213	502	320	299	76	60	33	276	82	62	81
1661	769	575	288	82	79	44	443	68	58	116
1551	741	433	239	69	67	48	435	153	100	203
630	260	177	133	35	28	13	174	17	33	19

第十七篇

各县（市、区）主要统计指标

Chapter 17

MAIN ECONOMIC INDICATORS BY COUNTIES(CITY AND REGIONS)

17-1 乡村从业人员（2015年）

RURAL LABOR FORCE BY SECTOR (2015)

单位：人 (person)

地　区	Region	乡村从业人员 Number of Rural Laborers	农林牧渔业 Farming, Forestry, Animal Husbandry and Fishery	工　业 Industry	建筑业 Construction	其他非农从业人员 Other Non-agricultural Trades
拉萨市	**Lhasa**					
城关区	Lhasa Chengguanqu	12055	1767	88	454	9746
林周县	Lhünzhub	32755	25428	49	833	6445
当雄县	Damxung	19110	11922	162	857	6169
尼木县	Nyêmo	17648	9732	380	1920	5616
曲水县	Qüxü	21006	10981	1967	2970	5088
堆龙德庆区	Doilungdêqên	22549	8971	1285	1214	11079
达孜县	Dagzê	15814	8846	488	1010	5470
墨竹工卡县	Maizhokunggar	20399	8618	592	2635	8554
昌都市	**Qamdo**					
卡若区	Karub Qu	42473	37149	210	2896	2218
江达县	Jomda	48580	43346		1571	3663
贡觉县	Konjo	20414	15097		4098	1219
类乌齐县	Riwoqê	18356	15200	845		2311
丁青县	Dêngqên	36564	34047	121	758	1638
察雅县	Chagyab	32915	25626	6	2457	4826
八宿县	Baxoi	24043	16175	172	2825	4871
左贡县	Zogang	26381	24809	7	631	934
芒康县	Markam	53388	29566	308	5370	18144
洛隆县	Lhorong	20473	17585	15	1014	1859
边坝县	Banbar	18190	13134	153	2232	2671
山南地区	**Shannan**					
乃东县	Nêdong	20202	6964	919	7476	4843
扎囊县	Chanang	17693	5999	490	9046	2158
贡嘎县	Konggar	23539	11749	653	6799	4338

17-1 续表1 continued

单位：人 (person)

地　区	Region	乡村从业人员 Number of Rural Laborers	农林牧渔业 Farming,Forestry, Animal Husbandry and Fishery	工　业 Industry	建筑业 Construction	其他非农从业人员 Other Non-agricultural Trades
桑日县	Sangri	7524	2308	1137	2948	1131
琼结县	Qonggyai	10135	4084	65	4777	1209
曲松县	Qusum	6993	2367	1081	2305	1240
措美县	Comai	7315	3367	148	2696	1104
洛扎县	Lhozhag	9183	3705	103	4380	995
加查县	Gyaca	12936	6716	337	3155	2728
隆子县	Lhünzê	17923	6855	299	9081	1688
错那县	Cona	7276	3966	101	1687	1522
浪卡子县	Nagarzê	20007	11137	834	5881	2155
日喀则市	**Xigazê**					
桑珠孜区	Samzhubzê Qu	40909	31512	1291	4821	3285
南木林县	Namling	41844	32974	169	4610	4091
江孜县	Gyangzê	32349	24240	900	5899	1310
定日县	Tingri	30532	19348	270	1279	9635
萨迦县	Sa'gya	26271	15516	964	2100	7691
拉孜县	Lhazê	28861	13662	1014	1372	12813
昂仁县	Ngamring	27278	20979	59	1311	4929
谢通门县	Xaitongmoin	23528	19035	996	1649	1848
白朗县	Bainang	25295	15933	1643	4443	3276
仁布县	Rinbung	17665	10025	351	5537	1752
康马县	Kangmar	10299	7830	163	1539	767
定结县	Dinggyê	11130	8521	547	1053	1009
仲巴县	Zhongba	11911	10515	266	130	1000
亚东县	Yadong	7045	5595	271	261	918
吉隆县	Gyirong	6904	5559	41	331	973
聂拉木县	Nyalam	10676	8055	181	855	1585
萨嘎县	Saga	6900	4319		2509	72
岗巴县	Kamba	5547	4715	38	610	184

17-1 续表2 continued

单位：人 (person)

地 区	Region	乡村从业人员 Number of Rural Laborers	农林牧渔业 Farming,Forestry, Animal Husbandry and Fishery	工 业 Industry	建筑业 Construction	其他非农从业人员 Other Non-agricultural Trades
那曲地区	**Nagqu**					
那曲县	Nagqu	48381	32476	1337	1527	13041
嘉黎县	Lhari	14798	11119		1222	2457
比如县	Biru	26799	22248	45	5	4501
聂荣县	Nyainrong	16765	15326	4	488	947
安多县	Amdo	16822	10637	590	2117	3478
申扎县	Xainza	11185	8970	78	790	1347
索 县	Sog	17325	13814			3511
班戈县	Bangoin	20283	18248			2035
巴青县	Baqên	24605	20494		1691	2420
尼玛县	Nyima	16664	14674			1990
双湖县	Shaunghu	1465			1180	285
阿里地区	**Ngari**					
普兰县	Burang	4614	3544	10	575	485
札达县	Zanda	2745	2308		92	345
噶尔县	Gar	3873	3170	136	350	217
日土县	Rutog	5437	4143		870	424
革吉县	Gê'gyai	7452	6152	30	395	875
改则县	Gêrzê	14220	11417		606	2197
措勤县	Coqên	7978	6664	142	610	562
林芝市	**Nyingchi**					
巴宜区	Bayip	8239	5936	150	372	1781
工布江达县	Gongbo' gyamda	15206	12652	46	655	1853
米林县	Mainling	8236	7242	28	86	880
墨脱县	Mêdog	5389	5153	1	39	196
波密县	Bomê	11679	7909	35	2238	1497
察隅县	Zayü	12273	8757	23	2357	1136
朗 县	Nang	7945	7055	69	157	664

17-2 农林牧渔业、工业总产值（2015年）
GROSS OUTPUT VALUE OF FARMING，FORESTRY，ANIMAL HUSBANDRY，FISHERY AND INDUSTRY (2015)

单位：万元 (10000 yuan)

地　区	Region	农林牧渔业产值 Gross Out Value of Farming Forestry, Animal,Husbandry and Fishery	农业 Farming	林业 Forestry	牧业 Animal Husbandry	渔业 Fishery	服务业 Service	工　业 总产值 Gross Output Value of Industry
拉萨市	**Lhasa**							
市辖区	municipal district							
（藏青工业园）	Qinghai-Tibet Industrial park							7105
城关区	Lhasa Chengguanqu	15241	8897	39	6306			429291
林周县	Lhünzhub	40415	18433	28	21953			15569
当雄县	Damxung	38963	7311		31358		295	51482
尼木县	Nyêmo	16011	5920	252	9839			8127
曲水县	Qüxü	24835	16034	735	7902	164		72151
堆龙德庆区	Doilungdêqên	27269	11875	1114	13381		899	278305
达孜县	Dagzê	25839	16133	344	9362			77140
墨竹工卡县	Maizhokunggar	42690	16321	728	25641			146162
昌都市	**Qamdo**							
卡若区	Karub Qu	42010	15530	23	25946	16	496	46932
江达县	Jomda	39907	10773	179	27890	1	1064	34662
贡觉县	Konjo	19597	6383	87	12582	1	545	357
类乌齐县	Riwoqê	29836	11918	1698	15785	4	431	585
丁青县	Dêngqên	49039	32665	116	15133		1124	2849
察雅县	Chagyab	25819	10090	15	15438	4	273	455
八宿县	Baxoi	19243	6648	194	11953	4	444	597
左贡县	Zogang	26244	10393	1106	13817	5	922	346
芒康县	Markam	39674	13928	3042	21335	3	1366	4482
洛隆县	Lhorong	30525	12860	1249	16014	1	401	2152
边坝县	Banbar	27179	9083	246	17428	1	420	423
山南地区	**Shannan**							
乃东县	Nêdong	18902	8164	552	7803	190	2193	41912
扎囊县	Chanang	10006	4535	224	4860		387	6264
贡嘎县	Konggar	12366	6343	336	5609		78	8601

17-2 续表1 continued

单位：万元 (10000 yuan)

地　区	Region	农林牧渔业产值 Gross Out Value of Farming Forestry, Animal,Husbandry and Fishery	农业 Farming	林业 Forestry	牧业 Animal Husbandry	渔业 Fishery	服务业 Service	工　业 总产值 Gross Output Value of Industry
桑日县	Sangri	7008	3582	45	3181		200	87696
琼结县	Qonggyai	4545	2932	57	1392		164	1923
曲松县	Qusum	5909	1962	68	3802		78	339
措美县	Comai	4422	1383	5	2862		172	84
洛扎县	Lhozhag	7042	3202	57	3414		368	652
加查县	Gyaca	11991	8512	118	3246		115	35312
隆子县	Lhünzê	9911	4350	128	5360		73	56404
错那县	Cona	3963	1753	52	1916		243	765
浪卡子县	Nagarzê	8355	1535	61	6202		557	1315
日喀则市	**Xigazê**							
桑珠孜区	Samzhubzê Qu	60411	50114	689	6548		3060	73799
南木林县	Namling	43983	26989	518	15546		930	727
江孜县	Gyangzê	44063	26376	730	15947		1010	3898
定日县	Tingri	24651	12292	97	9416		2846	5547
萨迦县	Sa'gya	25625	17453	726	7245		201	35048
拉孜县	Lhazê	33596	24456	495	8023		621	931
昂仁县	Ngamring	24778	9380	24	15074		300	302
谢通门县	Xaitongmoin	25480	12508	865	10664		1444	636
白朗县	Bainang	29958	24021	299	5329		309	7825
仁布县	Rinbung	12532	5596	69	5770		1097	5378
康马县	Kangmar	11796	5562	98	5857		278	1012
定结县	Dinggyê	9428	4313	188	4524		402	387
仲巴县	Zhongba	19503	22		18896		585	1357
亚东县	Yadong	9760	3230	65	5139	1200	125	1099
吉隆县	Gyirong	9082	3852	33	4986		211	388
聂拉木县	Nyalam	11879	4475	30	6914		460	2115
萨嘎县	Saga	9005	1261		7665		80	153
岗巴县	Kamba	5375	1340		3964		71	1860

17-2 续表2 continued

单位：万元 (10000 yuan)

地　区	Region	农林牧渔业产值 Gross Out Value of Farming Forestry, Animal,Husbandry and Fishery	农业 Farming	林业 Forestry	牧业 Animal Husbandry	渔业 Fishery	服务业 Service	工业总产值 Gross Output Value of Industry
那曲地区	**Nagqu**							
那曲县	Nagqu	31015	15944		14960		110	9663
嘉黎县	Lhari	20271	11973	14	8188		96	575
比如县	Biru	37357	30299		6637		421	220
聂荣县	Nyainrong	12244	4011		8198		35	24
安多县	Amdo	12695			12663		32	156
申扎县	Xainza	7949			7756		193	618
索　县	Sog	18403	10979		6454		970	266
班戈县	Bangoin	14670			11507		3163	1014
巴青县	Baqên	25494	18358		6890		246	210
尼玛县	Nyima	16838	45		16773		21	0
双湖县	Shaunghu	4449			4244		205	0
阿里地区	**Ngari**							
普兰县	Burang	5452	1479	170	3548		255	2507
札达县	Zanda	3954	382	29	3465		79	653
噶尔县	Gar	5899	924	47	4828		99	5251
日土县	Rutog	8698	630	1	7922		145	565
革吉县	Gê'gyai	13935	195	3	13512		225	1751
改则县	Gêrzê	24039	168		23571		300	481
措勤县	Coqên	9898	59		9649		190	2265
林芝市	**Nyingchi**							
巴宜区	Bayip	19587	9352	436	9463	89	248	77402
工布江达县	Gongbo' gyamda	22875	8759	656	12860	60	540	7185
米林县	Mainling	17918	9766	59	6147	21	1925	1012
墨脱县	Mêdog	4077	2252	423	1320	2	80	66
波密县	Bomê	23491	13292	941	8765	1	492	750
察隅县	Zayü	16025	9612	224	5726	2	460	839
朗　县	Nang	15060	6231	130	8229	5	465	931

17-3 农林牧渔业产值

GROSS OUTPUT VALUE OF FARMING，FORESTRY，ANIMAL HUSBANDRY AND FISHERY

单位：万元 (10000 yuan)

地区	Region	农林牧渔业产值 Gross Output Value 2014	2015	指数 Index
拉萨市	**Lhasa**			
城关区	Lhasa Chengguanqu	13949	15241	105.99
林周县	Lhünzhub	36806	40415	106.51
当雄县	Damxung	35095	38963	107.70
尼木县	Nyêmo	14716	16011	105.54
曲水县	Qüxü	22623	24835	106.49
堆龙德庆区	Doilungdêqên	27102	27269	97.60
达孜县	Dagzê	23593	25839	106.24
墨竹工卡县	Maizhokunggar	38769	42690	106.81
昌都市	**Qamdo**			
卡若区	Karub Qu	39175	42010	104.02
江达县	Jomda	36538	39907	105.95
贡觉县	Konjo	17327	19597	109.71
类乌齐县	Riwoqê	27604	29836	104.84
丁青县	Dêngqên	46012	49039	103.38
察雅县	Chagyab	23641	25819	105.94
八宿县	Baxoi	17648	19243	105.77
左贡县	Zogang	24703	26244	103.05
芒康县	Markam	36872	39674	104.37
洛隆县	Lhorong	28731	30525	103.06
边坝县	Banbar	25512	27179	103.34
山南地区	**Shannan**			
乃东县	Nêdong	17794	18902	103.05
扎囊县	Chanang	9273	10006	104.66
贡嘎县	Konggar	11444	12366	104.81

17-3 续表1 continued

单位：万元 (10000 yuan)

地　区	Region	农林牧渔业产值 Gross Output Value 2014	2015	指数 Index
桑日县	Sangri	6532	7008	104.1
琼结县	Qonggyai	4319	4545	102.1
曲松县	Qusum	5507	5909	104.1
措美县	Comai	4107	4422	104.4
洛扎县	Lhozhag	6536	7042	104.5
加查县	Gyaca	11190	11991	103.9
隆子县	Lhünzê	9212	9911	104.4
错那县	Cona	3649	3963	105.3
浪卡子县	Nagarzê	7694	8355	105.3
日喀则市	**Xigazê**			
桑珠孜区	Samzhubzê Qu	55924	60411	104.6
南木林县	Namling	41249	43983	103.4
江孜县	Gyangzê	41662	44063	102.6
定日县	Tingri	23604	24651	101.3
萨迦县	Sa'gya	23719	25625	104.8
拉孜县	Lhazê	30760	33596	105.9
昂仁县	Ngamring	23124	24778	103.9
谢通门县	Xaitongmoin	24041	25480	102.8
白朗县	Bainang	27553	29958	105.5
仁布县	Rinbung	11740	12532	103.6
康马县	Kangmar	10922	11796	104.8
定结县	Dinggyê	8644	9428	105.8
仲巴县	Zhongba	18270	19503	103.5
亚东县	Yadong	9151	9760	103.5
吉隆县	Gyirong	8705	9082	101.2
聂拉木县	Nyalam	11043	11879	104.3
萨嘎县	Saga	8429	9005	103.6
岗巴县	Kamba	5116	5375	101.9

17-3 续表2 continued

单位：万元 (10000 yuan)

地区	Region	农林牧渔业产值 Gross Output Value 2014	2015	指数 Index
那曲地区	**Nagqu**			
那曲县	Nagqu	29060	31015	103.5
嘉黎县	Lhari	19025	20271	103.4
比如县	Biru	34991	37357	103.6
聂荣县	Nyainrong	11505	12244	103.2
安多县	Amdo	11927	12695	103.2
申扎县	Xainza	7471	7949	103.2
索　县	Sog	17266	18403	103.4
班戈县	Bangoin	13795	14670	103.2
巴青县	Baqên	23917	25494	103.4
尼玛县	Nyima	15819	16838	103.3
双湖县	Shaunghu	4166	4449	103.6
阿里地区	**Ngari**			
普兰县	Burang	4997	5452	105.8
札达县	Zanda	3585	3954	107.0
噶尔县	Gar	5505	5899	103.9
日土县	Rutog	8020	8698	105.2
革吉县	Gê'gyai	13153	13935	102.8
改则县	Gêrzê	22531	24039	103.5
措勤县	Coqên	9054	9898	106.0
林芝市	**Nyingchi**			
巴宜区	Bayip	17631	19587	107.8
工布江达县	Gongbo' gyamda	21322	22875	104.1
米林县	Mainling	15859	17918	109.6
墨脱县	Mêdog	3938	4077	100.4
波密县	Bomê	21869	23491	104.2
察隅县	Zayü	14902	16025	104.3
朗　县	Nang	14655	15060	99.7

17-4 年末耕地面积（2015年）

AREA UNDER CULTIVATED AT THE YEAR-END (2015)

单位：公顷 (heactare)

地区	Region	年末实有耕地面积 Cultivated Areas (Year-end)	# 旱地 Dry Fields	农田有效灌溉面积 Irrigated Areas
拉萨市	**Lhasa**			
城关区	Lhasa Chengguanqu	823	823	823
林周县	Lhünzhub	13018	13018	10462
当雄县	Damxung			
尼木县	Nyêmo	2787	2787	2451
曲水县	Qüxü	4249	4249	3824
堆龙德庆区	Doilungdêqên	5119	5119	5119
达孜县	Dagzê	4639	4639	4484
墨竹工卡县	Maizhokunggar	5243	5243	4802
昌都市	**Qamdo**			
卡若区	Karub Qu	5231	5231	1824
江达县	Jomda	4918	4918	
贡觉县	Konjo	4080	4080	2353
类乌齐县	Riwoqê	2980	2980	400
丁青县	Dêngqên	8390	8390	1122
察雅县	Chagyab	3077	3077	186
八宿县	Baxoi	2720	2720	2347
左贡县	Zogang	2675	2675	1770
芒康县	Markam	5328	5328	4058
洛隆县	Lhorong	5853	5853	4969
边坝县	Banbar	3533	3533	1688
山南地区	**Shannan**			
乃东县	Nêdong	4106	4106	4021
扎囊县	Chanang	4838	4838	4707
贡嘎县	Konggar	5630	5630	4736

17-4 续表1 continued

单位：公顷 (heactare)

地　区	Region	年末实有耕地面积 Cultivated Areas (Year-end)	#旱地 Dry Fields	农田有效灌溉面积 Irrigated Areas
桑日县	Sangri	1531	1531	1531
琼结县	Qonggyai	1827	1827	1827
曲松县	Qusum	1663	1663	1446
措美县	Comai	982	982	982
洛扎县	Lhozhag	2079	2079	2079
加查县	Gyaca	1607	1607	1379
隆子县	Lhünzê	3269	3269	3218
错那县	Cona	1499	1499	1268
浪卡子县	Nagarzê	2609	2609	2457
日喀则市	**Xigazê**			
桑珠孜区	Samzhubzê Qu	17197	17197	8358
南木林县	Namling	7891	7891	7891
江孜县	Gyangzê	10799	10799	9227
定日县	Tingri	7066	7066	7066
萨迦县	Sa'gya	7903	7903	6712
拉孜县	Lhazê	8531	8531	6475
昂仁县	Ngamring	5166	5166	5166
谢通门县	Xaitongmoin	4065	4065	3831
白朗县	Bainang	8518	8518	8405
仁布县	Rinbung	3413	3413	3343
康马县	Kangmar	3140	3140	3140
定结县	Dinggyê	2749	2749	2337
仲巴县	Zhongba			
亚东县	Yadong	890	890	258
吉隆县	Gyirong	1200	1200	912
聂拉木县	Nyalam	1984	1984	1920
萨嘎县	Saga	523	523	
岗巴县	Kamba	1586	1586	1586

17-4 续表2 continued

单位：公顷 (heactare)

地　区	Region	年末实有耕地面积 Cultivated Areas (Year-end)	# 旱地 Dry Fields	农田有效灌溉面积 Irrigated Areas
那曲地区	**Nagqu**			
那曲县	Nagqu			
嘉黎县	Lhari	321	321	
比如县	Biru	1684	1684	
聂荣县	Nyainrong			
安多县	Amdo			
申扎县	Xainza			
索　县	Sog	2594	2594	
班戈县	Bangoin			
巴青县	Baqên	243	243	
尼玛县	Nyima	165	165	
双湖县	Shaunghu			
阿里地区	**Ngari**			
普兰县	Burang	629	629	623
札达县	Zanda	691	691	242
噶尔县	Gar	827	827	
日土县	Rutog	636	636	636
革吉县	Gê'gyai			
改则县	Gêrzê			
措勤县	Coqên			
林芝市	**Nyingchi**			
巴宜区	Bayip	2523	2523	2523
工布江达县	Gongbo' gyamda	3018	3018	2810
米林县	Mainling	3105	3105	2794
墨脱县	Mêdog	1597	1597	1450
波密县	Bomê	4422	4422	2944
察隅县	Zayü	2773	2773	2231
朗　县	Nang	1359	1359	1250

17-5 农作物播种面积（2015年）

TOTAL SOWN AREAS OF FARM CROPS （2015）

单位：公顷　　(hectare)

地区	Region	农作物播种面积 Total Sown Area	粮食作物 Grain Crops	#谷物 Cereal	#豆类 Beans	油料 Oil-bearing Crops
拉萨市	**Lhasa**					
城关区	Lhasa Chengguanqu	957	296	296		86
林周县	Lhünzhub	11758	9642	9642		1021
当雄县	Damxung	2335				
尼木县	Nyêmo	2787	2029	1968	61	302
曲水县	Qüxü	5770	3834	3834		931
堆龙德庆区	Doilungdêqên	5119	3396	3213	183	651
达孜县	Dagzê	5102	3422	3422		270
墨竹工卡县	Maizhokunggar	5065	4029	4029		862
昌都市	**Qamdo**					
卡若区	Karub Qu	6009	4838	4831	6	226
江达县	Jomda	4953	4535	4445	89	134
贡觉县	Konjo	4191	3400	3347	33	333
类乌齐县	Riwoqê	2980	2405	2405		
丁青县	Dêngqên	8038	6810	6650	160	607
察雅县	Chagyab	3858	3125	3005	100	207
八宿县	Baxoi	3414	2895	2815	54	185
左贡县	Zogang	3857	3371	3168	24	163
芒康县	Markam	7466	5919	5620	97	282
洛隆县	Lhorong	6696	5225	5046	28	751
边坝县	Banbar	3933	3362	3061	235	190
山南地区	**Shannan**					
乃东县	Nêdong	4106	2950	2883	67	583
扎囊县	Chanang	4838	3638	3631	7	923
贡嘎县	Konggar	5950	4330	4276	53	466

17-5 续表1 continued

单位：公顷 (hectare)

地　区	Region	农作物播种面积 Total Sown Area	粮食作物 Grain Crops	#谷物 Cereal	#豆类 Beans	油料 Oil-bearing Crops
桑日县	Sangri	1531	873	866	7	436
琼结县	Qonggyai	1827	1170	1134	35	317
曲松县	Qusum	1663	1133	1038	94	357
措美县	Comai	982	691	672	19	114
洛扎县	Lhozhag	2079	1611	1294	317	296
加查县	Gyaca	1965	1326	1317	9	201
隆子县	Lhünzê	3366	2292	1999	294	519
错那县	Cona	1503	1188	1092	95	158
浪卡子县	Nagarzê	2609	1864	1859	5	216
日喀则市	**Xigazê**					
桑珠孜区	Samzhubzê Qu	13413	8513	8507	7	1667
南木林县	Namling	7891	4351	4138	213	860
江孜县	Gyangzê	10648	7498	6986	513	1266
定日县	Tingri	6817	5278	4847	431	544
萨迦县	Sa'gya	7600	4793	4687	107	667
拉孜县	Lhazê	8347	5159	5057	102	1500
昂仁县	Ngamring	5166	4067	3909	159	364
谢通门县	Xaitongmoin	4065	2591	2505	87	440
白朗县	Bainang	8350	6496	6496		637
仁布县	Rinbung	3413	2593	2420	173	467
康马县	Kangmar	3140	2280	1965	316	440
定结县	Dinggyê	2524	1807	1498	309	295
仲巴县	Zhongba	68				
亚东县	Yadong	890	390	390		21
吉隆县	Gyirong	1200	778	713	19	178
聂拉木县	Nyalam	1984	1113	1070	42	175
萨嘎县	Saga	523	412	340	72	30
岗巴县	Kamba	1586	856	856		223

17-5 续表2 continued

单位：公顷 (hectare)

地区	Region	农作物播种面积 Total Sown Area	粮食作物 Grain Crops	#谷物 Cereal	#豆类 Beans	油料 Oil-bearing Crops
那曲地区	**Nagqu**					
那曲县	Nagqu					
嘉黎县	Lhari	321	265	261		
比如县	Biru	1577	1295	1295		
聂荣县	Nyainrong					
安多县	Amdo					
申扎县	Xainza					
索　县	Sog	2782	2053	2013	40	31
班戈县	Bangoin					
巴青县	Baqên	1023	858	841	9	
尼玛县	Nyima	165	69	69		
双湖县	Shaunghu					
阿里地区	**Ngari**					
普兰县	Burang	1100	555	514	34	46
札达县	Zanda	659	381	270	68	49
噶尔县	Gar	2414	307	294	11	6
日土县	Rutog	1738	338	323	12	21
革吉县	Gê'gyai	1169	33	33		
改则县	Gêrzê	1002				
措勤县	Coqên	1333.9				
林芝市	**Nyingchi**					
巴宜区	Bayip	3811	2145	2121	24	409
工布江达县	Gongbo' gyamda	2812	2226	2088	3	442
米林县	Mainling	3496	2762	2733	29	309
墨脱县	Mêdog	1594	1416	1405	9	19
波密县	Bomê	4591	4058	3914	113	358
察隅县	Zayü	4569	3902	3770	62	157
朗　县	Nang	1338	1050	1006	23	185

17-6 主要农作物产量（2015年）

YIELD OF MAJOR FARM CROPS (2015)

单位：吨 (ton)

地区	Region	粮食 Grain	#谷物 Cereal	#豆类 Beans	油菜籽 Oil-bearing Crops
拉萨市	**Lhasa**				
城关区	Lhasa Chengguanqu	1542	1542		257
林周县	Lhünzhub	67625	67625		2517
当雄县	Damxung				
尼木县	Nyêmo	13202	12951	252	1027
曲水县	Qüxü	25300	25300		2028
堆龙德庆区	Doilungdêqên	23037	22362	675	1859
达孜县	Dagzê	25191	25191		1421
墨竹工卡县	Maizhokunggar	24301	24301		2075
昌都市	**Qamdo**				
卡若区	Karub Qu	20231	20219	11	314
江达县	Jomda	13835	13615	220	380
贡觉县	Konjo	13340	12581	104	160
类乌齐县	Riwoqê	8485	8485		
丁青县	Dêngqên	24754	24303	451	1150
察雅县	Chagyab	13385	12822	295	269
八宿县	Baxoi	10604	10383	120	322
左贡县	Zogang	15803	15098	160	281
芒康县	Markam	28493	27347	242	763
洛隆县	Lhorong	23387	22214	168	1050
边坝县	Banbar	11655	10784	547	494
山南地区	**Shannan**				
乃东县	Nêdong	22581	22250	330	1711
扎囊县	Chanang	24552	24538	14	2545
贡嘎县	Konggar	31301	31069	231	1380

17-6 续表1 continued

单位：吨 (ton)

地　区	Region	粮食 Grain	#谷物 Cereal	#豆类 Beans	油菜籽 Oil-bearing Crops
桑日县	Sangri	8226	8181	45	1306
琼结县	Qonggyai	10417	10205	211	1138
曲松县	Qusum	7401	6885	516	966
措美县	Comai	3518	3480	38	434
洛扎县	Lhozhag	10560	8636	1924	890
加查县	Gyaca	8317	8274	43	511
隆子县	Lhünzê	17933	16785	1147	1101
错那县	Cona	5132	4825	306	410
浪卡子县	Nagarzê	7271	7257	14	670
日喀则市	**Xigazê**				
桑珠孜区	Samzhubzê Qu	77836	77526	310	3837
南木林县	Namling	22746	22048	698	2456
江孜县	Gyangzê	64041	61216	2825	6138
定日县	Tingri	26600	25540	1060	1424
萨迦县	Sa'gya	28689	27557	1131	2701
拉孜县	Lhazê	36165	35926	239	4527
昂仁县	Ngamring	19299	18895	405	1018
谢通门县	Xaitongmoin	15521	15267	254	1082
白朗县	Bainang	47937	47937		2336
仁布县	Rinbung	10655	9971	684	1276
康马县	Kangmar	11205	9186	2019	1044
定结县	Dinggyê	6077	5150	928	667
仲巴县	Zhongba				
亚东县	Yadong	1171	1171		36
吉隆县	Gyirong	4240	3905	100	706
聂拉木县	Nyalam	6658	6501	157	508
萨嘎县	Saga	1304	1073	231	114
岗巴县	Kamba	2648	2648		287

17-6 续表2 continued

单位：吨 (ton)

地 区 Region		粮食 Grain	#谷物 Cereal	#豆类 Beans	油菜籽 Oil-bearing Crops
那曲地区	**Nagqu**				
那曲县	Nagqu				
嘉黎县	Lhari	1116	1072		
比如县	Biru	3509	3509		
聂荣县	Nyainrong				
安多县	Amdo				
申扎县	Xainza				
索 县	Sog	7008	6960	48	21
班戈县	Bangoin				
巴青县	Baqên	906	820	10	
尼玛县	Nyima	273	273		
双湖县	Shaunghu				
阿里地区	**Ngari**				
普兰县	Burang	2659	2306	211	115
札达县	Zanda	973	557	30	89
噶尔县	Gar	579	576	2	10
日土县	Rutog	1001	930	31	25
革吉县	Gê'gyai	45	45		
改则县	Gêrzê				
措勤县	Coqên				
林芝市	**Nyingchi**				
巴宜区	Bayip	12132	12073	59	769
工布江达县	Gongbo' gyamda	8070	7242	3	526
米林县	Mainling	11051	11027	24	457
墨脱县	Mêdog	5064	4975	24	14
波密县	Bomê	18924	18437	256	1286
察隅县	Zayü	18557	18014	138	123
朗 县	Nang	6000	5485	170	350

17-7 年末牲畜存栏头数和肉类产量（2015年）

NUMBER OF ANIMALS TKG OUTPUT OF MEAT AT THE YEAR-END(2015)

地 区	Region	年末牲畜存栏头数(万头只) Number of Animals (Year-end) (10000 heads)	#大牲畜 Large Animals	#羊 Sheep and Goats	肉类总产量(吨) Output of Meat (ton)	#牛肉 Beef	#羊肉 Mutton
拉萨市	**Lhasa**						
城关区	Lhasa Chengguanqu	2.14	1.79	0.11	988	810	8
林周县	Lhünzhub	24.32	14.18	9.29	4043	3633	209
当雄县	Damxung	47.37	26.01	21.36	10457	8831	1626
尼木县	Nyêmo	11.37	4.62	6.73	2842	1698	1133
曲水县	Qüxü	8.81	5.35	2.11	2125	1311	205
堆龙德庆区	Doilungdêqên	11.38	7.30	3.22	4686	3104	355
达孜县	Dagzê	7.77	4.84	2.34	3936	3582	132
墨竹工卡县	Maizhokunggar	18.64	14.12	4.11	7930	7481	306
昌都市	**Qamdo**						
卡若区	Karub Qu	30.01	25.31	4.70	15096	14338	758
江达县	Jomda	44.42	30.64	13.75	12273	10723	1550
贡觉县	Konjo	18.86	9.79	9.07	4265	3115	1150
类乌齐县	Riwoqê	18.17	16.62	1.55	5718	5430	288
丁青县	Dêngqên	24.93	16.78	8.15	7647	6563	1084
察雅县	Chagyab	29.39	15.78	13.61	7169	5683	1478
八宿县	Baxoi	18.51	10.68	7.34	5158	4086	881
左贡县	Zogang	19.34	9.04	7.48	5811	3620	1095
芒康县	Markam	35.02	15.67	17.51	7001	5283	1223
洛隆县	Lhorong	16.36	10.92	5.20	5777	5522	225
边坝县	Banbar	18.34	15.33	2.98	6616	6420	194
山南地区	**Shannan**						
乃东县	Nêdong	10.85	4.39	6.22	5197	2045	330
扎囊县	Chanang	10.05	3.07	6.63	1148	759	278
贡嘎县	Konggar	18.86	4.40	14.21	3036	2272	662

17-7 续表1 continued

地　区	Region	年末牲畜存栏头数(万头只) Number of Animals (Year-end) (10000 heads)	#大牲畜 Large Animals	#羊 Sheep and Goats	肉类总产量(吨) Output of Meat (ton)	#牛肉 Beef	#羊肉 Mutton
桑日县	Sangri	8.43	4.70	3.53	2158	1886	142
琼结县	Qonggyai	6.66	1.36	4.96	986	612	234
曲松县	Qusum	10.29	2.32	7.92	2006	1664	301
措美县	Comai	15.48	2.83	12.63	2390	1626	755
洛扎县	Lhozhag	7.95	2.45	5.36	1035	722	270
加查县	Gyaca	5.70	5.12	0.41	2116	2046	26
隆子县	Lhünzê	18.11	5.97	11.96	2944	2204	620
错那县	Cona	8.33	2.42	5.86	1183	810	355
浪卡子县	Nagarzê	28.64	6.05	22.57	3000	1666	1330
日喀则市	**Xigazê**						
桑珠孜区	Samzhubzê Qu	31.86	7.66	23.13	2231	968	941
南木林县	Namling	35.41	11.51	23.63	1741	1156	535
江孜县	Gyangzê	30.77	6.80	23.77	2244	933	1205
定日县	Tingri	28.85	4.04	24.81	1792	778	1015
萨迦县	Sa'gya	28.72	3.21	25.43	1359	438	878
拉孜县	Lhazê	27.65	4.80	22.85	1538	679	856
昂仁县	Ngamring	54.35	10.58	43.77	3899	1881	2019
谢通门县	Xaitongmoin	25.68	7.45	18.19	3743	2866	840
白朗县	Bainang	26.94	5.18	21.43	1222	495	631
仁布县	Rinbung	15.17	3.82	11.33	768	411	355
康马县	Kangmar	17.28	1.88	15.40	1557	389	1167
定结县	Dinggyê	22.98	1.77	21.14	989	221	641
仲巴县	Zhongba	51.34	7.24	44.09	3384	1620	1764
亚东县	Yadong	8.66	2.67	5.96	803	577	217
吉隆县	Gyirong	11.83	2.82	8.98	486	243	220
聂拉木县	Nyalam	18.38	2.06	16.32	1871	1005	865
萨嘎县	Saga	18.34	4.05	14.29	758	391	367
岗巴县	Kamba	15.17	0.58	14.58	983	139	843

17-7 续表2 continued

地 区	Region	年末牲畜存栏头数(万头只) Number of Animals (Year-end) (10000 heads)	#大牲畜 Large Animals	#羊 Sheep and Goats	肉类总产量(吨) Output of Meat (ton)	#牛肉 Beef	#羊肉 Mutton
那曲地区	**Nagqu**						
那曲县	Nagqu	71.97	42.85	29.12	16355	14194	2162
嘉黎县	Lhari	19.00	18.07	0.54	6752	6637	54
比如县	Biru	21.08	18.63	2.45	11126	10815	311
聂荣县	Nyainrong	25.79	19.54	6.25	10891	10168	723
安多县	Amdo	81.37	27.54	53.82	14049	9669	4380
申扎县	Xainza	53.77	6.82	46.95	5922	3129	2794
索 县	Sog	12.72	10.47	2.25	5481	5363	119
班戈县	Bangoin	79.39	15.09	64.30	6574	3343	3230
巴青县	Baqên	22.30	21.12	1.18	6582	6513	70
尼玛县	Nyima	94.85	8.61	86.24	7563	2257	5306
双湖县	Shaunghu	43.24	2.58	40.66	2842	906	1937
阿里地区	**Ngari**						
普兰县	Burang	9.31	1.22	8.09	558	298	260
札达县	Zanda	8.75	2.20	6.55	661	335	326
噶尔县	Gar	18.39	1.21	17.18	912	270	642
日土县	Rutog	34.63	0.69	33.94	2206	146	2059
革吉县	Gê'gyai	38.93	1.31	37.62	2482	261	2221
改则县	Gêrzê	62.71	4.17	58.54	3553	910	2643
措勤县	Coqên	35.17	3.76	31.40	2154	350	1804
林芝市	**Nyingchi**						
巴宜区	Bayip	11.07	6.15	0.46	2328	428	49
工布江达县	Gongbo' gyamda	15.80	10.58	0.61	2424	1545	45
米林县	Mainling	13.54	6.82	1.41	1320	507	49
墨脱县	Mêdog	1.89	0.66		305	67	
波密县	Bomê	10.51	6.95	0.11	1879	1248	6
察隅县	Zayü	11.71	5.05	1.81	1329	586	22
朗 县	Nang	7.84	5.66	1.72	1640	1405	70

17-8 奶类、皮、毛产量（2015年）

OUTPUT OF MILK，SHEEP AND GOAT WOOL，SHEEPSKIN AND COWSKIN PRODUCTS(2015)

地区	Region	奶类 (吨) Milk (ton)	#牛奶 Cow Milk	羊毛 (吨) Sheep and Goat Wool (ton)	#绵羊毛 Sheep Wool	羊皮 (张) Sheepskin (unit)	牛皮 (张) Cowskin (unit)
拉萨市	**Lhasa**						
城关区	Lhasa Chengguanqu	9297	9297	7.82	7.82	616	12317
林周县	Lhünzhub	4763	4659	86.16	67.60	18237	30671
当雄县	Damxung	14091	13170	83.97	78.26	121538	59012
尼木县	Nyêmo	4335	4018	34.36	24.34	21587	8677
曲水县	Qüxü	9002	9002	10.95	7.45	6810	7490
堆龙德庆区	Doilungdêqên	6342	6342	21.09	19.77	13496	18514
达孜县	Dagzê	6800	6756	12.51	6.19	9581	21675
墨竹工卡县	Maizhokunggar	8122	8119	47.91	20.14	16886	49508
昌都市	**Qamdo**						
卡若区	Karub Qu	15027	12927	66.47	33.20	25546	86544
江达县	Jomda	9913	9702	49.40	20.30	46076	93567
贡觉县	Konjo	4084	2644	284.10	281.00	47651	24011
类乌齐县	Riwoqê	7483	7462	7.00	7.00	16493	44682
丁青县	Dêngqên	6733	6325	59.20	44.70	41392	43754
察雅县	Chagyab	5739	4971	137.99	90.79	52813	51854
八宿县	Baxoi	5100	3351	90.23	64.47	36002	32394
左贡县	Zogang	2748	2500	65.15	40.88	28448	21533
芒康县	Markam	8231	7770	119.42	84.52	40188	27580
洛隆县	Lhorong	6669	5989	88.54	61.59	7000	11050
边坝县	Banbar	4993	4886	11.93	3.65	12281	51359
山南地区	**Shannan**						
乃东县	Nêdong	3191	3191	37.95	28.74	23165	11668
扎囊县	Chanang	4640	3668	46.45	44.40	22229	10124
贡嘎县	Konggar	3883	3883	160.86	152.41	52923	18176

17-8 续表1 continued

地 区	Region	奶类 (吨) Milk (ton)	#牛奶 Cow Milk	羊毛 (吨) Sheep and Goat Wool (ton)	#绵羊毛 Sheep Wool	羊皮 (张) Sheepskin (unit)	牛皮 (张) Cowskin (unit)
桑日县	Sangri	2822	2822	39.00	11.00	11326	13473
琼结县	Qonggyai	1092	1092	35.25	31.54	18713	5130
曲松县	Qusum	3304	3227	135.45	119.63	24765	13295
措美县	Comai	4468	4075	160.73	155.13	58700	10912
洛扎县	Lhozhag	3232	3230	54.11	41.00	18470	5786
加查县	Gyaca	4863	4863	6.17	5.79	2077	14879
隆子县	Lhünzê	7315	7238	172.40	98.13	41644	18025
错那县	Cona	2413	2285	47.16	38.66	17605	6198
浪卡子县	Nagarzê	7218	5817	217.92	198.42	103647	13986
日喀则市	**Xigazê**						
桑珠孜区	Samzhubzê Qu	9002	9002	117.54	103.04	78118	10102
南木林县	Namling	3025	2652	99.26	81.84	53823	16843
江孜县	Gyangzê	17687	17168	160.35	138.55	98860	13343
定日县	Tingri	2663	795	100.58	68.35	90007	10242
萨迦县	Sa'gya	1794	1497	100.42	78.64	89341	7537
拉孜县	Lhazê	1581	1011	80.51	51.64	70018	9288
昂仁县	Ngamring	4303	2147	222.26	136.81	137399	23990
谢通门县	Xaitongmoin	3487	2995	131.32	118.74	87574	38420
白朗县	Bainang	8362	7455	139.52	108.20	63463	5486
仁布县	Rinbung	1713	1705	56.17	48.68	36212	5680
康马县	Kangmar	2466	1831	88.92	77.89	98214	5231
定结县	Dinggyê	1103	236	93.20	68.69	67543	2373
仲巴县	Zhongba	9937	2420	499.50	353.77	151043	17300
亚东县	Yadong	949	791	42.74	36.27	22380	4329
吉隆县	Gyirong	1157	868	40.19	26.51	20672	3023
聂拉木县	Nyalam	2018	1131	97.29	81.77	30986	1903
萨嘎县	Saga	1071	543	75.75	61.15	31640	4095
岗巴县	Kamba	926	91	102.05	95.05	68119	1929

17-8 续表2 continued

地 区	Region	奶类 (吨) Milk (ton)	#牛奶 Cow Milk	羊毛 (吨) Sheep and Goat Wool (ton)	#绵羊毛 Sheep Wool	羊皮 (张) Sheepskin (unit)	牛皮 (张) Cowskin (unit)
那曲地区	**Nagqu**						
那曲县	Nagqu	10211	9637	213.33	202.51	109988	96600
嘉黎县	Lhari	5978	5940	5.55	2.71	2086	47595
比如县	Biru	7743	7618	14.74	11.05	19865	65546
聂荣县	Nyainrong	5842	5736	208.85	199.24	47049	64547
安多县	Amdo	9191	6982	597.03	548.97	13926	7027
申扎县	Xainza	3892	2247	254.11	235.60	206784	22324
索 县	Sog	3657	3467	10.16	4.74	6588	33142
班戈县	Bangoin	7865	4981	937.62	901.47	229878	26746
巴青县	Baqên	2689	2570	15.30	14.14	5411	47550
尼玛县	Nyima	3310	962	519.62	444.76	187635	14488
双湖县	Shaunghu	1234	494	683.32	585.53	111991	3912
阿里地区	**Ngari**						
普兰县	Burang	517	194	52.37	43.89	8309	961
札达县	Zanda	346	123	35.13	23.35	8547	891
噶尔县	Gar	930	435	105.30	69.40	34323	1597
日土县	Rutog	177	43	95.29	46.81	111626	532
革吉县	Gê'gyai	3063	111	210.00	136.00	71718	1023
改则县	Gêrzê	2199	398	533.96	337.89	161036	7390
措勤县	Coqên	949	110	262.43	196.02	98368	2538
林芝市	**Nyingchi**						
巴宜区	Bayip	3864	3864	4.90	3.50	403	659
工布江达县	Gongbo' gyamda	4922	4901	26.00	26.00	2015	6759
米林县	Mainling	3880	3880	14.93	9.66	1250	2159
墨脱县	Mêdog	22	22				
波密县	Bomê	3645	3645			54	1153
察隅县	Zayü	1199	1198	3.10	2.70	740	2914
朗 县	Nang	5320	4925	20.00	10.00	3834	7607

第十八篇

全国各省（区、市）统计资料

Chapter 18

STATISTICAL DATA OF PROVINCE, MUNICIPALITY AND AUTONOMOUS REGION

18-1 各省（区、市）生产总值（2015年）

GROSS DOMESTIC PRODUCT BY PROVINCE, MUNICIPALITY AND AUTONOMOUS REGION (2015)

单位：亿元　　(100 million yuan)

地区	Region	地区生产总值 Gross Domestic Product	第一产业 Primary Industry	第二产业 Secondary Industry	#工业 Industry	第三产业 Tertiary Industry
全国	**National Total**	**676707.8**	**60863.0**	**274277.8**	**228974.3**	**341566.9**
北京	Beijing	22968.6	140.2	4526.4	3662.88	18301.9
天津	Tianjin	16538.2	208.8	7688.7	6981.27	8640.7
河北	Hebei	29806.1	3439.5	14388.0	12626.17	11978.7
山西	Shanxi	12802.6	788.1	5224.3	4389.6	6790.2
内蒙古	Inner Mongolia	18032.8	1618.7	9200.6	7939.18	7213.5
辽宁	Liaoning	28743.4	2384.0	13382.6	11637.29	12976.8
吉林	Jilin	14274.1	1596.3	7337.1	6439.76	5340.8
黑龙江	Heilongjiang	15083.7	2633.5	4798.1	4053.77	7652.1
上海	Shanghai	24965.0	109.8	7940.7	7109.94	16914.5
江苏	Jiangsu	70116.4	3987.9	32043.6	27996.42	34084.8
浙江	Zhejiang	42886.5	1832.8	19707.1	17209.38	21346.6
安徽	Anhui	22005.6	2456.7	11342.3	9659.82	8206.6
福建	Fujian	25979.8	2117.7	13218.7	10974.42	10643.5
江西	Jiangxi	16723.8	1773.0	8487.3	6987.03	6463.5
山东	Shandong	63002.3	4979.1	29485.9	25910.75	28537.4
河南	Henan	37010.3	4209.6	18189.4	16100.92	14611.3
湖北	Hubei	29550.2	3309.8	13503.6	11532.63	12736.8
湖南	Hunan	29047.2	3331.6	12955.4	11090.81	12760.2
广东	Guangdong	72812.6	3344.8	32511.5	30137.46	36956.2
广西	Guangxi	16803.1	2566.0	7694.7	6338.28	6542.4
海南	Hainan	3702.8	855.8	875.1	485.85	1971.8
重庆	Chongqing	15719.7	1150.2	7071.8	5557.52	7497.8
四川	Sichuan	30103.1	3677.3	14293.2	12084.88	12132.6
贵州	Guizhou	10502.6	1640.6	4146.9	3315.58	4715.0
云南	Yunnan	13717.9	2055.7	5492.8	3925.18	6169.4
西藏	Tibet	1026.4	96.9	376.2	69.88	553.3
陕西	Shaanxi	18171.9	1597.6	9360.3	7634.19	7213.9
甘肃	Gansu	6790.3	954.5	2494.8	1778.1	3341.0
青海	Qinghai	2417.1	208.9	1207.3	893.87	1000.8
宁夏	Ningxia	2911.8	238.5	1379.0	979.72	1294.3
新疆	Xinjiang	9324.8	1559.1	3565.0	2690.04	4200.7

18-2 各省（区、市）生产总值构成（2015年）

COMPOSITION OF GROSS DOMESTIC PRODUCT BY PROVINCE, MUNICIPALITY AND AUTONOMOUS REGION (2015)

单位：% (%)

地区	Region	地区生产总值 Gross Domestic Product	第一产业 Primary Industry	第二产业 Secondary Industry	第三产业 Tertiary Industry
全国	**National Total**	**100.0**	**9.0**	**40.5**	**50.5**
北京	Beijing	100.0	0.6	19.7	79.7
天津	Tianjin	100.0	1.3	46.5	52.2
河北	Hebei	100.0	11.5	48.3	40.2
山西	Shanxi	100.0	6.2	40.8	53.0
内蒙古	Inner Mongolia	100.0	9.0	51.0	40.0
辽宁	Liaoning	100.0	8.3	46.6	45.1
吉林	Jilin	100.0	11.2	51.4	37.4
黑龙江	Heilongjiang	100.0	17.5	31.8	50.7
上海	Shanghai	100.0	0.4	31.8	67.8
江苏	Jiangsu	100.0	5.7	45.7	48.6
浙江	Zhejiang	100.0	4.3	46.0	49.8
安徽	Anhui	100.0	11.2	51.5	37.3
福建	Fujian	100.0	8.2	50.9	41.0
江西	Jiangxi	100.0	10.6	50.7	38.6
山东	Shandong	100.0	7.9	46.8	45.3
河南	Henan	100.0	11.4	49.1	39.5
湖北	Hubei	100.0	11.2	45.7	43.1
湖南	Hunan	100.0	11.5	44.6	43.9
广东	Guangdong	100.0	4.6	44.7	50.8
广西	Guangxi	100.0	15.3	45.8	38.9
海南	Hainan	100.0	23.1	23.6	53.3
重庆	Chongqing	100.0	7.3	45.0	47.7
四川	Sichuan	100.0	12.2	47.5	40.3
贵州	Guizhou	100.0	15.6	39.5	44.9
云南	Yunnan	100.0	15.0	40.0	45.0
西藏	Tibet	100.0	9.5	36.7	53.8
陕西	Shaanxi	100.0	8.8	51.5	39.7
甘肃	Gansu	100.0	14.1	36.7	49.2
青海	Qinghai	100.0	8.6	49.9	41.4
宁夏	Ningxia	100.0	8.2	47.4	44.4
新疆	Xinjiang	100.0	16.7	38.2	45.0

18-3 各省（区、市）总人口（2015年）

TOTAL POPULATION BY PROVINCE, MUNICIPALITY AND AUTONOMOUS REGION (2015)

单位：万人　　(person)

地　区	Region	年末总人口 Total Population (year-end)	比重(%)		Proportion(%)	
			2000年 2000	2010年 2010	2014年 2014	2015年 2015
全　国	**National Total**	**137462**	**100.00**	**100.00**	**100.0**	**100.0**
北　京	Beijing	2171	1.09	1.46	1.57	1.58
天　津	Tianjin	1547	0.79	0.97	1.11	1.13
河　北	Hebei	7425	5.33	5.36	5.40	5.40
山　西	Shanxi	3664	2.6	2.67	2.67	2.67
内蒙古	Inner Mongolia	2511	1.88	1.84	1.83	1.83
辽　宁	Liaoning	4382	3.35	3.27	3.21	3.19
吉　林	Jilin	2753	2.16	2.05	2.01	2.00
黑龙江	Heilongjiang	3812	2.91	2.86	2.80	2.77
上　海	Shanghai	2415	1.32	1.72	1.77	1.76
江　苏	Jiangsu	7976	5.88	5.87	5.82	5.80
浙　江	Zhejiang	5539	3.69	4.06	4.03	4.03
安　徽	Anhui	6144	4.73	4.44	4.45	4.47
福　建	Fujian	3839	2.74	2.75	2.78	2.79
江　西	Jiangxi	4566	3.27	3.33	3.32	3.32
山　东	Shandong	9847	7.17	7.15	7.16	7.16
河　南	Henan	9480	7.31	7.02	6.90	6.90
湖　北	Hubei	5852	4.76	4.27	4.25	4.26
湖　南	Hunan	6783	5.09	4.9	4.93	4.93
广　东	Guangdong	10849	6.83	7.79	7.84	7.89
广　西	Guangxi	4796	3.55	3.44	3.48	3.49
海　南	Hainan	911	0.62	0.65	0.66	0.66
重　庆	Chongqing	3017	2.44	2.15	2.19	2.19
四　川	Sichuan	8204	6.58	6	5.95	5.97
贵　州	Guizhou	3530	2.78	2.59	2.56	2.57
云　南	Yunnan	4742	3.39	3.43	3.45	3.45
西　藏	Tibet	324	0.21	0.22	0.23	0.24
陕　西	Shaanxi	3793	2.85	2.79	2.76	2.76
甘　肃	Gansu	2600	2.02	1.91	1.89	1.89
青　海	Qinghai	588	0.41	0.42	0.43	0.43
宁　夏	Ningxia	668	0.44	0.47	0.48	0.49
新　疆	Xinjiang	2360	1.52	1.63	1.68	1.72

18-4 各省（区、市）全社会固定资产投资

TOTAL INVESTMENT IN FIXED ASSETS BY PROVINCE, MUNICIPALITY AND AUTONOMOUS REGION

地　区	Region	2005	2009	2010	2014	2015
全　国	**National Total**	**88773.6**	**224598.8**	**278121.9**	**512020.7**	**561999.8**
北　京	Beijing	2827.2	4616.9	5403.0	6924.2	7496.0
天　津	Tianjin	1495.1	4738.2	6278.1	10518.2	11832.0
河　北	Hebei	4139.7	12269.8	15083.4	26671.9	29448.2
山　西	Shanxi	1826.6	4943.2	6063.2	12354.5	14074.2
内蒙古	Inner Mongolia	2643.6	7336.8	8926.5	17591.8	13702.3
辽　宁	Liaoning	4200.4	12292.5	16043.0	24730.8	17917.9
吉　林	Jilin	1741.1	6411.6	7870.4	11339.6	12705.3
黑龙江	Heilongjiang	1737.3	5028.8	6812.6	9829.0	10183.0
上　海	Shanghai	3509.7	5043.8	5108.9	6016.4	6352.7
江　苏	Jiangsu	8165.4	18949.9	23184.3	41938.6	46246.9
浙　江	Zhejiang	6520.1	10742.3	12376.0	24262.8	27323.3
安　徽	Anhui	2525.1	8990.7	11542.9	21875.6	24385.9
福　建	Fujian	2316.7	6231.2	8199.1	18177.9	21301.4
江　西	Jiangxi	2176.6	6643.1	8772.3	15079.3	17388.1
山　东	Shandong	9307.3	19034.5	23280.5	42495.5	48312.5
河　南	Henan	4311.6	13704.5	16585.9	30782.2	35660.4
湖　北	Hubei	2676.6	7866.9	10262.7	22915.3	26563.9
湖　南	Hunan	2629.1	7703.4	9663.6	21242.9	25045.1
广　东	Guangdong	6977.9	12933.1	15623.7	26293.9	30343.1
广　西	Guangxi	1661.2	5237.2	7057.6	13843.2	16227.7
海　南	Hainan	367.2	988.3	1317.0	3112.2	3451.2
重　庆	Chongqing	1933.2	5214.3	6688.9	12285.4	14353.2
四　川	Sichuan	3585.2	11371.9	13116.7	23318.6	25525.9
贵　州	Guizhou	998.3	2412.0	3104.9	9025.8	10945.5
云　南	Yunnan	1777.6	4526.4	5528.7	11498.5	13500.6
西　藏	Tibet	196.2	379.4	463.3	1119.7	1342.2
陕　西	Shaanxi	1882.2	6246.9	7963.7	17191.9	18582.2
甘　肃	Gansu	870.4	2363.0	3158.3	7884.1	8754.2
青　海	Qinghai	329.8	798.2	1016.9	2861.2	3210.7
宁　夏	Ningxia	443.3	1075.9	1444.2	3173.8	3505.4
新　疆	Xinjiang	1339.1	2725.5	3423.2	9447.7	10813.0

18-5 各省（区、市）主要农产品和畜产品产量（2015年）

YIELD OF MAJOR FARM CROPS AND OUTPUT OF LIVESTOCK PRODUCTS BY PROVINCE, MUNICIPALITY AND AUTONOMOUS REGION (2015)

单位：万吨　　(10000 tons)

地　区	Region	粮食产量 Yield of Grain	油料产量 Yield of Oil-bearing Crops	牛肉产量 Output of Beef	猪肉产量 Output of Pork	羊肉产量 Output of Mutton
全　国	**National Total**	**62143.9**	**3537.0**	**700.1**	**5486.5**	**440.8**
北　京	Beijing	62.6	0.6	1.5	22.5	1.2
天　津	Tianjin	181.7	0.4	3.4	29.2	1.6
河　北	Hebei	3363.8	151.5	53.2	275.0	31.7
山　西	Shanxi	1259.6	15.3	5.9	60.3	6.9
内蒙古	Inner Mongolia	2827.0	193.6	52.9	70.8	92.6
辽　宁	Liaoning	2002.5	46.1	40.3	227.1	8.5
吉　林	Jilin	3647.0	76.4	46.6	136.0	4.8
黑龙江	Heilongjiang	6324.0	18.3	41.6	138.4	12.3
上　海	Shanghai	112.1	1.2	0. 1	16.1	0.6
江　苏	Jiangsu	3561.3	143.1	3.2	225.8	8.1
浙　江	Zhejiang	752.2	31.3	1.2	103.3	1.8
安　徽	Anhui	3538.1	227.9	16.2	259.1	16.6
福　建	Fujian	661.1	30.7	3.1	134.5	2.4
江　西	Jiangxi	2148.7	124.0	13.6	253.5	1.2
山　东	Shandong	4712.7	324.1	67.9	397.4	37.1
河　南	Henan	6067.1	599.7	82.6	468.0	25.9
湖　北	Hubei	2703.3	339.6	23.0	331.5	8.8
湖　南	Hunan	3002.9	242.9	19.9	448.0	11.6
广　东	Guangdong	1358.1	110.3	7.0	274.2	0.9
广　西	Guangxi	1524.8	64.7	14.4	258.8	3.2
海　南	Hainan	184.0	11.3	2.6	45.8	1.0
重　庆	Chongqing	1154.9	59.9	8.8	156.2	3.8
四　川	Sichuan	3442.8	307.6	35.4	512.4	26.3
贵　州	Guizhou	1180.0	101.3	16.8	160.7	4.2
云　南	Yunnan	1876.4	65.9	34.3	288.6	15.0
西　藏	Tibet	100.6	6.4	21.6	1.1	6.6
陕　西	Shaanxi	1226.8	62.7	7.9	90.4	7.8
甘　肃	Gansu	1171.1	71.6	18.8	50.8	19.6
青　海	Qinghai	102.7	30.5	11.5	10.3	11.6
宁　夏	Ningxia	372.6	15.3	9.7	7.1	10.1
新　疆	Xinjiang	1521.3	62.9	40.4	33.1	55.4

18-6 各省（区、市）规模以上工业企业主要经济指标（2015年）
MAIN ECONOMIC INDICATORS OF ALL INDUSTRIAL ENTERPRISES ABOVE DESIGNATED SIZE，MUNICIPALITY AND AUTONOMOUS REGION (2015)

单位：亿元 (100 million yuan)

地区	Region	主营业务收入 Business Income of The Main Products	主营业务成本 Cost of The Core Business	销售费用 selling expenses	管理费用 Management Expenses	财务费用 financial expense	利润总额 Total Profits
全国	**National Total**	**1103300.7**	**945359.2**	**28740.0**	**41135.4**	**13371.2**	**63554.0**
北京	Beijing	19026.0	15915.1	925.5	938.3	209.2	1580.3
天津	Tianjin	27958.9	23937.3	626.0	854.1	193.7	2002.9
河北	Hebei	44843.9	39487.5	809.3	1278.0	568.3	2181.4
山西	Shanxi	14393.7	12569.6	502.9	745.1	593.5	-68.1
内蒙古	Inner Mongolia	18522.7	15648.6	430.3	686.3	441.2	940.5
辽宁	Liaoning	37123.7	32264.5	882.8	1484.4	595.6	1191.1
吉林	Jilin	22045.9	18626.8	857.3	952.5	242.6	1171.5
黑龙江	Heilongjiang	11384.5	9649.7	288.0	597.1	145.4	409.9
上海	Shanghai	33468.0	27025.0	1303.4	2169.8	148.4	2635.4
江苏	Jiangsu	148283.8	127321.0	3634.1	5458.9	1300.5	9617.1
浙江	Zhejiang	62740.5	53198.9	1678.2	2998.0	941.6	3717.7
安徽	Anhui	38364.4	33626.2	934.6	1287.0	454.9	1852.7
福建	Fujian	39106.6	33728.7	988.5	1376.4	428.1	2208.7
江西	Jiangxi	32459.4	28591.1	551.3	736.9	198.8	2128.0
山东	Shandong	146886.7	128905.0	2896.1	3720.1	1663.8	8617.2
河南	Henan	72381.4	63351.3	1324.5	1568.3	758.8	4840.6
湖北	Hubei	42470.2	36326.7	1278.0	1625.7	508.2	2233.1
湖南	Hunan	35152.2	29644.3	1011.8	1447.8	413.0	1548.6
广东	Guangdong	117461.7	99329.8	4020.1	5573.9	716.8	7208.8
广西	Guangxi	20078.4	17076.3	468.1	761.4	235.2	1175.4
海南	Hainan	1660.6	1314.8	66.1	63.5	37.7	89.6
重庆	Chongqing	20370.3	17241.4	587.1	843.3	218.9	1396.8
四川	Sichuan	37876.3	32039.4	1120.1	1492.6	702.8	2044.0
贵州	Guizhou	9221.4	7440.6	295.6	398.1	233.6	606.5
云南	Yunnan	9823.3	7614.3	269.0	423.0	362.6	462.0
西藏	Tibet	130.9	104.7	6.1	9.5	4.7	6.4
陕西	Shaanxi	18336.3	14822.0	478.8	811.6	312.3	1339.7
甘肃	Gansu	8155.8	7351.5	129.4	268.4	230.4	-72.3
青海	Qinghai	2130.1	1777.6	78.2	71.7	105.6	68.8
宁夏	Ningxia	3403.9	2936.2	69.5	127.7	127.7	79.3
新疆	Xinjiang	8039.1	6493.3	229.4	365.9	277.1	340.5

18-7 各省（区、市）社会消费品零售总额

TOTAL RETAIL SALES OF CONSUMER GOODS BY PROVINCE, MUNICIPALITY AND AUTONOMOUS REGION

单位：亿元 (100 million yuan)

地　区	Region	2007	2008	2009	2010	2013	2014	2015
全　国	**National Total**	**93571.6**	**114830.1**	**132678.4**	**158008.0**	**242842.8**	**271896.1**	**300930.8**
北　京	Beijing	3835.2	4645.5	5309.9	6340.3	8872.1	9638.0	10338.0
天　津	Tianjin	1650.6	2078.7	2430.8	2860.2	4470.4	4738.7	5257.3
河　北	Hebei	4053.8	4991.1	5764.9	6821.8	10516.7	11820.5	12990.7
山　西	Shanxi	1953.3	2421.1	2809.0	3318.2	5139.3	5717.9	6033.7
内蒙古	Inner Mongolia	1964.0	2463.0	2855.3	3384.0	5114.2	5657.6	6107.7
								0.0
辽　宁	Liaoning	4097.8	5032.4	5812.6	6887.6	10581.4	11857.0	12787.2
吉　林	Jilin	2038.3	2549.2	2957.3	3504.9	5426.4	6080.9	6651.9
黑龙江	Heilongjiang	2386.2	2928.3	3401.8	4039.2	6251.2	7015.3	7640.2
								0.0
上　海	Shanghai	3873.3	4577.2	5173.2	6186.6	8557.0	9303.5	10131.5
江　苏	Jiangsu	7985.9	9905.1	11484.1	13606.3	20878.2	23458.1	25876.8
浙　江	Zhejiang	6271.3	7533.3	8622.3	10387.0	15970.8	17835.3	19784.7
安　徽	Anhui	2451.9	3045.2	3527.8	4300.5	7044.7	7957.0	8908.0
福　建	Fujian	3212.3	3866.7	4481.0	5310.0	8275.3	9346.7	10505.9
江　西	Jiangxi	1718.9	2142.0	2484.4	2971.0	4696.1	5292.6	5925.5
山　东	Shandong	8607.5	10658.8	12363.0	14620.3	22294.8	25111.5	27761.4
								0.0
河　南	Henan	4690.3	5815.4	6746.4	8004.2	12426.6	14005.0	15740.4
湖　北	Hubei	4115.8	5109.7	5928.4	7014.4	11035.9	12449.3	14003.2
湖　南	Hunan	3419.2	4222.6	4913.7	5952.6	9509.5	10723.5	12024.0
广　东	Guangdong	10731.3	12986.6	14891.8	17458.4	25453.9	28471.1	31517.6
广　西	Guangxi	1932.7	2395.8	2790.7	3312.0	5133.1	5772.8	6348.1
海　南	Hainan	370.9	463.2	537.5	663.8	1090.9	1224.5	1325.1
								0.0
重　庆	Chongqing	1711.1	2147.1	2479.0	3051.1	5055.8	5710.7	6424.0
四　川	Sichuan	4105.6	4944.8	5758.7	6884.8	11001.0	12393.0	13877.7
贵　州	Guizhou	858.2	1075.2	1247.3	1531.6	2601.2	2936.9	3283.0
云　南	Yunnan	1422.5	1764.7	2051.1	2555.8	4112.6	4632.9	5103.2
西　藏	Tibet	112.6	130.0	158.9	192.4	322.2	364.5	408.5
								0.0
陕　西	Shaanxi	1837.3	2317.1	2699.7	3257.5	5245.0	5918.7	6578.1
甘　肃	Gansu	854.4	1023.6	1183.0	1435.5	2368.8	2668.3	2907.2
青　海	Qinghai	212.6	259.7	300.5	351.0	549.6	620.8	691.0
宁　夏	Ningxia	239.5	295.4	339.3	418.5	668.5	737.2	789.6
新　疆	Xinjiang	857.5	1041.5	1177.5	1386.1	2179.5	2436.5	2606.0

18-8 各省（区、市）人民生活（2015年）

PEOPLE'S LIFE BY PROVINCE, MUNICIPALITY AND AUTONOMOUS REGION (2015)

单位：元 (yuan)

地 区 Region	城镇居民人均收支情况 Per Capital Annual Income and Expenditure of Urban Households		农村居民人均收支情况 Per Capital Annual Income and Expenditure of Rural Households	
	可支配收入 Disposable Income	消费支出 Expenditures	可支配收入 Disposable Income	消费支出 Expenditures
全 国 **National Total**	**31195**	**21392**	**11422**	**9223**
北 京 Beijing	52859	36642	20569	15811
天 津 Tianjin	34101	26230	18482	14739
河 北 Hebei	26152	17587	11051	9023
山 西 Shanxi	25828	15819	9454	7421
内蒙古 Inner Mongolia	30594	21876	10776	10637
辽 宁 Liaoning	31126	21557	12057	8873
吉 林 Jilin	24901	17973	11326	8783
黑龙江 Heilongjiang	24203	17152	11095	8391
上 海 Shanghai	52962	36946	23205	16152
江 苏 Jiangsu	37173	24966	16257	12883
浙 江 Zhejiang	43714	28661	21125	16108
安 徽 Anhui	26936	17234	10821	8975
福 建 Fujian	33275	23520	13793	11961
江 西 Jiangxi	26500	16732	11139	8486
山 东 Shandong	31545	19854	12930	8748
河 南 Henan	25576	17154	10853	7887
湖 北 Hubei	27051	18192	11844	9803
湖 南 Hunan	28838	19501	10993	9691
广 东 Guangdong	34757	25673	13360	11103
广 西 Guangxi	26416	16321	9467	7582
海 南 Hainan	26356	18448	10858	8210
重 庆 Chongqing	27239	19742	10505	8938
四 川 Sichuan	26205	19277	10247	9251
贵 州 Guizhou	24580	16914	7387	6645
云 南 Yunnan	26373	17675	8242	6830
西 藏 Tibet	25457	17022	8244	5580
陕 西 Shaanxi	26420	18464	8689	7901
甘 肃 Gansu	23767	17451	6936	6830
青 海 Qinghai	24542	19201	7933	8566
宁 夏 Ningxia	25186	18984	9119	8415
新 疆 Xinjiang	26275	19415	9425	7698

18-9 各省(区、市)居民消费价格分类指数（2015年）

GENERAL PRICE INDICES BY CATEGORY AND BY PROVINCE, MUNICIPALITY AND AUTONOMOUS REGION (2015)

(上年=100) (preceding year=100)

地区 Region	居民消费价格总指数 General Consumer Price Index	食品 Food	烟酒及用品 Tobacco and Liquor and It's Articles	衣着 Clothing	家庭设备用品及服务 Household Facilities and Articles and Service	医疗保健和个人用品 Medicine and Medical and Personal Articles	交通和通信 Transportation & Communication	娱乐教育文化 Recreation, Education and Culture	居住 Housing
全 国 National Total	**101.4**	**102.3**	**102.1**	**102.7**	**101.0**	**102.0**	**98.3**	**101.4**	**100.7**
北 京 Beijing	101.8	101.6	102.0	103.6	99.9	100.2	102.8	100.8	102.6
天 津 Tianjin	101.7	101.7	101.9	103.0	101.0	99.8	97.4	104.2	102.6
河 北 Hebei	100.9	100.8	101.7	103.1	101.0	102.7	98.3	101.1	99.9
山 西 Shanxi	100.6	100.4	102.6	102.2	100.1	101.8	97.3	101.7	100.2
内蒙古 Inner Mongolia	101.1	101.4	103.7	102.8	100.9	102.3	98.0	101.4	99.7
辽 宁 Liaoning	101.4	102.5	103.0	102.0	100.5	101.5	99.0	101.1	100.3
吉 林 Jilin	101.7	102.0	103.1	103.2	100.4	103.0	98.9	100.4	101.5
黑龙江 Heilongjiang	101.1	101.1	102.1	101.6	100.8	102.7	99.0	101.3	100.7
上 海 Shanghai	102.4	102.9	104.2	107.8	102.9	99.3	97.6	100.3	104.6
江 苏 Jiangsu	101.7	103.0	101.9	103.0	102.8	101.6	97.3	101.8	100.9
浙 江 Zhejiang	101.4	103.3	103.3	101.8	100.9	102.7	96.0	101.4	100.8
安 徽 Anhui	101.3	102.3	101.9	101.4	100.7	104.1	98.1	101.4	99.6
福 建 Fujian	101.7	102.3	102.3	102.9	100.8	104.5	98.3	101.2	101.3
江 西 Jiangxi	101.5	103.3	103.0	103.2	101.0	101.4	98.8	101.1	98.5
山 东 Shandong	101.2	101.2	101.8	103.5	101.7	101.6	98.4	101.9	100.8
河 南 Henan	101.3	101.8	101.1	102.3	100.5	102.4	97.9	102.1	101.0
湖 北 Hubei	101.5	102.2	102.6	102.7	100.6	101.7	100.2	101.3	100.6
湖 南 Hunan	101.4	103.0	102.4	102.2	100.9	101.9	98.1	101.4	99.2
广 东 Guangdong	101.5	103.5	101.7	102.3	100.9	101.8	97.9	101.4	100.0
广 西 Guangxi	101.5	102.6	101.3	105.0	100.8	101.8	98.5	101.3	99.6
海 南 Hainan	101.0	102.9	101.8	103.7	100.6	103.2	96.0	102.8	97.7
重 庆 Chongqing	101.3	101.8	99.1	102.8	100.0	102.6	98.0	101.2	101.2
四 川 Sichuan	101.5	102.9	100.1	101.4	100.4	102.1	99.3	101.1	100.5
贵 州 Guizhou	101.8	102.6	103.2	100.8	101.3	100.7	100.6	103.4	100.6
云 南 Yunnan	101.9	103.4	103.9	102.0	101.0	102.5	98.3	101.1	100.6
西 藏 Tibet	102.0	103.1	103.6	102.4	101.5	101.4	98.5	101.4	100.7
陕 西 Shaanxi	101.0	100.9	102.4	102.3	99.8	102.0	99.7	101.5	100.2
甘 肃 Gansu	101.6	101.7	103.1	103.1	101.6	101.6	98.6	100.6	101.9
青 海 Qinghai	102.6	102.5	101.4	105.1	101.4	102.3	100.4	103.1	103.2
宁 夏 Ningxia	101.1	100.4	102.6	102.8	101.4	101.0	98.6	105.7	100.3
新 疆 Xinjiang	100.6	99.2	102.0	103.4	100.6	101.5	99.3	100.9	102.0

18-10 各省(区、市)客运量和货运量（2015年）

PASSENGER TRAFFIC AND FREIGHT TRAFFIC BY PROVINCE, MUNICIPALITY AND AUTONOMOUS REGION (2015)

地区 Region	客运量 (万人) Total (10000 persons)	#铁路 Railways	#公路 Highways	#水运 Waterways	货运量 (万吨) Total (10000 tons)	#铁路 Railways	#公路 Highways	#水运 Waterways
全　国 National Total	**1941444**	**251657**	**1619097**	**27072**	**4171109**	**335801**	**3150019**	**613567**
北　京 Beijing	62752	12821	49931		20078	1034	19044	
天　津 Tianjin	18345	4054	14219	72	48779	8378	30551	9850
河　北 Hebei	53274	9706	43563	5	198024	17843	175637	4544
山　西 Shanxi	29587	7393	22085	109	161765	70509	91240	16
内蒙古 Inner Mongolia	16125	5108	11017		175112	55612	119500	
辽　宁 Liaoning	73685	12912	60269	504	202021	16442	172140	13439
吉　林 Jilin	36359	7158	29013	188	43333	4432	38708	193
黑龙江 Heilongjiang	42713	9709	32632	372	54478	9033	44200	1245
上　海 Shanghai	13844	9692	3766	386	90893	496	40627	49770
江　苏 Jiangsu	138308	16116	119800	2392	198998	5304	113351	80343
浙　江 Zhejiang	110951	14806	92304	3841	201231	3887	122547	74797
安　徽 Anhui	86810	8553	78072	185	345756	10158	230649	104949
福　建 Fujian	51646	9256	40394	1996	111041	2820	79802	28419
江　西 Jiangxi	62418	8458	53687	273	130349	4019	115436	10894
山　东 Shandong	60142	11183	46960	1999	261849	19191	227934	14724
河　南 Henan	124981	12166	112535	280	192859	9969	172431	10459
湖　北 Hubei	101659	13132	87953	574	153904	4135	115801	33968
湖　南 Hunan	131311	10511	119266	1534	199716	4407	172248	23061
广　东 Guangdong	123709	22932	98050	2727	339225	8117	255995	75113
广　西 Guangxi	49101	7046	41522	533	149714	5779	119194	24741
海　南 Hainan	13728	1651	10363	1714	22287	779	11279	10229
重　庆 Chongqing	62282	3994	57556	732	103833	1862	86931	15040
四　川 Sichuan	135969	9207	124014	2748	154597	7287	138622	8688
贵　州 Guizhou	87541	4901	80621	2019	84540	5736	77341	1463
云　南 Yunnan	48513	3668	43688	1157	107608	5108	101993	507
西　藏 Tibet	1092	221	871		2125	48	2077	
陕　西 Shaanxi	69680	7866	61436	378	140900	32951	107731	218
甘　肃 Gansu	40453	3123	37240	90	58251	5936	52281	34
青　海 Qinghai	5602	936	4596	70	15962	2729	13233	
宁　夏 Ningxia	9300	661	8444	195	42626	5631	36995	
新　疆 Xinjiang	35948	2719	33229		70673	6168	64505	

18-11 各省(区、市)网上零售额（2015年）

ONLINE RETAIL VALUE BY REGION（2015）

地区 Region	网上零售额（亿元）Online Retail Value	比上年增长（%）Growth Rate over Preceding Year	其中：实物商品网上零售额（亿元）Online Retail Value of physical commodity	比上年增长（%）Growth Rate over Preceding Year
全 国 National Total	**38773.2**	**33.3**	**32423.8**	**31.6**
北 京 Beijing	4650.7	32.4	3788.8	26.7
天 津 Tianjin	496.0	18.1	457.9	35.1
河 北 Hebei	662.9	31.0	588.4	37.0
山 西 Shanxi	95.1	23.9	59.5	31.7
内蒙古 Inner Mongolia	63.9	14.5	35.0	44.3
辽 宁 Liaoning	365.1	16.0	287.1	21.9
吉 林 Jilin	86.6	17.9	59.6	22.4
黑龙江 Heilongjiang	100.6	2.4	75.2	27.3
上 海 Shanghai	3965.6	30.2	3719.9	31.4
江 苏 Jiangsu	3302.3	39.7	2749.7	35.6
浙 江 Zhejiang	6929.2	49.0	5131.9	34.6
安 徽 Anhui	572.2	42.9	475.3	46.2
福 建 Fujian	1759.7	30.2	1584.3	28.3
江 西 Jiangxi	300.4	34.2	259.1	42.2
山 东 Shandong	1266.2	35.5	1124.1	42.2
河 南 Henan	658.0	36.8	426.8	40.2
湖 北 Hubei	846.9	37.5	615.1	44.8
湖 南 Hunan	567.6	9.9	410.1	14.5
广 东 Guangdong	8939.7	27.3	8292.0	28.5
广 西 Guangxi	205.5	13.0	108.7	31.7
海 南 Hainan	80.4	28.6	18.4	25.8
重 庆 Chongqing	376.0	25.8	247.9	29.7
四 川 Sichuan	1057.8	46.7	834.0	36.0
贵 州 Guizhou	71.2	80.0	29.5	27.0
云 南 Yunnan	166.5	14.6	110.3	26.2
西 藏 Tibet	4.2	29.7	3.9	33.1
陕 西 Shaanxi	692.9	47.0	605.2	48.4
甘 肃 Gansu	53.8	-1.5	18.4	35.7
青 海 Qinghai	7.9	59.4	6.8	50.6
宁 夏 Ningxia	12.0	39.2	9.4	36.0
新 疆 Xinjiang	44.2	21.0	38.9	17.4

18-12 西部十二省（区、市）行政区划（2015年）
DIVISIONS OF ADMINISTRATIVE AREAS IN TWELVE PROVINCES, MUNICIPALITY AND AUTONOMOUS REGION (2015)

单位：个 (unit)

省级行政区划名称 Provinces, Municipalities and Autonomous Regions	地级区划数 Number of Prefectures	#地级市 Cities at Prefectural Level	县级区划数 Number of Counties	#县级市 Cities at Country Level	#市辖区 Districts Under the Jurisdiction of Cities	乡镇级区划数 Number of Regions at Townships Levels
全　国　National Total	**334**	**291**	**2850**	**361**	**921**	**39789**
西　藏　Tibet	7	4	74		5	694
重　庆　Chongqing			38	0	23	1025
四　川　Sichuan	21	18	183	16	50	4635
贵　州　Guizhou	9	6	88	7	14	1370
云　南　Yunnan	16	8	129	14	14	1389
内蒙古　Inner Mongolia	12	9	102	11	22	1010
广　西　Guangxi	14	14	110	8	37	1251
陕　西　Shaanxi	10	10	107	3	28	1291
甘　肃　Gansu	14	12	86	4	17	1351
青　海　Qinghai	8	2	43	3	6	399
宁　夏　Ningxia	5	5	22	2	9	236
新　疆　Xinjiang	14	3	104	24	12	1046

18-13 西部十二省（区、市）农林牧渔业总产值（2015年）
GROSS OUTPUT VALUE OF FARMING，FORESTRY，ANIMAL HUSBANDRY AND FISHERY OF TWELVE PROVINCES MUNICIPALITY AND AUTONOMOUS REGION (2015)

单位：亿元 (100 million yuan)

地　区　Region	农林牧渔业总产值 Total	农业 Farming	林业 Forestry	牧业 Animal Husbandry	渔业 Fishery	农林牧渔业总产值比上年增长(%) Increase Rate in 2015over 2014(%)
全　国　National Total	**107056.4**	**57635.8**	**4436.4**	**29780.4**	**10880.6**	**3.9**
西　藏　Tibet	149.46	68.05	2.11	75.30	0.18	4.5
重　庆　Chongqing	1738.1	1033.7	60.4	542.9	74.9	4.6
四　川　Sichuan	6377.8	3335.5	205.8	2515.6	210.5	3.6
贵　州　Guizhou	2738.7	1772.6	137.7	665.2	55.9	6.8
云　南　Yunnan	3383.1	1841.5	317.1	1031.0	81.7	6.0
内蒙古　Inner Mongolia	2751.6	1418.3	99.4	1160.9	30.8	2.4
广　西　Guangxi	4197.1	2146.4	313.9	1140.3	429.8	3.7
陕　西　Shaanxi	2813.5	1910.7	75.8	665.5	23.6	5.0
甘　肃　Gansu	1722.1	1252.5	28.6	279.4	2.2	5.7
青　海　Qinghai	319.3	145.0	7.4	158.4	2.8	1.8
宁　夏　Ningxia	483.0	311.0	11.6	122.9	15.8	4.4
新　疆　Xinjiang	2804.4	2005.4	53.2	649.5	21.8	6.3

APPENDIX

附录 1：

主要统计指标解释

Explanatory Notes for Major Indicators

森林面积　Forest Area

指生长着乔木和竹林，郁闭度在 0.3 以上（不包括 0.3）的林地面积，即有林地面积。它是反映森林资源总面积的重要指标。森林面积包括天然林面积和人工林面积，不包括灌木林地和疏林地面积。

Refers to the area of forest land where trees and bamboo grow with canopy density above 0.3, including land of natural woods and planted woods, but excluding bush land and thin forest land. It reflects the total areas of afforestation.

森林覆盖率　Forest Coverage-rate

是反映一个国家或地区森林资源和绿化水平的重要指标。国家规定在计算森林覆盖率时，森林面积还包括灌木林面积、农田林网树占地面积以及四旁树木的覆盖面积。计算公式为：

森林覆盖率(%)=森林面积/土地总面积×100%

Refer to the ratio of area of afforested land to total land area. This indicator shows the forest resources and afforestation progress of a country or a region. According to regulations of the government, in addition to afforested land, the area of bush forest, the area of forest land inside farm land and the area of trees planted by the side of farm houses and along the roads, rivers and fields should also be include in the area of afforested land in the calculation of the forest coverage-rate. The formula for calculating forest coverage-rate is as follows:

Forestry Coverage-rate(%)=Area of Afforested Land/Area of Total Land×100%

活立木总蓄积量　Total Standing Stock Volume

指全部土地上树木蓄积的总量，包括森林蓄积、疏林蓄积、散生木蓄积和四旁树蓄积。

Refers to the stock volume of trees in land, including trees in forest ,trees in sparse forest, scattered trees and trees planted by the side of farm house and the roads, rivers and fields.

森林蓄积量　Stock Volume of Forest

指森林面积上生长着的林木树干材积总量，是反映一个国家或地区森林资源总规模和水平的重要指标。

Refers to total stock volume of wood growing in forest area, which shows the total size and level of forest resources of a country or a region.

草地面积　Grass Land

指牧区和农区用于放牧牲畜或割草，植被盖度在 5%以上的草原、草坡、草山等面积。包括天然的和人工种植或改良的草地面积。

Refers to prairies, grasslands on the slopes, and grass-mountains in pastoral and agricultural areas used for herding and grass growing with vegetation coverage above 5%, including natural, planted or improved grassland.

内陆水域总面积　Inland Water Area

指江、河、池塘、湖泊、塘堰、水库等各种流水或蓄水的水面占地面积。

Refers to water area of rivers, lakes, ponds, reservoir, etc.

矿产保有储量　Ensured Mineral Reserves

指探明的矿产储量(包括工业储量和远景储量)扣除已开采部分和地下损失量后的年末实有储量，是反映国家矿产资源现状的重要指标。

Refers to the actual mineral reserves, which equal to the proven mineral reserves (including industrial reserves and prospective reserves) minus extracted parts and underground losses. This indicator shows the current condition of the mineral resources of a country.

可比价格　Comparable Prices

指计算各种总量指标所采用的扣除了价格变动因素的价格，可进行不同时期总量指标的对比。按可比价格计算总量指标有两种方法：一种是直接用产品产量乘某一年的不变价格计算；另一种是用价格指数进行伸缩。

Refers to prices that are used to remove the factors of price change in calculating economic aggregates, so as to facilitate comparison of aggregates over time. Tow methods are used for calculating economic aggregates at comparable prices: 1.multiplying the output of products by their constant prices of certain year; 2.deflation of data at current prices by relevant price index.

不变价格　Constant Price

指以同类产品某年的平均价格作为固定价格，用于计算各年的产品价值。按不变价格计算的产品价值消除了价格变动因素，不同时期对比可以反映生产的发展速度。新中国成立后，随着工农业产品价格水平的变化，国家统计局先后五次制定了全国统一的工业产品不变价格和农业产品不变价格。从 1949 年到 1957 年使用 1952 年工（农）业产品不变价格，从 1957 年到 1971 年使用 1957 年不变价格，从 1971 年到 1981 年使用 1970 年不变价格，从 1981 年到 1990 年使用 1980 年不变价格，从 1990 年开始使用 1990 年不变价格。

Refers to the average price of a given product in certain year, which is used for comparison of output value over time. As the output value at constant prices removes the factor of price changes, it reflects the trend of production development over time. Since 1949, with the changes in general price level, the State Statistical Bureau has issued nationally unified constant prices five times: the 1952 constant prices for 1949-1957; the 1957 constant prices for 1957-1971; the 1970 constant prices for 1971-1981; the 1980 constant prices for 1981-1990; and the 1990 constant prices have been used since 1991.

平均增长速度　Average Annual Growth Rate

我国计算平均增长速度有两种方法：一种是习惯上经常使用的“水平法”，又称几何平均法，是以间隔期最后一年的水平同基期水平对比来计算平均每年增长（或下降）速度；另一种是“累计法”，又称代数平均法或方程法，是以间隔期内各年水平的总和同基期水平对比来计算平均每年增长（或下降）速度。

在一般正常情况下，两种方法计算的平均每年增长速度比较接近；但在经济发展不平衡、出现大起大落时，两种方法计算的结果差别较大。

Tow methods for calculating average annual growth rate are applied in China, one is often called “level approach" or the method of calculating geometric average, which is derived by comparing the level of the last year of the interval with that of the beginning year; the other is called "accumulative approach" or algebraic average or equation method, which is derived by the summation of the actual figure of each year in the interval divided by the figure in the base year.

Usually the results calculated by the two methods are fairly close, but they differed sharply when uneven economic development occurred with striking fluctuations in growth.

各个计划时期　Various Planning Periods

年鉴中各个"时期"代表的年份如下：恢复时期为 1950 年到 1952 年；第一个五年计划时期（简称一五时期）为 1953 年到 1957 年；第二个五年计划时期（简称二五时期）为 1958 年到 1962 年；第三个五年计划时期（简称三五时期）为 1966 年到 1970 年；第四个五年计划时期（简称四五时期）为 1971 年到 1975 年；第五个五年计划时期（简称五五时期）为 1976 年到 1980 年；第六个五年计划时期（简称六五时期）为 1981 年到 1985 年；第七个五年计划时期（简称七五时期）为 1986 年到 1990 年；第八个五年计划时期（简称八五时期）为 1991 年到 1995 年；第九个五年计划时期（简称九五时期）为 1996 年到 2000 年；第十个五年计划时期（简称十五时期）为 2001 年到 2005 年。

The conventional division of "time period" in this yearbook is as follows: Economic Rehabilitation Period, 1950-1952; The first five-year plan period, 1953-1957;The second five-year plan period, 1958-1962; The third five-year plan period, 1966-1970; The fourth five-year plan period, 1971-1975; The fifth five-year plan period,1976-1980; The six five-year plan period, 1981-1985; The seventh five-year plan period, 1986-1990; The eighth five-year plan period, 1991-1995; The ninth five-year plan period,1996-2000;And the tenth five-year plan period,2001-2005.

企业（单位）登记注册类型　Registration Status of Enterprises

是以在工商行政管理机关登记注册的各类企业为划分对象，以工商行政管理部门对企业登记注册的类型为依据，将企业登记注册类型分为内资企业、联营企业、有限责任公司、股份有限公司、私营公司和其它企业；港澳台商投资企业和外商投资企业分别包括合资经营企业、合作经营企业、独资经营企业和股份有限公司。对不在工商行政管理部门进行登记注册的行政机关、事业单位和社会团体，主要按其经费来源和管理方式进行划分。

Enterprises are classified into 3 categories, namely domestic-funded enterprises, enterprises with investment from Hong Kong, Macao and Taiwan, and enterprises with foreign investment, in the light of the registration status of an enterprise in industrial and commercial administration agencies. Domestic-funded enterprises include state-owned enterprises, collective-owned enterprises, cooperative enterprises, joint ownership enterprises, limited liability corporations, share-holding corporations Ltd., private enterprises and other enterprises. Include in the enterprises with investment from Hong Kong, Macao and Taiwan and enterprises with foreign investment are joint-venture enterprises, cooperative enterprises, sole investment enterprises and share-holding corporations Ltd. For government agencies, institutions and social organizations which are not requested to be registered in industrial and commercial administration agencies, they are classified mainly by way of management.

国有企业　State-owned Enterprises

指企业全部资产归国家所有，并按《中华人民共和国企业法人登记管理条例》规定登记注册的非公司制的经济组织。不包括有限责任公司中的国有独资公司。

Refers to non-corporation economic units where the entire assets are owned by the state and which have registered in accordance with the Regulation of the People's Republic of China on the Management of Registration of Corporate Enterprises. Excluded from this category are sole state-funded corporations in the limited liability corporations.

集体企业　Collective-owned Enterprises

指企业资产归集体企业所有，并按《中华人民共和国企业法人登记管理条例》规定登记注册的经济组织。

Refers to economic units where the assets are owned collectively and which have registered in accordance with the Regulation of the People's Republic of China on the Management of Registration of Corporate Enterprises.

股份合作企业　Cooperative Enterprises

指以合同制为基础，由企业职工共同出资入股，吸收一定比例的社会资产投资组建，实行自主经营，自负盈亏，共同劳动，民主管理，按劳分配与按股分红相结合的一种集体经济组织。

Refers to a form of collective economic units (enterprises) where capitals come mainly from employees as their shares, with certain proportion of capital from the outside, where production is organized on the basis of independent operation, independent accounting for profits and losses, joint work, democratic management, and a distribution system that integrates remuneration according to work with dividend according to capital share.

联营企业　Joint Ownership Enterprises

指两个及两个以上相同或不同所有制性质的企业法人或事业单位法人，按自愿、平等、互利的原则，共同投资组成的经济组织。联营企业包括国有联营企业、集体联营企业、国有与集体联营企业和其它联营企业。

Refer to economic units established by two or more corporate enterprises or corporate institutions of the same or different ownership, through joint investment on the basis of equality, voluntary participation and mutual benefits. they include state joint ownership enterprises, collective joint ownership enterprises, joint state-collective enterprises, other joint ownership enterprises.

有限责任公司　Limited Liability Corporations

指根据《中华人民共和国公司登记管理条例》规定登记注册，由两个以上五十个以下的股东共同出资，每个股东以其所认缴的出资额对公司承担有限责任，公司以其全部资产对其债务承担责任的经济组织。有限责任公司包括国有独资公司以及其它有限责任公司。

国有独资公司：指国家授权的投资机构或者国家授权的部门单独投资设立的有限责任公司。

其他有限责任公司：指国有独资公司以外的有限责任公司。

Refers to economic units established with investment from 2-50 investors and registered in accordance with the Regulation of the People's Republic of China on the Management of Registration of Corporations, each investor bearing limited liability to the corporation depending on its share of investment, and the corporation bearing liability to its debt to the maximum of its total assets. limited liability corporations include exclusive state-funded limited liability corporations and other limited liability corporations.

(1) Exclusive state-funded Corporations refer to limited liability corporations established with exclusive investment from investment institutions or departments authorized by the state.

(2) Other Limited Liability Corporations refer to limited liability corporations other than exclusive state-funded corporations.

股份有限公司　Share-holding Corporations Ltd.

指根据《中华人民共和国公司登记管理条例》规定登记注册，其全部资本由等额股份构成并通过发行股票筹集资本，股东以其认购的股份对公司承担有限责任，公司以其全部资产对其债务承担责任的经济组织。

Refers to economic units registered in accordance with the Regulation of the People's Republic of China on the Management of Registration of Corporations, with total registered capitals divided into equal shares and raised through issuing stocks. Each investor bears limited liability to the corporation depending on the holding of shares, and the corporation bears liability to its debt to the maximum of its total assets.

私营企业　Private Enterprises

指由自然人投资设立或由自然人控股，以雇佣劳动为基础的盈利性经济组织。包括按照《公司法》、《合伙企业法》、《私营企业暂行条例》规定登记注册的私营有限责任公司、私营股份有限公司、私营合伙企业和私营独资企业。

(1)私营独资企业：指按《私营企业暂行条例》的规定，由一名自然人投资经营，以雇佣劳动为基础，投资者对企业债务承担无限责任的企业。

(2)私营合伙企业：指按《合伙企业法》或《私营企业暂行条例》的规定，由两个以上自然人按照协议共同投资、共同经营、共负盈亏，以雇佣劳动为基础，对债务承担无限责任的企业。

(3)私营有限责任公司：指按《公司法》、《私营企业暂行条例》的规定，由两个以上自然人投资或由单个自然人控股的有限责任公司。

(4)股份有限责任公司：指按《公司法》的规定，由五个以上自然人投资，或由单个自然人控股的股份有限公司。

Refers to profit-making economic units invested and established by natural persons, or controlled by natural persons using employed labor. Included in this category are private limited liability corporations, private share-holding corporations Ltd., private partnership enterprises and private-funded enterprises registered in accordance with the Corporation Law, Partnership Enterprises law and Interim Regulations on Private Enterprises.

(1) Private-funded enterprises: refer to enterprises registered in accordance with the Interim Regulations on Private Enterprises, invested and operated by a single natural person using employed labor and bearing unlimited liability to the debt of the enterprise.

(2) Private partnership enterprises: refer to enterprises registered in accordance with the Partnership Enterprise Law or Interim Regulations on Private Enterprises, jointly invested and operated by two or more natural persons using employed labor and bearing unlimited liability to the debt of the enterprise.

(3) Private limited liability corporations: refer to limited liability corporations registered in accordance with the Corporation Law and Interim Regulations on Private Enterprises, jointly invested by two or more

natural persons or exclusively invested by a single natural person.

(4) Private share-holding corporations Ltd.: refer to share-holding corporations registered in accordance with the Corporation Law, jointly invested by five or, more natural persons or exclusively units other than those mentioned above.

其他内资企业　Other Domestic-funded Enterprises

指上述企业之外的其他内资经济组织。

Refer to domestic-funded economic units other than those mentioned above.

与港澳台商合资经营企业　Joint-venture Enterprises with Funds from Hong Kong, Macao and Taiwan

指港澳台地区投资者与内地企业依照《中华人民共和国中外合资经营企业法》及有关法律的规定，按合同规定的比例投资设立、分配利润和分担风险的企业。

Refer to enterprises jointly established by investors from Hong Kong, Macao and Taiwan with enterprises in the mainland of China in accordance with the Law of the People's Republic of China on Sino-foreign Joint Venture Enterprises and other relevant laws, where the share of investment, profits and risks is stipulated in the contract.

与港澳台商合作经营企业　Cooperative Enterprises with Funds from Hong Kong, Macao and Taiwan

指港澳台地区投资者与内地企业依照《中华人民共和国中外合作经营企业法》及有关法律的规定，依照合作合同的约定进行投资或提供条件设立、分配利润和分担风险的企业。

Refers to enterprises jointly established by in investors from Hong Kong, Macao and Taiwan with enterprises in the mainland of China in accordance with the Law of the People's Republic of China on Sino-foreign Cooperative Enterprises and other relevant laws, where the investment or provision of facilities, and the share of profits and risks is stipulated in the cooperative contract.

港澳台商独资经营企业　Enterprises with Sole (exclusive) Investment from Hong Kong, Macao and Taiwan

指依照《中华人民共和国外资企业法》及有关法律的规定，在内地由港澳台地区投资者全额投资设立的企业。

Refers to enterprises established in the mainland of China with exclusive investment from investors from Hong Kong, Macao and Taiwan in accordance with the Law of the People's Republic of China on Foreign-Funded Enterprises and other relevant laws.

港澳台商投资股份有限公司　Share-holding Corporations Ltd. with Investment from Hong Kong,Macao and Taiwan

指根据国家有关规定，经外经贸部依法批准设立，其中港、澳、台商的股本占公司注册资本的比例达 25%以上的股份有限公司。凡其中港、澳、台商的股本占公司注册资本的比例小于 25%的，属于内资企业中的股份有限公司。

Refers to share-holding corporations Ltd. established with the approval from the Ministry of Foreign Trade and Economic Relations in line with relevant state regulations, where the share of investment from Hong Kong, Macao or Taiwan businessmen exceeds 25% of the total registered capital of the corporation. In case the share of investment from Hong Kong, Macao or Taiwan is less than 25% of the total registered capital, the enterprise is to be classified as domestic-funded share-holding corporation Ltd.

中外合资经营企业　Joint-venture Enterprises with Foreign Investment

指外国企业或外国人与中国内地企业依照《中华人民共和国中外合资经营企业法》及有关法律的规定，按合同规定的比例投资设立、分享利润和分担风险的企业。

Refers to enterprises jointly established by foreign enterprises or foreign Joint Venture Enterprises and other relevant laws, where the share of investment, profits and risks is stipulated in the contact.

中外合作经营企业　Cooperation Enterprises with Foreign Investment

指外国企业或外国人与中国内地企业依照《中华人民共和国中外合作经营企业法》及有关法律的规定，依照合作合同的约定进行投资或提供条件设立、分配利润和分担风险的企业。

Refers to enterprises jointly established by foreign enterprises or foreigners with enterprises in the mainland of China in accordance with the Law of the People's Republic of China on Sino-foreign Joint Venture Enterprises and other relevant laws, where the investment or provision of facilities, and the share or profits and risks is stipulated in the cooperative contract.

外资企业　Enterprises with Sole (exclusive) Foreign Investment

指依照《中华人民共和国外资企业法》及有关法律的规定，在中国内地由外国投资者全额投资设立的企业。

Refers to enterprises established in the mainland of China with exclusive investment from foreign investors in accordance with the Law of The People's Republic of China on Foreign-Funded Enterprises and other relevant laws.

外商投资股份有限公司　Share-holding Corporations Ltd. with Foreign Investment

指根据国家有关规定，经外经贸部依法批准设立，其中外资的股本占公司注册资本的比例达 25%以上的股份有限公司。凡其中外资股本占公司注册资本的比例小于 25%的，属于内资企业中的股份有限公司。

Refers to share-holding corporations Ltd. established with the approval from the Ministry of Foreign Trade and Economic Relations in line with relevant state regulations, where the share of investment from foreign investor exceeds 25% of the total registered capital, the enterprise is to be classified as domestic-funded share-holding corporation Ltd.

行政机关事业单位和社会团体　Government Agencies, Institutions and Social Organizations

参照企业登记注册类型，主要按其经费来源和管理方式划分。具体规定如下：

(1)行政机关：包括国家机关和政党机关，原则上均列为“国有”。但有特殊规定的，如供销社等，则列为“集体”。

(2)事业单位：包括经国家机构编制部门和有关业务主管部门批准成立的各类事业单位，但不包括实行企业化管理的事业单位。事业单位的划分办法如下：

①由国家财政预算拨款或列入财政预算外资金管理以及经费主要来源于国有主管部门或国有上级单位的事业单位，列为“国有”。

②经费主要来源于集体单位的事业单位，列为“集体”。

③公民个人（或个人合伙）开办的事业单位，列为“私营”。

④上述以外的其他事业单位，如果其经费来源不明确，按管理方式进行划分。

(3)社会团体：包括经民政部门批准成立以及未纳入社会团体管理条例范围的工会妇联等各类社会

团体。社会团体的划分办法如下：

①未纳入民政部社会团体管理条例范围的工会、妇联、共青团、青联、工商联、科协、侨联等社会团体，国家拨款设立的基金会或基金管理组织以及经费主要来源于国有业务主管部门或国有上级单位的社会团体，列为“国有”。

②经费主要来源于集体单位的社会团体，列为“集体”。

③公民个人（或各人合伙）开办的社会团体，列为“私营”。

④上述以外的其他社会团体，如果其经费来源不明确，按管理方式进行归类。

Are classified into following categories by source of funds and way of management taking reference of the registration status of enterprises:

Government agencies: include state and party agencies, classified in principle as “state-owned”. There are exceptions, such as supply and marketing cooperatives which are classified as “collective”.

Institutions: include institutions of various types established with the approval by organization and staffing departments of the government, but exclude institutions where enterprises management system is introduced. Institutions are further classified as follows:

Institutions whose main budget is listed in the government budget appropriations or extra-budget funds, or allocated from the budget of their competent government agencies. Such institutions are classified as “state-owned”.

Institutions whose budget mainly comes from collective units. Such institutions are classified as “collective”.

Institutions other than those mentioned above whose source of budget is not clear. Such institutions are classified by way of management.

Social organizations: include social organizations established with the approval from the Ministry of Civil Affairs, and organizations that are not covered by social organization management regulations such as trade unions, women’s federations etc.. Social organizations as further classified as follows:

Social organizations that are not covered by social organization management regulations of the Ministry of Civil Affairs such as trade unions, women’s federations, communist youth leagues, youth associations, industrial and commerce associations, scientists associations, overseas Chinese associations, etc., foundations and fund management organizations established with funds from the state, and social organizations whose funds mainly come from the budget of their competent government agencies. Such institutions are classified as “state-owned”.

Social organizations whose budget mainly comes from collective units. Such institutions are classified as “collective”.

Social organizations established by individual or a group of citizens, which are classified as “private”.

Social organizations other than those mentioned above whose source of budget is not clear. Such organizations are classified by way of management.

国内(地区)生产总值　（GDP）Gross Domestic Product

指一个国家（或地区）所有常住单位在一定时期生产活动的最终成果。国内（地区）生产总值有三种表现形态，即价值形态、收入形态和产品形态。从价值形态看，它是所有常住单位在一定时期内生产的全部货物和服务价值超过同期中间投入的全部非固定资产货物和服务价值的差额，即所有常住单位的增加值之和；从收入形态看，它是所有常住单位在一定时期内创造并分配给常住单位和非常住单位的初次收入分配之和；从产品形态看，它是所有常住单位在一定时期内最终使用的货物和服务价值与货物和服务净出口之和。在实际核算中，国内（地区）生产总值有三种计算方法，即生产法、收入法和支出法。三种方法分别从不同的方面反映国内生产总值及其构成。

Refers to the final products of all resident units in a country (or a region) during a certain period of time. Gross domestic product is expressed in three different forms, i. E. Value, income, and products respectively. The form of value refers to the total value of all products and services produced by all resident units during a certain period of time minus total value of intimidate input of materials and services of the nature of non-fixed assets or the summation of the value-added of all resident units; the form of income includes all the income created by all resident units and distributed primarily to all resident and non-resident units; the form of products refers to the value of all final goods and services for final use by all resident units plus the value of net exports of goods and services during a given period of time. In the practice of national accounting, gross domestic product is calculate with three approaches, i.e. production approach, income approach, and expenditure approach, which reflect gross domestic product and its composition from different aspects.

三次产业　Three Industries

是根据社会生产活动历史发展的顺序对产业结构的划分，产品直接取自自然界的部门称为第一产业，对初级产品进行再加工的部门称为第二产业，为生产和消费提供各种服务的部门称为第三产业。我国的三次产业划分是：

第一产业：农林牧渔业。

第二产业：工业和建筑业。

第三产业：除第一、第二产业以外的其他各业。

Industry structure has been classified according to the historical sequence of development. Primary industry refers to extraction of natural resources; secondary industry involves processing of primary products; and tertiary industry provides services of various kinds for production and consumption. Industry in China comprises:

Primary industry: farming, forestry, animal husbandry, fishery, and service for farming、forestry、 animal husbandry、fishery .

Secondary industry: industry and construction.

Tertiary industry: all other industries not included in primary or secondary industry.

支出法国内(地区)生产总值　GDP Calculated with Expenditure Approach

指一个国家（或地区）所有常住单位在一定时期内用于最终消费、资本形成总额，以及货物和服务净出口总额，它反映本期生产的国内生产总值的使用及构成。

Refers to total expenditure on final consumption, total capital formation and net export of goods and services by resident units of a country in a certain period of time. It reflects the composition of GDP by its use.

最终消费　Final Consumption

指常住单位在一定时期内对于货物和服务的全部最终消费支出，也就是常住单位为满足物质、文化和精神生活的需要，从本国经济领土或国外购买的货物和服务的支出；不包括非常住单位在本国经济领土内的消费支出。最终消费分为居民消费和政府消费。

Refers to the total expenditure of resident units on final consumption of goods and services in a certain period, namely the expenditure of the resident units for purchases of goods and services from domestic economic territory and abroad to meet the requirements of material, cultural and spiritual life. It excludes the expenditure of non-resident units on consumption in the economic territory of the country. The final consumption is classified into household consumption and government consumption.

居民消费　Households Consumption

指常住居民对于货物和服务的全部最终消费支出。居民消费按市场价格计算，即按居民支付的购买者价格计算。购买者价格是购买者取得货物所支付的价格，包括购买者支付的运输和商业费用。居民消费除了直接以货币形式购买货物和服务的消费以外，还包括以其他方式获得的货物和服务的消费支出，即所谓的虚拟消费支出。居民虚拟消费支出包括以下几种类型：单位以实物报酬及实物转移的形式提供给劳动者的货物和服务；居民生产由本居民消费了的货物和服务，其中的服务仅指居民的自有住房的服务；金融机构提供的金融媒介服务；保险公司提供的保险服务。

Refers to the total expenditure of resident households on the final consumption of goods and services. The households consumption is calculated at market prices, namely the purchaser's prices which the households pay; the purchasers' prices of goods re the prices the households pay when they obtain the goods, including the transport and commercial expenses paid by the households. In addition to the consumption of goods and services bought by the households directly with money, the expenditure on goods and services obtained by the households in other ways, i.e. the so-called imputed expenditure on consumption, is also included in the households consumption. The imputation expenditure of the households on consumption includes the following types: (a) the goods and services provided to the households by the units in the form of payment in kind and transfer in kind; (b) the goods and services produced and consumed by the households themselves, in which the services refer only to the services provided by the residential buildings owned by the households; (c) the services of financial intermediary provided by the financial institutions; (d) the insurance services provided by the insurance companies.

政府消费　Government Consumption

指政府部门为全社会提供公共服务的消费支出和免费或以较低价格向居民提供的货物和服务的净支出。前者等于政府服务的产出价值减去政府单位所获得的经营收入的价值，政府服务的产出价值等于它的经常性业务支出加上固定资产折旧；后者等于政府部门免费或以较低价格向居民提供的货物和服务的市场价值减去向居民收取的价值。

Refers to the expenditure on the consumption of the public services provided by the government to the whole society and the net expenditure on the goods and services provided by the government to the households at free charge or lower prices. The former equals to the output value of the government services minus the value of operating income obtained by the government departments. (The output value of the government services equals to its current operating expenditure plus depreciation of fixed assets). The latter equals to the market value of the goods and services provided by the government free of charge or at low prices to the households minus the value received by the government from the households.

资本形成总额　Total Capital Formation

指常住单位在一定时期内获得的减去处置的固定资产加存货的变动，包括固定资本形成总额和存货增加。

Refers to the fixed assets acquired minus those disposed and the change in inventory, including the total fixed assets formation and the increase in inventory.

固定资本形成总额　Total Fixed Capital Formation

指常住单位购置、转入和自产自用的固定资产，扣除固定资产的销售和转出后的价值，分有形固定资产形成总额和无形固定资产形成总额。有形固定资产形成总额包括一定时期内完成的建筑工程安装工程和设备工器具购置（减处置）价值，以及土地改良、新增役、种、奶、毛、娱乐用牲畜和新增经济林木价值。无形固定资产形成总额包括矿藏的勘探、计算机软件、娱乐和文学艺术品原件等获得（减处置）价值。

Refers to the value of fixed assets purchased, transferred in by the resident units and those produced and used by themselves deducting the value of fixed assets sold and transferred out. It can be classified into total tangible assets formation and total tangible assets formation and total intangible assets formation. The total tangible assets formation include the value of the construction projects, installation projects completed and the equipment, apparatus and instruments purchased as well as the value of land improved, the value of draught animals, breeding stock, milk, wool and recreational animals and the newly increased economic forest in a certain period. The total tangible assets formation includes the prospecting of minerals, the originals of recreational works and works of literature and arts minus the disposal of them.

库存增加　Increase in Inventory

指常住单位存货实物量变动的市场价值，即期初与期末差额。正值表示库存增加，负值表示库存减少。具体包括本期购买的原材料、燃料和储备物资等存货，以及生产单位本期生产的产成品、半成品和在制品等存货。

Refers to the market value of the change in inventory, i.e. the difference of value between the beginning and the end of the period. The increase in inventory can be positive or negative. A positive value indicates the increase in inventory while a negative value indicates the decrease in stock. The inventory includes the raw materials, fuels and reserve materials purchased by the production units as well as the inventory of finished products, semi-finished products, work-in-progress, etc.

货物和服务净出口　Net Export of Gods and Services

指货物和服务出口与货物和服务进口的差额。出口包括常住单位向非常住单位出售或无偿转让的各种货物和服务的总值；进口包括常住单位从非常住单位购买或无偿得到的各种货物和服务的总值。由于服务活动提供与使用同时发生，因此服务的进出口业务并不发生出入境现象，一般把常住单位从国外得到的服务作为进口，反之，非常住单位从本国得到的服务作为出口。货物的出口和进口都按离岸价格计算。

Refers to the difference of the exports of goods and services minus the imports of goods and services. The imports include the value of various goods and services sold or gratuitously transferred by the resident units to the non-resident units. The imports include the value of various goods and services purchased or gratuitously acquired by the resident units from the non-resident units. Because the provision of services and the use of them happen simultaneously, the import and export of services do not appear to have the phenomena of crossing the border of the country. The acquisition of services by the resident units from abroad is usually treated as import while the acquisition of services by non-resident units in this country is usually as export. The export and import of goods are calculated at FOB.

固定资产折旧　Depreciation of Fixed Assets

指一定时期内为弥补固定资产损耗而按照核定的折旧率提取的补偿价值，或按国民经济核算统一规定的折旧率虚拟计算的补偿价值。它反映了固定资产在本期生产中的转移价值。各类企业和企业化管理的事业单位的固定资产折旧是指从成本费用中提取的折旧费。对不计提折旧的政府机关、非企业化管理的事业单位、和居民住房的固定资产折旧则按照统一规定的折旧率和固定资产原值进行虚拟折旧。

Refers to the depreciation of fixed assets drawn in accordance with the stipulated depreciation rate for the purpose of compensating the wear loss of the fixed assets or the depreciation of fixed assets calculated in a fictitious way in accordance with the stipulated unified depreciation rate in the national economic accounting system. It reflects the value of transfer of the fixed assets in the production of the current period. The depreciation of fixed assets in various enterprises and institutions managed as enterprises refers to the depreciation expenses actually draw and calculate as part of the cost. In government agencies and institutions not managed as enterprises which do not draw the depreciation expenses, as well as for the houses of residents, the depreciation of fixed asses is the imputed depreciation, which is calculated in accordance with the stipulated unified depreciation rate. In principle, the depreciation of fixed assets should be calculated on the basis of the re-purchased value of the fixed assets. However, there is no actual condition to re-evaluate all the fixed assets in China. Therefore, the above-mentioned methods are temporarily adopted at resent.

劳动者报酬　Laborers' Remuneration

指劳动者从事生产活动而获得的各种报酬。它反映劳动者参与增加值创造而获得的原始收入。包括劳动者获得的工资、奖金和津贴，包括货币形式和实物形式的；还包括劳动者所享受的公费医疗和医药卫生费上下班交通补贴和单位支付的社会保险费等。对于个体经济来说，其所有者所获得的劳动报酬和经营利润不易区分，这两部分统一作为劳动者报酬处理。

Refers to the whole payment earned by the laborers from the productive activities they are engaged in. It includes wages, bonuses and allowances the laborers earned in monetary form and in kind. It also includes the free medical services provided to the laborers and the medicine expenses, traffic subsidies and social insurance fee paid by the laborers' working units for them. As the individual economy is concerned, since the laborers' remuneration is not easily distinguished from the operating profit, both are treated as laborers remuneration.

生产税净额　Net Taxes on Production

指生产税减补贴后的余额。生产税是指政府对生产单位生产销售和从事经营活动以及从事生产活动使用某些生产要素（如固定资产、土地、劳动力）所征收的各种税、附加费和规费。生产补贴与生产税相反，指政府对生产单位的单方面收入转移，因此视为负生产税，包括政策亏损补贴、粮食系统价格补贴、外贸企业出口退税收入等。

Refers to the residual of the taxes on production minus the subsidies on production. The taxes on production refers to the various taxes, extra charges and fees levied on the production units on their production, sale and business activities as well as n some factors of production, such as fixed assets, land and labor force, used in the production activities they are engaged in. In contrast to the taxes on production, the subsidies on production refer to the unilateral transfer of part of the government's revenue to the production units and is therefore regarded as negative taxes on production. They include subsidies on the loss due to implementation of government policies, price subsidies to the grain institutions, foreign trade corporations' receipts from drawback, etc.

营业盈余　Operating Surplus

指常住单位创造的增加值扣除固定资产折旧、劳动者报酬和生产税净额后的余额。它相当于企业的营业利润加上生产补贴，但要扣除从利润中开支的工资和福利等。

Refers to the balance of the value added created by the resident units deducting the laborers' remuneration, net taxes on production and the depreciation of fixed assets. It is equivalent to the business profit of the enterprises plus subsidies on production, but the wages and welfare expenses paid from the profits should be deducted.

总人口　Total Population

指一定时点、一定地区范围内的有生命的个人的总和。

年度统计的年末总人口是指每年 12 月 31 日 24 时的人口数，未包括海外华侨人数。

Refers to the total number of people alive at a certain point of time within a given area.

The annual statistics on total population is taken at midnight, the 31st of December，not including Chinese compatriots overseas China.

市镇总人口和乡村总人口　Urban Population and Rural Population

一般是按常住人口划分的。

Are classified, in general, with the permanent population.

市镇总人口　Urban Population

指市镇辖区的全部人口。

Refers to the population living in areas under the jurisdiction of cities or towns.

乡村总人口　Rural Population

指县（不含镇）的全部人口。

Refers to the population of counties excluding those living in towns.

市　City

指经国家批准成立的“市”建制的城市。

Refers to cities establish with the approval of the central government.

镇　Town

指经省自治区直辖市批准的镇。1963 年以前为常住人口在 2000 人以上，非农业人口占 50%以上的。1964 年起改为常住人口在 3000 人以上，非农业人口占 70%以上；或常住人口在 2500 人以上，不满 3000 人，非农业人口占 85%以上的。1984 年后又调整为凡县级地方国家机关所在地；或总人口在 20000 人以下的乡，乡政府驻地非农业人口超过 2000 人的；或总人口在 20000 人以上的乡，乡政府驻地非农业人口占全乡人口 10%以上；或少数民族地区、人口稀少的边远地区、山区和小型工矿区、小港口、风景旅游区、边境口岸等地，非农业人口虽不足 2000 人都可以建镇。

Refers to towns established with the approval of the governments of province, autonomous region, or municipality directly under the central government. Prior to 1963, a town was defined as an area with more than 2000 permanent residents, of which 50% or more were non-agricultural population. A revision of the definition was made in 1964. By the new definition, a town was an area with more than 3000 permanent residents, of which 70% or more were non-agricultural population or an area with more than 2500, but lower than 3000 permanent residents, of which 85% or more were non-agricultural population. Further adjustment was made in 1984: a town is defined as: (1) an area being the location of county-level government agency, or (2) a township with a total population less than 20000, where the non-agricultural population of the location of a township government exceeds 2000; or (3) a township with a total population more than 20000, where the proportion of the non-agricultural population to the total population of the location of a township government is greater than 10%; or (4) a remote area, mountainous area small-sized mining area, small harbor, tourism area, or border area with non-agricultural population less than 2000.

出生率（又称粗出生率）　Birth Rate or (Crude Birth Rate)

指在一定时期内（通常为一年内）平均每千人所出生的人数的比率，一般用千分率表示。计算公式为：出生率＝（年出生人数 / 年平均人数）×1000‰

式中：出生人数是指活产婴儿，即胎儿脱离母体时（不管怀孕月数），有过呼吸或其他生命现象。年平均人数是指年初、年末人口数的平均数，也可用年中人口数代替。

Refers to the ratio of the number of births to the average population during a certain period of time (usually a year), which is often expressed in ‰. The following formula is used:

Birth Rate = Number of Births / Average Number of Population ×1000‰

Number of births refers to live births, i.e. the births when babies had showed any vital phenomena regardless of the length of pregnancy.

死亡率（又称粗死亡率）　Death Rate (or Crude Death Rate)

指在一定时期内（通常为一年内）一定地区的死亡人数与同期平均人数（或期中人数）之比，一般用千分率表示。计算公式为：死亡率＝（年死亡人数 / 年平均人数）×1000‰

Refers to the ratio of the number of deaths to the average population (or mid-year population) during a certain period of time (usually a year), which is often expressed in ‰. The following formula is used:

Death Rate = Number of Deaths / Annual Average Number of Population × 1000‰

人口自然增长率　Natural growth Rate of Population

指在一定时期内（通常为一年内）一定地区的人口自然增加数（出生人数减死亡人数）与该时期内平均人数（或期中人数）之比，一般用千分率表示。计算公式为：

人口自然增长率＝(本年出生人口数－本年死亡人口数）/ 年平均人数×1000‰

人口自然增长率＝人口出生率－人口死亡率

Refers to the ratio of natural increase in population (number of births minus number of deaths) in a certain period of time (usually a year) to the average population or mid-year population) of the same period, which is often expressed in ‰. The following formulas are applied:

Natural Growth of Population = (number of Births-Number of deaths) / Average Number of Population × 1000‰

Natural Growth Rate of Population = Birth Rate – Death Rate

从业人员　Employed Persons

指从事一定社会劳动并取得劳动报酬或经营收入的人员，包括全部职工、再就业的离退休人员、私营业主、个体户主、私营和个体从业人员、乡镇企业从业人员、农村从业人员、其他从业人员（包括民办教师、宗教职业者、现役军人等）。这一指标反映了一定时期内全部劳动力资源的实际利用情况，是研究我国基本国情国力的重要指标。

Refers to the persons who are engaged in social labor and receive remuneration payment or earn business income, including: total staff and workers, re-employed retirees, employers of private enterprises, self-employed workers, employees in private enterprises and individual economy, employees in the township enterprises, employed persons in the rural areas, other employed persons (including teachers in the schools run by the local people, people engaged in religious profession and the servicemen, etc.). This indicator reflects the actual utilization of total labor force during a certain period of time and is often used for the research on China’s economic situation and national power.

单位从业人员　Persona Employed in Various Units

指在各级国家机关、政党机关、社会团体及企业、事业单位中工作，取得工资或其他形式的劳动报酬的全部人员。包括在岗职工、再就业的离退休人员、民办教师以及在各单位中工作的外方人员和港、澳、台方人员、兼职人员、借用的外单位人员和第二职业者。不包括离开本单位仍保留劳动关系的职工。各单位的从业人员反映了各单位实际参加生产或工作的全部劳动力。

Refers to all the persona working in government agencies of various levels, political and party organizations, social organizations, enterprises and institutions, and receiving wages or other forms of payment. They include fully-employed staff and workers, re-employed retirees, teachers in schools run by the local people, foreigners and Chinese compatriots from Hong Kong, Macao and Taiwan working in various units, part-time employees, employees of other units working temporarily at current posts, and employees holding the job, but exclude staff and workers who have left their working units while keeping their labor contract (employment relation) unchanged. This indicator reflects the total number of laborers actually engaged in production or other operations in various units.

城镇私营和个体从业人员　Persons Employed in Private Enterprises and Self-Employed Individuals in Urban Areas

城镇私营从业人员指在工商管理部门注册登记，其经营地址设在县城关镇（含城关镇）以上的私营企业从业人员；包括私营企业投资者和雇工。城镇个体从业人员指在工商管理部门注册登记，并持有城镇户口或在城镇长期居住，经批准从事个体工商经营的从业人员；包括个体经营者和在个体工商户劳动的家庭帮工和雇工。

Persons employed in private enterprises refer to the persons employed in the private enterprises which have been registered at the departments of industrial and commercial administration and are situated at a county town (i.e. a town where the county government is located) for business operation or at urban areas with the level higher than a county town. The self-employed individuals in urban areas refer to persons who hold the certificates of residence in urban areas or have resided in the urban areas for a long time and have been registered at the departments of industrial and approved to be engaged in individual industrial or commercial business, including self-employed persons as well as helpers and hired laborers who work in the individual households engaged in industrial or commercial business.

职工　Staff and Workers

指在国有经济、城镇集体经济、联营经济、股份制经济、外商和港、澳、台投资经济、其他经济单位及其附属机构工作，并由其支付工资的各类人员。

Refers to the persons who work in (and receive payment therefrom) enterprises and institutions of state ownership, collective ownership, joint ownership, share holding, foreign ownership, and ownership by entrepreneurs from Hong Kong, Macao and Taiwan, and other type of ownership and their affiliated units, excluding the retired persons invited to work in the units again, teachers in the schools run by the local people and foreigners and persons coming from Hong Kong, Macao and Taiwan and working in the state-owned economic units.

在岗职工　Fully Employed Staff and Workers

指在本单位工作并由单位支付工资的人员，以及有工作岗位，但由于学习、病伤、产假等原因暂未工作，仍由单位支付工资的人员。

Refers to persons who work in, and receive wages from their working units, as well as persons who have their work posts, but are temporarily absent from work for reasons of study or on sick, injury or maternal leave and still receive wages from their working units.

国有单位职工　Staff and Workers in State-owned Economic Units

指在国有经济单位及其附属机构工作，并由其支付工资的各类人员。

Refers to the persons who work in the state-owned economic units or their attached units and are listed in their payrolls.

城镇集体单位职工　Staff and Workers of Collective Owned Units in Urban Areas

指在城镇集体经济单位及其管理部门工作，并由其支付工资的各类人员。

Refers to the persons who work in collective owned units in urban areas and their administration departments and receive payment therefrom.

其他经济单位职工　Staff and Workers in Units of Other Type of Ownership

指在联营经济、股份制经济、外商投资经济、港、澳、台投资经济单位工作，并由其支付工资的各类人员。

Refers to those who work in (and receive payment there from) enterprises and institutions of joint ownership, share holding, foreign ownership, and ownership by entrepreneurs from Hong Kong, Macao and Taiwan.

职工工资总额　Total Wages of Staff and Workers

指各单位在一定时期内直接支付给本单位全部职工的劳动报酬总额。工资总额的计算原则应以直接支付给职工的全部劳动报酬为根据。各单位支付给职工的劳动报酬以及其他根据有关规定支付的工资，不论是计入成本的还是不计入成本的，不论是按国家规定列入计征奖金税项目的，还是未列入计征奖金项目的，不论是以货币形式支付的还是以实物形式支付的，均包括在工资总额内。

Refers to the total remuneration payment to staff and workers in various units during a certain period of time. The calculation of total wages is based on the total remuneration payment to the staff and workers. Therefore, all the wages and salaries and other payments to staff and workers are included in the total wages regardless of their sources, category, and forms (in kind or cash). (Total wages of staff and workers in this yearbook include only total wages of fully employed staff and workers, excluding the living allowances distributed to those who have lift their working units while keeping their labor contract/employment relation unchanged).

奖金 Bonus

指支付给职工的超额劳动报酬和增收节支的劳动报酬。

Refers to remuneration payment to workers for extra work and for increasing earnings and practicing economy.

津贴和补贴 Subsidies and Allowances

指为了补贴职工特殊或额外的劳动消耗和因其他特殊原因支付给职工的津贴，以及为保证职工工资水平不受物价影响支付给职工的物价补贴。

Refers to subsidies paid to staff and workers for compensating special or extra labor and allowances paid to staff and workers to offset the impact of inflation on real wages.

职工平均工资 Average Wage of Staff and Workers

指企业、事业、机关单位的职工在一定时期内平均每人所得的货币工资额。它表明一定时期职工工资收入的高低程度，是反映职工工资水平的主要指标。计算公式为：

职工平均工资＝报告期实际支付的全部职工工资总额 / 报告期全部职工平均人数

Refers to the average wage in money terms per person during a certain period of time for staff and workers in enterprises, institutions, and government agencies, which reflects the general level of wage income during a certain period of time and is calculate as follows:

Average Wage of Staff and Workers = Total Wages of Staff and Workers in Reference Period/Average Number of Staff and Workers in Reference Period

职工平均实际工资 Average Real Wage of Staff and Workers

指扣除物价变动因素后的职工平均工资。计算公式为：

职工平均实际工资＝报告期职工平均工资 / 报告期职工生活费价格指数

Refers to average wage of staff and workers after removing the effects of price changes, which is calculated as follows:

Average Real Wage of Staff and Workers = Average Wage of Staff and Workers in Reference Period/Consumer Price Index of Urban Residents in Reference Period

全社会固定资产投资 Total Investment in Fixed Assets in the Whole Country

是以货币形式表现的在一定时期内全社会建造和购置固定资产的工作量以及与此有关的费用的总称。该指标是反映固定资产投资规模、结构和发展速度的综合性指标，又是观察工程进度和考核投资效果的重要依据。全社会固定资产投资按登记注册类型可分为国有、集体、个体、联营、股份制、外商、港澳台商、其他等。

Refers to the volume of activities in construction and purchases of fixed assets of the whole country and related fees, expressed in monetary terms during the reference period. It is a comprehensive indicator which shows the size, structure and growth of the investment in fixed assets, providing a basis for observing the progress of construction projects and evaluating results of investment. Total investment in fixed assets in the whole country includes, by type of ownership, the investment by State-owned units, collective-owned units, individuals, joint ownership units, share-holding units, as well as investments by entrepreneurs from foreign countries and from Hong Kong, Macao and Taiwan, and by other units.

城镇固定资产投资　Urban Investment in Fixed Assets

指城镇各种登记注册类型的企业、事业、行政单位及个体户进行的计划总投资（或实际需要总投资）50 万元及 50 万元以上的建设项目投资、房地产开发投资、城镇和工矿区私人建房投资。县城及以上区域内发生的投资，县及县以上各级政府及主管部门直接领导、管理的建设项目和企业事业单位的投资均为城镇固定资产投资。

Refers to construction projects involving a total planned (or required) investment of 500,000 yuan and over by enterprises of various types of ownership, institutions, administrative units and individuals in urban areas, investment in real estate development, and private investment in housing construction in urban areas and industrial and mining areas. In other words, all investments that take place in county towns and urban areas, investment in construction projects under the direct leadership and management of government agencies at and above county levels and investments by enterprises and institutions at and above county levels are covered in urban investment in fixed assets.

房地产开发投资　Investment in Real Estate Development

指房地产开发公司、商品房建设公司及其他房地产开发法人单位和附属于其他法人单位实际从事房地产开发或经营的活动单位统一开发的包括统代建、拆迁还建的住宅、厂房、仓库、饭店、宾馆、度假村、写字楼、办公楼等房屋建筑物和配套的服务设施，土地开发工程（如道路、给水、排水、供电、供热、通讯、平整场地等基础设施工程）的投资。包括非房产企业实际从事房地产开发或经营活动，不包括单纯的土地交易活动。

It includes the investment by the real estate development companies, commercial buildings construction companies and other real estate development units of ownership in the construction of house buildings, such as residential buildings, factory buildings, warehouses, hotels, guesthouses, holiday villages, office buildings, and the complementary service facilities and land development projects, such as roads, water supply, water drainage, power supply, heating, telecommunications, land leveling and other projects of infrastructure. It excludes the activities in simple land transactions.

农村投资　Investment in Rural Areas

包括在农村区域范围内进行固定资产投资活动的企业、事业、行政单位及农村个人投资

Refers to investment in fixed assets by enterprises, institutions, administrative units and individuals in rural areas.

固定资产投资的资金来源　Sources of Funds for Investment in Fixed Assets

根据固定资产投资的资金来源不同，分为国家预算内资金、国内贷款、利用外资、自筹资金和其他资金来源。

(1) 国家预算内资金：指中央财政和地方财政中由国家统筹安排的基本建设拨款和更新改造拨款，以及中央财政安排的专项拨款中用于基本建设的资金和基本建设拨款改贷款的资金等。

(2) 国内贷款：指报告期内企、事业单位向银行及非银行金融机构借入的用于固定资产投资的各种国内借款。包括银行利用自有资金及吸收的存款发放的贷款、上级主管部门拨入的国内贷款、国家专项

贷款（包括煤代油贷款、劳改煤矿专项贷款等） 地方财政专项资金安排的贷款、国内储备贷款、周转贷款等。

(3)利用外资：指报告期内收到的用于固定资产投资的国外资金，包括统借统还、自借自还的国外贷款，中外合资项目中的外资，以及对外发行债券和股票等。国家统借统还的外资指由我国政府出面同外国政府团体或金融组织签订贷款协议，并负责偿还本息的国外贷款。

(4)自筹资金：指建设单位报告期收到的，用于进行固定资产投资的上级主管部门、地方和企事业单位自筹资金。

(5)其他资金来源：指报告期收到的除以上各种拔款、借款、自筹资金之外，其他用于固定资产投资的资金。

State budgetary appropriation, domestic loans, foreign investment, self-raised funds, and others.

(1) State budgetary appropriation refers to appropriation in the budget of the central and local governments earmarked for capital construction and for innovation projects, and the special appropriation from the budget of the central government for capital construction and for the transfer fund to banks to be issued as loans for capital construction projects.

(2) Domestic loans refers to various funds borrowed by enterprises and institutions from banks and non-bank financial institutions during the reference period for the purpose of investment in fixed assets, including loans issued by banks from their self-owned funds and deposit, loans appropriated by higher responsible authorities, special loans by government (including loan for replacing petroleum with coal, special loan for reform-through-labor coal mines), loans arranged by local government from special funds, domestic reserve loan, and working loan, etc.

(3) Foreign Investment refers to foreign funds received during the reference period for the purpose of investment in fixed assets, including foreign fends borrowed and managed by the government, by individual units, foreign fund in joint venture program, and issue if bonds and stocks at the international financial markers. The foreign funds borrowed and managed by the government refer to foreign loans borrowed by the government from foreign government, organizations, or financial institutions under official agreement signed by both parties, under which government is responsible for the repayment of both the principal and interests of the foreign loans.

(4) Self-raised funds refer to funds received by construction enterprises from their higher responsible authorities, local governments, or raised by enterprises or institutions themselves for the purpose of investment in fixed assets during the reference period.

(5) Others refer to funds received during the reference period which are not included in the above-mentioned sources.

固定资产投资按国民经济行业分 Investment in Fixed Assets by Sector

建设项目归哪个行业，按其建成投产后的主要产品或主要用途及社会经济活动性质来确定。基本建设按建设项目划分国民经济行业，更新改造、国有单位其他固定资产投资及城镇集体投资根据整个企业、事业单位所属的行业来划分。一般情况下，一个建设项目或一个企业、事业单位只能属于一种国民经济行业。为了更准确地反映国民经济各行业之间的比例关系，联合企业（总厂）所属分厂属于不同行业的，原则上按分厂划分行业。

The classification of construction projects by sector is determined by the major products or the purpose of the projects when they are put into production or use, and by the nature of their social economic activities. The investment in capital construction is classified by construction projects, while investment in innovation, other investment by state-owned units and urban collective units are classified according to the sector which the whole enterprises or institution belongs to. In general, one project or one enterprise or institution can only belong to one sector. In order to reflect more accurately the proportions among various sectors, the branch factories of integrated complex are classified into different sectors according to their economic activities.

固定资产投资按建设性质分　Investment in Fixed Assets by Type of Construction

建设项目的性质一般分为新建、扩建、改建、迁建、恢复。基本建设按建设项目划分建设性质，更新改造、国有单位其他固定资产投资及城镇集体投资按整个企业、事业单位的建设情况确定建设性质。目前基本建设和更新改造是根据我国现行的计划管理体制区分的，所以基本建设和更新改造都可分别按新建、扩建等划分。

(1)新建：一般是指从无到有、“平地起家”新开始建设的单位。有的单位原有的基础很小，经过建设后其新增加的固定资产价值超过原有固定资产价值（原值）三倍以上的也算新建。

(2)扩建：一般是指为扩大原有产品的生产能力，在厂内或其他地点增建主要生产车间（或主要工程）、独立的生产线或总厂之下的分厂的企业；事业单位和行政单位在原单位增建业务用房（如学校增建教学用房、医院增建门诊部或病房、行政机关增建办公楼等）也作为扩建。

(3)改建：一般是指现有企业、事业单位为了技术进步，提高产品质量，增加花色品种，促进产品升级换代，降低消耗和成本，加强资源综合利用和三废治理、劳保安全等，采用新技术、新工艺、新设备、新材料等对现有设施、工艺条件进行技术改造或更新(包括相应配套的辅助性生产、生活福利设施)。有的企业为充分发挥现有生产能力，进行填平补齐而增建不增加单位主要产品生产能力的车间等，也属于改建。

The construction projects in general can be classified by the type of construction into new construction, expansion, reconstruction and moving away. In capital construction, the type of construction is determined by the condition of the project. In investment in innovation, in other investment by state-owned units and investment by collective –owned units, the type of construction is determined by the condition of the whole enterprise and restoration. The current distinction between capital construction and innovation is determined by China’s current planning and management system. Therefore the projects of capital construction and innovation can all be classified respectively into new construction, expansion, etc.

(1) New construction in general refers to newly constructed units. In the case in which the value of the original fixed assets is quite small, and the value of newly added fixed assets exceeds the original ones by three times, the expansion construction is considered as new construction.

(2) Expansion refers to construction of new major production workshop or independent production line within a factory or in other locations, or construction of a branch factory so as to increase the production capacity of the original products. Newly constructed business houses in institutions and administrative organizations (such as the newly constructed teaching buildings in schools, clinics or bed building in hospitals, and office buildings in administrative agencies, etc.) are also classified as expansion.

(3) Reconstruction refers to technical innovation and transformation of the existing equipment and

technical conditions undertaken by enterprises and institutions for the purposes of technological advancement, improvement in product quality, enlarging variety of products, promoting new generation of products, reducing production consumption and cost promoting comprehensive utilization of resources, strengthening treatment of waste gas, waste water and solid wastes, and safety in production, etc. Through application of new technologies and techniques, use of new equipment and new materials (including accessory facilities for production or for living and welfare purposes). Construction of new workshops for improving existing production capacity rather than increasing production capacity is also considered as reconstruction.

固定资产投资按构成分　Investment in Fixed Assets by Structure

固定资产投资活动按其工作内容和实现方式分为建筑安装工程，设备、工具、器具购置，其他费用三个部分。

(1)建筑安装工程（建筑安装工作量）：指各种房屋、建筑物的建造工程和各种设备、装置的安装工程。包括各种房屋建造工程，各种用途设备基础和各种工业窑炉的砌筑工程；为施工而进行的各种准备工作和临时工程以及完工后的清理工作等；铁路、道路的铺设，矿井的开凿及石油管道的架设等；水利工程；防空地下建筑等特殊工程；以及各种机械设备的安装工程；为测定安装工程质量，对设备进行的试行工作。在安装工程中，不包括被安装设备本身的价值。

(2)设备、工具、器具购置：指购置或自制达到固定资产标准的设备、工具、器具的价值。固定资产的标准按财务部门规定。新建单位、扩建单位的新建车间按照设计和计划要求购置或自制的全部设备、工具、器具，不论是否达到固定资产标准均计入“设备、工具、器具购置”中。

(3)其他费用：指在固定资产建造和购置过程中发生的，除建筑安装工程和设备、工具、器具购置以外的各种应摊入固定资产的费用。

Refers to the three major parts of investment activities, i.e. construction and installation, purchase of equipment and instrument, and other expenses.

(1) Construction and installation (work volume of construction and installation) refers to the construction of various houses and buildings and installation of various kinds of equipment and instruments, including construction of various houses, equipment foundations and industrial kilns and stoves, preparation works for project construction, and clearing up works post project construction, pavement of railways and roads, drilling of mines and putting up of oil pipes, construction of projects water conservancy, construction of underground air-raid shelters and construction of other special projects, installation of various machinery equipment, testing operation for pre-testing the quality of installation projects. The value of equipment installed is not included in the value of installation projects.

(2) Purchase of equipment and instruments refers to the total value of equipment, tools, and vessels purchased or self-produced which come up to standards for fixed assets. Equipment, tools and vessels purchased or self-produced for new workshops by newly established or expanded units are categorized as “purchase of equipment and instruments” no matter whether they come up to the standards for fixe assets or not.

(3) Other expenses refers to expenses occurring during the construction or purchase of fixed assets other than construction, installation or purchase of equipment and instruments.

施工项目　Projects under Construction

指报告期内曾进行建筑或安装工程施工活动的建设项目，包括报告期内新开工项目、报告期以前开工跨入报告期继续施工的项目以及报告期施过工并在报告期内全部建成投产或停缓建的项目。

Refers to projects having construction and installation activities undertaken in the reference period, including projects started in the reference period, or continued from the previous period, or completed and put into production or suspended in the reference period.

全部建成投产项目　Projects completed and Put into Use

工业项目是指设计文件规定形成生产能力的主体工程及其相应配套的辅助设施全部建成，经负荷试运转，证明具备生产设计规定合格产品的条件，并经过验收鉴定合格或达到竣工验收标准，与生产性工程配套的生活福利设施可以满足近期正常生产的需要，正式移交生产的建设项目。非工业项目是指设计文件规定的主体工程和相应的配套工程全部建成，能够发挥设计规定的全部效益，经验收鉴定合格或达到竣工验收标准，正式移交使用的建设项目。

Industrial projects refers to the major projects and accessory facilities completed which result in forming production capacity and have been checked and accepted while the living and welfare facilities have been completed and can ensure normal production and formally put into production. Non-industrial projects refer to the major projects and accessory facilities completed which possess the designed capacity and have been checked, accepted and formally put into production.

新增生产能力　Newly increased Production Capacity

指通过固定资产投资活动而增加的设计能力或工程效益，它是用实物形态表示的固定资产投资的成果。新增生产能力的计算，是以能独立发挥生产能力或效益的单项工程（或项目）为对象。当单项工程（或项目）建成，经有关部门鉴定合格，正式移交投入生产，即可计算新增生产能力。

新增生产能力或工程效益有以下几种表现形式：

(1) 以建设项目或单位工程建成后的年生产能力表示，如煤炭开采、石油开采等。

(2) 以建设项目或单项工程建成后处理原料的能力表示。如选矿工程的年处理矿石能力，洗煤厂年洗原煤能力等。

(3) 以新增的主要设备数量或容量表示。如棉纺锭枚数，发电机组容量等。

(4) 以建筑物容积、容量、面积或长度表示。如水库容量，铁路公路里程等。

新增生产能力的数量一般按设计能力计算。设计能力是指设计文件中规定的在正常情况下能达到的生产能力，而不论投产后的实际产量如何。以设备数量、建筑物容积、面积、长度等表示的新增生产能力（或工程效益），则按建成的实际数量计算。

Refers to the increase of designed capacity and project efficiency through investment in fixed assets, which reflects the accomplishment of investment in fixed assets in kind. The calculation of newly increased production capacity is based on individual project which operates independently and efficiently. When an individual project is completed and checked and accepted and put into production, it is counted as newly increased production capacity.

The newly increased production capacity and project efficiency are usually expressed in one of the following forms:

(1) Annual production capacity, such as extraction of coal and petroleum;

(2) Raw material processing capacity, such as ore dressing capacity of ore dressing projects, the dressing capacity of a coal washery;

(3) Number or capacity of major equipment increased, such as the number of cotton spindles increased and the capacity of generating sets increased;

(4) Physical measures of construction, such as volume, capacity, area, and length, for instance, the capacity of reservoirs, the length of railways or highways.

Newly increased production capacity in terms of quantity is calculated in designed capacity in general, which refers to the production capacity of a project under conditions designed in construction documents regardless of the actual output.

房屋建筑面积　Floor Space of buildings under Construction and Completed

指从房屋外墙线算起的各层平面面积的总和，包括可供使用的有效面积和房屋结构（如柱墙）占用的面积。多层建筑按各层（包括地下室）面积总和计算

Refers to total floor space in each story of buildings calculated from the outside line of building walls, including both usable space and the space occupied by constructions like pillars or walls. The floor space of multi-story buildings includes the total floor space of each story (including basement).

住宅建筑面积　Floor Space of Residential Buildings

指施工和竣工房屋建筑面积中供居住用的施工和竣工房屋建筑面积。

Refers to the floor space of the residential buildings under construction and completed among the total space of buildings under construction and completed.

施工面积　Floor Space under Construction

指报告期内施工的全部房屋建筑面积。包括本期新开工的面积 上期跨入本期继续施工的房屋面积 上期停缓建在本期恢复施工的房屋面积 本期竣工的房屋面积及本期施工后又停缓建的房屋面积。

Refers to total floor space of all buildings under construction during the reference period, including floor space of newly started building the reference period, floor space of construction extended from the previous period to the current period, floor space of construction suspended during the previous period and resumed in the current period, floor space of construction completed in the current period, and floor space of construction started and then suspended in the current period.

竣工面积　Floor Space of Buildings Competed

指在报告期内房屋建筑按照设计要求已全部完工，达到住人和使用条件，经验收鉴定合格，正式移交使用单位的建筑面积。

Refers to the floor space of buildings completed in the reference period, which have come up to the designed standards and have been put into use.

房屋建筑面积竣工率　Completed Rate of Floor Space of Buildings

指一定时期内房屋竣工面积占同期房屋施工面积的比率。它是从房屋建筑施工速度的角度反映投资效果和建筑业经济效益的指标。

Refers to the ratio of the floor space of buildings completed in certain period of time to the floor space of buildings under construction in the same period, which reflects the investment result and economic efficiency of the construction industry from the angle of the speed of project construction.

新增固定资产　Newly Increased Fixed Assets

指通过投资活动所形成的新的固定资产价值。包括已经建成投入生产或交付使用的工程价值和达到固定资产标准的设备、工具、器具的价值及有关应摊入的费用。它是以价值形式表示的固定资产投资成果的综合性指标，可以综合反映不同时期、不同部门、不同地区的固定资产投资成果。

Refers to the newly increased value of fixed assets through investment, including the value of projects completed and put into production, the value of equipment, tools, and vessels considered as fixed assets, as well as the relevant expenses as investment in fixed assets. This is a comprehensive indicator of investment in fixed assets, reflecting the achievements of investment in fixed assets in different periods, different sectors, and different regions.

建设项目投产率　Rate of Construction Projects Completed and Put into Use

指一定时期内全部建成投入生产项目个数与同期正式施工项目个数的比率。它是从项目建设速度的角度反映投资效果的指标。

Refers to the ratio of the number of construction projects completed and put into use in certain period of time to the number of projects under construction in the same period. This reflects the investment efficiency from the angle of the speed of projects construction.

固定资产交付使用率　Rate of :Projects of Fixed Assets and Put into Operation

指一定时期新增固定资产与同期完成投资额的比率。它是反映各个时期固定资产动用速度，衡量建设过程中投资效果的一个综合性指标。

Refers to the ratio of the newly increased fixed assets to the total investment made in the same period. This is a comprehensive indicator, reflecting the speed of the employment of fixed assets and the investment efficiency.

财政收入　Government Revenue

指国家财政参与社会产品分配所取得的收入，是实现国家职能的财力保证。财政收入所包括的内容主要有：

(1)各项税收：包括增值税、营业税、消费税、土地增值税、城市维护建设税、资源税、城市土地使用税、印花税、固定资产投资方向调节税、个人所得税、企业所得税、关税、农牧业税、和耕地占用税等。

(2)专项收入：包括征收排污费收入、征收城市水资源费收入、教育费附加收入等。

(3)其他收入：包括基本建设贷款归还收入、基本建设收入、捐赠收入等。

(4)国有企业计划亏损补贴：此项为负收入，冲减财政收入。

Refers to the revenue of the government finance by means of participating in the distribution of the social products, which is the financial resources for ensuring the government to function. The contents of government revenue have been changed several times. Now it includes the following main items:

(1) Various tax revenues, including value added tax, business tax, consumption tax, land value added tax, tax on city maintenance and construction, resources tax, tax on use of urban land, stamp tax, tax on adjustment of the orientation of investment in fixed assets, personal income tax, enterprise income tax, tariff, tax on agriculture and animal husbandry and tax on occupancy of cultivated land, etc.

(2) Special revenues, including revenue collected from imposing fee on sewage treatment, revenue

collected from imposing fee on urban water resources, and extra-charges for education, etc.

(3) Other revenues, including revenue from the repayment of capital construction loan, revenue from capital construction projects, and donations and grants.

(4) Planned subsidies for the losses of the state-owned enterprises. This is an item of negative revenue, used to eat up part of the government revenue.

财政支出　Government Expenditure

国家财政将筹集起来的资金进行分配使用，以满足经济建设和各项事业的需要，主要包括：

(1)基本建设支出：指按国家有关规定，属于基本建设范围内的基本建设有偿使用、拨款、资本金支出以及经国家批准对专项和政策性基建投资贷款，在部门的基建投资额中统筹支付的贴息支出。

(2)企业挖潜改造资金：指国家预算内拨给的用于企业挖潜革新和改造方面的资金。包括各部门企业挖潜改造资金和企业挖潜改造贷款资金，为农业服务的县办“五小”企业技术改造补助，挖潜改造贷款利息支出。

(3)地质勘探费用：指国家预算用于地质勘探单位的勘探工作费用，包括地质勘探管理机构及其事业单位经费、地质勘探经费。

(4)科技三项费用：指国家预算用于科技支出的费用，包括新产品试制费、中间试验费、重要科学研究补助费。

(5)支援农村生产支出：指国家财政支援农村集体（户）各项生产的支出。包括对农村举办的小型农田水利和打井喷灌的补助费，对农村水土保持措施的补助费，对农村举办的小水电站的补助费，特大抗旱的补助费，农村开荒补助费，扶持乡镇企业资金，农村农技推广和植保补助费，农村草场和畜禽保护补助费，农村造林和林木保护补助费，农村水产补助费，发展粮食生产专项资金。

(6)农林水利气象等部门的事业费：指国家财政用于农垦、农场、农业、畜牧、农机、林业、森工、水利、水产、气象、乡镇企业的技术推广、良种推广（示范）、动植物（畜禽森林）保护、水质监测、勘探设计、资源调查、干部训练等项费用，园艺特产场补助费，中等专业学校经费，飞播牧草试验补助费，营林机构、气象机构经费，渔政费以及农业管理事业费等。

(7)工业交通商业等部门的事业费：指国家预算支付给工交商各部门用于事业发展的经费，包括勘探设计费、中等专业学校经费、技术学校经费、干部训练费。

(8)文教科学卫生事业费：指国家预算用于文化、出版、文物、教育、卫生、中医、公费医疗、体育、档案、地震、海洋、通讯、电影电视、计划生育、党政群干部训练、自然科学、社会科学、科协等项事业的经费支出和高技术研究专项经费。主要包括工资、补助工资、福利费、离退休费、助学金、公务费、设备购置费、修缮费、业务费、差额补助费。

(9)抚恤和社会福利救济费：指国家预算用于抚恤和社会福利救济事业的经费。包括由民政部门开支的烈士家属和牺牲病残人员家属的一次性、定期抚恤金，革命伤残人员的抚恤金，各种伤残补助费，烈军属、复员退伍军人生活补助费，退伍军人安置费，优抚事业单位经费，烈士纪念建筑物管理、维修费，自然灾害救济事业费和特大自然灾害灾后重建补助费等。

(10)国防支出：指国家用于国防建设和保卫国家安全的支出，包括国防费、国防科研事业费、民兵建设以及专项工程支出等。

(11)行政管理费：包括行政管理支出，党派团体补助支出，外交支出，公安安全支出，司法支出，法院支出，检察院支出以及公检法办案费用补助。

(12)价格补贴支出：指经国家批准，由国家财政拨给的政策性补贴支出。主要包括粮食加价款，粮、棉、油差价补贴，棉花收购价外奖励款，副食品风险基金，市镇居民的肉食价格补贴，平抑市价肉食、蔬菜价差补贴等以及经国家批准的教材课本、报刊新闻纸等价格补贴。

Refers to the distribution and use of the funds the government finance has raised, so as to meet the needs of economic construction and various causes. It includes the following main items:

(1) Expenditure for capital construction: it refers to the non-gratuitous use and appropriation of funds for capital construction in the range of capital construction, outlay of capital as well as the loans on capital construction approved by the government for special purpose or policy purpose and the expenditure with discount paid in an overall way within the amount of the funds appropriated to the departments for capital construction.

(2) Innovation funds of the enterprises: they refer to the funds appropriated from the government budget for the enterprises to tap the latent power, upgrade the technology and carry out innovation, including the innovation fund of the departments, loan of the enterprises for innovation, subsidies on the innovation of the small fertilizer plant, small cement plant, small coal mines, small machinery plant and small steel plant, the expenditure of interest for the loan for innovation.

(3) Geological prospecting expenses: they refer to the expenses appropriated from the government budget to the geological prospecting units for the expenditure of the prospecting work, including the expenditures of the administrative agencies for geological prospecting and their institutional units as well as the geological prospecting expenditure.

(4) Expenditures for science and technology promotion: they refer to the expenses appropriated from the government budget for the scientific and technological expenditure, including new products development expenditure, expenditure for intermediate trial and subsidies on important scientific researches.

(5) Expenditure for supporting rural production: it refers to the expenditures appropriated from the government budget for supporting the various expenditures of the rural collective units or households for production, including the subsidies to the small water conservancy projects and well drilling, sprinkling irrigation projects run by the villages; subsidies on the rural water and soil conserving measures; subsidies to the small power stations run by the villages; subsidies to the expenditure for fighting against particularly severe draughts; subsidies on the rural waste land exclamation; fund for supporting the township enterprises; subsidies to the expenditure for popularization of the agricultural technologies and plant protection in the rural areas; subsidies to the expenditure for the protection of grasslands and cattle and fowls; subsidies on afforestation and forest protection in rural areas; subsidies on the rural aquatic products industry; special fund for developing grain production.

(6) Operating expenses of the departments of farming, forestry, water conservancy and meteorology etc.: they refer to the expenses appropriated from the government budget for the expenditures of agricultural exclamation, farms, agriculture, animal husbandry, agricultural machinery, forestry, timber industry, water conservancy, aquatic products industry, meteorology, technology popularization in township enterprises, popularization (demonstration) of improved varieties, plant (cattle and fowls, forest) protection, water quality monitoring, prospecting and designing, resources investigation, cadres training, subsidies to horticulture

gardens, expenditure of specialized secondary schools, subsidies on the experiments of sowing herbage seeds by flights, expenditures of afforestation agencies and meteorology agencies, expenses for fishery administration and operating expenses for agricultural administration, etc.

(7) Operating expenses of the department of industry, transport and commerce: they refer to the expenses appropriated from the government budget to the departments of industry, transport and commerce for the expenditure of business development, including expenses for prospecting and designing, expenditures of specialized secondary schools, expenditures of the technical training schools and expenditures for cadres training, etc.

(8) Operating expenses of the departments of culture, education, science and public health: they refer to the expenses appropriated from the government budget for the expenditures of the causes of culture, publication, cultural relics, education, public health, traditional Chinese medical science, free medical services, sports, archives, earthquake, ocean, communications, broadcasting, film and television, family planning; expenditure for training of cadres of government, party and mass organization; expenditures for natural sciences, social sciences, associations for science and technology and the special expenditure for the high-tech researches. They include mainly wages, extra wages, welfare funds, pension for the retirees, stipend, expenses for official business, expenses for equipment purchases, expenses for repairs, business expenses and subsidies to the units which are unable to support their expenditures by their own earnings.

(9) Pension for the disabled or for the families of the bereaved and relief funds for social welfare: they refer to the funds appropriated from the government budget for the expenditures of pension for the disabled or for the families of the bereaved and relief funds for social welfare, including the lump-sum or regular pension paid by the departments of civil affairs to the members of martyrs families and families of those who died for the public interest, pension to the revolutionary disabled, subsidies for permanent disability of various kinds, subsidies to the military martyrs dependents and the demobilized servicemen, expenditure for settling down the demobilized servicemen, operating expenses of the consoling institutions, expenses for management and repair of the commemorative buildings for the martyrs, the expenses managed by the departments of civil affairs for the retirees and those who have quitted their work, expenses for social relief in rural and urban areas, operating expenses for providing relief to the areas of natural calamity and subsidies on the reconstruction after the particularly severe natural calamities, etc.

(10) Expenditures for national defence: they refer to the funds appropriated from the government budget for the expenditures for building up national security, including expenses of national defence, expenses of scientific researches on national defence, expenses for building up people's militia and expenditure for special projects, etc.

(11) Administrative expenses: they include expenditure for administration, subsidies to the parties and mass organizations, diplomatic expenditure, expenditure for public security, judicial expenditure, law court expenditure, procuratorial expenditure and subsidies to the expenses for treating the cases by he public security departments, procuratorial organs and law courts.

(12) Expenditure for price subsidies: it refers to the expenditure appropriated, with the approval of the government, from the government budget for the policy subsidies to price adjustment, including the funds for

the increase of grain prices, the subsidies to the difference between the selling prices and purchasing prices of grains, cotton and edible oil, awards in addition to the purchasing prices of cotton, risk fund for non-staple food, subsidies on the prices of meat and meat products, subsidies on the price difference for curbing the high market prices of meat, meat products and vegetables and the subsidies approved by the government on the prices of textbooks and newsprint of newspapers and periodicals.

中央财政收入和地方财政收入　Revenue of the central government and revenue of the local governments

指按财政体制划分的中央本级收入和地方本级收入。1994 年分税制财政体制以后，属于中央财政的收入包括关税、海关代征消费税和增值税，消费税，中央企业所得税，地方银行和外资银行及非银行金融企业所得税，铁道、银行总行、保险公司等集中缴纳的营业税、所得税、利润和城市维护建设税，增值税的 75%部分，海洋石油资源税的和证券（印花）税的 50%部分。属于地方财政的收入包括营业税，地方企业所得税，个人所得税，城镇土地使用税，固定资产投资方向调节税，城镇维护建设税，房产税，车船使用税，印花税，屠宰税，农牧业税，农业特产税，耕地占用税，契税，增值税 25%部分，证券交易税（印花税）50%部分和除海洋石油资源以外的其他资源税。

In accordance with the classification of the structure of the government finance in 1994 in the bases of the classification of channels for collection of tax revenues, the revenue of the central government and the revenue of the local governments have different coverage. The revenue of the central government includes tariff, consumption tax and value added tax levied by the customs, consumption tax, income tax of the enterprises subordinate to the central government, income taxes of the local banks, foreign-funded banks and non-bank financial institutions, business tax, income tax and profits of railways, head offices of banks, head office f insurance company, which are handed over to the government in a centralized way, tax on city maintenance and construction, 75% of the value added tax, tax on ocean petroleum resources, 50% of the tax on stock dealing (stamp tax). The revenue of the local governments includes business tax, income tax of the enterprises subordinate to the local government, personal income tax, tax on the use of urban land, tax on the adjustment of the investment in fixed assets, tax on town maintenance and construction, tax on real estates, tax on the use of vehicles and ships, stamp tax, slaughter tax, tax on agriculture and animal husbandry, tax on special agricultural products, tax on the occupancy of cultivated land, contract tax, 25% of the value added tax, 50% of the tax on stock dealing (stamp tax) and tax on resources other than the ocean petroleum resources.

中央财政支出和地方财政支出　Expenditure of the central government and expenditure of the local governments

指根据政府在经济和社会活动中的不同职责，划分中央和地方政府的责权，按照政府的责权划确定的支出。中央财政支出包括国防支出，武装警察部队支出，中央级行政管理费和各项事业费，重点建设支出以及中央政府调整国民经济结构、协调地区发展、实施宏观控制的支出。地方财政支出主要包括地方行政管理和各项事业费，地方统筹的基本建设、技术改造支出，支援农村生产支出，城市维护和建设经费，价格补贴支出等。

According to the different functions of the central government and local governments in the economic and social activities, the rights of affaire administration are classified between the central government and local governments; and the classification of the expenditure between the central government and local governments are made on the basis of the classification of the rights of affairs administration between them. The expenditure of the central government includes the expenditure for national defence, expenditure for armed police forces, the administrative expenses and various operating expenses at the level of central government, expenditure for key projects and the expenditure of the central government for adjusting the national economic structure, coordinating the development among different regions and exercising the macro-economic regulation and control. The expenditure of the local governments includes mainly the administrative expenses and various operating expenses at the level of local governments, expenditure for supporting rural production, expenditure for city maintenance and construction and expenditure for price subsidies, etc.

预算外资金收支　Extra-budgetary revenue and expenditure

预算外资金指国家机关、事业单位和社会团体为履行或代行政府职能，依据国家法律、法规和具有法律效力的规章而收取、提取和安排使用的未纳入国家预算管理的各种财政性资金。其范围主要包括：法律、法规规定的行政事业性收费、基金和附加收入等；国务院或省级人民政府及其财政、计划（物价）部门审批的行政事业性收费；国务院及财政部审批建立的基金、附加收入等；主管部门所属单位集中上缴资金；用于乡镇政府开支的乡自筹及乡统筹资金；其他未纳入预算管理的财政性资金。社会保障基金在国家财政尚未建立社会保障预算制度以前，先按预算外资金管理制度进行管理。部门和单位的预算外收入必须上缴同级财政专户，支出由同级财政按预算外资金收支计划和单位财务收支计划统筹安排，从财政专户中拨付，实行收支两条线管理。

Extra-budgetary fund refers to financial fund of various types not covered by the regular government budgetary management, which is collected, allocated or arranged by government agencies, institutions and social organizations while performing duties delegated to them or on behalf of the government in accordance with laws, rules and regulations. It mainly covers following items: administrative and institutional fees, funds and extra charges that are stipulated by laws and regulations; administrative and institutional fees approved by the State Council and provincial government and their financial and planning (price management) departments; funds and extra charges established by the State Council and the Ministry of Finance; funds turned over to competent departments by their subordinate institutions; self-raised and collected funds by township governments for their own expenditure; and other financial funds that are not covered in budgetary management. Social security funds are treated as extra-budget fund and managed for its exclusive use , given the circumstance that separate government budgetary system for social security is yet to be designed. Special accounts are opened by the financial departments in banks for the management of revenue and expenditure of extra-budgetary fund. Extra-budgetary revenue and expenditure is managed separately, namely, revenue of institutions and departments must enter into the special accounts of the financial departments at the same administrative level, and their extra-budgetary expenditure is arranged in line with the extra-budget plans and appropriated from these accounts.

商品零售价格指数　Retail Price Index

是反映城乡商品零售价格变动趋势的一种经济指数。零售物价的调整变动直接影响到城乡居民的生活支出和国家的财政收入，影响居民购买力和市场供需平衡，影响消费与积累的比例。因此，计算零售价格指数，可以从一个侧面对上述经济活动进行观察和分析。

Reflects the general change in retail prices of commodities. The change and adjustment in retail prices directly affect the living expenditure of urban and rural residents, government revenue , purchasing power of residents and the equilibrium of market supply and demand, and the ratio of consumption to accumulation. Therefore, the calculation of retail price index is useful to analyze the changes of the above economic activities.

居民消费价格指数　Consumer Price Index

是反映一定时期内城乡居民所购买的生活消费品价格和服务项目价格变动趋势和程度的相对数，是对城市居民消费价格指数和农村居民消费价格指数进行综合汇总计算的结果。利用居民消费价格指数，可以观察和分析消费品的零售价格和服务价格变动对城乡居民实际生活费支出的影响程度。

Reflects the trend and degree of changes in prices of consumer goods and services purchased by urban and rural residents, and is a composite index derived from the urban consumer price index and the rural consumer price index. Consumer price index can be used to analyze the impact of consumer price change on actual expenditure for living cost of urban and rural residents.

城市居民消费价格指数　Urban Consumer Price Index

是反映城市居民家庭所购买的生活消费品和服务项目价格变动趋势和程度的相对数。城市居民消费价格指数可以观察和分析消费品的零售价格和服务项目价格变动对职工货币工资的影响，作为研究职工生活和确定工资政策的依据。

Reflects the trend and degree of changes in prices of consumer goods and services purchased by urban households. It can be used to observe and analyze the impact of price changes in consumer goods and services→on money wages of staff and workers, and provide basis for policy making concerning the living cost and wages of staff and workers.

农村居民消费价格指数　Rural Consumer Price Index

是反映农村居民家庭所购买的生活消费品价格和服务项目价格变动趋势和程度的相对数。农村居民消费价格指数可以观察农村消费品的零售价格和服务项目价格变动对农村居民生活消费支出的影响，直接反映农民生活水平的实际变化情况，为分析和研究农村居民生活问题提供依据。

Reflects the trend and degree of changes in prices of consumer goods and services purchased by rural households. It can be used to observe the impact of change in retail prices of consumer goods and service prices in rural areas on living expenditure of rural households, and to show the changes in the living standard of peasants. It provides basis for analysis and research on condition of life in rural areas.

城镇居民家庭全部收入　Total Income of Urban Households

指被调查城镇居民家庭全部的实际收入，包括经常或固定得到的收入和一次性收入。不包括周转性收入，如银行存款、向亲友借款、收回借出款以及其他各种暂收款。

Refers to the total actual income of the sample households, including regular or fixed income and occasional income. The income of a circulating nature such as withdrawal from bank deposits, loans borrowed from relatives or friends, repayment of loans received and various temporary collection of money is excluded.

城镇居民家庭可支配收入　Disposable Income of Urban Households

指被调查的城镇居民家庭在支付个人所得税、财产税及其他经常性转移支出后所剩下的实际收入。

Refers to the income of the sample households which can be used for daily expenses, i.e.. Total income minus income tax, property tax and other current transfers.

城镇居民家庭消费性支出　Expenditure for Consumption of Urban Households

指被调查的城镇居民家庭用于日常生活的全部支出，包括购买商品支出和文化生活、服务等非商品性支出。不包括罚没、丢失款和缴纳的各种税款（如个人所得税、牌照税、房产税等），也不包括个体劳动者生产经营过程中发生的各项费用。

Refers to total expenditure of the sample households for consumption in daily life, including expenditure for various commodities and expenses for non-commodity items such as culture and service, etc., but excluding fines and confiscation, loss, tax payments (such as income tax, license tax, real estates tax, etc.) and various expenses by individual laborers for business purposes.

居民可支配收入 Disposable Income of Households

指居民可用于最终消费支出和储蓄的总和，即居民可用于自由支配的收入。既包括现金收入，也包括实物收入。按照收入的来源，可支配收入包含四项，分别为：工资性收入、经营性净收入、转移性净收入和财产性净收入。

Has a national coverage comparable between urban and rural households,and refers to the kind of income that households can have at their disposal.It includes income both in cash and in kind from four categories:income from wages and in salaries,cash income from household operations,income from properties and income from transfers.

农林牧渔业总产值　Gross Output Value of Farming, Forestry, Animal Husbandry and Fishery

是以货币表现的农、林、牧、渔业全部产品的总量，它反映一定时期内农业生产的总规模和总成果。

农业总产值的计算方法通常是按农林牧渔业产品及其副产品的产量分别乘以各自单位产品价格求得，少数生产周期较长，当年没有产品或产品产量不易统计的，则采用间接方法匡算其产值，然后将四业产品产值相加即为农业总产值。

1957 年以前的农业总产值中包括了厩肥和农民自给性手工业（如农民自制衣服、鞋、袜，自己从事粮食初步加工等）。1958 年及以后的农业总产值，林业中增加了村及村以下竹木采伐产值；牧业中取消了厩肥产值；副业中取消了农民自给性手工业产值，增加了村及村以下办的工业产值；渔业中增加了海洋捕捞水产品产值。1980 年及以后的农业总产值，在副业中增加了农民家庭兼营工业商品部分的产值。从 1984 年起村及村以下办工业产值划归工业。从 1993 年起，取消副业，将野生动物的捕猎划入牧业，野生植物采集和农民家庭兼营商品性工业划归农业。

Refers to the total volume of products of farming, forestry, animal husbandry and fishery in value terms, which reflects the total scale and total result of agricultural production during a given period of time. Gross output value of agricultural is obtained by first multiplying the output of each product or by-its price, resulting in the output value of each single item. For a small number of products, annual output of which is not available or difficult to get due to the long production/growing process involved, the output value is estimated through an indirect approach. The sum of out put value of all products of farming, forestry, animal husbandry, and fishery is then equal to the gross out put value of agriculture. Prior to 1957, China's gross agricultural output value included barnyard manure and handicraft products for self-consumption (clothes, shoes, stockings, and initial grain processing undertaken by peasants). Since 1958, cutting and felling of bamboo and trees by villages and other cooperative organizations under villages have been included in forestry; value of barnyard manure has been excluded from animal husbandry; self-consumed handicrafts has been excluded from sideline occupations, while the output value of industries run by villages and cooperative organizations under village had been included in sideline occupations and the output value of fish catches by motor fishing boats has been added to fishery. Since 1980, the value of handicraft products made for sale by individuals in households had been added to sideline occupations. Since 1993, the subdivision of sideline occupations has been canceled, and the hunting of wild animals has been classified into animal husbandry, and the gathering of wild plants and commodity industry run by rural household have been include in farming.

粮食产量　Grain Yield

指全社会的产量。包括国有经济经营的、集体统一经营的和农民家庭经营和其它生产单位的粮食产量。粮食除包括稻谷、小麦、玉米、高粱、谷子及其他杂粮外，还包括薯类和豆类。其产量计算方法，豆类按去豆荚后的干豆计算；薯类（包括甘薯和马铃薯，不包括芋头和木薯）1963 年以前按每 4 公斤鲜薯折 1 公斤粮食计算，从 1964 年开始及以后改为 5 公斤鲜薯折 1 公斤粮食计算。城市郊区作为蔬菜的薯类（如：马铃薯等）按鲜品计算，并且不做为粮食统计。其他粮食一律按脱粒后的原粮计算。

Refers to the yield in the whole country including grains produced by state farms, collective units, industrial enterprises and mines. Grain includes rice, wheat, corn, sorghum, millet and other miscellaneous grains as well as tubers and beans. Output of beans refers to dry beans without pods. The output of tubers (sweet potatoes and potatoes, not including taros and cassava) was converted into that of grain at the ratio 4:1, i.e. four kilograms of fresh tubers was equivalent to one kilogram of grain up to 1963. Since 1964 the ratio for conversion has been 5:1. Tubers supplied as vegetables (such as potatoes) in cities and suburbs are calculated as fresh vegetables and their output is not included in the output of grain. Output of all other grains refers to husked grain.

油料产量　Yield of Oil-bearing Crops

指全部油料作物的生产量。包括花生、油菜籽。不包括大豆，也不包括木本油料和野生油料。花生以带壳干花生计算。

Refers to catches of both artificially cultured and naturally grown aquatic products, including fish, shrimps, crabs and shellfish in sea and inland water as well as seaweed. Freshwater plants are not included.

期初（末）畜禽存栏头（只）数　Number of Livestock of Poultry in Stock at Beginning (or End) of Reference Period

指本期期初（末）农村各种合作经济组织和国营农场、农民个人、机关、团体、学校、工矿企业、部队等单位以及城镇居民饲养的大牲畜、猪、羊、家禽等畜禽的存栏头（只）数。

Refers to the total number of large animals, pigs, sheep, fowls, etc. Raised by rural cooperative organizations, state farm, rural individuals, government agencies, schools, industrial and mining enterprises, army, and urban residents at the beginning (or end) of the reference period.

猪、牛、羊肉产量　Output of pork, Beef and mutton

指当年出栏并已屠宰除去头蹄下水后带骨肉（即胴体重）的重量。

Refers to the meat of slaughtered hogs, cattle, sheep and goats with head, feet, and offal taken away.

耕地面积　Cultivated Area (Area under cultivation)

指年初可以用来种植农作物、经常进行耕锄的田地，除包括熟地、当年新开荒地、连续撂荒未满三年的耕地和当年的休闲地（轮歇地），还包括以种植农作物为主并附带种植桑树、茶树、果树和其他林木的土地，以及沿海、沿湖地区已围垦利用的“海涂”、“湖田”等面积。但不包括属于专业性的桑园、茶园、果园、果木苗圃、林地、芦苇地、天然或人工草地面积。

Refers to farmland which is plowed constantly for growing crops, including cultivated land, newly cultivated land in the current year, farmland left without cultivation for less than three years and fallow land in the current year, rotation land, rotation land of grass and crops, farmland with some fruit trees, mulberry trees and other trees and cultivated seashore land, lake land, and etc. The land of mulberry fields, tea plantations, orchards, nurseries of young plants, forest land, reed land, natural and man-made grassland and other land are not included in cultivated land.

农作物播种面积　Sown Area Corps

指实际播种或移植有农作物的面积。凡是实际种植有农作物的面积，不论种植在耕地上还是种植在非耕地上，均包括在农作物播种面积中。在播种季节基本结束后，因遭灾而重新改种和补种的农作物面积，也包括在内。

Refers to area of land sown or transplanted with crops regardless of being in cultivated area or non-cultivated area. Area of land re-sown to natural disaster is also included.

有效灌溉面积　Irrigated Area

指具有一定的水源，地块比较平整，灌溉工程或设备已经配套，在一般年景下当年能够进行正常灌溉的耕地面积。

Refers to areas that are effectively irrigated, i.e. level land which has water source and complete sets of irrigation facilities to lift and move adequate water for irrigation purpose under normal conditions.

农用化肥施用量　Consumption of Chemical Fertilizers in agriculture

指本年内实际用于农业生产的化肥数量。包括氮肥、磷肥、钾肥和复合肥。化肥施用量要求按折纯量计算数量。折纯法化肥施用量是把氮肥、磷肥和钾肥分别按含氮、含五氧化三磷、含氧化钾的百分之一百成份折算后的数量。复合肥按其所含主要成分折算。

Refers to the quantity of chemical fertilizers applied in agriculture in the year, including nitrogenous fertilizer, phosphate fertilizer, potash fertilizer, and compound fertilizer. The consumption of chemical fertilizers is required in calculation to convert the gross weight into weight containing 100% effective component (e.g. 100% nitrogen content in nitrogenous fertilizer, 100% phosphorous pentoxide contents in phosphate fertilizer, 100% potassium oxide contents in potash fertilizer). Compound fertilizer is converted with its major component.

农业机械总动力　Total Power of Farm Machinery

指主要用于农、林、牧、渔业的各种动力机械的动力总和。包括耕作机械、排灌机械、收获机械、农产品加工机械、运输机械、植物保护机械、牧业机械、林业机械、渔业机械和其他农业机械[内燃机按引擎马力折成瓦（特）计算，电动机按功率折成瓦（特）计算]。不包括专门用于乡、镇、村、组办工业、基本建设、非农业运输、科学试验和教学等非农业生产方面用的动力机械与作业机械。

Refers to total mechanical power of machinery used in farming, forestry, animal husbandry, and fishery, including ploughing, irrigation and drainage, harvesting, transport, plant protection, stock breeding, forestry and fishery. The power of internal combustion engines is required to convert horsepower into watts and the power of electric motors is required to be converted into watts. Machinery employed for non-agricultural purposes, such as the machines used in township-run and village-run industry, construction, non-agricultural transport, scientific experiments and teaching, is excluded.

农林牧渔业劳动力　Labor Force Engaged in Farming, Forestry, Animal husbandry and Fishery

指直接参加农林牧渔业生产劳动的劳动力。

Refers to the total laborers who are directly engaged in production of farming forestry, animal husbandry and fishery.

工业　Industry

指从事自然资源的开采，对采掘品和农产品进行加工和再加工的物质生产部门。

具体包括：（1）对自然资源的开采，如采矿晒盐森林采伐（但不包括禽兽捕猎和水产捕捞）；（2）对农副产品的加工再加工，如粮油加工食品加工轧花缫丝纺织制革等；（3）对采掘品的加工再加工，如炼铁炼钢化工生产机器制造木材加工等，以及电力自来水煤气的生产和供应等；（4）对工业品的修理翻新，如机器设备的修理交通运输工具（包括小卧车）的修理等。

1984 年以前农村的村及村以下办工业归属农业，1984 年以后划归工业。

Refers to the material production sector which is engaged in extraction of natural resources and processing and reprocessing of minerals and agricultural products, including (1) extraction of natural resources, such as mining, salt production, logging (but not including hunting and fishing); (2) processing and reprocessing of farm and sideline produces, such as rice husking, flour milling, wine making, oil pressing, cotton ginning, silk reeling, spinning and weaving, and leather making; (3) manufacture of industrial products, such as steel making, iron smelting, chemicals manufacturing, petroleum processing, machine building, timber processing; water and gas production and electricity generation and supply; (4) repairing of industrial products such as the repairing of machinery and means of transport (including cars).

工业统计调查单位　Units of Industry Statistics and Inquiry

工业统计调查单位分为两类：独立核算法人企业和工业活动单位。

（1）独立核算法人工业企业：指从事工业生产经营活动的单位。独立核算法人工业企业应同时具备以下条件：①依法成立，有自己的名称组织机构和场所，能够承担民事责任；②独立拥有和使用资产，承担负债，有权与其他单位签订合同；③独立核算盈亏，并能够编制资产负债表。

（2）工业活动单位：指在一个场所从事一种或主要从事一种工业生产活动的经济单位。它包括独立核算工业企业按主营业务活动（即工业生产活动）划分的主营业务活动单位和非工业企业所属的工业生产活动单位（即原非独立核算工业生产单位）。工业活动单位，一般应同时具备以下三个条件：①具有一个场所，从事一种或主要从事一种工业活动；②单独组织工业生产经营或业务活动；③单独核算收入和支出。

They are classified into two categories : corporate industrial enterprises with independent accounting system and industrial establishments.

(1) Corporate industrial enterprises with independent accounting system refer to enterprises engaging in industrial production activities, which meet the following requirements: ①They are established legally, having their own names, organizations, location, able to take civil liability;②they possess and use their assets independently, assume liabilities, and are entitled to sign contracts with other units;③they are financially independent and compile their own balance sheets.

(2) Industrial establishments refer to economic units which located in one single place and engaged entirely or primarily in one kind of industrial activity, including financially independent industrial enterprises and units

engaged in industrial activities under the non-industrial enterprises (or financially dependent). Industrial establishments generally meet the following requirements: ①they have each one location and are engaged in one kind of industrial activity each; ②they operate and manage their industrial production activities separately; ③they have accounts of income and expenditures separately.

国有经济工业（即过去的全民所有制工业或国营工业） State-owned Industry

指生产资料归国家所有的一种经济类型。包括中央和地方各级国家机关、部队、科研机构、学校、人民团体和国有经济企事业单位等举办的国有经济工业。1957 年以前的公私合营和私营工业，后均改造为国营工业，1992 年改为国有工业，这部分工业的资料不单独分列时，均包括在国有工业内。

Refers to industrial enterprises where the means of production or income are owned by the state. Joint state-private industries and private industries, which existed before 1957, have been transformed into state industries. Statistics on these enterprises has been included in the state-owned industries since 1957 when separation of data was no longer necessary.

集体经济工业 Collective-owned Industry

指生产资料归公民集体所有的一种经济类型，是社会主义公有制经济的组成部分。包括城乡所有使用集体投资举办的企业，以及部分个人通过集资自愿放弃所有权并依法经工商行政管理机关认定为集体所有制的企业。

Refers to industrial enterprises where the means of production are owned collectively, including urban and rural enterprises invested by collectives and some enterprises which were formerly owned privately but have been registered in industrial and commercial administration agency as collective units through raising fund from the public.

其他经济类型工业 Industry of Other Types of Ownership

指除国有经济、集体经济、城乡个体经济以外的其他经济类型工业企业（单位）。包括私营经济、联营经济、股份制经济（股份有限公司，有限责任公司）；外商投资经济（中外合资经营、中外合作经营、外资企业）；港、澳、台投资经济（与大陆合资经营、与大陆合作经营、港、澳、台独资企业）及其他经济类型的工业。

Refers to industrial enterprises (units) of the ownership other than the state-owned economy, collective economy, individual economy. They include the enterprises of private economy, joint-owned economy, share-holding economy (companies limited by shares and companies limited with liabilities.), foreign -funded economy (Sino-foreign joint ventures , Sino-foreign cooperative enterprises and foreign ventures exclusively with their own investment),economy funded by the entrepreneurs from Hong Kong ,Macao and Taiwan(joint ventures and cooperative enterprises with the mainland as well as ventures exclusively with their own investment)and other types of ownership.

轻工业 Light Industry

指主要提供生活消费品和制作手工工具的工业。按其所使用的原料不同，可分为两大类：（1）以农产品为原料的轻工业，是指直接或间接以农产品为基本原料的轻工业。主要包括食品制造、饮料制造、烟草加工、纺织、缝纫、皮革和毛皮制作、造纸以及印刷等工业；（2）以非农产品为原料的轻工业，是指以工业品为原料的轻工业。主要包括文教体育用品、化学药品制造、合成纤维制造、日用化学制品、日用玻璃制品、日用金属制品、手工工具制造、医疗器械制造、文化和办公用机械制造等工业。

Refers to the industry that produces consumer goods and hand tools. It consists of two categories, depending on the materials used:

(1) Industries using farm products as raw materials. These are branches of light industry which directly or indirectly use farm products as basic raw materials, including the manufacture of food and beverages, tobacco processing, textile, clothing, fur and leather manufacturing, paper making, printing, etc.

(2) Industries using non-farm products as raw materials. These are branches of light industry which use manufactured goods as raw materials, including the manufacture of cultural, educational articles and sports goods, chemicals, synthetic fiber, chemical products for daily use, glass products for daily use, metal products for daily use, hand tools, medical apparatus and instruments, and the manufacture of cultural and clerical machinery.

重工业　Heavy Industry

指为国民经济各部门提供物质技术基础的主要生产资料的工业。按其生产性质和产品用途，可以分为下列三类：（1）采掘（伐）工业，是指对自然资源的开采，包括石油开采、煤炭开采、金属矿开采、非金属矿开采和木材采伐等工业；（2）原材料工业，指向国民经济各部门提供基本材料、动力和燃料的工业。包括金属冶炼及加工、炼焦及焦炭化学、化工原料、水泥、人造板以及电力、石油和煤炭加工等工业；（3）加工工业，是指对工业原材料进行再加工制造的工业。包括装备国民经济各部门的机械设备制造工业、金属结构、水泥制品等工业，以及为农业提供的生产资料如化肥、农药等工业。

根据上述划分原则，修理中以重工业产品为修理作业对象的划为重工业，反之划为轻工业。

Refers to the industry which produces capital goods, and provides various sectors of the national economy with necessary material and technical basis. It consists of the following three branches according to the purpose of production or the use of products:

(1)Mining, quarrying and logging industry refers to the industry that extracts natural resources, including extraction of petroleum, coal, metal and non-metal ores and logging.

(2)Raw materials industry refers to the industry that provides various sectors of the national economy with raw materials, fuels and power. It includes smelting and processing of metals, coking and coke chemistry, chemical materials and building materials such as cement, plywood, and power, petroleum refining and coal dressing.

(3)Manufacturing industry refers to the industry that processes raw materials. It includes machine-building industry which equips sectors of the national economy, industries of metal structure and cement products, industries producing means of agricultural production, such as chemical fertilizers and pesticides. According to the above principle of classification, the repairing trades which are engaged primarily in repairing products of heavy industry are classified into heavy industry while these engaged in repairing products of light industry are classified into light industry.

工业总产值　Gross Industrial Output Value

是以货币表现的工业企业在一定时期内生产的已出售或可供出售工业产品总量，它反映一定时期内工业生产的总规模和总水平。包括在本企业内不再进行加工，经检验、包装入库（规定不需包装的产品除外）的成品价值，对外加工费收入，自制半成品、在产品期末期初差额价值。工业总产值采用“工厂法”计算，即以工业企业作为一个整体，按企业工业生产活动的最终成果来计算，企业内部不允许重复计算，不能把企业内部各个车间（分厂）生产的成果相加。但在企业之间、行业之间、地区之间存在着重复计算。

轻重工业总产值的划分也是按“工厂法”计算的，即一个工业企业在正常情况下生产的主要产品的性质属于轻工业，则该企业的全部总产值作为轻工业总产值；一个工业企业生产的主要产品的性质属于重工业，则该企业的全部总产值作为重工业总产值。

Is the total volume of industrial products sold or available for sale in value terms which reflects the total achievements and overall scale of industrial production during a given period. It includes the value of the finished products, which are not to be further processed in the enterprises and have been inspected, packed and put in storage, the value of industrial services rendered to other units, and the changes in the value of the semi-finished products and products in process between the beginning and closing of the period. The gross industrial output value is calculated with “factory method”. No double calculations are to be made within the same enterprise. However, double counting does occur among different enterprises.

Output value of light and heavy industries is also classified with the “factory” method. Under normal conditions, if the major products of an industrial enterprise belong to light industry products, the gross output value of that enterprise is classified wholly into light industry; the same principle applies to heavy industry.

工业增加值　Value-added of Industry

指工业行业在报告期内以货币表现的工业生产活动的最终成果。

Refers to the final results of industrial production of the industrial trade in money terms during the reference period.

固定资产原价　Original Value of Fixed Assets

指企业在建造、购置、安装、改建、扩建、技术改造某项固定资产时所支出的全部货币总额。它一般包括买价、包装费、运杂费和安装费等。

Refers to the original value of all fixed assets owned by industrial enterprises, calculated at the cost paid at the time of purchase, installation, reconstruction, expansion, and technical innovation and transformation of the said assets, which includes expenses on purchase, package, transportation, and installation, etc.

固定资产净值　Net Value of Fixed Assets

指固定资产原价减去历年已提折旧额后的净额。

Is obtained by deducting depreciation over years from the original value of fixed assets.

流动资产　Working Capital (Circulating Assets)

指可以在一年或者超过一年的一个营业周期内变现或者耗用的资产，包括现金及各种存款、短期投资、应收及预付货款、存货等。

Refers to assets which can be cashed in or spent or consumed in an operating cycle of one year or over one year, which includes cash, various deposits, short term investment, and receivable payments, and advance payments, stock, etc.

总资产贡献率　Ratio of Profits, Taxes and Interests to Average Assets

反映企业全部资产的获利能力，是企业经营业绩和管理水平的集中体现，是评价和考核企业盈利能力的核心指标。计算公式为：

Refers the profit-making capability of all assets of the enterprise and is a key indicator manifesting the performance and management and evaluating the profit-making potential of the enterprise. It is calculated as follows:

总资产贡献率（%）＝（利润总额+税金总额+利息支出）/ 平均资产总额×100%

Ratio of profits, taxes and interests to average assets (%)=(Total profits + total Taxes+ interest payment) /average assets ×100%

利润总额　Total profits

指企业实现的利润。

Refer to the profits gained by the enterprises.

工业成本费用利润率　Ratio of profits to Total Industrial Costs

指在一定时期内实现的利润与成本费用之比，是反映工业生产成本及费用投入的经济效益指标，同时也是反映降低成本的经济效益的指标。计算公式：

Refers to the ratio of profits realized in a given period to the total costs in the same period, which reflects the economic efficiency of input cost and is calculated as follows:

工业成本费用利润率（%）＝利润总额 / 成本费用总额×100%

Ratio of profits to Total Industrial Cost (%)=Total Profits/Total Costs×100%

工业增加值率　Value-added Rate of Industry

指一定时期内工业增加值占同期工业总产值的比重，反映降低中间消耗的经济效益。计算公式：

Refers to the ratio of value added of industry in a given period to the gross output value in the same period, which reflects the economic efficiency of cutting down the intermediate input and is calculated as follows:

工业增加值率（%）＝工业增加值（现价）/ 工业总产值（现价）×100%

Value-added Rate of Industry (%)=Value-added of Industry(at current prices)/Gross Output Value (at Current Prices) ×100%

流动资产周转次数 Turnover of Working Capital

指在一定时期内流动资产完成的周转次数，反映流动资产的周转速度。计算公式：

Refers to the number of times of turnover of working capital in a given period of time, which reflects the speed of the turnover of working capital and is calculated as follows:

流动资金周转次数＝产品销售收入 / 全部流动资产平均余额

Turnover of Working Capital(%)=Sales Revenue of Products/Average Balance of Total Working Capital×100%

产品销售率　Ratio of Sales to Gross Output Value

指报告期内工业销售产值与同期全部工业总产值之比，是反映工业产品已实现销售的程度，分析工业产销衔接情况研究工业产品满足社会需求程度的指标。计算公式为：

Refers to the sales of industrial products to the gross industrial output value during the reference period, and is important in reflecting the linkage between production and sales and the extent of the needs of the society that has been met by the supply of industrial products. It is calculated as follows:

产品销售率（%）＝工业销售产值 / 工业总产值（现价）×100%

Ratio of Sales to Gross Output Value=Industrial sales/Gross industrial output value(at current prices) ×100%

产品销售收入　Sales Revenue of Industrial Products

指企业销售产品和提供劳务等主要经营业务的实际成本。

Refers to the revenue from the sales of products by industrial enterprises and the revenue from services provided and etc.

产品销售成本　Sales Cost of Industrial Products

指企业销售产品的销售收入和提供劳务等主要经营业务取得的收入总额。

Refers to the actual cost of products of industrial enterprises and industrial services provided, etc.

全员劳动生产率　Overall Labour Productivity of Industrial Enterprises

指根据产品的价值量指标计算的平均每一个从业人员在单位时间内的产品生产量。是考核企业经济活动的重要指标，是企业生产技术水平、经营管理水平、职工技术熟练程度和劳动积极性的综合表现。目前我国的全员劳动生产率是将工业企业的工业增加值除以同一时期全部职工的平均人数来计算的。计算公式：

Refers to the average output per employed per employed person in industrial enterprises in value terms. At present, the value added and the average number of staff and workers of an industrial enterprises in a given period are used to calculate the overall labour productivity. The formula used is:

全员劳动生产率＝工业增加值 / 全部职工平均人数

Overall Labour Productivity=Value Added of Industry/Average Number of Staff and Workers.

为了使各年度的全员劳动生产率数字可以比较，1990 年以前各年的全员劳动生产率均按指数换算成 1990 年不变价格。

For the purpose of comparison of the overall labour productivity among different years, the data on the overall labour productivity of the years prior to 1990 have been adjusted on the basis of 1990 constant prices.

总资产　Total Assets

指企业拥有或控制的全部资产。包括流动资产、长期资产、固定资产、无形及递延资产、其他长期资产递延税项等，即为企业资产负债表的资产总计项。

Refer to all assets which are owned or controlled by enterprises, including circulating assets, long term investment, fixed assets, intangible assets, and deferred assets other long term assets, and deferred taxes, etc. The summation of above items is equal to total assets shown in the balance sheets of the enterprises.

（1）流动资产　指企业可以在一年内或者超过一年的一个生产周期内变现或耗用的资产合计。包括现金及各种存款、短期投资、应收及预付款项、存款等。

Circulating assets (working capital) refer to assets which can be cashed in or spent or consumed in an operating cycle of one year or over one year, including cash, all kinds of deposits, short term investment, receivables, advance payment, stock, etc.

（2）固定资产　指企业固定资产净值、固定资产清理、在建工程、待处理固定资产损失所占用的资金合计。

Fixed assets refer to the net value of fixed assets, clearance of fixed assets, project under construction, fixed assets losses in suspense. These are corporations' fund holdings.

（3）无形资产　指企业长期使用而没有实物形态的资产。包括专利权、非专利技术、商标权、著作权、土地使用权、商誉等。

Intangible assets refer to the assets without material form used by enterprises over a long time, such as patents, non-patent technologies, trade marks, copyright, land use right, business reputation, etc.

总负债　Total Liabilities refer

指企业承担并需要偿还的全部债务。包括流动负债和长期负债、递延税项等，即为企业资产负债表的负债合计项。

To the debts that enterprises are responsible for repayment, including liquid liabilities, long-term liabilities and deferred taxes, etc. Total liabilities correspond to the summation item of liabilities shown in the balance sheets of the enterprises.

（1）流动负债　指企业在一年内或者超过一年的一个营业周期内需要偿还的债务合计，其中包括短期借款、应付及预收款项、应付工资、应交税金和应交利润等。

Liquid liabilities (also called quick liabilities or immediate liabilities) refer to enterprises' total debt payable within an operating cycle of one year or over one year, including short term loans, payables and advance payments, wages payable, taxes payable and profit payable, etc.

（2）长期负债　指企业在一年以上或者超过一年的一个生产周期以上需要偿还的债务合计，其中包括长期借款、应付债务、长期应付款项等。

Long term liabilities refers to total debt payable within an operating cycle of one year or over one year, including long-term loans, payable liabilities, long-term payables, etc.

所有者权益　Creditors' Equity

指企业投资人对企业净资产的所有权。企业净资产等于企业全部资产减去全部负债后的余额，其中包括投资者对企业的最初投入，以及资本公积金、盈余公积金和未分配利润，对股份制企业即为股东权益。

Refers to investors' ownership of net assets of the enterprise. It is equal to the total assets of the enterprise minus its total liabilities, including the primary input from investors, capital accumulation fund, surplus accumulation fund and undistributed profit. It is the shareholder's equity in share-holding companies.

资产负债率　Ratio of Debts to Assets

该指标既反映企业经营风险的大小，也反映企业利用债权人提供的资金从事经营活动的能力。计算公式为：

Reflect both the operation risk and the capability of the enterprise in making use of the capital from the creditors. It is calculated as follows:

资产负债率（%）=负债总额/资产总额×100%

Ratio of debts to assets (%)=Total debts/Total assets×100%

产品销售税金及附加　Tax and Extra Charges on Sales of Products

指企业销售产品和提供工业性劳务等主要经营业务应负担的城市维护建设税、消费税、资源税和教育费附加。

Refer to the tax on city maintenance and construction, consumption tax, resources tax and extra charges for education, which should be borne by the enterprises in selling products and providing industrial services.

产品销售利润　Sales Profit of Products

指企业销售产品和提供工业性劳务等主要经营业务收入扣除其成本、费用、税金后的利润。

Refers to the profit gained by the enterprises by deducting cost, charges and taxes from the business income of the enterprises obtained in selling products and providing industrial services.

应交增值税　Value-added Tax Payable

指企业在报告期内应交纳的增值税额。

Refers to amount of the value added tax which should be paid by the enterprises in the reporting period.

实收资本　Capital Obtained

指企业实际收到的投资人投入的资本。 按投资主体可分为国家资本、集体资本、法人资本、个人资本、港澳台资本和外商资本。

Refers to capital actually received by the enterprise from investors. It can be further classified by investors as state capital, collective capital, individual capital, capital from Hong Kong, Macau and Taiwan foreign capital.

建筑业总产值(自行完成施工产值)　Gross Output Value of Construction (Output Value of Projects Under Construction)

是以货币表现的建筑安装企业在一定时期内生产的建筑业产品的总和。建筑业总产值包括：

Refers to total of construction products, expressed in money terms, completed by construction and installation enterprises during a given period of time. It includes:

（1）建筑工程产值　指列入建筑工程预算内的各种工程价值。

Output value of construction projects, that is the value of projects covered by the project budgets.

（2）设备安装工程产值　指设备安装工程价值，不包括被安装设备本身价值。

Output value of installation projects, that is the value of the installation equipment, (excluding the value of the equipment to be installed).

（3）房屋、构筑物修理产值　指房屋、构筑物修理所完成的价值， 但不包括被修理房屋、构筑物本身的价值和生产设备的修理价值。

Output value of repair of buildings and structures, that is the value created through the repairs of buildings or structures but does not include the value of buildings or structures being repaired and the value of the repair of production equipment.

（4）非标准设备制造产值　指加工制造没有定型的、非标准的生产设备的加工费和原材料价值， 以及附属加工厂为本企业承建工程制作的非标准设备的价值。

Output value of manufactured non-standard equipment,that is the value of non-standard production equipment (including raw materials and manufacturing cost) made for the construction project, and the equipment manufactured by subsidiary workshops.

建筑业统计单位　Statistical Unit in Construction

指从事房屋、构筑物建造和设备安装活动的法人企业。 建筑业法人企业应同时具备的条件是：（1）依法成立，有自己的名称、组织机构和场所，能承担民事责任；（2）独立拥有和使用资产，承担负债，有权与其他单位签订合同；（3）独立核算盈亏，能够编制资产负债表。

Refers to corporate enterprise engaged in the construction of buildings and structures and in the installation of equipment. A corporate construction enterprise should meet the following 3 requirements: (1) being set up in line with relevant legal basis, having its full name, organization and location, and capable of taking civil liabilities; (2) independently possessing and using its assets and assuming its liabilities, and entitled to sign contracts with other institutions; and (3) making independent accounts of its profits and losses, and capable of compiling its own balance sheet.

建筑业增加值　Value-added of Construction

指建筑业企业在报告期内以货币表现的建筑业生产经营活动的最终成果。目前建筑业增加值采用分配法（收入法）计算，即从收入的角度出发，根据生产要素在生产过程中应得到的收入份额计算。具体计算公式为：

Refers to the final result of the activities of production and management of construction in monetary terms in the reference period. At present, the value-added of construction is calculated with the income approach. In other words, it is the sum of income of various production factors in the production process. The formula is as follows:

建筑业增加值=本年提取的固定资产折旧+应付工资+应付福利费+管理费用中的劳动待业保险金、税金+工程结算税金及附加+工程结算利润

Value-added of construction=depreciation of fixed assets in the year + wages payable + welfare expenses payable + insurance premium and tax for waiting for employment in the administrative expenses + taxes and surcharges on project settlement + profit gained from project settlement.

房屋建筑施工面积　Floor Space of Buildings Under Construction

指在报告期内施工的全部房屋建筑面积，包括本期新开工的房屋面积、上期施工跨入本期继续施工的房屋面积、上期停缓建在本期恢复施工的房屋面积、本期竣工的房屋面积及本期施工后又停缓建的房屋面积。

Refers to floor space of buildings under construction during the reference period, including newly started buildings, buildings started earlier and continued during the reference period, and buildings suspended earlier but restarted during the reference period, buildings completed during the reference period, and buildings under construction and then suspended during the reference period.

房屋建筑竣工面积　Floor Space of Buildings Completed

指在报告期内房屋建筑按照投计要求全部完工，达到了住人和使用条件，经验收鉴定合格，正式移交使用单位的房屋建筑面积。

Refers to the floor space of buildings that are completed in the reference period in accordance with the requirements of the design, up to the standard for putting them into use, and have been checked and accepted by concerned departments as qualified ones.

自有机械设备年末总台数　Total Number of Machinery and Equipment Owned by the End of Year

指归本企业所有，属于本企业固定资产的生产性机械设备年末总台数。包括施工机械、生产设备、运输设备及其他设备。

Refers to the number of machines and equipment owned by the enterprises, and listed as the fixed assets of the enterprises by the end of the year, including machinery and equipment for construction, production and transportation.

自有机械设备年末总功率　Total Power of Machinery and Equipment Owned by the End of Year

指本企业自有施工机械、生产设备、运输设备以及其他设备等列为在册固定资产的生产性机械设备年末总功率，按设定能力或查定能力计算。包括机械本身的动力和为该机械服务的单独动力设备，如电动机等。计算单位用千瓦，动力换算可按 1 马力=0. 735 千瓦折合成千瓦数。电焊机、变压器、锅炉不计

算动力。

Refers to the total power of machinery and equipment owned by the enterprises, and listed as the fixed assets of the enterprises by the end of the year, including machinery and equipment for construction, production and transportation. The power of the machinery is calculated on basis of the designed or verified capacity, covering the power of the machinery/equipment and the separate power equipment serving the machinery/equipment (such as electric motors), but excluding welders, transformers and boilers. The unit used for the calculation of power is kilowatt, with horsepower converted to kilowatt by 1 horsepower=0.735 kilowatt.

工程结算收入　Income from Settlement of Projects

指企业承包工程实现的工程价款结算收入，以及向发包单位收取的除工程价款以外的按规定列作营业收入和各种款项，如临时设施费、劳动保险费、施工机械调迁费等以及向发包单位收取的各种索赔款。

Refers to the income received by the construction enterprise from the contracted project through settlement procedures, and other charges to the contractores as operational costs in addition to the value of the project, such temporary facility fee, labour insurance premium, moving cost of construction equipment, as well as various types of claims to the contracte.

工程结算利润　Profit from Settlement of Projects

指已结算工程实现的利润，如亏损以“-”号表示。计算公式为：

Refers to profit realized through settled projects. It is calculated with the following formula:

工程结算利润=工程结算收入-工程结算成本-工程结算税金及附加

Profit from Settlement of Projects=Income from Settlement of Projects - Settled Cost – Settled Taxes and Other Cost.

企业总收入　Total Revenue of Enterprises

指与企业生产经营直接有关的各项收入，包括工程结算收入和其他业务收入。计算公式为：

Refers to the sum of income from production and operation of enterprises, including income from settlement of projects and other operational income, namely:

企业总收入=工程结算收入+其他业务收入

Total Revenue of Enterprises=Income from Settlement of Projects + Other Operational Income.

公路里程　Length of Highways

指在一定时期内实际达到《公路工程(WTBZ)技术标准 JT101-88》规定的等级公路，并经公路主管部门正式验收交付使用的公路里程数。包括大中城市的郊区公路以及通过小城镇街道部分的公路里程和桥梁、渡口的长度，不包括大中城市的街道、厂矿、林区生产用道和农业生产用道的里程。两条或多条公路共同经由同一路段，只计算一次，不得重复计算里程长度。它是反映公路建设发展规模的重要指标，也是计算运输网密度等指标的基础资料。

Refers to the length of highways which are built in conformity with the grades specified by the highway engineering standard formulated by the Ministry of Communications, and have been formally checked and accepted by the departments of highways and put into use. The length of highways includes that of the suburb highways at large and medium-sized cities, highways passing through streets at small cities and towns, and also the length of bridges and ferries. It does not include the length of streets in big and medium-sized cities and highways built for the production purpose at factories, mines, forest areas and agricultural areas. If two or more highways go the same section of the way, the length of the section is only calculated for once and no duplication is allowed. The length of highways is an important indicator to show the development of the highway construction and to provide essential information to calculate the transport network density.

民用航空线里程　Length of Civil Aviation Routes

指民航运输定期班机飞行的航线长度的总和。航线长度按机场之间的距离计算，通常有两种计算方法：一是将每条航线长度相加称为重复计算航线里程；二是将两线或两条以上航线经过同一区段里程，只计算一次航线长度称为不重复计算航线里程。一般常用的是后者，它能确切反映民航运输网的规模，表明民航事业为国民经济服务和方便人民生活程度的主要指标。

Refers to the length of all routes for regular civil aviation flights. There are usually two ways to calculate the distance between airports connected by the route length: One is to put the length of all air routes together, called duplicated calculation of the length of the routes; the other is not to allow the duplication in calculation when two or more routes passing the same section of aviation routes. The latter is usually used, as it can precisely show the size of the civil aviation network and indicate the extent of civil aviation serving the national economy and the people.

货（客）运量　Freight (Passenger) Traffic

指在一定时期内，各运输部门实际运送的货物（旅客 ）数量。是反映运输业为国民经济和人民生活服务的数量指标，也是制定和检查运输生产计划，研究运输发展规模和速度的重要指标。货运按吨计算，客运按人计算。货物不论运输距离长短，货物类别，均按实际重量统计；旅客不论行程远近或票价多少，均按一人一次作为客运量统计。半价票、小孩也按一人统计。

Refers to the volume of freight (passenger) transported with various means. Freight transport is calculated in tons and passenger traffic is calculated in the number of persons. Despite the type of freight and traveling distance, the freight transport is calculated in the actual weight of the goods: and despite the traveling distance and ticket price, the passenger traffic is calculated by the principle that one person can be counted only once in one travel. The passenger who travel with a half-price ticket or a child ticket is also calculated as one person. The freight (passenger) traffic provides a quantitative measure to show how the transport industry serves the national economy and people, and is also an important indicator for planning the transport industry and for studying the development scale and speed of the transport industry.

货（客）运密度　Freight (Passenger) Traffic Density

指在一定时期内某种运输方式在营运线路的某一区段平均每公里线路通过的货物（旅客）运输周转量。计算单位是吨（人）公里 / 公里。计算公式为：

Refers to the freight (passenger) traffic volume carried by a particular means of transportation during a given period through one kilometer of a specific section of transportation route. The formula is as follows:

货（客）运密度＝货物（旅客）周转量 / 营业线路长度

Freight (Passenger) Traffic Density=Freight Ton-kilometers (Passenger-kilometers) / Length of Route in Operation

货（客）运密度是反映交通运输线路上货物（旅客）运输量运输繁忙程度的主要指标。是平衡运输线路运输能力和通过能力，规划线路建设及改造、配备技术设备，研究运输网布局的重要依据。

Freight (passenger) traffic density reflects the degree of business of freight (passenger) traffic on transportation routes, and therefore provides important information for balancing transport capability, planning construction and upgrading of transport routes and studying the distribution of transport network.

货物（旅客）周转量　Freight Ton-kilometers (Passenger-kilometers)

指在一定时期内，由各种运输工具运送的货物（旅客）数量与其相应运输距离的乘积之总和，是反映运输生产总成果的重要指标，也是编制和检查运输生产计划，计算运输效率、劳动生产率以及核算运输单位成本的主要基础资料。计算货物周转量通常按发出站与到达站之间的最短距离，也就是计费距离计算。

Refer to the sum of the products of the volume of transported cargo (passengers) multiplying by the transport distance, usually using ton-kilometer and passenger-kilometer as units for measurement. Normally, the shortest distance between the departure station and the destination station (i. e., the payable distance) is the basis to calculate the freight ton-kilometers. This is an important indicator to show the total results of the transport industry, to prepare and examine the transport plan and to measure the efficiency, the labour productivity and the unit cost of transport.

邮电业务总量　Business Volume of Post and Telecommunications

指以货币表现的邮电部门用于传递信息和提供其他邮电服务的总数量。它综合反映了一定时期邮电工作的总成果，是研究邮电业务量构成和发展趋势的重要指标。根据邮电管理体制不同，分为中央国营业务总量和地方国营业务总量。它用各种邮电分类业务量，如函件件数、电报份数、长话张数、市内电话和农村电话的年均户数、订销报刊累计份数等，分别乘以相应的平均单价（不变价），加总后再加上出租电路和设备的收入、代用户维护电话交换机和线路等设备的收入、其他业务收入求得。

Refers to the total amount of post and telecommunications services, expressed in value terms, provided by the post and telecommunications departments for the customers. Post and telecommunications services can be classified as letters, parcels, remittance, issue of newspapers and magazines, fast mail service, express mail service, savings deposits, stamps for collection, public and individual telegraph service, facsimiles, long-distance telephone service, leasing of telephone lines, urban paging service, mobile telephone service, data transfer and transmission, etc. The accounting approach is to multiply the service products of all types with their average unit price (constant price) to get sum of business value, plus income from other services such as leasing of telephone lines and equipment, maintenance of telephone switchboards and lines on behalf of customers. This indicator reflects the overall results of post and telecommunications service during a given period, and is important to study the composition of business service and the development of post and telecommunications service.

无线寻呼电话用户　Subscribers of Paging Services

指携带小型寻呼机，接收市话用户通过无线寻呼中心，在规定范围内向其发出声音、数字或文字显示的信息的用户。目前在邮电部门办理登记手续的无线寻呼电话用户，每一部寻呼机按一户计算。

Refer to subscribers who carry small-size pagers and receive audio signals, digital signals or character signals sent out by city telephone through wireless paging center within assigned area. Each pager is counted as a subscriber.

移动电话用户　Mobile Telephone Subscribers

指在邮电部门登记，通过移动电话交换机进入移动电话网、占有移动电话号码的电话用户。用户数量以实际办理登记手续进入邮电部门移动电话网的户数进行计算，一部或一台移动电话统计为一户。

Refer to the persons who own mobile telephone number connected with the mobile telephone communication network and registered by post and telecommunications organization. The number of subscribers is calculated only when the subscribers who have gone through all the register formalities and entered into the mobile telephone network. One mobile telephone is treated as a subscriber.

社会消费品零售额　Total Retail Sales of Consumer Goods

指各种经济类型的批发零售贸易业、餐饮业、制造业和其他行业对城乡居民和社会集团的消费品零售额。这个指标反映通过各种商品流通渠道向居民和社会集团供应的生活消费品来满足他们生活需要，是研究人民生活，社会消费品购买力、货币流通等问题的重要指标。社会消费品零售额包括：（1）售给城乡居民作为生活用的商品和住房及修建房屋用的建筑材料；（2）售给社会集团的各种办公用品和公用消费品；（3）售给机关、团体、学校、部队、企业、事业单位的职工食堂和旅店（招待所）附设专门供本店旅客食用，不对外营业的食堂的各种食品、燃料；企业、单位和国营农场直接售给本单位职工和职工食堂的自己生产的产品；（4）售给部队干部、战士生活用的粮食、副食品、衣着品、日用品、燃料；（5）售给来华的外国人、华侨、港澳台同胞的消费品；（6）居民自费购买的中、西药品、中药材及医疗用品；（7）报社、出版社直接售给居民和社会集团的报纸、图书、杂志、集邮公司出售的新、旧纪念邮票、特种邮票、首日封、集邮册、集邮工具等；（8）旧货寄售商店自购、自销部分的商品零售额；（9）煤气公司、液化石油气站售给居民和社会集团的液化灶具和灌装液化石油气；（10）城市建设，房产管理等部门、企业、事业单位售给居民的商品房；（11）农民售给非农业居民和社会集团的商品。不包括售给国民经济各部门企业、事业单位（包括国有经济的农场）生产经营用的各种原材料、燃料、设备、工具等和售给批发零售贸易业、餐饮业作为转卖用的商品、旧货寄售商店受托寄售卖出的商品、服务业的营业收入、邮局出售邮票的收入、自来水、电力、煤气生产（供应）单位的产品供应收入，也不包括农民之间的商品销售。

Refer to the sum of retail sales of consumer goods sold by all sectors of the national economy to urban and rural residents and social groups. This indicator is used to show the supply of consumers goods through various channels to households and institutions, and is very important for the study on people's livelihood, on the purchasing power of consumer goods and on money. The retail sales of consumer goods include: (1)commodities sold to urban and rural residents for their daily use and building materials sold to them for the construction or repair of houses; (2) office appliances and supplies sold to institutions; (3)food and fuels sold to canteens of institutions, enterprises, schools, military units and to canteens of hotels that only serve their guests, and commodities produced by enterprises, institutions or state farms and sold directly to their employees or their canteens; (4) grain and non-staple food, clothing, daily articles and fuels sold to military personnel; (5)consumer goods sold to foreigners, overseas Chinese, and Chinese compatriots from Taiwan, Hong Kong and Macao during their stay in the mainland of China; (6)Chinese and western medicines, herbs and medical facilities purchased by residents; (7)newspapers, books and magazines directly sold to residents and social groups by publishers, new and old commemorative stamps, special stamps, first-day covers, stamp albums and other stamp-collection articles sold by stamp companies; (8) consumer goods purchased and then sold by second-hand shops; (9) stoves and other heating facilities and liquefied gas sold by gas companies to households and institutions; and (10) commodities sold by farmers to non-agricultural residents and social groups. Excluded under this heading are: raw materials, fuels, equipment, tools sold to enterprises, institutions and state farms for production purpose; commodities sold to trade establishments for re-selling; commissioned sales at second-hand shops; operational income of urban public utilities; stamps sold at post offices; income of water, power, gas production and supply establishments from the supply of their products; and sales of commodities among farmers.

批发零售贸易业商品购、销、存、总额　Purchase, Sales and Stock of Commodities by Wholesale and Retail Trade

指以各种经济类型的批发、零售贸易业（不包括个体）为总体的商品购、销、存。

Refer to the purchase, sales and stock of commodities by wholesale and retail establishments of different status of registration (excluding individual sellers).

商品购进总额　Total Purchases of Commodities

指从本企业（单位）以外的单位和个人购进（包括从国外直接进口）作为转卖或加工后转卖的商品。这个指标反映批发零售贸易业从国内、国外市场上购进商品的总量。商品购进总额包括：（１）从工农业生产者购进的商品；（２）从出版社、报社的出版发行部门购进的图书、杂志和报纸；（３）从各种经济类型的批发零售贸易企业（单位）购进的商品；（４）从其他单位购进的商品，如从机关、团体、企业、单位购进的剩余物资，从餐饮业、服务业购进的商品，从海关、市场管理部门购进的缉私和没收的商品，从居民收购的废旧商品等；（５）从国（境）外直接进口的商品。不包括企业（单位）为自身经营用，和未通过买卖行为而收入的商品以及销售退回、商品升溢等。

Refer to the total of value of purchases of commodities by the establishments from other establishments or individuals (including direct import from abroad) for the purpose of re-selling, either with or without further processing of the commodities purchased. This indicator is used to show the total value of purchases of commodities by wholesale and retail establishments from domestic and overseas markets. The total purchases include: (1) agricultural and industrial products purchased from producers; (2) books, magazines and newspapers purchased from distribution departments of the publishers; (3)commodities purchased from wholesale and retail establishments of different status of registration;(4) commodities purchased from other units, such as surplus materials purchased from government agencies, enterprises or institutions, commodities purchased from catering and service establishments, confiscated goods purchased from customs authorities or market management agencies, second-hand goods and wastes purchased from residents; and (5) commodities directly imported from abroad. Excluded are commodities purchased by establishments (units) for use in their own business operation, commodities obtained without buying or selling procedures, rejected commodities, etc.

商品销售总额　Total Sales of Commodities

指对本企业（单位）以外的单位和个人出售（包括对境外直接出口）的商品。它反映批发零售贸易业在国内市场上销售商品以及出口商品的总量。商品销售总额包括：（1）售给城乡居民和社会集团消费用的商品；（2）售给工业、农业、建筑业、运输邮电业、批发零售贸易业、餐饮业、服务业等作为生产、经营使用的商品；（3）售给批发零售贸易业作为转卖和加工后转卖的商品；（4）对国（境）外直接出口的商品。不包括：出售本企业（单位）自用的废旧包装用品，未通过买卖行为付出的商品，经本单位介绍，由买卖双方直接结算，本单位只收手续费的业务，购货退出的商品以及商品损耗和损失等。

Refer to selling of commodities by the establishments to other establishments and individuals (including direct export). This indicator is used to show the total value of sales of commodities at domestic markets and export. The total sales include: (1) commodities sold to urban and rural residents and social groups for their consumption; (2) commodities sold to establishments in industry, agriculture, construction, transportation, post and telecommunications, wholesale and retail trades, catering trade and public utility for their production and operation; (3) commodities sold to wholesale and retail establishments for re-selling, with or without further processing; and (4) commodities for export to other countries. Excluded are selling of waste packaging materials used by the establishments (units) themselves, commodities transferred without buying or selling procedures, commission income from brokerage in transactions whose settlement is directly handled and sellers, rejected commodities in the purchase, loss in commodities, etc.

批发零售贸易业库存　Commodity Stock of Wholesale and Retail Enterprises

指报告期末各种登记注册类型的批发零售贸易企业（单位）已取得所有权的商品。它反映批发零售贸易企业（单位）的商品库存情况和对市场商品供应的保证程度。期末库存包括：（1）存放在批发零售贸易业经营单位（如门市部、批发站、经营处）仓库、货场、货柜和货架中的商品；（2）挑选、整理、包装中的商品；（3）已记入购进而尚未运到本单位的商品，即发货单或银行承兑凭证已到而货未到部分；（4）寄放他处的商品，如因购货方拒绝承付而暂时存放在购货方的商品和已办完加工成品收回手续而未提回的商品；（5）委托其他单位代销（未作销售或调出）尚未售出的商品；（6）代其他单位购进尚未交付的商品。 不包括所有不属于本单位的商品、拨付除批发零售贸易业以外的其他行业所属独立核算加工厂等加工生产尚未收回成品的商品、代国家物资储备部门保管的商品等。库存总额采用的计算价格是：农副产品采购单位按购进价计算，批发单位按进货价计算，零售单位按核算价格计算，即按什么价格核算就按什么价格计算。

Refers to total commodities possessed by wholesale and retail enterprises (units) of various types of registration status at the end of the reference period, which reflects the commodity stock level of various wholesale and retail enterprises and the potential for market supply. It includes: (1)commodities located in storage, garages, counters, and shelves of operating units (such as sale stores, wholesale centers, and operating offices) of wholesale and retail enterprises; (2)commodities in the process of selecting, sorting, and packing; (3)commodities not arrived but recorded as purchase in the account, i. e.. commodities not arrived but payment receipts for the commodities from the sellers or the banks arrived; (4) commodities deposited in other places rather than places mentioned above, for instance: commodities in the hold of purchasers temporarily due to the refusal of payment and commodities not taken back after going through the formalities; (5) commodities entrusted to other units to sell but not sold yet; (6) commodities purchased for other units but not delivered yet. Commodities not included as stock are those not owned by the enterprises (units), those allocated to financially independent factories rather than wholesale and retail enterprises for processing but not taken back yet, and finally those put in stock by wholesale and retail enterprises on behalf of the state material reserves units. For the calculation of the value of commodities stock, the value is calculated at purchasing prices in agricultural goods purchasing units and wholesale units, and at the accounting prices in retail units.

城乡集市贸易成交额　Volume of Business (Transaction Value) at Urban and Rural Free Market

指在农村集市和城市集市上买卖双方（包括农民、非农业居民、机关、团体、工商企业、个体商贩）

成交的全部商品金额，是反映集市贸易规模的综合性指标。

Refers to the value of all goods changed hands between sellers and buyers, including farmers, no-agricultural residents, institutions, organizations, enterprises and private peddlers, at urban and rural free markets. It is a comprehensive indicator used to show the size of the transaction at the free trade markets.

进出口总额　Total Imports and Exports at Customs

海关进出口总额是指从实际进出我国国境的货物总金额，包括对外贸易实际进出口货物来料加工装配进出口货物，国家间、联合国及国际组织无偿援助物资和赠送品，华桥、港澳台同胞和外籍华人捐赠品，赁期满归承租人所有的租赁货物，边境地方贸易及边境地区小额贸易进出口货物（边民互市贸易除外），中外合资经营企业、中外合作经营企业、外商独资经营企业进出口货物和公用物品，到、离岸价格在规定限额以上的进出口货样和广告品（无商业价值、无使用价值和免费提供出口的除外），从保税仓库提取在中国境内销售的进口货物，以及其他进出口货物。进出口总额用以观察一个国家在对外贸易方面的总规模。我国规定出口货物按离岸价格统计，进口货物按到岸价格统计。

Refer to the value of commodities imported into and exported from the boundary of China. They include the actual imports and exports through foreign trade, imported and exported goods under the processing and assembling trades and materials, supplies and gifts as aid given gratis between governments and by the United Nations and other international organizations, and contributions, donated by overseas Chinese, compatriots in Hong Kong and Macao and Chinese with foreign citizenship, leasing commodities owned by tenant at the expiration of leasing period, the imported and exported commodities processes with imported materials, commodities trading in border areas (excluding mutual exchange goods), the imported and exported commodities and articles for public use of the Sino-foreign joint ventures, cooperative enterprises and ventures exclusively with foreign own investment. Also included are import or export of samples and advertising goods for whose CIF or FOB value are beyond the permitted ceiling (excluding goods of no trading or use value and free commodities for export), imported goods sold in China from bonded warehouses and other imported or exported goods. The indicator of the total imports and exports at customs can be used to observe the total size of external trade in a county. It accordance with the stipulation of the Chinese government, imports are calculated at CIF, while exports are calculated at FOB.

旅游人数　Number of Tourists

人数包括入境国际旅游者、出境居民人数和国内旅游者人数。

Include international tourists entering into China, Chinese residents going abroad and domestic tourists.

（1）入境国际旅游者人数：指来我国参观、访问、旅行、探亲、访友、休养、考察、参加会议和从事经济、科技、文化、教育、体育、宗教等活动的外国人、华侨、港澳台湾同胞的人数。不包括外国在我国的常驻机构，如领使馆、通讯社、企业办事处的工作人员；来我国常住的外国专家、留学生以及在岸逗留不过夜人员。

International tourists refer to foreigners, overseas Chinese, Chinese compatriots from Hong Kong, Macao and Taiwan coming to China for sightseeing visits, tours, family reunions, vacations, study tours, conferences and other activities of a business, scientific and technological, cultural, educational and religious nature. It does not include representatives and employees of resident institutions of foreign countries in China such as embassies, consulates, news agencies and offices of foreign companies and organizations, no does it include long-term foreign experts or students residing in China, or persons in transition without spending a night in China.

（2）出境居民人数：指大陆居民因公务活动或私人事务短期出境人数。公务活动出境居民人数包括在国际交通工具上的中国服务员工，因私出境居民人数不包括在国际交通工具上的中国服务员工。

Chinese residents going abroad refer to Chinese residents going abroad refer to Chinese residents going abroad for short terms for short terms for either public business or private purposes. Chinese employees working on international transport carriers are included in those going abroad for public business purpose, not in those for private purpose.

（3）国内旅游者人数：指我国大陆居民和在我国常住 1 年以上的外国人、华侨、港澳台湾同胞离开常住地在境内其他地方的旅游设施内至少停留一夜，最长不超过 6 个月的人数。

Domestic tourists refer to residents of the mainland of China who stay for one night at least but no more than 6 months at tourist facilities in other places than their permanent residence within the territory of the mainland China, including foreigners, overseas Chinese and Chinese compatriots from Hong Kong, Macao and Taiwan who have resided in China for over one year.

国际旅游（外汇）收入　Foreign Exchange Earnings from International Tourism

指入境旅游的外国人、华侨、港澳和台湾同胞在中国大陆旅游过程中发生的一切旅游支出，对于国家来说就是国际旅游（外汇）收入。

Refer to the total expenditures of foreigners, overseas Chinese, Chinese compatriots from Hong Kong, Macao and Taiwan during their stay in the mainland of China, which are earnings of foreign exchange from international tourism from the point of view from China.

企业存款　Deposit

指企业、机关、团体或居民根据可以收回的原则，把货币资金存入银行或其他信用机构保管并取得一定利息的一种信用活动形式。根据存款对象的不同划分为企业存款、财政存款、机关团体存款、对外贸易存款、城乡居民储蓄存款、农村存款等科目。它是银行信贷资金的主要来源。

Is a form of credit by which enterprises, institutions, organizations or households can put money into banks and other credit institutions for safekeeping and interest earning under the principle of free withdrawal. According to different depositors, deposits are divided into enterprise deposits, treasury deposits, deposits of government agencies and organizations, capital construction deposits, urban savings deposits, rural deposits and other deposits. Deposits are major sources of the credit funds of banks.

贷款　Loan

银行或其他信用机构根据必须归还的原则，按一定利率，为企业、个人等提供资金的一种信用活动形式。我国银行贷款，分流动资金贷款，中短期设备贷款以及农户贷款等科目。

Is a form of credit by which banks and other credit institutions provide funds at certain interest rate to enterprises and individuals in the light of the principle of unconditional repayment. Loans from Chinese banks include circulating capital loans, fixed assets loans, loans to urban and rural individuals engaged in industrial and commercial business and agricultural loans.

赔款　Settled Claim

指保险人根据保险合同的规定，向被保险人支付的赔偿保险责任损失的金额。

Is the compensation paid by the insurer to the insurant in accordance with the insurance contract.

普通高等学校　Regular Institutions of Higher Learning

按国家规定的设置标准和审批程序批准举办，通过国家统一招生考试，招收高中毕业生为主要培养对象，实施高等教育的全日制大学、独立设置的学院和高等专科学校、短期职业大学。

Refer to educational establishments set up according to the government evaluation and approval procedures, enrolling graduates from senior secondary schools and providing high professional schools and courses and training for senior professionals. They include full-time universities, colleges, high professional schools and short-term professional universities.

成人高等学校　Institutions of Higher learning for Adults

指按照国家有关规定审批，招收通过全国成人高教统一招生考试的具有高中毕业或同等学历的在职从业人员利用脱产、半脱产、业余或函授等多种形式对其实施高等学历教育，培养高等教育专科或本科毕业水平的专门人才，修业年限、课程设置和总学时数均按高等学历教育要求付诸实施的学校。包括广播电视大学、职工高等学校、农民高等学校、管理干部学院、教育学院、独立设置的函授学院等。

Refer to educational establishments, set up in line with relevant rules approved by the government, enrolling staff and workers with senior secondary school or equivalent education, and providing higher education courses in many forms of full-time, part-time, spare-time, or correspondence for adults. Professionals thus trained receive a qualification equivalent to graduates studying regular courses at regular universities, colleges and professional colleges. Institutions of higher learning for adults include Radio and TV universities, schools of high education for staff and workers and peasants, colleges for management cadres, pedagogical colleges, independent correspondence colleges.

小学学龄儿童入学率　Enrollment Rate of Primary School-age Children

指调查范围内已入小学学习的学龄儿童占校内外学龄儿童总额（包括弱智儿童在内，但不包括盲聋哑儿童）的比重。计算公式：

小学学龄儿童入学率＝已入学的小学学龄儿童数 / 校内外小学学龄儿童总数×100％

Refers to the proportion of school-age children enrolled at schools to the total number of school-age children both in and outside schools (including retarded children, but excluding blind, deaf and mute children). The formula is :

Enrollment Rate of Primary School-age Children = Total Primary School-age Children at Schools / Total Primary School age Children Both at and Outside Schools ×100％

独立研究与开发机构　Independent Research and Development Institutions

指有明确任务和研究方向，有一定学术水平的业务骨干和一定数量的研究人员，具有研究、开发、开展学术工作的基本条件，主要进行科学研究与技术开发活动，并且在行政上有独立的组织形式，财务上独立核算盈亏，有权与其他单位签订合同，在银行有单独户头的单位。包括国务院各部门、中国科学院、中国社会科学院和各省、自治区、直辖市以及地（市）以上［含地（市）］各部门所属的国有独立的科学研究与技术开发机构。

Refer to the state owned institutions which have direct mission and research purpose, a certain number of core member with higher research level and a certain number of research personnel, necessary conditions for R&D activities and engaging in scientific research and technological development. The institutions also have their own independent organization and finance, authority to sign contracts with other units, with their own accounts in banks. Independent research and development institutions include the institutions attached to central government agencies, Chinese Academy of Sciences. Chinese Academy of Social Sciences and the institutions attached to local governments.

独立研究与开发机构职工 Personnel of Independent Research and Development Institutions

指在科学研究与技术开发机构工作，并由其支付工资的各种人员。包括长期职工和临时职工，不包括编制以外的离休、退休人员和停薪留职人员，但包括招聘人员。

Refers to the persons working in and receiving payment from research and development institutions. It includes regular full-time and temporary staff and workers and employees working on contracts, but excludes retirees and persons leaving their work without payment but still retaining their posts, who are not on the employee list.

研究与发展经费支出 Total Expenditure on Research and Development

指报告期内用于研究与试验发展课题活动（基础研究、应用研究、试验发展）的全部实际支出。包括用于研究与发展课题活动的直接支出，还包括间接用于研究与发展活动的一切支出（院、所管理费、维持院、所正常运转的必需费用和与研究发展有关的基本建设支出）。

Refers to all actual expenditure made for R&D (basic research, applied research and experimental development) in reference period. It includes direct expenditure on R&D and indirect expenditure on R&D (including management and necessary administrative expenses of research institutes, investment in capital construction relating to R&D).

科学家和工程师 Scientists and Engineers

指具有大学本科及以上学历和不具备上述学历但有高、中级职称的人员。

Refer to persons who have completed university or higher education or obtained titles of senior and middle-level professional positions.

其他科技人员 Other Scientific and Technical Personnel

指大专、中专毕业和具有中级职称的从事科技活动的人员。

Refer to persons who engage in scientific activities that have completed college or technical secondary school or obtained titles of middle-level professional positions.

自然科学技术人员 Scientific Technical Personnel

指已取得科学技术职称，或大学、中专的理、工、农、医科系毕业，以及国民经济各部门从工作实践中提拔，从事理、工、农、医等自然科学技术的研究、教学、生产的专业人员和在机关、企业、事业中从事科学技术业务管理工作的专业人员。

Refer to persons who obtained titles of scientific and technical positions, or graduated from department of science, technical, agriculture or medicine in college or technical secondary school, and promoted from practice in department of national economy, or research, teach, produce in technology of science of science, technical, agriculture or medicine, or engage in scientific management in government, enterprises and institutions.

工程技术人员 Engineering Professionals

指在国民经济各行业从事工程技术工作的自然科学技术专业人员，包括：高级工程师、工程师、助理工程师、技术员和未评定职称的技术人员。

Refer to the persons who are engaged in engineering science and technology in different sectors of the national economy, including senior engineers, engineers, assistant engineers, technicians and technical personnel without professional titles.

农业技术人员　Agricultural Professionals

指在国民经济各行业从事农业技术工作的自然科学技术专业人员，包括：高级农艺师、农艺师、助理农艺师、技术员和未评定职称的技术人员。

Refer to the persons who are working on the science of agriculture in different sectors of the national economy, including senior agronomists, agronomists, assistant agronomists, technicians and technical personnel without professional titles.

卫生技术人员　Public Health Professionals

指在国民经济各行业从事卫生医务工作的自然科学技术专业人员，包括：正副主任医师、主治医师、医师、医（护）士和未评定职称的技术人员。

Refer to the persons who are engaged in medical and health work in different sectors of the national economy, including director doctors and their deputies, doctors in charge, paramedics, nurses and technical personnel without professional titles.

科学研究人员　Scientific Research Personnel

指在国民经济各行业从事科学技术活动的自然科学技术专业人员，包括：正副研究员、助理研究员、研究实习员、技术员和未评定职称的技术人员。

Refers to those personnel engaged in scientific and technical activities in different sectors of the national economy, including research fellows and their deputies, assistant research fellows, research trainees, technicians and technical personnel without professional titles.

教学人员　Teaching Personnel

指在国民经济各行业从事自然科学技术方面教学活动的专业人员，包括：正副教授、讲师、助教、教师和在中学从事自然科学技术方面教学活动的人员。

Refers to those professionals engaged in the teaching in different sectors of the national economy, including professors, associate professors, lecturers, teaching assistants, teachers and teaching personnel in science and technology in middle schools.

文化事业机构　Cultural Institutions

指从事专业文化工作和为专业文化工作服务的独立建制的单独核算的单位。不包括这些单位另外举办独立核算的其他机构和各部门的业余文化组织。

Refer to units which have their own organizational system and independent accounting system and specialize in or serve cultural development. They exclude other establishments run by these cultural institutions and amateur cultural groups established by various departments. Art Troupe refers to the troupe which is engaged in drama, opera, music, dance, acrobatics or other art performance, opens independent accounts with banks and has self-supporting accounting system; excluding the troupes which are engaged partly in industrial or agricultural activities, partly in art performance and the professional troupes organized by the people.

艺术表演团　Number of Spectators at Art Performance

指从事戏曲、音乐、舞蹈、杂技等专业艺术表演，有独立帐户，实行单独核算的团体。不包括半工半艺、半农半艺的业余剧团。

Refers to the number of attendants at commercial shows, completely booked shows or free shows given in minority national areas, and does not include the number of spectators at rehearsals for examination and internal shows for study.

电影放映单位　Film Projection Units

指具有放映机器设备、固定或不固定的放映场所与专职或兼职的放映技术人员，经有关部门登记批准，经常为一定的观众对象放映电影的机构。包括批准对外开放进行营业，并与电影发行放映管理机构分帐的专用放映单位和军委系统片单位。

Refer to units with film projection equipment, full or part-time projectionists, permanent or non-permanent places, approved by related administrative departments to show films regularly regularly for certain groups of audience, including those film projection units which have been approved to give commercial shows and run business with independent accounting system as well as those film-renting units of the military system.

体育场　Stadiums

指有400米跑道(中心含足球场)，有固定道牙、跑道6条以上，并有固定看台的田径场。以看台容纳观众人数分：甲级25000人以上，乙级15000—25000人，丙级5000—15000人，丁级5000人以下。

Refer to stadiums for track and field events with six lane 400-meter tracks around soccer fields, permanent track marks and permanent bleachers. Stadiums are classified according to seating capacity. They include: Class A stadiums seating 25000 people each. Class B stadiums seating 15000 to 25000 people each. Class C stadiums seating 5000 to 15000 people each. And Class D stadiums seating fewer than 5000 people.

体育馆　Gymnasiums

指有固定看台可供篮球、排球、羽毛球、乒乓球、体操等项目训练比赛活动用的室内场地，以看台容纳观众人数分：甲级6000人以上，乙级4000—6000人，丙级2000—4000人，丁级2000人以下。

Refer to indoor sports grounds with permanent seats in which basketball, volleyball. badminton, table tennis and gymnastics competitions can be held. Gymnasiums are classified according to seating capacity. They include Class A gymnasiums seating over 6000 people. Class B gymnasiums seating 4000 to 6000 people. Class C gymnasiums seating 2000 to 4000 people, and Class D gymnasiums seating fewer than 2000 people.

等级裁判员人数　Number of Referees in Grades

指经考试正式批准授予等级裁判员称号的人数。裁判员等级分为国际级裁判，国家级裁判、一级、二级、三级裁判。

Refers to the number of referees who have been given titles after examination. They are classified as international referees, national referees and referees of the first, second and third grades.

等级运动员人数　Number of Athletes in Grades

指经考核正式批准授予等级运动员称号的人数。运动员等级分为国际运动健将、运动健将、一级、二级、三级运动员、少年运动员。

Refers to the number of athletes who have been given titles through examination. The titles of athletes include international masters of sports, masters of sports, first-grade and third-grade sportsmen and young athletes.

医院　Hospitals

指名称为医院，设有固定床位能收容病人住院并能为病人提供医疗、护理服务的医疗机构。包括县及县以上医院、农村乡卫生院、其他医院三部分。按所属性质分为卫生部门、工业及其他部门、集体所有制三类。其中县及县以上医院按业务性质分为综合医院和专科医院。

Refer to medical institutions with permanent hospital beds, which are able to take in patients and provide them with medical and nursing services. Hospitals are classified into three categories: hospitals at or above the county level, hospitals of rural townships, and other hospitals. According to their ownership, hospitals can be classified into three categories: hospitals under the public health departments, hospitals under industrial and other departments and collective-owned hospitals. Hospitals at or above county level are divided into comprehensive and specialized hospitals.

卫生技术人员　Medical Technical Personnel

指卫生事业机构支付工资的全部固定职工和合同制职工中现任职务为卫生技术工作的人员。包括中医师、西医师、中西医结合高级医师、护师、中药师、西药师、检验师、其他技师、中医士、西医士、护士、助产士、中药剂士、西药剂士、检验士、其他技士、其他中医、护理员、中药剂员、西药剂员、检验员、其他初级卫生技术人员。

Refers to all medical staff and workers employed by medical institutions, including doctors of Chinese and Western medicine, senior doctors who integrate traditional Chinese therapeutics with Western therapeutics in practice, senior nurses, pharmacists of Chinese and Western medicine, laboratory specialists, other specialists, paramedics of Chinese and Western medicine, nurses, midwives, druggists in Chinese and Western medicine, laboratory technicians, other technicians, other practitioners of Chinese medicine, nursing attendants, pharmacological workers of Chinese and Western medicine, laboratory workers, and other primary medical personnel.

医生　Doctors

指经卫生部门审查合格，从事医疗工作的专业人员。分为中医医生和西医医生。包括卫生技术人员的中医师、西医师、中西结合高级医师、中医士、西医士和其他中医。

Refer to qualified professional medical workers approved to practice by public health departments. They are classified into doctors of Chinese medicine, doctors of Western medicine, senior doctors who integrate traditional Chinese therapeutics with Western therapeutics in practice, paramedics of Chinese medicine and Western medicine, and other specialists of Chinese medicine.

附录 2:

政府工作报告

——2016 年 1 月 27 日在西藏自治区第十届人民代表大会第四次会议上

自治区主席　洛桑江村

各位代表：

现在，我代表自治区人民政府，向大会报告工作，请各位代表连同《西藏自治区“十三五”时期国民经济和社会发展规划纲要(草案)》一并审议，并请各位政协委员和列席人员提出意见。

“十二五”时期国民经济和社会发展回顾

过去的五年，是西藏历史上极不平凡的五年。在以习近平同志为总书记的党中央亲切关怀和全国人民大力支援下，在自治区党委的坚强领导下，我们高举中国特色社会主义伟大旗帜，全面贯彻党的十八大和十八届三中、四中、五中全会和中央第五次、第六次西藏工作座谈会精神，以邓小平理论、“三个代表”重要思想、科学发展观为指导，深入学习贯彻习近平总书记系列重要讲话精神、特别是“治国必治边、治边先稳藏”的重要战略思想和“加强民族团结、建设美丽西藏”的重要指示，贯彻落实依法治藏、富民兴藏、长期建藏、凝聚人心、夯实基础的重要原则，按照自治区第八次党代会的决策部署，坚持党的治藏方略，坚持走有中国特色、西藏特点的发展路子，大力实施“一产上水平、二产抓重点、三产大发展”的经济发展战略，坚持“六对”抓手，强化“六动”措施，坚守“三条”底线，全区各族人民团结一心，艰苦奋斗，开拓创新，经济健康快速发展，社会事业全面进步，人民生活显著改善，生态环境保持良好，社会大局持续稳定，全面完成了“十二五”目标任务。

2015 年，全区生产总值达到 1026.39 亿元、增长 11%，经济增速位居全国前列，全社会固定资产投资完成 1342.16 亿元、社会消费品零售总额 408.08 亿元、地方财政收入 176 亿元、城镇居民人均可支配收入 25457 元、农村居民人均可支配收入 8244 元，分别比“十一五”末增长 73.7%、1.9 倍、1.2 倍、3.1 倍、66.8%、1 倍，城镇登记失业率控制在 2.5%以内，为全面建成小康社会奠定了坚实基础。

——五年来，基础设施迈入互联互通新阶段。超前谋划、主动作为，积极争取国家投资，创新投融资模式，“十二五”累计完成全社会固定资产投资 4642 亿元、比“十一五”增长 1.8 倍，其中规划投资超额完成 152 亿元。公路总里程达 7.8 万公里，比“十一五”末增加 33.7%。川藏公路西藏段、新藏公路全线黑色化。拉林高等级公路开工路段、林芝米林机场快速通道、嘎拉山隧道和雅江特大桥建成通车，高等级公路实现零的突破、达到 300 公里。墨脱公路全线通车，结束了全国唯一一个县不通公路的历史。拉日铁路建成运营，拉林铁路全面开工建设。贡嘎、米林、邦达机场改扩建工程进展顺利，国内外航线增至 63 条，通航城市 40 个。立体化交通体系互联互通水平和综合保障能力大幅提升。金沙江上游、澜沧江上游和雅江中游水电规划获得国家批复，青藏、川藏电网实现联网，主电网覆盖 58 个县。老虎嘴、藏木、果多、多布水电站建成投运，加查水电站开工建设，电力装机容量达 230 万千瓦、比“十一五”末增长 1.4 倍，藏中电网结束拉闸限电的历史。旁多水利枢纽建成使用，拉洛水利枢纽、恰央水库、澎波和江北灌区建设进展顺利。行政村移动信号全覆盖，通宽带率达 80%。完成 54 个县城供排水工程。新型城镇化扎实推进，城镇化率达到 26%。昌都旧城改造、那曲“三项工程”基本完成，拉萨城市供暖工程建成，惠及千家万户。

——五年来，农牧业发展打下提质增效新基础。强农惠农政策全面落实，财政支农资金累计投入 787.2 亿元，农牧业基础地位显著加强。建成高标准农田 137 万亩，新增高寒牧区牲畜棚圈 15.2 万座，乡镇农牧综合服务中心 353 个。改良黄牛 60 万头，推广“藏青 2000”等新品种 191.7 万亩，粮食产量突破 100 万吨，创历史新高。设施农牧业、生态林果业蓬勃兴起，青稞、牦牛、藏香猪等高原种养加发展加快。娘亚牦牛、岗巴羊、林芝松茸等 24 个特色产品获得国家地理标志产品保护，20 多个特色农产品荣获国家奖项。农牧民专业合作经济组织达到 4624 个、比“十一五”末增长 11 倍。自治区级农牧业产业化龙头企业总产值增长 43.7%，农牧业产业化经营率达到 40%。“八到农家”工程深入推进，完成 4898 个行政村人居环境建设和综合整治，基本解决了农牧区安全饮水、无电地区用电问题，乡镇通光缆率、通邮率和行政村通电话率均达到 100%。农村综合信息服务站覆盖所有行政村。乡镇、行政村公路通达率分别达到 99.7%和 99.2%。累计投入扶贫资金 91.9 亿元，发放扶贫贴息贷款 417.4 亿元，减少贫困人口 58 万人。连续 8 年、累计投入 278 亿元，全面完成农牧民安居工程，46 万户、230 万农牧民住上安全适用的房屋，生产生活条件得到历史性改善。

——五年来，特色产业实现重点发展新突破。积极打造旅游升级版，布达拉宫、大昭寺晋升 5A 级景区，札达土林——古格成为国家级风景名胜区，实景剧《文成公主》实现常态化商业演出，2015 年接待游客突破 2000 万人次、总收入达到 280 亿元，分别比“十一五”末增长 1.9 倍、2.9 倍;文化产业产值突破 30 亿元，世界旅游目的地建设和特色文化产业发展迈出坚实步伐。大力培育天然饮用水产业，产能突破 300 万吨，发展态势强劲。“西藏好水”品牌知名度迅速提升，多个品牌矿泉水荣获国际大奖。以水电为主的清洁能源业发展潜力巨大，首次实现藏电外送。藏医药业、民族手工业、食饮品业、建筑建材业加快发展。拉萨国家级经济技术开发区实现税收 179.2 亿元。创建藏青工业园，完成固定资产投资 35.7 亿元，入园企业 174 家。

——五年来，生态环境保护与建设取得新进展。全面实施西藏生态安全屏障保护与建设规划，投入 71 亿元，“十大工程”扎实推进。加强资源开发和生态环境保护监督管理，严格实行矿产资源勘查开发自治区政府“一支笔”审批和环境保护“一票否决”制，严把准入关，实现“三高”企业和项目零审批、零引进。环境执法监管能力明显提高。建立环境保护与财政转移支付挂钩的奖惩机制。累计兑现草原生态保护补助奖励、森林和湿地生态效益补偿资金 147 亿元。在全国率先建设江河源生态功能保护区。纳木错和羊卓雍错纳入国家良好湖泊保护试点。拉萨市成为国家环境保护模范城市，山南、林芝列入国家首批生态文明先行示范区。自治区危废处置中心、七地市医废处置中心和 56 个县城垃圾填埋场建成使用，8 个污水处理厂建设扎实推进。公益林、自然保护区管护体制改革初见成效。“两江四河”流域造林绿化工程全面推进，植树造林 516.6 万亩，林业带动群众增收 42.8 亿元。全区水、大气、土壤质量优良。

——五年来，改革开放构建合作共赢新格局。大力推进简政放权，公布政府权力清单，行政审批事项从 3396 项减至 2761 项。区管国企的改制目标全面完成。电价、燃气价格和资源税从价计征改革不断深化。商事制度改革成效显著，市场主体达 15.4 万户、增长 87.4%。农村土地承包经营权确权登记颁证试点进展顺利，草场承包经营责任制全面落实。道路交通运输体制改革全面启动。社会领域改革稳步推进。招商引资到位资金 1037 亿元。全面落实“五放六支持”政策，非公经济发展加快、活力增强，吸纳社会就业 86.2 万人，成为解决就业、促进发展的生力军。金融撬动战略深入实施，西藏银行、西藏金融租赁有限公司、林芝民生村镇银行组建运营，农发行、民生银行、银河证券、太平洋保险等9家金融机构在藏设立分支机构，3家公司首发上市，企业直接融资209.7亿元。各项贷款余额突破2100亿元、比“十一五”末增长6倍，金融支持经济社会发展作用强劲。启动通关一体化改革，边境贸易稳步增长，进出口总值比“十一五”末增长3.6倍。西藏航空与尼泊尔合作组建喜马拉雅航空公司，吉隆口岸实现中尼双边开放。成功举办两届中国西藏旅游文化国际博览会。援藏力度不断加大，投资156.3亿元、实施项目2902个。精心打造鲁朗国际旅游小镇。建立央企援藏考核激励机制。启动实施教育、医疗人才“组团式”援藏。五年来共有2000多名援藏干部和专业技术人员进藏工作，为全区改革发展稳定作出了重大贡献。

——五年来，科技人才注入经济发展新活力。实施8大重大科技专项，青稞育种、牦牛改良取得重大成果，青稞牧草害虫绿色防控技术获国家科技进步二等奖。建成2个国家级科研平台和33个自治区级重点实验室、工程技术研究中心。自治区自然科学博物馆建成使用。颁布102种地方藏药材质量标准。农牧民科技特派员覆盖所有行政村。科技进步贡献率达到40%。中央支持西藏的12项重点人才工程扎实推进。实施“西藏特培”计划，出台高层次人才引进办法。选拔认定自治区学术技术带头人100名，引进急需紧缺人才3182名。全区专业技术人才达到7.3万人，高技能人才达到2.3万人。

——五年来，民生事业取得全面改善新成果。坚持把70%以上的财力投向民生领域，着力办好民生“十件实事”，连续五年提标扩面。率先实现15年免费教育，率先实现五保集中供养和孤儿集中收养，率先实现城乡居民基本养老保险均等化。城镇新增就业16.9万人。农牧民转移就业467万人次。社会保险制度实现全覆盖，参保人数达到278万人次。新建改造城镇保障性安居住房21.5万套。实现医疗救助城乡一体化全覆盖，城乡生活困难群众临时救助制度全面实施。7.2万重度残疾人纳入生活困难补助范围。狠抓中小学校舍安全等九大工程，新建改扩建校舍394.5万平方米。学前儿童入园率达到61.5%。“两基”攻坚任务全面完成，义务教育巩固率达到90%。职业教育在校生规模达到2万人。西藏大学成为博士学位授予单位。劳动年龄人口平均受教育年限提高到8.8年。自治区人民医院、藏医院改扩建完成，第三人民医院建成使用。实现县级卫生服务中心达标、疾控中心全覆盖、乡乡有卫生院、村村有卫生室。城乡居民、在编僧尼免费体检全面实施，先心病儿童全部得到免费救治。孕产妇住院分娩率提高到90.5%，孕产妇和婴儿死亡率分别下降42.32%、22.67%。人均预期寿命达到68.2岁。公共文化设施免费开放，实现地市有图书馆群艺馆、县区有民间艺术团和综合文化活动中心、乡村有综合文化活动场所。藏戏和“格萨尔”入选联合国人类非物质文化遗产代表名录。广播电视人口覆盖率分别达94.83%和95.96%。全民健身运动蓬勃发展。竞技体育累计获得世界和亚洲冠军7项、全国冠军58项，取得历史最好成绩。

——五年来，社会局势开创持续和谐稳定新局面。全面加强和创新社会治理，全面落实十项维稳措施，建立健全党政军警民协调联动的维稳工作新机制，确保了社会局势持续和谐稳定。全面贯彻党的民族政策，深入开展爱国主义和民族团结宣传教育，大力表彰民族团结进步模范，有力促进各民族交往交流交融，中华民族共同体意识深入人心，谱写民族团结的时代新篇章。创新寺庙管理，开展干部驻寺，深入实施“六建”、“九有”等一系列利寺惠僧政策，宗教和睦、佛事和顺、寺庙和谐。城镇网格化管理、先进双联户创建深得人心。选派10万余名优秀干部，累计投入72亿元开展强基惠民活动，进一步夯实了基层基础。严厉打击十四世达赖集团分裂渗透破坏活动，牢牢掌握主动权，反分裂斗争取得了重大胜利。安全生产形势持续向好，全区事故起数和死亡人数“双下降”。综治考评首次进入全国优秀行列，各族群众的安全感位居全国前列。

第六次人口普查、第三次经济普查取得重大成果。监察、审计、地勘、气象、人防、防灾减灾等工作取得新进展。日喀则、昌都、林芝撤地设市，双湖撤区设县。国防动员工作得到加强，军政军民团结，军民共建共创共保活动扎实推进。

各位代表：

过去的五年，我们在团结奋斗中阔步前进，迎来了一系列大事喜事。中央第六次西藏工作座谈会的胜利召开，铸就了西藏发展进步史上的新丰碑。西藏和平解放60周年、自治区成立50周年大庆的成功举办，更加坚定了全区各族干部群众一心一意跟党走、聚精会神建设社会主义新西藏的信心和决心。

过去的五年，我们在攻坚克难中砥砺前行，经受住了一系列重大自然灾害的严峻考验。特别是面对震级高、范围广、损失重、救援难的“4·25”地震，在以习近平同志为总书记的党中央亲切关怀下，自治区党委、政府果断决策、迅速行动，带领党政军警民，万众一心、众志成城，聚全区之力、汇八方支援，最大限度地保障了受灾群众的生命财产安全，最大限度地降低了灾害造成的损失，夺取了抗震救灾的决定性胜利！

过去的五年，我区各项事业取得了举世瞩目的辉煌成就。这是以习近平同志为总书记的党中央英明领导的结果，是新时期党的治藏方略成功实践的结果，是全国各族人民大力支持、无私援助的结果，是自治区党委坚强领导、科学施策的结果，是全区各族人民同心协力、团结奋斗的结果。在此，我代表自治区人民政府，向全区各族人民，向全国人民特别是承担对口支援的省市、中央国家机关和中央骨干企业，表示诚挚的感谢！向给予政府工作大力支持的人大代表和政协委员，向驻藏人民解放军、武警官兵、政法干警，表示诚挚的感谢！向关心支持我区改革开放和现代化建设的各界人士，表示诚挚的感谢！

在充分肯定成绩的同时，我们也清醒地看到，我区改革发展稳定仍然存在一些突出困难和问题：经济社会发展整体水平较低，自我发展能力不足；产业规模小，初级性、粗放型特征明显；贫困发生率高，脱贫攻坚任务艰巨；基础设施瓶颈制约有待进一步突破；基本公共服务质量和均等化水平有待进一步提升；反分裂斗争形势依然严峻复杂，维护稳定任务繁重。政府工作还存在一些不足，政府职能和行政效能还不能完全适应改革发展的需要。针对这些困难和问题，我们必须采取有力措施切实加以解决，尽心竭力做好政府工作，不辜负全区各族人民的重托。

各位代表，经过长期奋斗的厚实积累，西藏已经站在新的历史起点上，发展理念更加科学，发展基础更加坚实，发展前景更加广阔。我们深切体会到：坚持党的领导，全面贯彻党的治藏方略，是西藏经济社会发展的根本遵循；坚决维护稳定，保持社会和谐，是西藏经济社会发展的基本前提；中央关心、全国支援与自力更生、艰苦奋斗有机结合，是西藏经济社会发展的强大动力；维护祖国统一，加强民族团结，是西藏工作的着眼点和着力点；改善民生，凝聚人心，是西藏经济社会发展的出发点和落脚点；把中央精神与西藏实际紧密结合，创造性开展工作，全面落实十项维稳措施，创新深化“663”工作思路，是推动西藏长足发展和长治久安的生动实践。我们一定要倍加珍惜、一以贯之、长期坚持。

“十三五”时期的指导思想、奋斗目标和主要任务

“十三五”时期是我区与全国一道全面建成小康社会的决胜阶段，是我区加快发展的重要战略机遇期。以习近平同志为总书记的党中央丰富发展了党的治藏方略，明确了西藏发展的战略定位，为西藏长足发展和长治久安指明了方向。社会和谐稳定，各民族团结友爱，宗教和睦和顺，为西藏经济社会发展创造了良好环境。特别是后发优势、人均优势、政策优势突出，改革开放潜力巨大，这些都为西藏经济

社会加快发展提供了强大的内生动力。我们要坚定信心、抢抓机遇，乘势而上、奋发有为，全力推进全面建成小康社会进程。

“十三五”时期国民经济和社会发展指导思想是：高举中国特色社会主义伟大旗帜，深入贯彻落实党的十八大、十八届三中、四中、五中全会和中央第六次西藏工作座谈会精神，以马克思列宁主义、毛泽东思想、邓小平理论、“三个代表”重要思想、科学发展观为指导，深入贯彻落实习近平总书记系列重要讲话精神、特别是“治国必治边、治边先稳藏”的重要战略思想和“加强民族团结、建设美丽西藏”的重要指示，坚持以“四个全面”战略布局为统领，坚持党的治藏方略，坚持依法治藏、富民兴藏、长期建藏、凝聚人心、夯实基础的重要原则，把维护祖国统一、加强民族团结作为西藏工作的着眼点和着力点，把改善民生、凝聚人心作为经济社会发展的出发点和落脚点，坚定不移开展反分裂斗争，坚定不移促进经济社会发展，坚定不移保障和改善民生，坚定不移促进各民族交往交流交融，确保国家安全和西藏长治久安，确保经济社会持续健康发展，确保各族人民物质文化生活水平不断提高，确保生态环境良好，如期实现与全国一道全面建成小康社会奋斗目标，谱写好中华民族伟大复兴中国梦的西藏篇章。

“十三五”时期国民经济和社会发展主要目标是：地区生产总值年均保持两位数增长，全社会固定资产投资年均增长20%左右，公共财政预算收入年均增长12.5%，社会消费品零售总额年均增长12%以上；农村居民人均可支配收入年均增长13%以上，城镇居民人均可支配收入年均增长10%以上；城镇登记失业率控制在3%以内；国家现行标准下59万农牧区贫困人口如期全部脱贫。到2020年，人民生活水平全面提升，城乡居民人均可支配收入比2010年翻一番以上、接近全国平均水平，基本公共服务主要指标接近或达到西部地区平均水平，基础设施条件全面改善，生态文明建设取得明显成效，自我发展能力显著增强，社会大局持续长期全面稳定，建成安居乐业、保障有力、家园秀美、民族团结、文明和谐的小康社会。

实现上述奋斗目标，我们要牢固树立和贯彻落实创新、协调、绿色、开放、共享的五大发展理念，坚持和谐发展，坚决维护社会稳定，深入落实十项维稳措施，深化实施“663”工作思路，保持定力，开足马力，精准发力，着力完成以下主要任务：

一、坚持创新发展，增强内生动力

适应经济发展新常态，加快建设重要的世界旅游目的地、“西电东送”接续基地、战略资源储备基地和高原特色农产品基地。

强化项目带动。全面提速基础设施建设，全社会固定资产投资保持快速增长，力争“十三五”期间达到1万亿元以上。围绕城镇化空间布局，加快推进拉萨至林芝、日喀则、山南、那曲国省道高等级化，实现口岸公路黑色化，实现所有县和主要乡镇通油路，所有行政村通公路，力争“十三五”末全区公路通车里程达到11万公里。加快建设拉林铁路，全力推动建设川藏铁路，规划建设口岸铁路，提高新建铁路设计标准，力争铁路运营里程达到1300公里以上。加快推进拉萨新机场和普兰机场前期工作，加快发展通用航空，民航旅客吞吐量突破700万人次。建成加查、大古水电站，苏洼龙、叶巴滩等水电站力争投产发电，电力装机容量达到460万千瓦以上，建成全区统一电网，主电网覆盖所有县城和主要乡镇。推进格尔木至拉萨输气管线建设，改扩建格尔木至拉萨输油管线。完成拉洛水利枢纽工程，加快建设湘河、宗通卡等水利重点工程。建设重点城镇防洪体系。实施安全饮水巩固提升工程，实现县城自来水供应全覆盖。

强化市场推动。大力发展特色优势产业，推动三次产业联动融合发展。加快旅游产业大发展，突出“特色、高端、精品”，实施旅游转型升级工程，加大配套设施建设，基本实现3A级以上景区通油路，打造旅游精品线路和无障碍旅游区，走质量效益型集约化发展道路，力争“十三五”末接待游客突破3000万人次，旅游总收入突破550亿元。全面建设中华民族特色文化保护地，大力传承发展优秀非物质文化遗产，加快发展唐卡、藏毯、演艺等特色文化产业，推动国家级文化产业示范区、藏羌彝文化产业走廊建设。大力发展天然饮用水产业，打造“西藏好水”国际品牌，推进要素整合，天然饮用水产量达到500万吨以上、产值达到400亿元以上。重点开发藏东南“三江”流域、雅江流域水电资源，集中建设光伏发电产业区，实现清洁能源规模外送。提升发展拉萨国家级经济技术开发区、藏青工业园区。有序开发利用盐湖资源。打造拉萨物流中枢和日喀则、那曲、昌都区域性物流中心。加快发展保健食饮品、休闲健身、康复疗养等健康产业，完善藏药标准体系和检测检验体系，藏医药产值实现 20 亿元以上。实施质量商标品牌提升工程。构建新型农牧业经营体系，提升农牧民专业合作社。做强农牧业产业化龙头企业。加快现代农牧业示范区和高原特色农牧产业带建设，新建高标准农田200万亩，推广良种200万亩，畜种改良500万头只，建成优质人工牧草基地100万亩，围栏天然草原5000万亩，粮食、蔬菜和肉奶产量均达到100万吨以上。

强化创新驱动。全面实施“重大科技创新行动计划”，建成国家重点实验室、科技企业孵化器等10个重大科技平台，建成 10 个农牧业科技成果转化示范基地。加强知识产权保护，加快推进科技成果资本化、产业化。鼓励发展创客空间，推动大众创业、万众创新。加强科普基地建设。力争科技进步贡献率达到 45%，科技普及率达到 95%。加快建设自治区数据中心。实施“宽带西藏”工程，互联网普及率达 85%以上。落实“互联网+”行动计划，推动信息化与产业深度融合。构建信息惠农体系，拓宽畅通西藏特色优势产品“网上天路”。推动智慧城市建设。全面实施“百千万”人才工程，多渠道引进急需紧缺、高层次和高技能人才，加快培养农牧区实用技术人才。改进专业技术人员职称评定办法，加快人才激励与保障制度建设。加强新型智库建设。

强化金融撬动。用足用好用活中央赋予西藏的特殊优惠金融政策，引导更多金融资本、社会资本投向基础设施、“三农”和实体经济。健全多元化的金融业态，多渠道扩大金融资源投入。创新金融产品和服务，推进现代保险服务业发展，设立西藏发展基金。加强信用体系、普惠金融和多层次资本市场建设，加大辖区信贷投放力度，确保新增存款主要用于西藏经济社会发展。

强化环境促动。加快推进简政放权，不断优化发展软环境。进一步落实“五放六支持”政策，全面改善投资环境，大力发展非公有制经济。尽快出台非公企业进入特许经营领域具体办法。力争民间投资年均增长 15%、非公经济市场主体年均增长 15%以上。积极推进行政、司法、商事、生态体制以及社会领域各项改革。建立跨年度预算平衡机制，加强财政支出绩效管理，健全事权与支出责任相适应的转移支付制度。全面推进营改增，深化国税地税征管体制改革。建立以管资本为主的国有资产监管体制，推动国有资本授权经营，规范国有资本运作。大力推进区管国有企业混合所有制改革。

二、坚持协调发展，优化结构布局

全面统筹基本公共服务均衡发展，推进优势区域率先发展，加大力度扶持薄弱区域，进一步提高投资效益，不断提升发展质量。

统筹推进区域发展。努力打造以拉萨为核心，辐射日喀则、山南、林芝、那曲的3小时经济圈。拉萨建设国际旅游文化城市和面向南亚开放的中心城市。日喀则建设面向南亚开放的前沿区和重要的商贸物流中心。林芝建设国际生态旅游区。昌都建设藏川滇青四省区交界区域经济中心和“西电东送”接续基地。那曲建设高原生态畜牧业基地和羌塘野生动物国家公园。阿里建设冈底斯国际旅游合作区，打造朝圣之旅黄金线路。加大对边境地区、高寒地区扶持力度。深入实施兴边富民行动，扶持人口较少民族发展。

统筹推进新型城镇化和新农村建设。坚持以人为本，着力提高城市发展持续性、宜居性，实现生产空间集约高效、生活空间宜居适度、生态空间山清水秀。坚持规划先行，注重民族风情、彰显地域特色，着力推进地县行政中心、特色小镇、骨干公路节点小镇和边境小镇建设，增强城镇综合承载和区域辐射能力。加强城镇市政基础设施和公共服务设施建设，主要县城建成供排水和污水处理设施，所有县城、主要乡镇和重点旅游景区建成垃圾填埋场，加大旧城区、棚户区改造。全面实施居住证制度，积极稳妥推进农牧区人口向城镇适度聚集，城镇化率达到 30%以上。推进“多规合一”，促进发展规划、基础设施、基本公共服务向农牧区延伸，逐步缩小城乡差距。继续深入实施“八到农家”工程，不断改善农村人居环境，加大传统村落民居和历史文化名镇名村保护力度，建设美丽宜居乡村。

统筹推进经济建设和国防建设。全面落实军民融合发展战略，坚持发展和安全兼顾，把国防建设纳入经济社会发展体系，在交通、能源、通信等重大基础设施中落实国防需求，筑牢国家安全屏障。广泛开展全民国防教育，健全国防动员体系。加强人民防空工作，推进预备役部队建设。深入开展军民共建和“双拥”活动，巩固发展军政军民团结。

三、坚持绿色发展，建设美丽西藏

坚持生态兴藏、生态富民，保护与发展并重、污染防治与生态修复并举，着力建设重要的生态安全屏障，形成绿色发展方式和生活方式，促进人与自然和谐发展。

实施主体功能区战略。严守生态保护底线，不越红线，不触高压线，优化国土空间开发，构建科学合理的生产生活生态空间布局。全面落实主体功能区规划，加强重点生态功能区建设，规范各类自然保护区管护，加大国家重点生态功能区转移支付力度。完善森林生态效益补偿、草原生态保护补助奖励机制，加快建立湿地、水生态保护补助奖励机制。推进生态文明先行示范区和国家公园建设。

加强生态保护与建设。大力实施西藏生态安全屏障保护和建设规划。扎实推进“两江四河”造林绿化工程，加强天然林、重点公益林保护，开展退耕还林、退牧还草、人工种草。加强江河源头区、生态脆弱区、重要高原湖泊和水源涵养区生态保护。加强土地、草原、森林征用监督管理。加大废弃矿区和湿地生态环境修复力度。推进雅江中游土地沙化、藏西北荒漠化、藏东南水土流失和小流域综合治理。

加大环境综合治理力度。全面实行生态环境保护目标管理。严格实行矿产资源勘查开发自治区政府“一支笔”审批和环境保护“一票否决”制，严禁“三高”项目。建立领导干部自然资源资产管理离任审计制度。推进全区环境监测监察执法垂直管理和地市环保机构改革，建立生态环境保护和建设的绩效考核与动态监测机制。深入实施大气、水、土壤污染防治行动计划和工业污染源全面达标排放计划。推进林政管理规范化、法治化，不断提高林地保有率。加强生物多样性保护。推进交通干线、旅游景区景点、村镇周边环境综合治理。科学利用自然资源，大力发展生态经济，推进绿色低碳循环发展。主要污染物和碳排放总量、单位生产总值能源和水资源消耗量控制在国家核定范围内，城镇环境空气质量优良率保持在 95%以上。

四、坚持开放发展，深化互利合作

紧紧围绕“一带一路”战略，以构建包容开放合作的政策体系为突破口，以对内开放为重点，加快建设面向南亚开放的重要通道，大力发展开放型经济。

扩大对内对外开放。把中国西藏旅游文化国际博览会培育成我区开放发展新引擎，打造具有国际影响力、全国辐射力、区域带动力的交流合作高端平台。推进基础设施互联互通，促进周边省区一体化。积极参与孟中印缅经济走廊建设。积极推进环喜马拉雅经济合作带、吉隆跨境经济合作区建设。优化对外开放口岸布局，重点建设吉隆口岸，加快发展普兰口岸，恢复开放亚东口岸。支持喜马拉雅航空公司拓展国际航线。制定优惠政策，积极引进大企业、大集团进藏兴办实体、投资创业。

做好受援工作。用好对口支援优惠政策，做好经济、教育、卫生、科技、就业、干部人才援藏受援工作。坚持精准援藏，统筹援藏资金和项目重点向脱贫攻坚倾斜。鼓励中央援藏企业和对口援藏省市大型企业与区内企业开展合资合作。与对口支援省市共同建设产业合作示范园区。鼓励优秀援藏干部和技术人员长期留藏工作。

五、坚持共享发展，全面改善民生

强化民生先动，用真心、动真情、出真招，每年坚持办好惠民利民“十件实事”，让各族群众更好共享改革发展成果。

坚决打赢脱贫攻坚战。实施好全区脱贫攻坚规划，完善专项、行业、社会、金融、援藏“五位一体”大扶贫格局。推行精准扶贫，强化精准扶贫信息化平台建设和动态管理，完善扶贫对象瞄准识别机制，做到扶持对象精准、项目安排精准、资金使用精准、措施到户精准、因村派人精准、脱贫成效精准。通过发展生产脱贫一批，易地搬迁脱贫一批，生态补偿脱贫一批，发展教育脱贫一批，社会保障兜底一批。实行严格的扶贫脱贫目标管理责任制，完善自治区负总责、地市直管、县抓落实、乡镇专干的体制和“工作到村、扶贫到户”的工作机制。

努力扩大社会就业。实行更加积极的就业政策，以市场为导向，实施高校毕业生就业促进计划和大学生创业引领计划，鼓励到企业、到内地就业和自主创业，确保五年城镇新增就业 18 万人。完善就业援助制度，规范公益性岗位开发，着力解决就业困难人员就业。实施农牧民工职业技能提升计划，有条件的家庭至少一人掌握一门实用技术，不断提高农牧民市场化就业能力。政府投资项目、国有企业、对口援建项目优先吸纳当地劳动力就业，每年转移农牧区富余劳动力 96 万人次。支持农牧民到内地务工经商。

着力提升教育质量。加强社会主义核心价值观和爱国主义、民族团结进步教育。加大城乡学前教育投入，学前教育毛入园率达到 80%。大力推行国家通用语言文字教育，推进各民族学生混班教学，双语教育覆盖面达 100%。加快义务教育学校标准化建设，基本实现县域均衡发展，义务教育巩固率达到 95%。高中阶段毛入学率达到 90%。确保新增劳动力平均受教育年限 13 年以上。各地市和有条件的县至少重点办好 1 所中职学校，促进中等职业教育与普通高中比例大体相当、协调发展。以就业为导向，调整优化高校学科专业结构，努力办好工农医等紧缺学科专业。稳步扩大内地西藏班办学规模。加大双语教师培训力度。发展远程教育，加强城乡、校际教师交流，推进优质教育资源向农牧区、边远和贫困地区倾斜。

大力推进健康西藏建设。加快县乡医疗卫生服务体系一体化建设。实现区域中心医院标准化、规范化，加强区、地市两级医院临床重点专科建设。逐步推进分级诊疗，加大巡回医疗服务力度，发展远程医疗。健全人口健康信息系统。提高重大突发公共卫生事件应急处置能力。大力发展藏医药事业，实现县级藏医院单设。提升基层藏西医结合医疗服务能力。每千人拥有执业医师 2.2 人。对高原多发疾病发生的医疗费用，通过医保支付和商业保险赔付后仍有困难的，财政予以补助。推动实施妇女儿童规划。健全妇幼保健和基层优生优育服务体系。孕产妇住院分娩率 95%以上，孕产妇和婴儿死亡率分别降低 20%、25%以上。力争平均预期寿命逐步达到 70 岁以上。

加强公共文化建设。全力推进公共文化基础设施建设，图书馆、群艺馆、博物馆、文化站“三馆一站”覆盖率达到 85%。建设自治区青少年活动中心、广电中心、大剧院、藏医药博物馆，改扩建自治区博物馆。全面提升广播电视节目覆盖、译制和民族文字出版能力，广播电视人口综合覆盖率达到 99%。

大力实施文化艺术精品创作工程，加大以藏语言文字为主的舞台艺术、出版物、广播影视节目和数字文化资源的创作生产力度。实施文化和自然遗产保护工程，加强特色文化和重点文物保护。繁荣发展哲学社会科学和藏学。广泛开展全民健身运动，积极发展竞技体育。

筑牢社会保障安全网。实施全民参保登记计划，完善覆盖城乡居民的社会保险体系和社会救助体系。扎实推进机关事业单位养老保险制度改革，完善城乡居民基本养老保险制度，基本社会保险覆盖率巩固在 95%以上。完成“金保工程”建设。推进整合农牧区医疗制度和城镇居民基本医疗保险制度，提高农牧区医疗制度统筹层级。支持发展商业医疗保险。完善城乡居民最低生活保障、农牧区五保供养制度，逐步提高政府补助标准。加强社会养老、社区服务、残疾人服务体系和儿童服务设施建设。加强公共租赁住房、干部职工周转房新建和维修。实施农村危旧房改造工程。提高气象、地质、地震灾害监测预警和防御能力，健全完善防灾减灾体系。

六、坚持和谐发展，实现持续长期全面稳定

紧紧围绕西藏工作的着眼点和着力点，准确把握西藏的主要矛盾和特殊矛盾，深化十项维稳措施，创新社会治理，坚决维护祖国统一、民族团结和社会稳定，推动长足发展和长治久安。

巩固发展民族团结。全面贯彻党的民族政策，坚定不移走中国特色解决民族问题正确道路，促进各族人民交往交流交融，创建民族团结模范区。广泛开展民族团结进步宣传教育和创建活动，推动“五个认同”和“三个离不开”进学校、进寺庙、进乡村、进社区、进企业、进机关、进军营，不断强化中华民族共同体意识。

积极引导宗教与社会主义社会相适应。全面贯彻党的宗教工作基本方针，依法管理宗教事务，巩固寺庙管理创新成果，进一步推动宗教和睦、佛事和顺、寺庙和谐。落实利寺惠僧政策，完善寺庙公共服务。以社会主义核心价值观引领藏传佛教教规教义阐释，发挥藏传佛教在和谐社会建设中的积极作用。依法打击利用宗教从事分裂破坏活动。加强教育引导，切实增强广大僧尼的中华民族意识、国家意识、法治意识和公民意识。

提升社会治理能力和水平。坚持依法治理、主动治理、综合治理，健全政策法规体系，完善党政军警民联防联控工作机制。坚持对十四世达赖集团斗争方针不动摇，严密防范、严厉打击各类分裂破坏活动。继续深化干部驻村驻寺、城镇网格化管理、先进双联户创建等十项维稳措施。建立健全多元矛盾化解机制，加强流动人口服务和管理。创新完善立体化社会治安防控体系，强化公共安全管理。实行党政同责、一岗双责、失职追责，落实安全生产责任制。加强食品药品监管，强化道路交通、消防安全、森林防火、特种设备等重点领域的监督检查，维护人民生命财产安全。

2016 年重点工作

2016 年是“十三五”开局之年，起好步、开好局，对全面完成“十三五”各项目标任务、全面建成小康社会意义重大。

经济社会发展主要预期目标是：地区生产总值增长 10%以上，全社会固定资产投资增长 20%，社会消费品零售总额增长 13%以上，公共财政预算收入增长 15%，城镇居民人均可支配收入增长 10%，农村居民人均可支配收入增长 13%，城镇登记失业率控制在 3%以内。

一、狠抓基础设施建设

落实中央投资 500 亿元以上，大力激活社会投资，完成全社会固定资产投资 1600 亿元以上。实施

12 项重大公路建设项目，开工建设山南贡嘎至泽当、日喀则桑珠孜区至和平机场、昌都卡若区至加卡段高等级公路，加快建设拉林高等级公路，建成拉萨环城公路，开展拉萨至那曲高等级公路前期工作。推进拉林铁路建设，实施青藏铁路格尔木至拉萨段扩能工程，启动川藏铁路康定至林芝段、青藏铁路日喀则至吉隆段、滇藏铁路香格里拉至波密段和黑昌铁路那曲至昌都段前期研究工作。加快推进贡嘎、米林、邦达机场改扩建。果多水电站全部机组建成投产，开工建设苏洼龙水电站和藏中电网、昌都电网联网工程，加快怒江上游和雅江下游水电规划。启动建设湘河水利枢纽工程。建设七地市邮政快递物流枢纽中心。建成那曲镇和狮泉河镇供暖工程。扎实推进“4·25”地震灾后恢复重建。

二、狠抓脱贫攻坚工作

制定出台精准扶贫、精准脱贫攻坚实施方案，明确目标，明确责任，明确任务，层层签订责任状，实行严格的考核奖惩制度。投入 85 亿元资金，其中专项资金 24 亿元，完成 12.97 万人精准脱贫，易地扶贫搬迁 2.5 万人。组建扶贫开发公司，推进贫困地区公共公益设施建设，大力发展带动贫困农牧民增收致富的高原特色产业项目，加大贫困农牧民培训转移力度，将符合条件的贫困对象全部纳入社会保障范围，深化乡科级以上党员干部每人联系一至两户困难群众活动，促进联户脱贫、联户致富，鼓励社会力量以帮村帮户等方式参与扶贫开发，将 60%以上的援藏资金用于扶贫开发。

三、狠抓保障改善民生

投入 167 亿元，着力办好民生“十件实事”，提高 10 个方面 29 项惠民政策标准。其中教育“三包”经费年生均标准提高 240 元，乡镇教师和医护人员生活补助月人均提高 200 元，村医、兽医待遇标准月人均提高 100 元，农村五保户供养标准提高到年人均 4740 元，乡镇干部生活补助月人均提高 100 元，村干部基本报酬及业绩考核奖励补助标准比 2014 年翻一番，城镇居民基本医疗保险补助标准提高到年人均 420 元，农牧区医疗制度补助标准提高到年人均 435 元，城镇居民最低生活保障标准提高到月人均 640 元，农村最低生活保障标准提高到年人均 2550 元。

完善支持高校毕业生、农牧民工等重点群体就业创业的优惠政策。完善城乡贫困家庭子女教育资助机制，加大高等教育阶段资助力度。建成 250 所乡村双语幼儿园，完成 14 个县义务教育均衡发展评估验收。定向培养培训双语教师和紧缺学科教师 1000 名，开展 800 名教师“组团式”援藏工作。扎实推进公立医院改革。改扩建西藏成办医院，床位增加到 800 张以上。完成 41 个县区医用高压氧舱建设。加大订单式定向培养力度，为县乡定向培养医务人才。调整企业和机关事业单位退休人员基本养老金，制定出台被征地农牧民社会保障政策。完善城镇职工和城乡居民大病保险制度。推进职工医保跨省异地就医结算。全面建成县城数字影院。加快推进江孜、丁青县改市工作。

四、狠抓特色产业发展

整合自治区各类产业扶持资金，设立自治区产业发展基金。大力发展特色农牧业，新建高标准农田 39 万亩，推广“藏青 2000”等新品种 170 万亩，新建人工牧草基地 15 万亩，改良黄牛 23.5 万头，积极开展标准化规模养殖示范创建活动。加快发展天然饮用水产业，销售达到 100 万吨以上。强化旅游市场监管，提高旅游管理服务水平，全年接待游客突破 2300 万人次、增长 15%，旅游总收入达到 330 亿元、增长 17%。大力发展园区经济，把藏青工业园区、拉萨高新技术开发区、日喀则和那曲物流园区建设成为我区经济发展的新引擎。藏青工业园区产值增长 1 倍以上。

五、狠抓深化改革开放

加大供给侧结构性改革力度，增强经济持续增长动力。加快耕地草场承包经营权确权登记颁证，稳步推进土地流转。建立产权交易、公共资源交易平台。推行项目在线审批和项目建设总承包制、代建制。

推行政府购买公共服务，推动公益性项目市场化运作。完善政府融资体制，加强地方政府债务管理。优化财政支出结构，提高一般性转移支付比重，提高财政资金使用效率和效益。强化全面审计。加快推进农电管理体制改革。增加金融有效供给，确保信贷增长 20%以上。鼓励设立村镇银行，抓紧组建地方性保险法人机构。加快建立巨灾保险制度，完善农业保险大灾风险分散机制。推进央企属地化，鼓励在藏设立子公司。精心组织，高标准办好第三届中国西藏旅游文化国际博览会。招大引强，大力提升招商引资规模和水平，进一步加大非公经济支持力度。做好第七批与第八批援藏轮换工作。

六、狠抓坚守“三条底线”

坚守和谐稳定底线，加强社会治安综合治理，深入落实十项维稳措施，确保社会大局稳定。开展民族团结宣传月活动，落实利寺惠僧政策，开展民族团结进步表彰活动与和谐模范寺庙暨爱国守法先进僧尼创建评选活动。坚守生态保护底线，编制生态功能区划，划定生态保护红线，出台加快推进生态文明建设意见，继续推进水生态补偿试点，完成造林绿化 100 万亩。加大环境保护与监管力度，确保生态环境持续良好。坚守安全生产底线，着力实施公路安全生命防护工程，抓好重点领域隐患排查，严防重特大安全事故发生。

各位代表：

新形势、新任务对政府工作提出了新的更高要求。各级政府要切实加强自身建设，必须始终坚持党的领导，始终向以习近平同志为总书记的党中央看齐，始终向党的理论和路线方针政策看齐，始终在思想上政治上行动上与以习近平同志为总书记的党中央保持高度一致，对以习近平同志为总书记的党中央绝对忠诚。必须切实转变政府职能，做到强管理、优服务，坚决清理一切束缚经济社会发展的行政审批事项，坚决向不作为、乱作为行为亮剑。必须全面建设法治政府，依法履行政府职能，坚持依法行政、依法治藏，真正做到重法治、严规范，努力打造法治化、便利化的营商环境，最大化方便群众、方便企业、方便基层。推进决策科学化、民主化、法治化。依法接受人大法律监督和工作监督，自觉接受政协民主监督。必须加强学习型政府建设，认真学习新理论、新知识、新方法，不断提高推动发展、服务人民、维护稳定的能力和水平。必须转变作风，牢固树立改革意识和创新意识，勇于探索改革新思路、发展新办法、工作新举措，狠抓各项经济社会发展目标任务的督促落实。必须巩固拓展“三严三实”专题教育成果，坚决贯彻中央八项规定和区党委“约法十章”“九项要求”，坚持把纪律和规矩挺在前面，严格政治纪律、组织纪律、廉洁纪律、群众纪律、工作纪律和生活纪律，以零容忍的态度惩治腐败，厉行节约，反对浪费，以清正廉洁的形象取信于民。

各位代表：

蓝图已经绘就，号角已经吹响。让我们紧密团结在以习近平同志为总书记的党中央周围，在自治区党委的坚强领导下，按照区党委八届七次、八次全委会的决策部署，解放思想，开拓创新，敢于担当，主动作为，为圆满完成“十三五”时期各项目标任务，确保到 2020 年与全国一道全面建成小康社会而努力奋斗！

附录 3：

西藏自治区 2015 年国民经济和社会发展计划执行情况与 2016 年国民经济和社会发展计划草案的报告

——2016 年 1 月 27 日在西藏自治区第十届人民代表大会第四次会议上

西藏自治区发展和改革委员会

各位代表：

受自治区人民政府委托，现将 2015 年国民经济和社会发展计划执行情况与 2016 年国民经济和社会发展计划草案提请自治区第十届人民代表大会第四次会议审议，并请自治区政协各位委员和各位列席代表提出意见。

一、2015 年国民经济和社会发展计划执行情况

2015 年是“十二五”收官之年，大事多、喜事多。面对复杂的宏观经济环境，自治区党委、政府团结带领全区各族人民，认真贯彻落实党的十八大、十八届三中、四中、五中全会和中央第六次西藏工作座谈会精神，贯彻落实习近平总书记系列重要讲话精神、特别是“治国必治边、治边先稳藏”的重要战略思想和“加强民族团结、建设美丽西藏”的重要指示，贯彻落实依法治藏、富民兴藏、长期建藏、凝聚人心、夯实基础的重要原则，坚持“四个全面”战略布局，深入贯彻落实政府“663”工作思路，坚持稳中求进工作总基调，积极适应经济发展新常态，狠抓稳增长、调结构、促改革、惠民生、保稳定各项措施，不断提高经济增长的质量和效益，经济运行实现稳中有进、稳中向好，呈现“三稳、四快、两优”的运行特点，为“十三五”良好开局奠定了坚实基础。

三稳：一是增速稳。在全国经济新常态下，我区经济保持了持续健康稳定增长的良好态势。全区生产总值 1026.39 亿元，增长 11%，“十二五”期间连续 5 年保持两位数增长，增速位居全国前列。二是物价稳。居民消费价格涨幅控制在 2%以内，居民主要生活必需品供需平衡。三是就业稳。城镇新增就业 4.6 万人，城镇登记失业率控制在 2.5%以内，农牧区劳动力转移就业 111.99 万人次，动态消除了零就业家庭。

“四快”：一是投资增长快。全年落实中央投资超过 500 亿元，贷款余额突破 2100 亿元，完成对口援藏投资 37.9 亿元，固定资产投资突破 1342.16 亿元，增长 19.9%。二是项目建设快。交通、能源、水利等重点项目加快实施，“十二五”规划标志性工程拉林铁路全面开工建设，拉林高等级公路一期工程实现通车运行，嘎拉山隧道和雅江特大桥建成通车，藏木水电站建成投运，拉洛水利枢纽工程加快推进。三是特色产业发展快。农牧业产业化经营率达 40%，粮食产量首次突破 100 万吨；清洁能源快速发展，输出电量 3.6 亿千瓦时；天然饮用水产量增长 2 倍；藏药总产值 13 亿元以上；接待国内外游客人数和旅游总收入分别增长 30%、38%。四是城乡居民收入增长快。城乡居民人均可支配收入分别增长 15.6% 和 12%。规模以上工业增加值、社会消费品零售总额等主要经济指标增速均居全国前列。

“两优”：一是政策环境优。中央第六次西藏工作座谈会研究部署了进一步推进西藏经济社会发展

和长治久安的工作，制定了一系列特殊优惠政策，完善了对口援藏工作机制，为推动西藏发展稳定提供了强大动力。二是支撑要素优。油电气运保障有力，全社会用电量45亿千瓦时、增长10.6%，工业用电量20.3亿千瓦时、增长26.2%，销售成品油82.51万吨、增长9.5%，销售天然气1309.5万立方米、增长207%；公路完成客、运量1490万人次、增长5.8%，完成货运量1973万吨、增长5.45%；铁路客、货运量完成305.4万人次和426万吨，分别增长23%和-7%；民航完成客、货运量337.2万人次、2.6万吨，分别增长14.5%、15.2%，有效支撑了经济快速发展。

（一）**投资关键作用持续发挥**。全年落实"十二五"规划项目投资637亿元，其中中央投资529亿元、超额完成466亿元年度目标。鼓励和引导社会资本参与项目建设，落实专项债券项目6个，安排债券资金20.8亿元。铁路、公路、民航等重点工程项目加快推进，乡（镇）公路通畅率、通达率和建制村公路通达率分别达到72.3%、99.7%和99.2%。藏木水电站六台机组全部并网发电，多布水电站建成投产，果多水电站首台机组并网发电。昌都电网与四川电网实现电力电量互济，藏中电网盈余电量通过青藏直流联网工程集中外送西北电网。电力装机容量达到230万千瓦；全区发电量达到42亿千瓦时，同比增长31.4%。民航旅客吞吐量、货邮吞吐量、保障运输起降三项主要指标连续六年保持了两位数增长。信息通信发展水平稳步提高，乡（镇）通光缆率100%，具备宽带接入能力的建制村达80%。

（二）**居民消费能力全面提升**。全区机关事业单位和离退休人员调资政策落实、小排量汽车降税、银行降准降息、农牧区各类补助落实等因素叠加助推，全区居民人均消费水平不断提升。完成社会消费品零售总额408亿元、增长12%。新业态发展迅速。"万村千乡市场工程"农家店全覆盖，实现乡（镇）商贸中心覆盖率达到30%的目标任务。快递服务网络深入全区7地（市）、27个县（区），有力支撑了电子商务发展。西藏金哈达羊绒制品有限公司获评全国电子商务示范企业，贡嘎、措勤、班戈、八宿4个县被确定为2015年电子商务进农村示范县。银联卡消费数据显示，"十一"国庆长假我区餐饮类消费比去年同期增长63%；天猫数据显示，"双十一"我区网购成交额达1亿多元。

（三）**财税金融支撑有力**。财税收入继续保持较快增长，金融服务实体经济水平不断提升。完成一般公共预算收入137亿元，一般公共预算支出完成1382亿元、增长16.6%。年底全区金融机构各项存款余额达3600亿元、增长16.5%，各项贷款余额2100亿元、增长27%。总体看，财税金融运转有序，确保了经济持续健康快速增长。

（四）**产业结构优化态势明显**。三次产业比例由2010年的13.5∶32.3∶54.2调整为9.6∶36.2∶54.2。建设各类农作物良种繁殖基地18.3万亩，5个主推品种推广面积达到183.7万亩，其中藏青2000、喜拉22号、山冬7号三个品种推广面积达到121.4万亩。落实高产创建示范面积130万亩；推广测土配方施肥面积150万亩。农牧业综合生产能力大幅度提高，全区粮食产量达到101.78万吨，其中青稞产量72万吨，油菜籽产量6.9万吨，蔬菜产量82.7万吨，分别比2014年增长3.9%、8.8%、21.3%。清洁能源基地建设不断加强，内需水电站有序建设并首次实现外送，天然饮用水产业加快发展，已建成生产线38条，设计产能突破300万吨。初步形成园区集聚效益，藏青工业园累计引入企业174家，拉萨国家级经济技术开发区实现税收53亿元，增长14.5%。我区注册商标总量达5930件，增长22%。工业产销两旺，全区实现工业增加值82亿元、增长14%，其中规模以上工业增加值完成52.5亿元、增长14.2%，产品产销率达97%以上。

（五）**发展质量和效益持续向好**。1家企业成功在上海证券交易所挂牌上市，1家企业顺利在新三板挂牌，实现了辖区企业新三板零的突破。3家公司非公开发行A股股票申请材料经证监会受理，累计募集资金总额20.1亿元，2家公司完成并购重组，2家公司成功发行公司债。城乡居民收入增幅均高于经济增速，城镇居民人均可支配收入 25457 元；农村居民人均可支配收入 8244 元。旅游效益持续向好，接待海内外旅游者突破 2000 万人次，实现旅游收入 280 亿元。区管重点国有企业实现营业收入 90 亿元、增长 20.6%；实现利润总额 20 亿元、增长 8%。

（六）民生改善成效显著。实施城镇保障性安居工程 3.38 万套（户），开工建设乡（镇）干部职工周转房 3.11 万套。累计向“4·25”地震灾区下达自然灾害生活救助资金 2.1 亿元，划拨捐赠资金 1.35 亿元，争取灾后恢复重建资金 113 亿元，灾区过渡安置有序有效、生产生活秩序良好。酝酿多年的工资政策得到兑现，企业退休职工养老金达到全国前列，教育“三包”经费年生均达到 3000 元。城市低保标准提高到每人每月 590 元，农村低保年保障标准提高到 2350 元，五保供养标准提高到每人每年 4400 元。五保集中供养项目基本完工。全区符合条件的 5063 名孤儿全部纳入 12 种少年儿童常发重大疾病保险。医疗卫生服务能力显著增强，孕产妇和婴幼儿死亡率分别下降 42.32%/10 万和 22 67%。完成在编僧尼和城乡居民免费健康体检 2.8 万人次和 265 万人次。筛查儿童 51.4 万人次，免费救治先心病患儿 180 人。农牧区劳动力转移收入 25.6 亿元，比 2014 年增加 0.6 亿元。全区 148 个贫困村开展整村推进试点。提前实现乡乡有综合文化站目标。建成了全区 53%的县民族艺术团排练场。文化信息资源共享工程加快推进。

（七）社会事业全面发展。落实投资 24 亿元，重点推进农牧区学前“双语”幼儿园、城镇幼儿园和寄宿制学校建设。西藏民族学院更名为西藏民族大学。稳步推进科研基础条件平台建设，新认定 “西藏自治区太阳能光伏和热利用重点实验室”等 7 家自治区重点实验室，批准新组建“西藏高原葡萄栽培与酿造工程技术研究中心”，科技支撑经济社会发展作用进一步凸显。重点文物保护维修工程进展顺利。庆祝自治区成立 50 周年等重大活动隆重热烈。开展送戏下乡活动 4000 余场次。建成文化广场 1600 多个。企业退休职工基本养老金月人均水平由 3338 元提高到 3678 元；城乡居民基础养老金月人均达到 140 元；城镇居民基本医疗保险财政补助标准由每人每年 340 元提高到 380 元，农牧区医疗制度财政补助标准由每人每年 380 元提高到 420 元；人均失业保险金水平提高到 914.58 元。录用机关事业单位公职人员 11339 名。继续开展区直公招（遴选）、基层政法机关定向招录、从驻藏部队拟退役士兵（士官）中考录乡（镇）公务员工作。出台了高层次人才引进办法，引进人才 630 名。全区国有企业劳动合同签订率 100%，农牧民工劳动合同签订率 94%，劳动关系呈现和谐稳定新局面。

（八）改革开放深入推进。全面落实“先照后证”、“三证合一、一照一码”，大力推进企业年报信息公示。非公经济发展势头强劲，全区各类市场主体达到 15.4 万户、注册资本达 2000 多亿元，新增 4.3 万户、增长 38.5%。价格机制改革加快推进。基本完成自治区级政府部门、依法承担行政职能的事业单位权力清单编制工作。投资项目在线审批监管平台实现试运行。80%以上的项目审批权限下放到地（市）、县级投资主管部门，大幅提高项目审批效率。社会信用体系平台和统一的公共资源交易平台加快建设，“信用西藏”上线运行。加快推进县以下机关公务员职务与职级并行制度改革。全面建成并投入运行车险信息平台。西藏第一家保险法人机构筹建获批，中信银行拉萨分行正式对外营业。深化医疗卫生体制改革稳步推进，5 项重点改革任务全面落实。县级公立医院全面实施国家基本药物制度。曲水县建立县级农村土地流转交易服务中心，成立农村土地纠纷仲裁委。落实生态环境保护责任，建立生态环境保护督查制度。建立印度、尼泊尔卢比对人民币现金兑换机制。首届藏博会签约的 33 个项目中，7 个已进入试生产运行阶段，10 个已开工建设，16 个正在开展筹建工作。第二届藏博会签约项目 132 个，总投资为 756.5 亿元。按照新时期对口支援工作要求，调整了对口援藏结对关系，扎实推进“组团式”医疗援藏。

（九）**生态环境向好趋势明显。**深入实施“两江四河”造林绿化、退耕还林、退牧还草等重大生态环境保护与建设工程，森林和草原植被覆盖率不断提高，那曲地区作为第二批全国水生态文明城市获得批复。严格环境执法监管，对重大基础设施项目和国控、区控重点监控企业进行全面检查，对发现存在环境问题企业进行了查处。完成了对全区 74 个县（区）环境保护工作全面考核。建好 1/3 国土面积的各类自然保护区，大力推进《西藏自治区生物多样性保护战略与行动计划》，完成造林绿化 124 万亩，防沙治沙 60 多万亩。首个大型野生动物类型国家公园在我区挂牌成立。据中国科学院发布的《西藏高原环境变化科学评估》显示，西藏高原生态系统总体趋好。

（十）**安全生产形势持续向好。**进一步强化安全生产“党政同责、一岗双责、失职追责”责任体系建设，深入开展安全生产大检查、大排查、大整治行动，持续推进“六打六治”打非治违专项行动和重点行业领域专项整治，各类事故起数和死亡人数同比分别下降 5%和 8%，全区安全生产形势持续稳定好转。

二、经济社会发展面临的形势

（一）当前面临的发展形势

统筹各方面有利因素，“十三五”开局之年，面临更加有利的机遇。一是特殊政策潜力和能量持续发挥效力。中央第六次西藏工作座谈会丰富完善了党的治藏方略，国务院办公厅即将出台的支持西藏经济社会发展若干政策和重大项目的意见，必将为我区经济社会发展注入新的动力。二是深化改革扩大开放格局基本形成。随着党的十八大、十八届三中、四中、五中全会精神的全面贯彻落实，我区以“简政放权、放管结合、优化服务”为重点的改革不断向纵深推进，融入“一带一路”国家战略开始启动，发展活力不断增强。三是基础设施和公共服务能力全面提升。中央关怀、全国支援、自力更生相结合的发展方式更为成熟，新型城镇化带来崭新机遇，优势特色产业集聚效益和规模逐步显现，医疗、教育、社保、就业等公共服务水平不断提升，发展的条件和基础更加有利。

总的分析，我区经济发展态势好、正能量强，但也要看到面临的一些问题和不利因素需要集中攻克。一是经济稳中趋缓态势逐步显现。一方面，我区经济长期依靠投资拉动格局尚未改变，投入主要为基础设施建设项目，社会效益大于经济效益，投资边际效益递减趋势逐步显现；另一方面，经济发展进入新常态，宏观环境复杂多变，企业投资审慎，国家投资大幅度增长难度越来越大，以此形成的稳增长压力仍然很大。二是持续提质增效的动力亟待强化。从整体上看，我区经济发展的初级性、依赖性、粗放性特征仍然明显，需求结构、供给结构、收入结构不合理问题依然突出，投资需求大、供给能力弱、创收渠道窄，尚未形成较强的自我财富创造能力。三是盘活政策存量的主动性有待提高。随着改革不断深化，个别领域主动改革的思路和办法不多，审批权限下放后接不住、用不好的问题比较突出，导致有钱用不出去、有项目推动慢、有政策执行难，影响当期经济社会发展。

（二）经济社会发展总体要求和发展目标

2016 年经济社会发展的总体要求是：全面贯彻党的十八大、十八届三中、四中、五中全会和中央经济工作会议精神，贯彻落实中央第六次西藏工作座谈会精神，贯彻落实区党委八届七次、八次全委会精神，以邓小平理论、“三个代表”重要思想、科学发展观为指导，深入贯彻落实习近平总书记系列重要讲话精神，按照“五位一体”总体布局和 “四个全面”战略布局，牢固树立和贯彻落实创新、协调、绿色、开放、共享的发展理念，适应经济发展新常态，坚持稳中求进的工作总基调，坚持稳增长、调结构、促改革、惠民生、保稳定，实行宏观政策要稳、产业政策要准、微观政策要活、改革政策要实、社会政策要托底的总体思路，以基础设施、特色优势产业、生态保护与建设为重点，以提高经济发展质量和效益为中心，以加快改革开放、促进市场要素流动为途径，推进经济社会协调发展，促进各族人民物质文化生活水平不断提高，保持经济社会持续健康发展的好态势，努力实现“十三五”时期经济社会又好又快发展。

根据当前面临的发展形势和“十三五”时期总体发展要求，经测算，拟定 2016 年经济社会发展主要指标为：地区生产总值增长 10%以上，全社会固定资产投资增长 20%，社会消费品零售总额增长 13%以上，公共财政预算收入增长 15%，居民消费价格涨幅控制在 4%以内，城镇登记失业率控制在 3%以内，城镇居民人均可支配收入增长 10%，农村居民人均可支配收入增长 13%。

三、2016 年经济社会发展的主要任务和措施

2016 年是“十三五”开局之年，要紧紧围绕中央第六次西藏工作座谈会和中央经济工作会议确定的目标任务，始终坚持依法治藏、富民兴藏、长期建藏、凝聚人心、夯实基础的重要原则，坚持把改善民生、凝聚人心作为经济社会发展的出发点和落脚点，按照“三严三实”要求，盯紧五年规划目标和年度计划，以更加务实的作风，抓好经济社会发展各项工作，确保“十三五”开好头、起好步。

（一）以规划为引领，保持经济又好又快发展。1. 认真落实中央特殊优惠政策。对中央第六次西藏工作座谈会确定的政策逐条逐款认真研究，积极主动汇报衔接，细化配套实施方案，把中央赋予西藏的特殊优惠政策用足用好用活，形成比较完备的工作台账，做到任务落实心中有数、工作举措扎实有力、实施效果有目共睹。2. 科学编制“十三五”规划。围绕中央关于西藏工作的定位和我区经济社会发展阶段性特征，统筹区内外资源，加强重大问题研究，转变发展理念，用大规划落实发展的大思路，抓好专项规划和地（市）规划的编制工作，进一步理清思路、突出重点、明确目标，力争上半年完成审批。3. 加快规划项目审批。继续加大与国家各部委的汇报衔接力度，争取国家尽早批复我区“十三五”规划项目方案，及早安排项目投资，提前谋划并开展项目前期工作，力争全年落实中央投资 500 亿元以上，大力激活社会投资，实现两个五年规划平稳过渡、有序衔接，努力形成重大项目“储备一批、推进一批、实施一批、建成一批”的滚动发展格局。

（二）以保障和改善民生为核心，推进富民兴藏。4. 大力推进精准脱贫。组建成立自治区扶贫开发投资公司，健全运行机制。坚持精准扶贫、精准脱贫，制定实施西藏自治区精准扶贫规划，做好建档立卡工作，建立扶贫工作责任制，切实做到“六个精准”、实现“五个一批”，力争使 12.97 万贫困人口实现脱贫。5. 加快灾后恢复重建工作步伐。以“两年基本完成、三年整体跨越、五年同步小康”为重建目标，加快推进灾区恢复重建各项任务。2016 年重点对极重灾区、重灾区、一般灾区的城乡居民住房、公共服务设施、基础设施等进行恢复重建。同时，恢复重建生产设施，综合防治地质灾害，基本完成灾后恢复重建工作。6. 不断提高城乡居民收入水平。把增加农牧民收入与推进城镇化、建设新农村、项目工程建设、发展特色产业统筹加以考虑，充分发挥就业创业、社会保障、技能培训、转移支付、金融支持等平台作用，构建多元化的增收渠道。7. 加快健全现代教育体系。坚持把“双语”教育贯穿始终，大力发展学前教育，积极推进义务教育均衡发展，进一步完善从学前教育到高中阶段 15 年免费“三包”政策，提高年均补助标准。继续实施营养改善计划。以就业为导向，调整优化高校学科专业结构。加快发展现代职业教育，推进教育信息化建设，积极发展远程教育，扩大优质教育资源覆盖面，不断促进教

育公平。8.提升医疗卫生服务水平。实施“健康西藏”工程。落实好全面两孩政策，出台配套政策。继续实行城乡居民和广大僧尼免费健康体检政策。完善公共卫生服务体系，加快人口健康信息化建设步伐，推广“组团式”医疗卫生人才援藏模式。健全以免费医疗为基础的农牧区医疗制度，进一步提高农牧区医疗制度、城镇居民基本医疗保险、基本公共卫生服务人均经费等财政补助标准。完善医疗救助体系，降低传染病发病率，孕产妇和婴儿死亡率分别控制在100/10万和16‰以内，孕产妇住院分娩率稳定巩固在90%以上。做好突发公共事件卫生应急处置准备。推进藏医药业长足发展。9.发展繁荣文化事业。大力建设重要的中华民族特色文化保护地，以文化设施建设为重要抓手，推进基层公共文化服务设施建设和西藏综合艺术中心。推进公共数字文化服务城乡全覆盖，实施文艺精品战略，让优秀文化信息资源进村、入户。加大文化和自然遗产保护力度。10.全面实施就业创业行动。落实高校毕业生就业促进计划和大学生创业引领计划，坚持以市场为导向，逐步提高学生就业竞争力。实施农民工职业技能提升计划，健全激励高校毕业生和城乡青年多渠道就业、创业机制。同时，继续推动就业援藏工作，积极培育创业创新公共平台，促进创业带动就业。11.健全覆盖城乡居民的社会保障体系。稳妥推进机关事业单位养老保险制度改革，完善城乡居民基本养老保险制度，各险种参保率保持在95%以上。进一步提高城乡低保、特困老年人、“三老”人员、村干部考核奖励补助标准和村医兽医待遇。继续实施“普惠性”边民补助政策。完善公共租赁住房、干部职工周转房等住房保障。

（三）以能力建设为支撑，加强基础设施建设。12.完善综合交通运输体系。加快拉林铁路建设，实施青藏铁路格尔木至拉萨段扩能工程，启动川藏铁路康定至林芝段、青藏铁路日喀则至吉隆段、滇藏铁路香格里拉至波密和黑昌铁路那曲至昌都段前期研究工作。开工建设山南贡嘎至泽当、日喀则桑珠孜区至日喀则机场、昌都卡若区至加卡段、邦达机场高等级公路，建成拉萨环城公路，拉林高等级公路全线通车。重点实施涉及45个重点贫困县农村公路交通扶贫攻坚行动。开展拉萨第二机场和阿里普兰、日喀则亚东等支线机场前期研究工作，开工建设沿边横向通道。推进7地（市）邮政快递物流枢纽中心和邮政快递安全监管中心建设。13.提升能源供应保障水平。加快建设在建的大古、加查和苏洼龙水电站，以及2015年开工建设的15座总装机26.5万千瓦光伏电站。积极推进太阳能、风能、地热能等新能源项目前期工作，督促已核准项目开工建设。争取叶巴滩、拉哇、巴塘、街需、林芝和阿青水电站列入国家新一批清洁能源重大工程。加快果多、金桥水电站建设，确保果多2016年全部机组投产。加快推进藏中与昌都电网联网工程和格拉输油管道改扩建工程等项目前期工作，力争2016年全面开工建设。加快怒江上游、雅江下游、朋曲、帕隆藏布、金珠曲等水电规划，根据流域水电规划进展情况，及时完成编制、审查和报批工作。加快农村电力建设，大力推进小康电示范县建设进程，进一步扩大农牧区电网覆盖面。14.构筑水利、通信保障体系。启动农村饮水巩固提升工程、地（市）县城水源工程建设，继续推进拉洛水利枢纽及配套灌区主体工程建设，全面开工建设湘河水利枢纽工程，加快推进雅砻、恰央、强布、结巴水库建设，大力推进江北灌区、澎波灌区、中小河流治理、防洪工程等重点工程建设，保障城乡用水安全。加强信息化体系建设，落实“互联网+”行动计划，推进“三网融合”，实施“宽带西藏”工程，落实“提速降费”，继续推进建制村通宽带，推进光纤到户。大力实施电子商务工程，搭建西藏特色优势产品“网上天路”，释放新需求。15.加强城镇基础公用设施建设。认真贯彻落实全国城市工作会议精神，坚持规划先行，注重民族风情、彰显地域特色，着力推进地（市）行政中心、特色小镇、骨干公路节点小镇和边境小镇等城镇建设。加强城镇公共交通、地下管网、垃圾处理、防灾应急等市政基础设施和公共服务设施建设，推进海绵城市试点建设。重点推进多灾易灾地区救灾物资储备库建设，加强县级、区域性、村级救灾物资储备库、避难场所建设。着力推进区、地、县三级自然灾害管理信息化工程。加大旧城区、棚户区改造，加快构建社区便民利民服务网络，提升城市公共服务和管理能力。推进户籍制度改革，全面实施居住证制度，积极稳妥推进农牧区人口向城镇适度聚集。

（四）以市场需求为导向，加快发展优势产业和特色经济。16.加快发展现代农牧业。落实强农惠农富农政策，调整优化农牧业结构。抓好青稞、牦牛等优势农畜产品和优势产区基地建设，确保粮食产量保持在100万吨以上，不断提高肉、奶、禽蛋以及蔬菜的自给率。完善农牧区市场体系建设，加强商贸物流业发展，健全重要生活必需品储备制度，构建市场诚信体系，继续做好农牧民食用碘盐配送工作。加快跨区域农产品流通基础设施建设。落实支持农牧业产业化发展的各项优惠政策，加快农牧业产业化发展。17.抓好具有资源优势的重点领域工业发展。以培育壮大水电等清洁能源、天然饮用水、优势矿产业三大战略支撑产业为重点，加强产业园区建设，突出扩大规模、提高效益、增强竞争力三个关键，做大做强资源优势产业，做优做精特色产业，优化升级传统产业，积极发展新业态新产业，全面提升“西藏好水”国际化品牌影响力。18.推进以旅游业为龙头的服务业大发展。坚持“特色、高端、精品”导向，实施旅游转型升级工程，加大旅游基础设施和公共服务设施建设，重点推进特色文化产业示范区、藏羌彝文化产业走廊等基础设施建设，推进优秀民间民俗文化、藏医药文化、宗教文化等与旅游产品深度结合，启动冈底斯国际旅游合作区及无障碍旅游区建设工作，改善旅游发展支撑条件，打响“人间圣地·天上西藏”品牌，力争全年实现接待国内外游客2300万人次，实现旅游总收入330亿元。19.大力发展园区经济。提升拉萨国家级经济技术开发区的功能，抓好格尔木藏青工业园、西藏空港新区、拉萨高新技术产业开发区、达孜工业区建设，推动昌都经济开发区建设，加强与对口支援省市合作、积极建设产业合作示范区。

（五）切实推进开放发展，构建对内对外开放新格局。20.建设面向南亚开放重要通道。加快推进国家对外开放总体战略实施，积极参与孟中印缅经济走廊建设，主动对接丝绸之路经济带，构建以公路为基础、铁路为动脉、航空为支撑，其他交通运输方式为补充的面向南亚开放综合交通运输大通道。加强与尼泊尔航空合作，拓宽国际航线，积极建设面向南亚、西亚的空中走廊。加强口岸建设，加快吉隆边境经济合作区建设，完成好对尼国际援助项目，全方位加强与尼方各领域合作，进一步发挥我区在深化中印合作中的积极作用，扩大与南亚毗邻国家的贸易合作，力争外贸进出口总额增长10%以上。21.强化与周边省区战略合作。加强交界地区基础设施互联互通，创新经济文化合作方式，建立定期交流磋商机制，加大与周边省区在基础设施建设、产业发展、生态环保、社会治理、边防巩固方面的合作力度，促进协同发展。做大做强格尔木藏青工业园，发挥青藏铁路辐射作用。加快推进川藏、滇藏大通道建设，打造318旅游景观大道。着力构建青藏铁路沿线旅游经济带和大香格里拉旅游经济圈。22.不断扩大国内市场。坚持“请进来”与“走出去”相结合，加强与东部沿海发达省区市的合作，有效利用内地资金、技术、人才等，逐步形成新型东西部互惠合作关系。支持引进优秀企业和先进管理经验。引导区内企业开拓内地市场，鼓励我区各族群众到内地就学、务工、经商、旅游、定居。23.扎实做好对口援藏工作。落实好第七、八批对口援藏项目资金工作衔接，不断完善经济援藏、教育援藏、科技援藏、干部人才援藏等援藏机制，积极推进“组团式”教育援藏。建立中央企业援藏考核激励机制，提高企业援藏的积极性和主动性。建立劳务输出对接工作机制，引导更多内地企业进藏投资兴业，各援藏省市和中央援藏企业安排部分西藏大学毕业生和农牧民群众到内地就业，增强西藏自我发展能力。

（六）以生态安全为红线，筑牢国家生态安全屏障。24.全面实施主体功能区战略。推动地县依据主体功能定位，确定发展方向和发展重点。加强重点生态功能区建设，实施重点生态功能区产业准入负面清单制度。科学划定农业空间和生态空间保护红线，统筹规划国土利用、经济布局和区域发展。25.

强化生态环境保护与建设。坚持保护优先、综合治理，加快实施西藏生态安全屏障保护与建设规划，加快推进“两江四河”造林绿化等重大生态修复工程，切实保护森林草原，加强水生态保护，维护生物多样性，健全防灾减灾体系，保持森林、草原、河湖、湿地等自然生态系统稳定性，增强生态服务功能。26.加大环境治理力度。以保持和改善环境质量为核心，实行最严格的环境保护制度，形成政府、企业、公众齐抓共管的环境监督和治理体系，建立生态环境保护与建设绩效考核和动态监测机制。27.推进节约低碳循环发展。实行能源水资源消耗、建设用地总量和强度约束性指标，全面节约高效利用资源。推行绿色清洁生产，禁止引进高耗能高排放项目，淘汰落后产能，实施循环经济示范行动。推动碳交易，发展碳汇经济。

（七）以体制机制创新为动力，全面深化重点领域改革。28.加快改革步伐。积极稳慎推进农牧区改革，促进农村一二三产融合发展。采取有效措施，落实好扶持小微企业发展的政策措施，严格执行注册资本认缴制、“先照后证”、“三证合一、一照一码”等改革举措，加快推进电子营业执照和企业注册全程电子化，进一步优化简化审批流程，加强事中事后监管。健全宏观调控体系，强化规划的导向作用，拓宽投融资渠道，深化财税体制改革，推进金融领域创新，稳步推进电力体制改革，保障经济社会健康快速发展；着力健全民生改善体制，深化教育、医药卫生体制、社会保障制度改革，完善劳动收入形成和增长机制，推进社会基本公共服务均等化。29.创新重点领域投融资机制。进一步完善投资项目审批在线平台，组建西藏交通建设投资有限公司，设立产业发展基金并出台管理办法。探索BT、PPP融资模式，鼓励民营企业以独资、控股、参股和特许经营等多种方式，进入交通、能源、水利、通信、生态、城建、教育、体育、医疗、文化等领域，建立多元化的投资渠道，在发挥好国家投资主渠道作用的基础上，加大招商引资力度，进一步激发民间投资活力，有计划、有步骤地衔接落实好援藏资金，形成国家、民间、援藏投资相互协调、相互补充的投资格局。力争启动一批政府与社会投资合作项目，实现民间投资增长15%以上、非公有制经济市场主体增长15%以上、非公有制经济增加值和提供税收分别增长15%以上。坚持以金融工具为引导，提升“金融撬动”作用。加大对中小微企业、涉农等重点领域的信贷支持。完善和发展多层次资本市场，为符合条件的创新创业企业提供多元化融资渠道。加快发展科技保险，积极推进专利保险试点工作。30.加快信用体系建设。以提高行政公信为目标，稳步推进政务诚信体系建设。加快推进自治区信用信息交换平台建设，加强信用信息系统建设，整合各方信用信息资源，建立集中统一的市场主体信用信息数据库，完善信息共享机制。

（八）加大宏观调控力度，确保经济平稳运行。31.密切跟踪区内外经济发展态势。认真做好经济运行分析，加强政策和重大问题研究，进一步增强宏观调控的针对性、灵活性和前瞻性。32.加强经济运行调节。完善监测分析制度，强化监测深度，建立月度例会调节机制，加强日常动态监测预警。加强生产要素保障，以稳增长、调结构、惠民生、保稳定为目标，建立和完善部门、区域、行业、企业经济运行协调机制，解决经济运行中重要领域出现的困难。33.全力稳控市场物价。加强牛羊肉、酥油等生活必需品产供衔接，做好季节性储备投放工作，保障物价特别是食品价格基本稳定。强化市场价格巡查检查和监测监管，完善价格信息发布制度，规范市场价格秩序。加强舆情监测，严厉查处各类价格违法行为。

（九）确保和谐稳定，为促进经济社会发展营造良好氛围。34.健全工作机制。坚持严明纪律，规范程序，权责一致，确保中央和自治区各项政策不折不扣落实。加强对经济运行监督管理，确保经济健康发展。35.优化发展环境。在加快发展硬件设施建设的同时，大力改善发展软环境，全面提高各方面工作积极性，不断完善招商引资政策，吸引更多资本流入西藏。高度重视安全生产，落实安全生产责任，推动落实安全生产“五级五覆盖”，妥善处理好工程项目建设过程中涉及群众利益的问题，切实保障好民生、保护好民利，营造和谐稳定的发展环境。

各位代表，2016 年是“十三五”开局之年，对与全国一道全面建成小康社会具有十分重要的意义。我们将按照区党委决策部署，认真贯彻落实区党委八届七次、八次全会和自治区十届人大四次会议精神，锐意进取，勇于创新，全面推动“十三五”规划实施，奋力推进我区经济社会发展和长治久安，确保圆满实现年度各项目标，为全面建成小康社会奠定坚实基础。

附录 4:

西藏自治区 2015 年财政预算执行情况和 2016 年财政预算草案的报告

——2015 年 1 月 27 日在西藏自治区第十届人民代表大会第四次会议上

西藏自治区财政厅

各位代表：

受自治区人民政府委托，现将西藏自治区 2015 年财政预算执行情况和 2016 年财政预算草案提请自治区十届人大四次会议审议，并请自治区政协各位委员提出意见。

一、2015 年财政预算执行情况

2015 年是“十二五”规划的收官之年，也是全面深化改革的关键之年、全面推进依法治藏的开局之年。在自治区党委的正确领导下，在各级人大及常委会的监督指导下，全区各级财政部门充分吸收政协及社会各界的建议，主动适应经济发展新常态，坚定信心，攻坚克难，开拓进取，坚持稳中求进工作总基调，全面深化预算管理制度改革，创新宏观调控思路和方式，深入贯彻落实稳增长、调结构、促改革、惠民生、保稳定、防风险等一系列政策措施，扎实推进经济社会发展，不断提高人民群众物质文化生活水平，顺利完成了全年的任务目标，财政预算执行情况良好。

（一）落实人大决议情况

按照自治区十届人大三次会议有关决议，以及自治区人大财政经济委员会的审查意见，2015 年，全区各级财政部门积极推进财税体制改革，加强预算管理，充分发挥财政职能作用。

财税体制改革取得重大进展。一是预算管理制度改革取得阶段性进展。印发了《深化预算管理制度改革的实施意见》。进一步完善政府预算体系，国有资本经营预算实现全区编报，并提交自治区人民代表大会审议。自治区本级启动编制三年滚动财政规划，制定了自治区本级中期财政规划编制工作方案。二是规范税费管理政策取得积极进展。加大清理规范税收等优惠政策力度，逐步建立优惠政策制定和实施的规范管理长效机制。严格落实涉企收费管理措施，继续清理取消不合理收费和基金项目，建立全区行政事业性收费和政府性基金收费目录清单公示制度。进一步规范政府性基金预算管理，建立政府性基金预算调入一般公共预算统筹使用的机制。

预算执行效率实现有效提升。认真执行自治区人民代表大会批准的预算，维护预算的权威性。在规定时限内批复部门预算，严格控制预算追加事项，减少部门预算调整。加快自治区对下转移支付资金的批复下达进度。建立预算支出执行进度考核机制，及时督促支出进度偏慢的部门和地（市）加快预算执行。盘活财政存量资金，切实解决结转结余资金规模较大、资金闲置浪费、效益未能充分发挥的问题，全年收回部门预算结余资金 257，021 万元。加强政府性债务管理，严格核定各级政府债务限额，强化债务风险预警，将地方政府债务分类纳入预算管理，有效防范化解财政金融风险。

财经财务秩序得到不断规范。大力整饬财经纪律，在全区范围内开展严肃财经纪律专项检查工作，狠刹各种财经违纪违法行为，在预算收支、财务管理等方面查出违规问题资金 4，618 万元。严格执行“三公”经费只减不增的要求，从严控制“人、车、会、话”等一般性支出，清理超标公务用车，禁止财政资金用于政府性楼堂馆所建设。加强预算执行动态监控，重点加大对会议费、培训费、招待费、重大专项等资金的监控力度。加大预决算公开力度，财政预决算实现社会公开，部门预算公开的自治区单位扩大到 57 家，部门决算公开的自治区单位扩大到 64 家，“三公”经费拨款情况纳入公开范围。

（二）2015 年财政预算执行情况

1. 一般公共预算。

全区一般公共预算总财力 15，991，501 万元，比年初预算增加 5，459，840 万元，增长 51.8%，比变更预算财力增加 2，248，113 万元，增长 16.4%。其中：一般公共预算收入完成 1，371，291 万元，为年初预算的 142.4%，考虑企业所得税政策性减收因素，同口径比较，比上年决算收入增长 24.8%。一般公共预算支出 13，822，246 万元，比上年决算支出增加 1，967，139 万元，增长 16.6%。上解支出 3，067 万元，地方政府债务还本支出 50，000 万元，动用上年净结余 6，393 万元。收支相抵，年终结余 2，122，581 万元，其中：结转资金 1，662，521 万元在下年度继续安排支出；根据《中华人民共和国预算法》规定和盘活财政存量资金的要求，将当年超收收入 333，848 万元（其中自治区本级 103，666 万元）、当年结余资金 61，471 万元、历年结余资金 64，741 万元，安排预算稳定调节基金，用于下年度预算平衡。

2015 年全区一般公共预算收支执行具体情况如下：

（1）主要收入项目执行情况。

增值税完成 173，257 万元，为预算的 86.3%，比上年决算数增加 14，203 万元，增长 8.9%，主要是零售业、制造业实现较快发展，同时，物价上涨以及营业税改增值税改革范围扩大等因素也促进了增值税增收。营业税完成 415，294 万元，为预算的 128.3%，比上年决算数增加 95，462 万元，增长 29.9%，主要原因是重点、重大工程项目投入增加，实现营业税大幅增长。企业所得税完成 114，749 万元，为预算的 692.3%，比上年决算数减少 181，387 万元，下降 36.7%，主要是根据《西藏自治区人民政府关于印发西藏自治区企业所得税政策实施办法的通知》（藏政发〔2014〕51 号），从 2015 年 1 月 1 日起至 2017 年 12 月 31 日止，暂免征收我区企业应缴纳的企业所得税中属于地方分享的部分，导致政策性减收 18 亿元。个人所得税完成 84，751 万元，为预算的 115.4%，比上年决算数减少 9，614 万元，下降 10.2%，主要是个人所得税一次性入库因素减少。非税收入完成 453，163 万元，为预算的 189%，比上年决算数增加 69，072 万元，增长 18%，主要是自治区本级将历年专户存款利息一次性缴库。

（2）主要支出项目执行情况。

农林水支出 1，999，840 万元，完成预算的 126.7%，比上年增加 307，419 万元，同口径比较（下同），增长 18.2%。一是完善对农牧民的补贴政策。落实资金 35，867 万元，对农作物良种和优良牲畜推广及农机具购置进行补贴。落实化肥补贴资金 11，204 万元。落实资金 7，990 万元，培训农牧民 59，193 人次。落实农牧业生产病虫害防控经费 10，616 万元。落实保费及赔款补贴资金 42，969 万元，继续在 74 个县（区）开展政策性农业保险工作。二是加快农牧业综合生产项目建设。落实资金 41，000 万元，支持现代农业发展。落实资金 85，850 万元，加快人工饲草料基地建设。落实资金 7，980 万元，支持农牧业科技推广。落实资金 6，000 万元，推进菜篮子工程实施。整合资金 36，481 万元，支持农村改革实验区建设。三是加强水利基础设施建设。落实资金 79，600 万元，实施 66 个小型农田（牧区）水利项目建设。落实资金 6，079 万元，支持全区 6 个地（市）、10 个县的抗旱保生产、汛后损毁水利设施修复及应急度汛工作。落实资金 6，492 万元，支持农村小水电站运行维护及增效扩容改造。落实资金 22，559 万元，实施 14 条中小河流域治理项目。四是推进扶贫及农业综合开发。落实资金 232，620 万元，在全区 189 个乡（镇）实施扶贫项目 2，843 个。落实资金 74，046 万元，完成高标准农田建设 24 万亩。五是提高农牧业生态保护力度。落实资金 235，981 万元，继续实施草原生态保护奖励补助机制，草场禁牧及草畜平衡面积达 10 亿亩。落实资金 49，270 万元，用于重点区域造林、林业有害生物防治补助、自然保护区和动植物保护补助、防沙治沙、森林防火等支出。落实资金 4，069 万元，开展水生态和湿地保护试点工作。六是加快农村综合改革进程。落实资金 12，156 万元，继续推进美丽乡村建设，实施村级公益事业项目 84 个。完善农村税费改革补助政策，进一步提高村级组织工作经费、农村五保户供养、村干部基本报酬和业绩考核等补助标准。2015 年，全区农村人均可支配收入预计达到 8，244 元，财政对农牧民群众的直接、间接补贴达人均 3，818 元。

社会保障和就业支出 1，042，776 万元，完成预算的 123 4%，比上年增加 182，986 万元，增长 21.3%。一是健全社会保险制度。制定《西藏自治区城乡居民基本养老保险实施办法（试行）》，城乡居民养老保险基础养老金从每人每月 120 元提高至 140 元。完善失业、生育保险制度，失业保险单位缴费比例从 2%调整为 1.5%，修订《西藏自治区城镇职工生育保险办法》。企业退休人员基本养老金水平提高 10%，月人均达到 3，652 元。稳步推进机关事业单位养老保险制度改革。二是完善社会救助体系。城镇最低生活保障标准从每人每月 540 元提高至 590 元，农村最低生活保障标准从每人每年 2，150 元提高至 2，350 元。做好“4·25”地震救灾应急资金保障工作，落实受灾群众紧急转移安置、过渡性生活救助等资金 21，000 万元。落实资金 6，159 万元，保障贫困残疾人生活补贴和重度残疾人护理补贴政策的资金需求。完善临时救助制度，调整临时救助对象范围、救助类型和保障标准。制定“双集中”供养机构运行保障机制，整合资金 48，336 万元，支持五保集中供养和孤儿集中收养设施建设。三是实施积极的就业政策。落实就业奖励补助资金 2，156 万元，大力支持就业援藏，对吸纳就业的区内企业进行奖励，鼓励高校毕业生区外就业。落实资金 45，497 万元，保障全区 30，000 个政府购买公益性岗位的岗位补贴和社会保障缴费资金需求。四是做好社会安置的各项资金保障。落实资金 6，880 万元，妥善解决优抚对象生活难、住房难、医疗难等问题。进一步提高老党员、老干部、老劳模和老军人等“四老”人员的生活补助标准。落实资金 166，389 万元，加强军队转业干部、离退休人员及退役士兵的安置经费保障。开展特困离退休老干部帮扶，加强离退休党支部建设，为老干部疗养、参观提供支持。

医疗卫生支出 656，048 万元，完成预算的 111.8%，比上年增加 167，414 万元，增长 34.3%。农牧区医疗制度财政补助标准从每人每年 380 元提高到 420 元，城镇居民基本医疗保险财政补助标准从每人每年 340 元提高到 380 元，基本公共卫生服务人均经费补助标准从每人每年 45 元提高到 50 元。完善城镇居民、农牧民、城镇职工、孕产妇和婴幼儿补充医疗保险政策。健全城乡医疗救助一体化政策体系，救助范围覆盖城乡居民和跨省安置的退休人员，取消了医疗救助起付线，同时，按每人每年 800 元的标准安排因病生活不能自理且分散供养的五保户护理补助。建立疾病应急救助制度。落实资金 21，300 万元，开展公立医院综合改革试点。落实资金 1，651 万元，加强以全科医生为重点的基层医疗卫生人才队伍建设。继续提高乡（镇）医护人员生活补助标准。落实资金 13，054 万元，推进基层医疗卫生机构基本药物制度改革。落实资金 15，044 万元，继续开展城乡居民（含僧尼）健康免费体检活动。落实资金 9，380 万元，支持基层医疗卫生机构的检测、排查、防控等能力建设。落实资金 5，261 万元，保障全区所有村卫生室正常运转。进一步提高独生子女伤残补助、死亡家庭特别扶助标准。

教育支出 1，652，514 万元，完成预算的 125%，比上年增加 231，681 万元，增长 16.3%。落实资金 153，100 万元，继续实施教育“三包”政策，惠及 52 万多名学生，补助标准从年生均 2，900 元提高到 3，000 元。落实免费教育资金 44，100 万元，继续实施并完善学前至高中阶段“十五年”免费教育及高校农牧林水地矿专业学生免费教育政策，惠及约 59 万学生。落实资金 30，059 万元，继续实施学生营养改善计划，惠及 38 万名学生，补助标准由每生每天 3 元提高到 4 元。完善农村义务教育经费保障机制，进一步提高农村中小学校、农村寄宿制学校和特殊教育学校的学生公用经费标准。落实教育重点项目资金 256，600 万元，全面实施学前“双语”教育，促进义务教育均衡发展，改善中等职业学校基本办学条件，建立完善以改革和绩效为导向的高校生均拨款制度。

文化体育与传媒支出 332，978 万元，完成预算的 109%，比上年减少 8，043 万元，下降 2.4%，主要是 2015 年中央对我区文化体育与传媒的基本建设投入有所下降。落实资金 6，226 万元，继续推进公益性文化设施向社会免费开放。落实资金 12，259 万元，推进文化资源共享，支持传统文化传承与保护，扶持文艺精品创作，实施 78 个非物质文化遗产保护项目和 29 个文化产业发展项目。落实资金 45，320 万元，实施 66 个县城数字影院建设，推进县级有线电视数字化进程和中央广播电视无线覆盖。落实资金 37，207 万元，实施 60 个重点寺庙维修保护工程。支持体育事业发展，实施全民健身计划，推动大型体育场馆向社会免费或低收费开放。落实资金 1，807 万元，用于全区 5，464 个建制村及 1，787 个寺庙书屋出版物补充更新。

科学技术支出 57，781 万元，完成预算的 115.7%，比上年增加 13，567 万元，增长 30.7%。落实科学技术应用与研发资金 14，746 万元，支持基础研究、社会公益研究和重点关键技术研究。落实资金 4，840 万元，完善农牧民科技特派员制度，提高农牧民科技特派员生活补助标准。落实资金 1，942 万元，支持西藏种质资源库建设及各项科普活动开展。自治区自然科学博物馆顺利开馆并实现免费开放。

住房保障支出 490，283 万元，完成预算的 130.6%，比上年减少 214，629 万元，下降 30.5%，主要是根据盘活财政存量资金的要求，周转房建设通过专户资金进行保障。落实资金 378，672 万元，新建 11，000 套公共租赁住房和 17，158 套乡（镇）干部职工周转房，实施 12，000 套城镇棚户区改造和 8，000 套周转房维修改造。发放廉租住房租赁补贴 3，931 万元。

节能环保支出 549，637 万元，完成预算的 192.4%，比上年增加 257，288 万元，增长 88%。落实资金 99，144 万元，实施“金太阳”示范工程，项目已进入招标前期准备阶段。落实退耕还林补助资金 5，646 万元，退耕还林面积达到 25 万亩。落实天保工程资金 9，611 万元，实施天然林保护 1，915 万亩。落实资金 6，000 万元，支持纳木错、羊卓雍错湖泊生态环境保护。对基层政府的环境保护目标责任进行考核。

城乡社区支出 815，728 万元，完成预算的 123.8%，比上年增加 307，419 万元，增长 18.2%。落实特色小城镇示范点建设工作启动资金 9，500 万元，加快推进特色小城镇示范点建设进程，推进我区新型城镇化健康发展。落实资金 44，400 万元，实施 42 个县垃圾填埋场和垃圾转运站项目建设。

交通运输支出 1，740，407 万元，完成预算的 97.7%，比上年增加 8，674 万元，增长 1%。累计落实中央车购税项目资金 1，285，275 万元，加快全区农村公路和交通重点项目建设。落实资金 213，465 万元，保障全区公路养护机械设备更新、大中修项目实施、农村公路养护和抢险保通。认真贯彻执行“两限一警”政策，兑现客运班线补贴资金 8，060 万元。落实成品油价格和新能源公交车运营补贴资金 3，518 万元。落实青藏、拉日铁路护路联防经费 15，332 万元，确保铁路运营安全。落实口岸建设资金 7，368 万元。

资源勘探信息等支出 273，022 万元，完成预算的 77.1%，比上年减少 294，274 万元，下降 51.9%，主要是规范资金管理，对企业的扶持资金通过政府投资基金进行保障。整合中小企业发展、产业与企业改革等专项资金，设立自治区政府投资基金。落实资金 11，392 万元，支持安全生产应急救援指挥中心建设和监管部门执法装备配备。落实资金 7，000 万元，提升农牧区通信普遍服务质量。落实资金 2，840 万元，支持全区 1700 个农村综合信息服务站点建设。

商业服务业等支出 117，581 万元，完成预算的 100.3%，比上年增加 13，046 万元，增长 12.5%。落实资金 7，400 万元，实施电子商务进农村示范项目，推进农村生产、生活用品及流通体系建设。落实资金 41，030 万元，支持旅游基础设施建设和旅游宣传促销，保障第二届“藏博会”顺利开展。

国土海洋气象等支出 154，902 万元，完成预算的 158.1%，比上年增加 60，159 万元，增长 63.5%。落实资金 7，229 万元，加强地质灾害防治工作。积极应对“4·25”地震，完成全区 19 个县地质灾害隐患排查和 393 处安置点的地质灾害危险性评估工作。落实资金 1，654 万元，实施山南地区综合地震台建设项目。

粮油物资储备支出 32，110 万元，完成预算的 58.3%，比上年增加 6，040 万元，增长 23.2%。落实种粮农民直接补贴和农资综合补贴资金 10，762 万元，粮油储备及轮换费用 8，167 万元，粮食仓库仓储设施维修改造资金 4，013 万元。实施牛羊肉投放价格补贴和冻牦牛肉差价亏损补贴政策。

公共安全支出 1，083，181 万元，完成预算的 129.5%，比上年增加 389，542 万元，增长 56.2%。

一般公共服务支出 2，200，237 万元，完成预算的 153.5%，比上年增加 559，338 万元，增长 34.1%。

（3）自治区对地（市）税收返还和转移支付执行情况。

2015 年，自治区对地（市）税收返还和转移支付 8，650，365 万元。其中：税收返还 286，759 万元，一般转移支付 4，856，973 万元，专项转移支付 3，506，633 万元。地（市）财力占全区总财力的比重达到 61%，比上年提升了 12.3 个百分点。

2. 政府性基金预算。

2015 年，全区政府性基金预算财力 605，945 万元，其中：地方政府性基金预算收入完成 387，014 万元。政府性基金预算支出 434，770 万元。收支相抵，年终结余 171，175 万元，其中：结转资金 161，464 万元在下年度继续安排支出，同时，根据国务院统一规定，将无线电频率占用费 9，711 万元纳入 2016 年一般公共预算。

3. 国有资本经营预算。

2015 年，全区国有资本经营预算收入 15，608 万元。其中：自治区本级国有资本经营预算收入 14，798 万元，地（市）国有资本经营预算收入 810 万元。

国有资本经营预算预计支出 12，005 万元。

4. 社会保险基金预算。

2015 年，全区社会保险基金收入 670，084 万元。社会保险基金支出 526，643 万元。当年收支结余 143，441 万元，年末滚存结余 1，179，132 万元。

以上预算执行结果待地方财政决算经财政部批复后，会略有变化。

在肯定成绩的同时，我们也清醒地认识到，我区财政预算管理仍存在一些矛盾和问题。一方面，经济发展进入新常态，财政收入潜在增长率下降，财政支出刚性增长的趋势没有改观，财政收支矛盾呈加剧之势，平衡收支压力较大。另一方面，财税体制改革需进一步深入推进，预算约束力有待增强，预算资金审批权限有待规范，盘活财政存量资金的力度有待加大，财经秩序仍需不断规范。我们要进一步强化问题导向和底线思维，用科学的方法研究和解决问题，坚持民生改善和经济发展相协调，守住民生底线，同时，强化责任意识和担当精神，把握“与其被动买单，不如主动请客”的工作方法，对符合改革发展方向、看清看准的事，大胆推进，提高财政资金绩效。

二、2016年财政预算草案

根据《中华人民共和国预算法》、《国务院关于编制2016年中央预算和地方预算的通知》（国发〔2015〕65号）的规定和要求，结合我区实际，编制完成了2016年西藏自治区财政预算草案。

（一）预算编制指导思想。

以邓小平理论、“三个代表”重要思想、科学发展观为指导，深入贯彻落实习近平总书记系列重要讲话精神，贯彻落实党的十八大和十八届三中、四中、五中全会、自治区八届八次全委会以及中央、自治区经济工作会议精神，贯彻落实全国财政工作会议精神，按照中央第六次西藏工作座谈会关于西藏工作的指导方针和决策部署，主动适应经济发展新常态，坚持稳中求进，继续实施积极的财政政策并加力增效，充分发挥财政政策促进经济结构调整和转型升级的作用，提升财政宏观调控对“三个确保”的基础保障和能力建设的支撑作用，确保实现稳增长、调结构、促改革、惠民生、保稳定、防风险的各项任务目标。坚持改革创新，扎实推进财税体制改革，进一步清理规范税收优惠政策，优化转移支付结构，健全事权与支出责任相适应的转移支付制度体系。坚持依法依规理财，严格预算约束，规范财政资金审批权限，实施中期财政规划管理，加大财政资金统筹力度，盘活存量资金，进一步提高资金使用效益，从严控制一般性支出，健全预算绩效管理机制，积极构建全面规范、公开透明的预算制度。

（二）2016年预算安排基本原则

1.积极稳妥，收支平衡。收入预算安排既保证一定增幅，又确保与经济社会发展实际相适应。支出预算安排按照轻重缓急，优先考虑自治区重大决策落实及刚性支出需求，确保收支平衡，不编赤字预算。稳步推进中期财政规划管理，建立跨年度预算平衡机制。

2.量入为出，统筹兼顾。按照“保运转、保民生、保稳定”的工作要求，优化财政支出结构，严格控制一般性支出，将财力向“三农”、教育、社会保障和就业、医疗卫生、文化、科技、节能环保、维护稳定等重点领域、重大改革和重要环节倾斜。对各类民生政策提标扩面事项，坚持量力而行、尽力而为、有保有压、可持续发展的原则，结合财力可能，既体现一定增量，也保持财政宏观调控的灵活性和可持续性。

3.全面完整，硬化约束。按照《中华人民共和国预算法》的规定，将中央提前告知的转移支付全额列入预算财力，推动财力下沉与项目审批权限下沉，进一步扩大自治区提前告知对下转移支付的范围和规模，将资金落实到具体项目和单位，大幅度减少代编预算规模。严格控制执行中预算调整变更，规范财政资金审批权限，除据实结算、以收定支的事项外，年度预算执行中的新增支出事项一律通过动支预备费或调入预算稳定调节基金报经政府审批后安排。

4.推进统筹，讲求绩效。统筹中央专款、地方财力和专户结余资金，综合考虑政策要求、预算执行等情况，加大资金整合力度，合理安排支出预算。加强项目支出审核，所有项目要提出具体的绩效目标和实施计划，力争做到“目标明确、内容翔实、依据充足、金额合理”。

（三）2016年预算安排总体情况

1.一般公共预算安排情况。

2016年，全区一般公共预算总财力为11，955，563万元，按可比口径计算（下同），比上年增加

867，790 万元，增长 9.5%。其中：一般公共预算收入安排 1，107，564 万元，比上年增长 15%；中央补助 8，913，009 万元，比上年增加 723，325 万元，增长 8.8%；上年结转 1，672，232 万元（含政府性基金转入一般公共预算资金 9，711 万元）；按照《中华人民共和国预算法》规定，调入预算稳定调节基金 262，758 万元（其中自治区本级调入 140，000 万元）。

一般公共预算支出安排 11，955，563 万元，比上年增加 1，130，548 万元，增长 12.4%。其中：自治区本级支出安排 4，692，120 万元，剔除上年结转因素，比上年减少 308，616 万元，下降 9%，占当年预算财力的 30.8%，比上年下降 6.7 个百分点；地（市）级支出安排 7，263，443 万元，比上年增加 1，439，164 万元，增长 25.2%，占当年预算财力的 69.2%，比上年提升 6.7 个百分点。

2. 政府性基金预算安排情况。

2016 年，全区政府性基金预算财力为 373，764 万元，其中：地方政府性基金预算收入 211，694 万元。政府性基金预算支出安排 373，764 万元。

3. 国有资本经营预算安排情况。

2016 年，全区国有资本经营预算编制范围包括自治区级国有企业 49 户和 7 个地（市）国有企业 78 户，共 127 户，比 2015 年增加 18 户。

全区国有资本经营预算收入为 36，322 万元。其中：自治区国有资本经营预算收入 29，002 万元，地（市）国有资本经营预算收入 7，320 万元。

国有资本经营预算支出 36，322 万元。

4. 社会保险基金预算安排情况。

2016 年，全区社会保险基金预算收入安排 1，454，032 万元，其中：企业职工养老保险 267，115 万元，机关事业单位养老保险 728，298 万元，城乡居民基本养老保险 66，134 万元，城镇职工基本医疗保险 206，821 万元，新型农村合作医疗 128，798 万元，城镇居民医疗保险 13，697 万元，工伤保险 8，829 万元，失业保险 20，783 万元，生育保险 13，557 万元。

社会保险基金预算支出安排 1，084，648 万元，其中：企业职工养老保险 209，369 万元，机关事业单位养老保险 467，023 万元，城乡居民基本养老保险 46，503 万元，城镇职工基本医疗保险 165，532 万元，新型农村合作医疗 130，545 万元，城镇居民医疗保险 30，651 万元，工伤保险 6，420 万元，失业保险 5，597 万元，生育保险 23，008 万元。

各项社会保险政策可实现平稳运转。

（四）2016 年财政收支政策

1. 加强税费收入征管，堵塞收入管理漏洞。对税收、非税收入做到依法征收、应收尽收。继续推进“营改增”试点。进一步清理规范税收优惠政策，加大违法、违规税收优惠政策的清理整顿力度，严禁采取先征后返、“空转”等形式虚增财政收入。加强非税收入管理，严格执行现有行政事业性收费、政府性基金管理制度，不得随意出台收入政策，也不得随意减免相关收入。

2. 大力整饬财经秩序，净化依法行政环境。严格执行中央八项规定、自治区党委“约法十章”“九项要求”，坚持勤俭节约，强化预算执行动态监控，推动厉行节约反对浪费等制度落地生根。严格控制“三公”经费预算，合理压缩会议费、招待费、培训费和出国费等一般性支出。强化财政监督，加大违反财经纪律问题的查处力度。进一步扩大预决算公开范围，强化部门预算责任主体意识，让政府和部门账单全部“晾出来”“晒一晒”。建立财政内部监控制度，防控财政业务及管理中的各类风险。

3. 提高财政统筹效率，优化财政支出结构。以问题为导向，坚持改革创新，大力推进财政资金统筹使用与深化财税体制改革结合，避免资金使用“碎片化”，盘活各领域“沉睡”的财政资金，化零为整，统筹用于发展亟须的重点领域和保障民生支出，增加资金有效供给，提高财政资金使用效益。加大政府性基金预算转列和调入一般公共预算的力度。建立跨年度预算平衡机制，将超收收入和预算结余资金安排预算稳定调节基金，用于预算收支平衡。编制三年滚动财政规划，强化财政规划对年度预算编制、执行的约束。重点加强基本公共服务和对特定困难人群的帮扶，在此基础上做好教育、就业、收入分配、社保、医疗卫生等领域的民生工作。支持企业创新、经济结构调整。优化转移支付结构，特别是加大对边境地区、贫困地区的转移支付力度，健全事权与支出责任相适应的转移支付制度体系。

（五）2016年预算安排的重点

1.健全财政支农政策，促进农牧业稳产增收。安排支农投入992，068万元，同口径比较，比上年增加192，158万元，增长24%。农业方面，调整完善农业补贴政策，将农资综合补贴、农作物良种补贴和种粮农民直接补贴整合为农业支持保护补贴，安排农牧业各类补贴资金62，441万元，农业资源保护与利用16，632万元。加快农牧业基础设施建设，安排农村危房改造资金52，033万元，农村饮用水水源地保护资金10，000万元，农村公路养护补助资金20，584万元。加大农牧业组织化与产业化投入，安排现代农业发展资金37，759万元，农业组织化与产业化经营资金14，713万元。提高农牧业防灾抗灾能力，安排农牧业防灾减灾资金18，558万元，政策性农业保险保费补贴资金35，499万元。加强农业综合生产能力、农牧民科技、农村能源等服务经费保障，安排农业综合开发资金63，535万元，农牧民技能培训资金7，000万元，科技转化与推广服务及成果转化资金6，900万元，农村综合能源薪柴替代补助资金3，109万元，农村土地承包经营权确权登记颁证补助资金2，000万元，农村金融服务补贴资金2，522万元，农村集体土地所有权确权登记发证工作经费616万元。林业方面，继续完善森林生态效益补偿政策，加大重点区域造林、自然保护区管护投入。安排森林生态效益补偿基金110，849万元，重点区域造林资金20，000万元，湿地保护补助奖励资金7，015万元，野生动物肇事补偿资金5，800万元，防沙治沙资金3，500万元，林业产业扶持资金4，200万元，林业防灾减灾经费2，800万元；新增安排自然保护区专业管护经费14，533万元。水利方面，加强水利建设，推进区域规模化高效节水灌溉，加强高标准农田建设。安排农田（牧区）水利项目建设资金100，200万元，水利工程运行与维护资金17，200万元，防汛抗旱资金7，500万元，水土保持资金5，000万元，水生态保护补助奖励资金2，000万元，水文台站运行维护经费1，000万元，山洪灾害防治资金3，024万元。扶贫方面，新增财政支农投入重点用于扶贫支出，实施脱贫攻坚工程，推进精准扶贫和精准脱贫。安排财政扶贫投入241，772万元，比上年增加52，795万元，增长27.9%，其中扶贫发展资金179，177万元，少数民族发展及兴边富民资金52，176万元，扶贫以工代赈资金9，500万元。推进农村综合改革方面，加大村级公益事业项目投入，进一步提高村干部基本报酬和业绩考核奖励补助标准及村级组织工作经费保障标准，安排农村税费改革转移支付资金51，429万元，农村公益事业项目补助资金15，739万元。

2.完善社保政策体系，支持保障和改善民生。处理好财力可能与保障民生的关系，统筹考虑经济社会发展和物价涨幅情况，适当提高民生政策保障标准，建立灵活、可持续的民生投入保障机制。安排社会保障和就业投入917，436万元，比上年增加297，617万元，增长48%。社会保险方面，完善生育、城乡居民医疗等社会保险制度，进一步提高企业退休人员基本养老金和城乡居民养老保险基础养老金标准，稳步推进机关事业单位养老保险制度改革。安排城乡居民养老保险补助资金50，000万元，进一步将城乡居民养老保险基础养老金从月人均140元提高到150元。安排企业养老保险补助资金41，129万元，城镇居民基本医疗保险补助资金13，000万元，工伤和生育保险缴费补助资金2，600万元，职工基本医疗保险单位缴费补助资金 62，000 万元，全民意外伤害保险补助资金 5，000 万元。新增安排机关事业单位养老保险补助资金 140，000 万元，职业年金 15，000 万元。社会救助方面，继续做好困难群众生活保障，适当提高城乡低保、五保户供养、贫困残疾人生活补贴和重度残疾人护理补贴标准，实施经济困难的高龄、失能等老年人补贴政策。安排城乡低保资金 66，274 万元，进一步将城镇最低生活保障标准从月人均 590 元提高到 640 元，农村最低生活保障标准从年人均 2，350 元提高到 2，550 元。安排农村五保户供养补助资金 4，106 万元，进一步将农村五保户供养补助标准从年人均 4，400 元提高到 4，740 元。安排临时生活救助资金 6，514 万元，城乡医疗救助资金 53，801 万元，孤残儿童生活费 5，700 万元，经济困难的高龄、失能等老年人补贴资金 2，000 万元，贫困残疾人生活补贴和重度残疾人护理补贴资金 8，500 万元。安排救灾物资储备及代储管理经费 13，000 万元。社会福利方面，推进收入分配体制改革，进一步提高干部职工取暖、按月住房补贴、“三老”人员生活补助等保障标准。新增安排资金 48，000 万元，将干部职工按月住房补贴标准从月人均 200 元提高至 400 元。安排“三老”人员生活补助资金 8，663 万元，在现行标准的基础上，月人均再提高 40 元。安排干部职工取暖提标经费 6，000 万元。就业方面，继续实施积极的就业政策，完善就业创业扶持体系。安排政府购买公益性岗位补助资金 56，000 万元，就业专项资金 8，620 万元，人力资源及人才引进资金 10，000 万元。社会安置方面，做好自主择业军队转业干部、军队移交地方安置的离退休人员、优抚对象的医疗、抚恤等经费保障。保障性住房方面，继续支持全区保障性安居工程建设，加大周转房、公共租赁住房建设、棚户区改造以及农村危房改造投入。安排干部职工周转房建设资金 60，000 万元，公共租赁住房建设和棚户区改造资金 60，973 万元。

3. 加大社会事业投入，提高基本公共服务水平。一是坚持教育优先发展，完善城乡义务教育经费保障机制，统一城乡义务教育阶段中小学校生均公用经费定额标准，支持学前教育、现代职业教育和高校加快发展，进一步提高乡村教师生活补助标准。安排教育事业费 1，158，140 万元，比上年增加 230，800 万元，增长 24.9%。其中：安排教育“三包”经费 162，128 万元，进一步将“三包”经费标准从年生均 3000 元提高至 3240 元；安排各项免费教育政策保障经费 84，267 万元；安排薄弱学校改造资金 62，190 万元，现代职业教育质量提升计划补助资金 15，890 万元，高校生均奖补资金 12，000 万元，学前教育发展资金 9，260 万元，普通高中办学条件改善资金 5，130 万元，高寒高海拔“四有”工程专项资金 10，000 万元，国培计划资金 2，730 万元。二是继续深化医药卫生体制改革，进一步提高基本公共卫生人均服务经费和农牧区医疗经费财政补助标准，加大重大公共卫生项目服务整合力度，推进公立医院改革和县级以下医院国家基本药物制度改革，进一步提高乡（镇）医护人员生活补助标准。安排医疗卫生投入 333，226 万元，比上年增加 84，932 万元，增长 34.2%。其中：安排基本公共卫生服务项目经费 17，742 万元，进一步将基本公共卫生服务人均经费标准从年人均 50 元提高至 55 元；安排农牧区医疗经费 115，867 万元，进一步将财政补助标准从年人均 420 元提高至 435 元；安排村医兽医补贴资金 20，495 万元，进一步将补贴标准从月人均 900 元提高至 1000 元；安排公立医院改革资金 22，428 万元，县级以下医院国家基本药物制度补贴资金 11，336 万元，重大公共卫生专项资金 11，680 万元，城乡居民健康体检经费 15，106 万元，行政事业单位干部职工体检经费 23，000 万元，村卫生室运行经费 5，261 万元，藏医药事业发展专项资金 8，166 万元，地方病防治和传染病防控经费 3，480 万元，农牧区卫生人员培训经费 2，000 万元，医疗设备购置经费 2，300 万元，城市社区卫生服务专项经费 1，000 万元；安排计划生育事业费 6，732 万元；新增安排孕妇待产生活补助和住院分娩补助及奖励资金 6，384 万元。三是加大文化宣传投入，促进文化信息资源共享，建设现代化公共文化服务体系，继续实施公共文化场所免费开放和体育场馆低收费开放政策，加快推进中央广播电视节目无线覆盖、县级有线电视数字化和县城数字影院建设，加大重点文物和非物质文化遗产保护及文化创作投入。安排文化宣传投入65，459万元，比上年增加5，632万元，增长9.4%。其中：安排文化产业发展资金6，000万元，公共文化场所免费开放补助资金6，486万元，公共文化服务体系建设资金4，168万元，文化创作与扶持奖励专项资金1，500万元，民间艺术团补助资金1，500万元，非物质文化遗产保护经费1，200万元；安排新闻出版、广播电视专项经费23，524万元；安排文物保护专项资金8，906万元；安排宣传经费6，000万元。四是支持实施创新驱动发展战略，加大应用技术研究与开发、科技成果转化财政投入。安排科技投入31，590万元，比上年增加1，744万元，增长6%。其中：安排科学技术应用研究与开发资金20，000万元，科技特派员补助资金6，556万元，科普专项经费1，139万元，自然科学博物馆免费开放补助资金1，023万元，科技创新基地（体系）能力建设资金910万元。

4.加强生态文明建设，构建高原生态安全屏障。继续实施草原生态保护奖补政策。增加重点生态功能区转移支付，完善生态保护成效与资金分配挂钩的激励约束机制。加大退耕还林、退牧还草的资金支持，做好天然林保护工作。安排生态文明建设投入531，742万元，比上年增加119，391万元，增长29%。其中：安排重点生态功能区转移支付102，960万元，环境保护专项及考核奖励资金15，000万元，拉萨既有建筑节能奖励资金80，000万元，天然林保护工程补助经费11，529万元，退耕还林补助资金3，058万元。

5.创新财政投入机制，保持经济社会健康发展。一是支持基础设施建设，夯实经济社会发展基础。安排基础设施建设投入1，446，430万元，比上年增加127，771万元，增长9.7%。其中：安排地方基本建设资金110，000万元，公路建设资金1，091，000万元，国省干道公路大中修、设备购置及其他专项资金32，000万元，公路水雪毁抢险保通经费1，000万元，土地整治项目资金8，000万元，口岸建设资金5，000万元。二是加大企业扶持力度，发挥财政资金杠杆作用，以贷款贴息、股权投资等方式，引导金融资本和社会资本支持我区实体经济发展，推进创业创新和特色优势产业发展，实现政府主导与市场化运作的有效结合。在管好用好30亿元自治区政府投资基金的基础上，安排外经贸发展专项资金8，579万元，中小微企业贷款风险补偿奖励资金5，000万元。三是进一步加大社会公共服务事业发展投入。安排民航发展专项资金20，000万元，旅游产业发展资金12，000万元，通信业发展资金7，000万元，信息化建设资金7，000万元，燃油应急发电补贴资金3，000万元。新增安排农电管理体制改革服务补贴资金7，600万元。四是加大维护稳定投入，促进社会局势长期稳定。五是加大安全生产投入。做好“两限一警”政策的资金保障。安排青藏、拉日铁路护路联防经费14，881万元，安全生产专项经费1，988万元。

6.加大基层财政财力补助，提高基层政府调控能力。安排自治区对下均衡性转移支付1，802，914万元，增加587，437万元，增长48.3%。安排县级基本财力保障资金60，000万元，边境地区专项转移支付92，700万元，基层财政激励考核奖励补助资金40，000万元，基层政权建设资金50，638万元，产粮（油）及生猪（牛羊）调出大县奖励资金7，132万元。安排完善城镇功能配套建设资金50，000万元，改善部分县的供排水设施条件。

7.做好其他方面的资金安排。按照《中华人民共和国预算法》规定，安排本级预备费100，000万元，占本级财政支出的比重达到3.22%。安排新增人员及以工资为基数计提的费用支出110，000万元，重大课题调研及规划编制经费3，000万元。安排2013年中央代发地方政府债券还本支出60，000万元，2012－2014年中央代发地方政府债券付息支出12，217万元。

各位代表，2016年是实施“十三五”规划的开局之年，也是全面深化改革的关键一年。我们将在自治区党委的正确领导下，按照“五位一体”总体布局和“四个全面”战略布局，牢固树立和贯彻落实创新、协调、绿色、开放、共享、和谐的发展理念，适应经济发展新常态，创新和完善财政宏观调控，加快财税体制改革，增收节支，优化结构，提高绩效，提高发展的质量和效益，增强持续增长动力，为实现全面建成小康社会奋斗目标奠定坚实的基础！

2016年计划实施的民生政策

2016年，考虑经济社会发展和物价涨幅等因素，拟进一步加大财政投入，安排资金167亿元，在教育、社会保障和就业、医疗卫生等方面，实施“民生十件实事”，继续推进社会事业发展和改善民生。具体如下：

一、推进精准扶贫和精准脱贫

按照“政府引导、多元主体、群众参与、精准扶贫”的原则，改革创新扶贫方式和投入机制，把扶贫放在财政保障更加突出的位置，整合安排资金770，979万元，推动全区精准扶贫和精准脱贫。

二、养老保险待遇提标

（一）企业退休人员基本养老金待遇。完善企业退休人员养老金待遇政策，按7%提高企业退休人员基本养老金水平，从月人均3，652元提高到3，908元。预计全年用于企业退休人员的养老金支出210，000万元。

（二）提高城乡居民社会养老保险基础养老金待遇。将城乡居民社会养老保险基础养老金待遇从月人均140元提高到150元，人均增加10元。提标后，预计全区用于城乡居民社会养老保险的支出55，988万元。

三、完善特困群体生活救助制度

（一）提高城乡居民最低生活保障标准。将我区城镇居民最低生活保障标准从每人每月590元提高到640元；农村居民最低生活保障标准从每人每年2，350元提高到2，550元。提标后，预计全区城乡居民最低生活保障的支出72，274万元。

（二）提高贫困残疾人生活补贴标准。按10%提高贫困残疾人生活补贴标准。提标后，预计全区贫困残疾人生活补贴的支出5，000万元。

（三）提高重度残疾人护理补贴标准。按10%提高重度残疾人护理补贴标准。提标后，预计全区重度残疾人护理补贴的支出3，500万元。

（四）实施经济困难的高龄、失能等老年人补贴制度。安排资金2，000万元，实施经济困难的高龄、失能等老年人补贴制度，推动基本养老服务均等化。

四、提高基层干部待遇和生活补助标准

（一）提高乡（镇）机关事业单位干部职工生活补助标准。在现行标准的基础上，按二类区100元/月、三类区200元/月、四类区300元/月的标准，提高乡（镇）教师和医护人员生活补助标准；按二类区50元/月、三类区100元/月、四类区200元/月的标准，提高乡（镇）机关事业单位干部职工生活补助标准。提标后，预计全区乡（镇）机关事业单位干部职工生活补助支出44，900万元。

（二）继续发放寺庙管委会特殊岗位补贴。安排资金19，597万元，按月人均1，500元的标准，继续为寺庙管委会人员发放特殊岗位补贴。

（三）提高村干部基本报酬和业绩考核奖励补助标准。将村书记和主任、其他村干部的基本报酬及业绩考核奖励标准从年人均15，606元、7，812元分别提高至20，808元、10，416元，边境村书记和主任、其他村干部基本报酬及业绩考核奖励标准从年人均 16，687 元、8，535 元分别提高至 22，608元、11，564元。提标后，预计全区村干部基本报酬和业绩考核奖励补助支出41，490万元。

（四）提高村医、兽医待遇。将村医、兽医待遇标准从每人每月900元提高到1，000元。提标后，预计全区村医、兽医待遇的补贴支出20，495万元。

（五）提高“三老”人员生活补助标准。将“三老”人员（老党员、老干部、老劳模）生活补贴在现行标准的基础上，月人均增加40元。提标后，预计全区“三老”人员生活补助支出8，663万元。

（六）提高农村五保户供养标准。将农村五保户供养标准从年人均4，400元提高至4，740元。提标后，预计全区农村五保户供养的支出总量达到4，106万元。

五、继续实施“普惠性”边民补助政策

按一线乡（镇）边民每人每年1，700元、二线乡（镇）边民每人每年1，500元的标准，继续实施“普惠性”边民补助政策，预计全区用于“普惠性”边民补助的支出25，812万元。

六、促进教育事业优先发展

（一）提高学前补助、义务至高中教育阶段农牧民子女“三包”及城镇困难家庭子女助学金（以下统称“三包”经费）标准。从2016年秋季新学期开始，将教育“三包”经费标准从年生均3，000元提高至3，240元。提标后，预计全区“三包”经费的支出162，128万元。

（二）继续实施义务教育阶段农牧民子女营养改善计划。安排资金30，527万元，按每生每天4元，全年200天的标准，继续实施义务教育阶段农牧民子女营养改善计划。

（三）高寒高海拔中小学“四有”工程。安排资金10，000万元，继续实施高寒高海拔中小学“四有”工程（有暖廊、有水井、有澡堂、有菜窖）。

七、促进医疗卫生事业发展

（一）提高农牧区医疗制度财政补助标准。将农牧区医疗制度财政补助标准从年人均420元提高到435元。提标后，预计全区农牧区医疗制度财政补助的支出115，867万元。

（二）提高城镇居民基本医疗保险财政补助标准。将城镇居民基本医疗保险财政补助标准从年人均380元提高到420元。提标后，预计全区城镇居民基本医疗保险财政补助支出13，000万元。

（三）提高基本公共卫生服务人均经费财政补助标准。将基本公共卫生服务人均经费财政补助标准从年人均50元提高到55元。提标后，预计全区人均基本公共卫生服务财政补助支出总量达到17，741万元。

（四）实施农牧区孕产妇住院分娩补助、待产生活补助及奖励政策。安排资金 6，384 万元，对农牧区孕产妇住院分娩进行补助和奖励，并在待产期间发放生活补助。

（五）继续实施出生缺陷干预工程。安排资金 1，757 万元，在免费孕前优生健康检查项目工作的基础上，继续开展孕前、孕期健康干预。

八、推进文化事业发展

（一）边疆万里数字文化长廊建设。安排资金16，820万元，其中2016年安排资金3，364万元，加强基层文化服务点建设，对乡（镇）基层服务点和村级数字文化服务点进行改造，用5年时间，实现基层文化服务点全覆盖。

（二）西藏卫星数字书屋试点建设。依托卫星网络，通过卫星数字发行平台，将合法的数字化出版物（包括报纸、期刊、图书及少儿教育、农科致富、健康生活、影视综艺等视频内容），投递到专用的用户终端，农牧民群众可通过连接电视、投影设备进行阅读、观看和使用。从 2017 年开始推广，2020 年实现全覆盖，一次性投入设备购置经费 759 万元（每台设备 1，700 元），后续每年服务费 328 万元。

（三）县城数字影院建设。安排资金 7，920 万元，按照每个县城数字影院 120 万元标准，全面建设县城数字影院。

（四）继续推进县级有线电视数字化。安排资金 4，762 万元，推进县级有线电视数字化进程，支持县级有线电视数字化网络租赁和设备购置经费支出。

九、继续实施农牧民科技特派员制度

安排资金 6，556 万元，继续实施农牧民科技特派员生活补助政策，扩大覆盖范围，力争实现全区建制村农牧科技特派员全覆盖。

十、金融惠民工程

安排资金 5，000 万元，出台创业担保贷款贴息政策和涉农贷款保证保险制度，推动创业就业，着力解决农村新型经营主体融资难问题。

附录 5：

2015 年西藏自治区国民经济和社会发展统计公报

西藏自治区统计局
国家统计局西藏调查总队
2016 年 4 月

2015 年，是我区实施“十二五”规划的收官之年，自治区党委、政府团结带领全区各族人民，认真贯彻党的十八大、十八届三中、四中、五中全会精神和中央经济工作会议、中央第六次西藏工作座谈会精神，深入贯彻落实科学发展观，贯彻落实习近平总书记系列重要讲话精神，按照“五位一体”总体布局、“四个全面”战略布局和五大发展理念，坚持稳中求进的工作总基调，主动适应经济发展新常态，坚持“六对”抓手、强化“六动”措施、坚守“三条底线”，统筹做好稳增长、调结构、促改革、惠民生、防风险等各项工作，实现了经济增长快、投资拉动大、质量效益高、经济结构优、民生改善好的良好局面。

一、综 合

初步核算，2015 年全区实现生产总值（GDP）1026.39 亿元，按可比价格计算，比上年增长 11.0%。其中：第一产业增加值 96.89 亿元，增长 3.9%；第二产业增加值 376.19 亿元，增长 15.7%；第三产业增加值 553.31 亿元，增长 8.9%。人均地区生产总值 31999 元，增长 8.9%。

图1 全区生产总值及增长速度

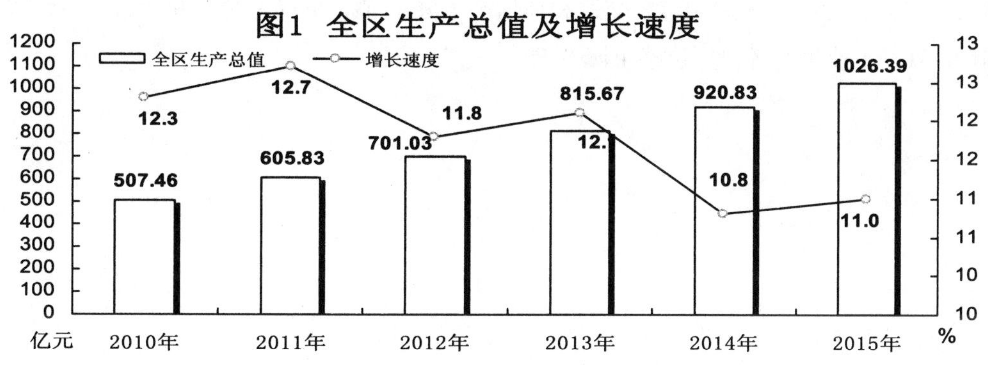

在全区生产总值中，第一、二、三产业增加值所占比重分别为 9.4%、36.7%、53.9%，与上年相比，第一产业比重下降 0.5 个百分点，第二产业提高 0.1 个百分点，第三产业提高 0.4 个百分点。

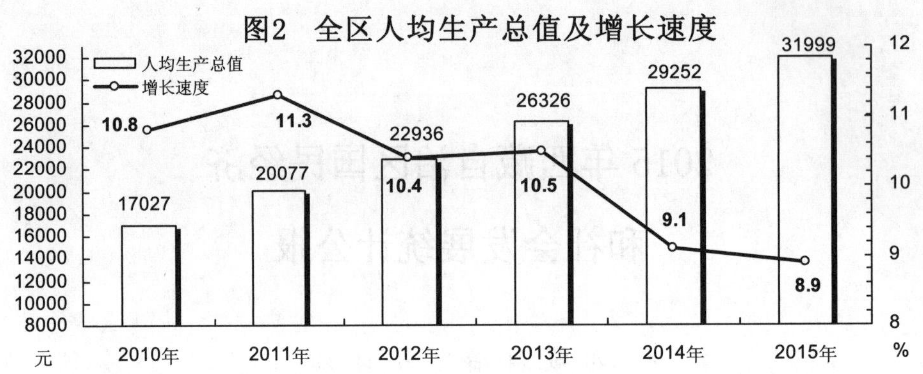

图 3

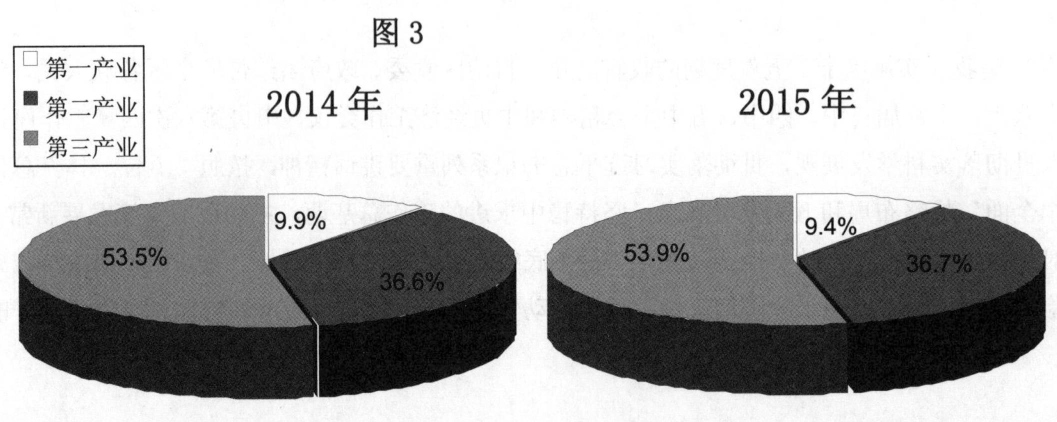

全区居民消费价格总水平比上年上涨 2.0%。其中：城市上涨 2.1%，农村上涨 1.8%。服务项目价格上涨 2.1%，消费品价格上涨 2.0%。从居民消费价格构成大类看，食品类、烟酒类、衣着类、家庭设备用品及服务类、医疗保健及个人用品类、娱乐教育文化用品及服务类和居住类，分别比上年上涨 3.1%、3.6%、2.4%、1.5%、1.4%、1.4%和 0.7%;交通和通信类下降 1.5%。商品零售价格上涨 1.4%。农业生产资料价格下降 0.3%。工业生产者出厂价格下降 6.8%。

表 1　消费价格变化情况

上年=100

年份	2010 年	2011 年	2012 年	2013 年	2014 年	2015 年
居民消费价格指数	102.2	105.0	103.5	103.6	102.9	102.0
城市	102.2	105.2	103.6	103.5	103.3	102.1
农村	102.2	104.7	103.4	103.6	102.5	101.8
服务项目价格指数	101.5	104.3	102.0	102.7	102.9	102.1
消费品价格指数	102.3	105.2	103.9	103.8	102.9	102.0
食品	104.5	109.1	106.9	107.7	105.3	103.1
烟酒	101.1	102.7	101.5	100.2	100.1	103.6
衣着	102.1	102.8	104.3	102.2	102.3	102.4
家庭设备用品及服务	100.6	101.9	101.5	100.5	101.3	101.5
医疗保健及个人用品	101.2	102.8	100.9	100.2	101.0	101.4
交通和通信	99.8	102.2	101.2	100.4	100.6	98.5
娱乐教育文化用品及服务	99.7	100.7	100.3	101.4	101.7	101.4
居住	102.8	106.3	101.4	102.5	102.4	100.7
商品零售价格指数	101.0	103.7	102.9	103.0	102.2	101.4
城市	101.0	103.9	103.1	103.3	102.4	101.4
农村	101.0	103.3	102.5	102.5	101.9	101.3
农业生产资料价格指数	100.6	102.6	101.6	101.8	100.9	99.7

二、农牧业

全年农作物播种面积 252.84 千公顷，比上年增加 1.97 千公顷。其中：青稞面积 129.31 千公顷，比上年增加 4.12 千公顷；小麦面积 36.34 千公顷，减少 0.58 千公顷;油菜籽面积 23.69 千公顷，减少 0.67 千公顷;蔬菜面积 23.09 千公顷，减少 0.68 千公顷。全年实现粮食总产量 100.63 万吨，比上年增长 2.7%；油菜籽 6.37 万吨，增长 0.5%；蔬菜 69.63 万吨，增长 2.1%。年末牲畜存栏总数 1832.68 万头（只、匹），比上年末减少 28.76 万头（只、匹）。其中：牛 598.53 万头，增加 4.37 万头；羊 1155.64 万只，减少 33.87 万只。全年猪牛羊肉产量达 29.28 万吨，比上年增长 2.3%；奶类产量 35.44 万吨，增长 4.1%。

图4

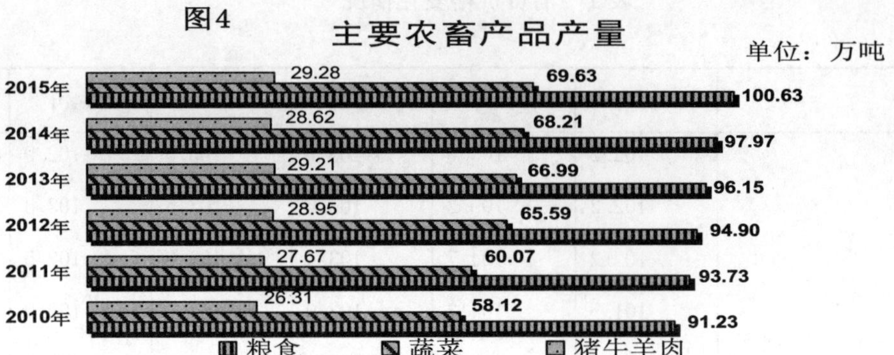

三、工业和建筑业

全年全部工业实现增加值69.88亿元，比上年增长13.3%。规模以上工业实现增加值56.19亿元，比上年增长14.5%。其中：轻工业实现增加值21.44亿元，增长11.6%；重工业实现增加值34.75亿元，增长16.5%。国有控股企业实现增加值25.30亿元，比上年增长22.4%。按登记注册类型分，国有企业实现增加值0.69亿元，增长7.0倍；集体企业实现增加值0.15亿元，下降15.1%；股份制企业实现增加值51.97亿元，增长15.1%；外商及港澳台企业实现增加值3.79亿元，下降3.1%。

全年规模以上工业企业实现利润总额6.36亿元，比上年下降49.5%。国有控股企业亏损8.61亿元，亏损额比上年增长87.6%。其中：股份制企业实现利润7.46亿元，下降31.1%。外商及港澳台企业实现利润1.49亿元，下降12.8%；集体企业亏损0.07亿元，下降12.6%；规模以上工业企业产品销售率96.2%。

图5　工业增加值及增长速度

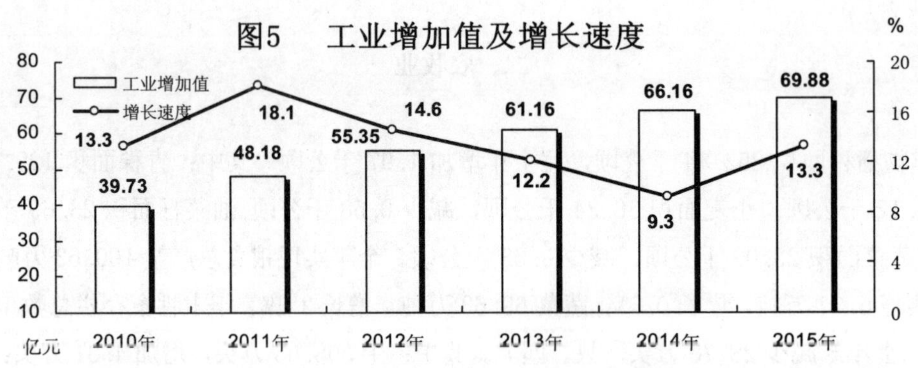

全年规模以上工业企业完成水泥产量467.9万吨，比上年增长36.7%；发电量35.69亿千瓦时，增长49.3%；啤酒15.81万吨，下降0.3%；中成药（藏医药）2009吨，增长12.8%；自来水13181万吨，增长7.5%；包装饮用水24.45万吨，增长113.5%；铬矿石91731吨，增长0.7%。

全年建筑业实现增加值306.31亿元，比上年增长16.3%。

四、固定资产投资

全年全社会完成固定资产投资总额 1342.16 亿元，比上年增长 19.9%。其中：民间投资 319.75 亿元，增长 3.5%。

按产业分：第一产业完成 82.93 亿元，比上年增长 44.1%；第二产业完成 263.91 亿元，下降 25.8%；第三产业完成 995.32 亿元，增长 40.9%。按经济类型分：国有经济完成 975.38 亿元，比上年增长 26.6%；集体经济完成投资 1.59 亿元，下降 64.5%；其他各种经济类型完成 345.39 亿元，增长 12.7%；个体经济完成 19.80 亿元，下降 48.4%。

图6 固定资产投资总额及增长速度

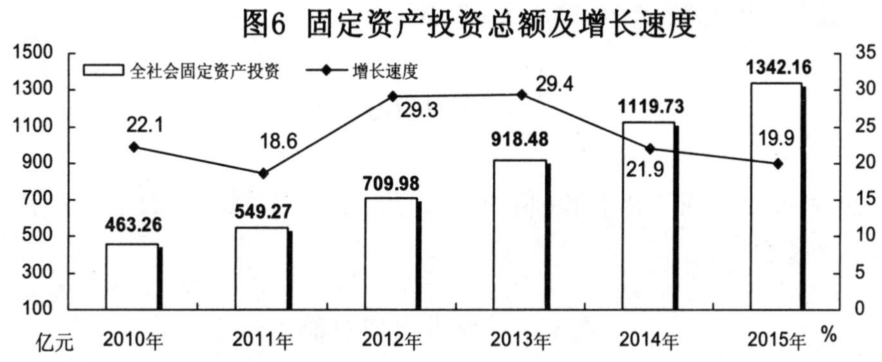

按行业分：农林牧渔业完成 82.93 亿元，增长 43.9%；采矿业完成 75.25 亿元，增长 24.1%；制造业完成 30.13 亿元，下降 52.8%；电力、燃气及水的生产和供应业完成 157.86 亿元，下降 32.3%；交通运输、仓储和邮政业完成 350.64 亿元，增长 64.1%；信息传输、计算机服务和软件业完成 8.46 亿元，增长 22.9%；批发和零售业完成 15.18 亿元，增长 57.8%；住宿和餐饮业完成 15.36 亿元，下降 47.0%；金融业完成 47.76 亿元，增长 2.6 倍；房地产业完成 131.66 亿元，下降 4.7%；租赁和商务服务业完成 6.62 亿元，下降 38.7%；科学研究和技术服务业完成 11.35 亿元，下降 4.2%；水利、环境和公共设施管理业完成 148.42 亿元，增长 86.9%；居民服务、修理和其他服务业完成 12.28 亿元，下降 32.8%；教育完成 36.72 亿元，增长 14.3%；卫生和社会工作完成 16.04 亿元，增长 2.5%；文化、体育和娱乐业完成 18.81 亿元，增长 35.0%；公共管理、社会保障和社会组织完成 176.02 亿元，增长 57.4%。

全年房地产开发投资 50.02 亿元，比上年下降 5.5%。房地产开发施工房屋面积 380.62 万平方米，比上年增长 39.3%；竣工房屋面积 92.27 万平方米，增长 75.9%；商品房销售面积 51.27 万平方米，下降 13.6%。

五、国内贸易

全年社会消费品零售总额 408.49 亿元，比上年增长 12.1%。分地域看，城镇消费品零售额 336.35 亿元，增长 11.0%；乡村消费品零售额 72.14 亿元，增长 17.3%。分行业看，批发和零售业零售额 337.54 亿元，增长 9.7%；住宿和餐饮业零售额 70.95 亿元，增长 24.7%。

图7 社会消费品零售总额及增长速度

社会消费品零售总额
增长速度
460
410
360
310
260
210
160
110
60
10
亿元
30
20
10
0
%
21.1
23.4
192.40
237.50
277.90
17.0
322.21
15.9
364.51
13.1
408.49
12.1
2010年
2011年
2012年
2013年
2014年
2015年

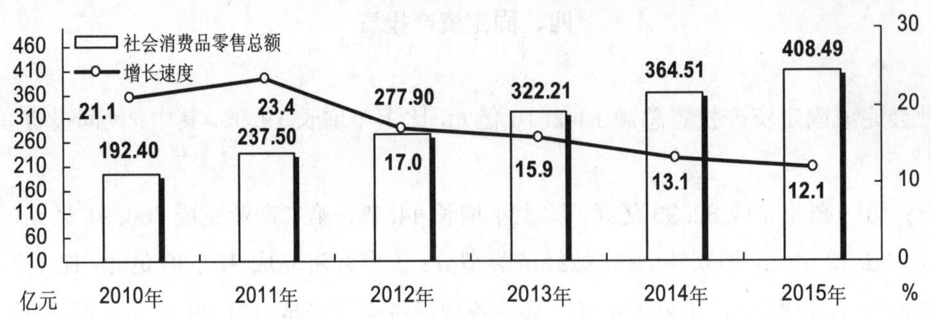

在限额以上批发和零售业零售额中，增长较快的有：中西药类增长2.6倍，粮油、食品、饮料、烟酒类增长68.9%，五金、电科类增长48.9%，汽车类增长18.3%。

六、对外贸易

全年进出口总额56.55亿元，比上年下降59.2%。其中：出口总额36.24亿元，下降71.9%；进口总额20.32亿元，增长114.4%。

图8 对外进出口总额

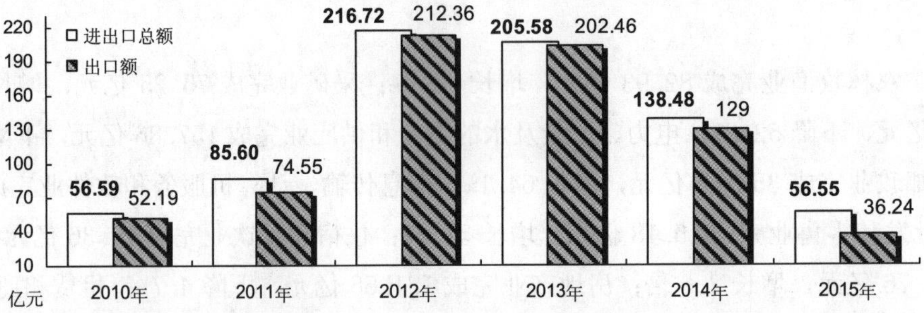

进出口总额
出口额
220
190
160
130
100
70
40
10
亿元
56.59
52.19
85.60
74.55
216.72
212.36
205.58
202.46
138.48
129
56.55
36.24
2010年
2011年
2012年
2013年
2014年
2015年

在进出口贸易中，边境小额贸易实现进出口总额30.23亿元，比上年下降75.1%，占进出口贸易总额的53.5%。其中：出口29.90亿元，下降75.2%；进口0.33亿元，下降68.8%。

全年我区与77个国家和地区开展双边贸易，其中与尼泊尔的贸易总值为31.41亿元，下降74.2%，占外贸进出口总值的55.5%，超过其它76个国家和地区的贸易值总量，是我区最主要贸易伙伴。除尼泊尔外，西藏外贸前三位伙伴国分别为德国、比利时和美国，双边贸易额分别为6.57亿元、4.84亿元和3.91亿元，比上年分别增长78.3%、112.8%、67.6%。

全年合同利用外商直接投资16964.01万美元，实际利用外商直接投资6997万美元，全年审批利用外商直接投资项目3家。

七、交通、邮电和旅游

全年完成货运量2478.19万吨，比上年增长3.4%。其中：公路运输完成1973万吨，增长5.5%；铁路运输完成494.22万吨，下降2.8%；民航运输完成2.86万吨，增长16.3%；管道运输完成8.11万吨，下降47.2%。全年客运总量2072.72万人次，增长7.1%，其中：公路运输完成1490万人次，增长5.8%；

铁路运输完成 219.66 万人次，增长 3.9%；民航运输完成 363.06 万人次，增长 15.2%。

年末公路通车里程 7.8 万公里，比上年增加 2530 公里，其中：有铺装路面里程 1.14 万公里，增加 1662.7 公里。

图9　公路通车里程及增长速度

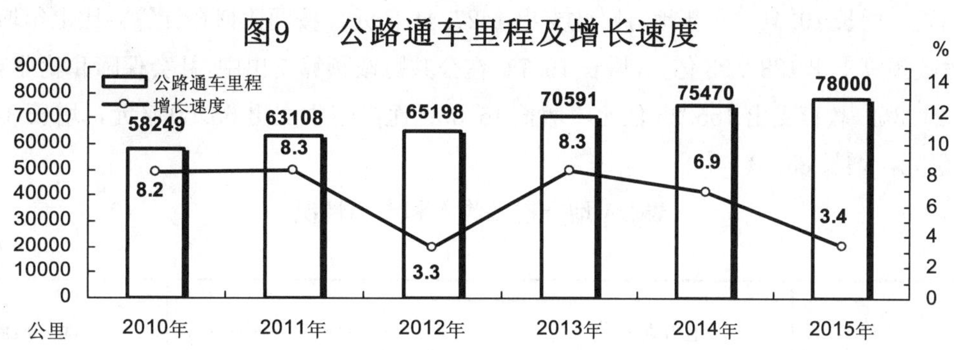

全年完成邮电业务总量 55.41 亿元，比上年增长 17.8%。其中：邮政业务总量 1.71 亿元，增长 4.2%；电信业务总量 53.70 亿元，增长 18.3%。年末局用交换机总容量 11.5 万门。固定电话用户 34.9 万户，其中：城市电话用户 34.7 万户，乡村电话用户 0.23 万户。移动电话交换机总容量达 448 万门。移动电话用户 271.6 万户，减少 20.23 万户。电话普及率达到 96.5 部/百人。

图10　移动电话和固定电话用户数量

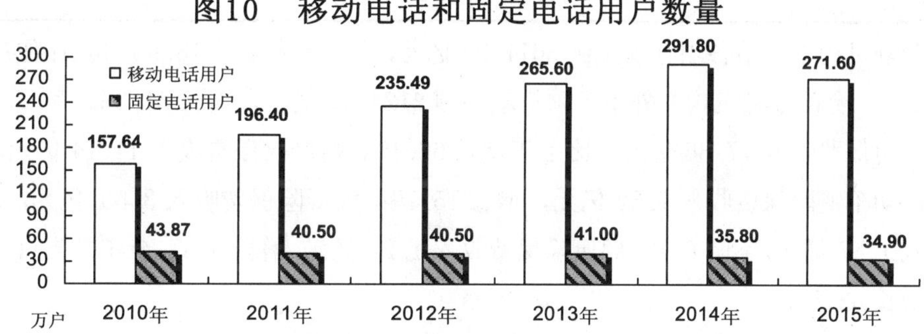

全年接待国内外旅游者 2017.53 万人次，比上年增长 29.9%。其中：接待国内旅游者 1988.27 万人次，增长 30.1%；接待入境旅游者 29.26 万人次，增长 19.7%。旅游总收入 281.92 亿元，增长 38.2%；旅游外汇收入 1.77 亿美元，增长 22.1%。

图11　旅游情况

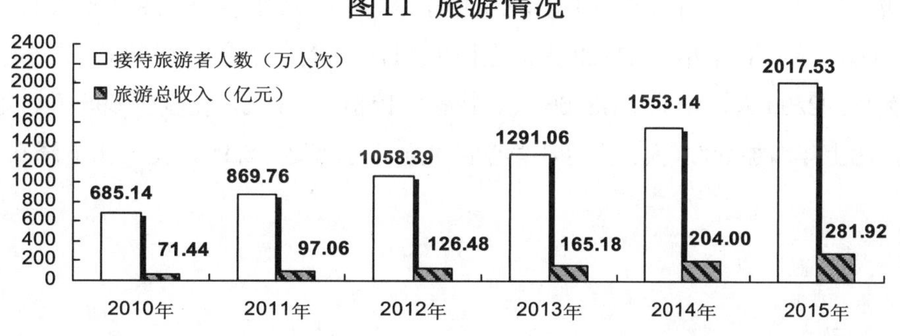

八、财政、金融和保险

全年完成地方财政收入 175.83 亿元，按同比口径计算，比上年增长 7.8%。其中：公共财政预算收入 137.13 亿元，增长 10.4%。全年地方财政支出 1427.41 亿元，按同比口径计算，比上年增长 15.3%。其中：公共财政预算支出 1383.93 亿元，增长 16.7%。在公共财政预算支出中，社会保障和就业支出 104.28 亿元，增长 21.3%；教育支出 165.25 亿元，增长 16.3%；医疗卫生支出 65.60 亿元，增长 34.3%；环保支出 54.96 亿元，增长 88.0%。

表 2　地方财政收入和支出情况

单位：亿元

	地方财政收入	#各项税收	地方财政支出
2010 年	42.47	25.28	562.58
2011 年	64.53	45.83	775.68
2012 年	95.63	70.07	933.97
2013 年	110.42	71.54	1049.06
2014 年	164.75	85.86	1240.27
2015 年	175.83	91.81	1427.41

年末全部金融机构本外币各项存款余额 3671.22 亿元，比上年末增长 18.8%。其中：住户存款 654.17 亿元，增长 16.4%。全部金融机构本外币各项贷款余额 2124.49 亿元，增长 31.2%。

全年保险公司保费收入 17.36 亿元，比上年增长 36.1%。财产险保费收入 11.14 亿元，比上年增长 23.6%，其中机动车辆险保费收入 7.32 亿元，增长 15.7%；人寿险保费收入 3.50 亿元，增长 2.2 倍；意外险保费收入 1.47 亿元，下降 0.1%；健康险保费收入 1.25 亿元，增长 5.5%. 全年共支付各类赔款 8.05 亿元，比上年增长 32.8%。

九、教育、科学技术

全区普通高等教育院校 6 所，年内招生 10880 人，其中：研究生 503 人，普通本专科 10377 人；在校生 35679 人，其中：研究生 1476 人，普通本专科 34203 人；毕业生 9959 人，其中：研究生 423 人，普通本专科 9536 人。中等专业学校 9 所，招生 5568 人，在校生 15796 人，毕业生 6139 人。中学 127 所，其中：高级中学 26 所，完全中学 4 所，初级中学 97 所，高中招生 19598 人，在校生 57961 人，毕业生 18109 人；初中招生 41122 人，在校生 117520 人，毕业生 40083 人。小学 826 所，招生 51723 人，在校生 292290 人，毕业生 48466 人。特殊学校招生 98 人，在校生 695 人。年末幼儿园在园幼儿 87951 人，比上年增加 6828 人。全区小学学龄儿童入学率达 98.9%，比上年下降 0.7 个百分点。

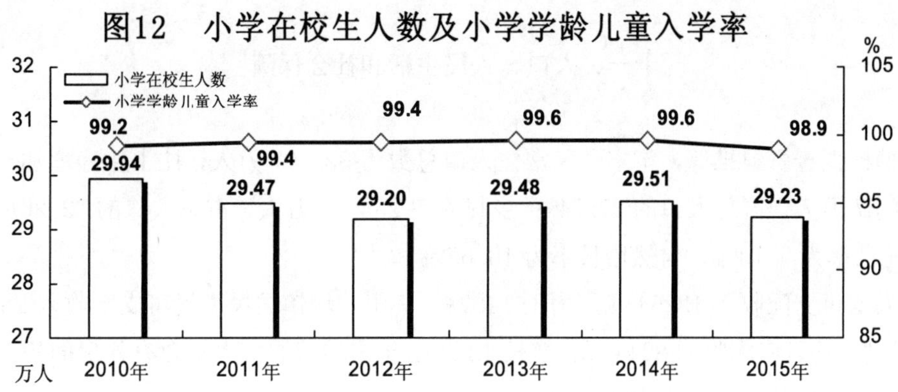

2015 年西藏气象系统共有 237 个自动气象站，其中：有人值守气象站 39 个，无人值守气象站 198 个。天气雷达站 6 部，其中：多普勒雷达站 4 部，数字化雷达站 2 部。

十、文化、卫生和体育

年末全区共有电视台 2 座，广播电视台 6 座，广播电台 1 座。广播、电视人口综合覆盖率分别达 94.83% 和 95.96%。报纸总印数 19127 万印张，杂志总印数 243 万册，图书总印数 1191 万册。

年末全区共有卫生机构 1463 个，其中：医院 139 所、卫生院 680 个，疾病预防控制中心（卫生防治机构）82 个，妇幼保健院、所、站 55 个。实有病床床位 14013 张，其中：医院 9954 张。卫生技术人员 14335 人，其中：执业/执业（助理）医师 6204 人。每千人病床数和卫生技术人员数分别达到了 4.34 张和 4.44 人。

表 3　卫生机构床位数和技术人员数

单位：张、人

	床位数	技术人员数	每千人拥有床位数	每千人技术人员数
2010 年	8838	9983	3.02	3.44
2011 年	9642	10664	3.17	3.52
2012 年	10134	11313	3.29	3.67
2013 年	11036	11716	3.54	3.75
2014 年	12024	12946	3.79	4.08
2015 年	14013	14335	4.34	4.44

2015 年，全区新增健身路径器材 676 套、农民体育健身工程 761 个。我区运动员在国际国内各种竞技体育比赛中共取得金牌 33 枚、银牌 39 枚、铜牌 30 枚。本年度认证社会体育指导员 882 人，其中：一级体育指导员 128 人，二级体育指导员 280 人，三级体育指导员 474 人。全年销售体育彩票 5.22 亿元，筹集体育彩票公益金 1.38 亿元。

十一、人口、人民生活和社会保障

根据人口抽样调查资料推算，年末全区常住人口总数为 323.97 万人，比上年净增加 6.42 万人。其中城镇人口 89.87 万人，占总人口的 27.74%；乡村人口 234.10 万人，占总人口的 72.26%。人口出生率为 15.75‰，死亡率为 5.10‰，自然增长率为 10.65‰。

全区居民人均可支配收入 12254 元，增长 14.2%，其中，城镇居民人均可支配收入 25457 元，增长 15.6%；农村居民人均可支配收入 8244 元，增长 12.0%。年末城镇居民人均自有住房面积 26.19 平方米，农牧民人均自有住房面积 32.75 平方米。

截至 2015 年底，全区参加企业职工基本养老保险人数为 15.6 万人，城乡居民社会养老保险人数为 141.04 万人，工伤保险人数为 24.57 万人，失业保险人数为 11.8 万人，生育保险人数为 23.17 万人；参加城镇职工基本医疗保险人数为 34.08 万人，参加居民基本医疗保险人数为 27.4 万人。

全区城镇居民共有 46452 人享受政府最低生活保障，发放低保救助金 2.59 亿元。农村居民有 32.03 万人享受政府最低生活保障，发放低保救助金 3.82 亿元。年末全区各类社会福利机构共有 163 个，公办儿童福利院 11 所，民办儿童福利院 1 所，集中收养 5652 人；供养五保户 11633 人。全年销售社会福利彩票 10.66 亿元，筹集社会福利公益金 3 亿元。

十二、矿产资源、安全生产

2015 年度全年新发现矿产 2 处，有 6 种矿新增储量，实施地质勘探项目 173 项，完成了钻探实物工作量 7.09 万米。

全年共发生各类安全事故 476 起，下降 4.8%；死亡 193 人，下降 26.3%。工矿商贸发生生产安全事故 16 起，死亡 25 人。亿元 GDP 生产安全事故死亡率 0.188，下降 1.3%。

注：

1.本公报数据均为初步统计数，正式数据以《西藏统计年鉴—2016》为准。

2.对外贸易、交通、邮电、旅游、财政、金融、保险、教育、科技、气象、环保、文化、卫生、体育、社会福利和保障、资源、安全生产方面的数据均由自治区有关部门提供。

3.GDP、各产业增加值绝对数按现价计算，增长速度按可比价计算。

中国统计出版社最新图书简目

(仅供参考,以实际出版为准)

统计资料

中国统计年鉴	中国统计摘要	中国发展报告
中国经济普查年鉴2013	国际统计年鉴	金砖国家联合统计手册
中国-东盟国家统计手册	中国农村统计年鉴	中国县域统计年鉴
中国城市统计年鉴	中国对外直接投资统计公报	中国地区经济监测报告
中国贸易外经统计年鉴	中国零售和餐饮连锁企业统计年鉴	中国商品交易市场统计年鉴
大中型批发零售和住宿餐饮企业统计年鉴	中国农产品价格调查年鉴	中国住户调查年鉴
中国价格统计年鉴	中国能源统计年鉴	全国农产品成本收益资料汇编
中国环境统计年鉴	中国建筑业统计年鉴	国外资源、能源和环境统计资料汇编
中国工业统计年鉴	中国城乡建设统计年鉴	中国房地产统计年鉴
中国城市建设统计年鉴	中国科技统计年鉴	中国第三产业统计年鉴
中国证券期货统计年鉴	中国劳动统计年鉴	中国高技术产业统计年鉴
工业企业科技活动资料	中国社会统计年鉴	中国人口和就业统计年鉴
中国人才资源统计报告	中国教育经费统计年鉴	中国文化及相关产业统计年鉴
文化及相关产业统计概览	中国民政统计年鉴	中国民族统计年鉴
中国残疾人事业统计年鉴	中国妇女儿童状况统计资料（英）	中国乡镇街道行政区域简册
中国基本单位统计年鉴		

省级综合统计年鉴系列

北京 天津 河北 山西 内蒙古 辽宁 吉林 黑龙江 上海 江苏 浙江 安徽 福建 江西 山东 河南 湖北 湖南 广东 广西 海南 重庆 四川 贵州 云南 西藏 陕西 甘肃 青海 宁夏 新疆 新疆生产建设兵团

市(县)级综合统计年鉴系列

天津滨海新区 石家庄 唐山 邯郸 保定 沧州 邢台 廊坊 承德 衡水 秦皇岛 张家口 太原 大同 阳泉 长治 晋城 朔州 晋中 运城 忻州 临汾 呼和浩特 呼和浩特新城区 鄂尔多斯 包头 沈阳 大连 长春 延吉 四平 通化 哈尔滨 齐齐哈尔 黑龙江垦区 上海浦东新区 南京 无锡 徐州 常州 苏州 南通 连云港 淮安 盐城 扬州 镇江 泰州 宿迁 江阴 丹阳 杭州 宁波 温州 嘉兴 湖州 绍兴 金华 衢州 舟山 台州 丽水 合肥 安庆 马鞍山 福州 厦门 宁德 漳州 南昌 九江 上饶 新余 抚州 萍乡 赣州 吉安 景德镇 济南 青岛 潍坊 枣庄 日照 滕州 郑州 洛阳 平顶山 三门峡 商丘 信阳 济源 武汉 十堰 荆州 宜昌 荆门 咸宁 长沙 广州 深圳 惠州 东莞 南宁 柳州 桂林 来宾 海口 三亚 成都 贵阳 昆明 西安 安康 兰州 庆阳 银川 乌鲁木齐 兵团一师 兵团十师

调查年鉴系列

天津 山西 内蒙古 辽宁 吉林 上海 福建 江西 河南 湖北 湖南 广西 重庆 四川 云南 甘肃 宁夏 新疆

统计方法应用/实用手册

实用SAS统计分析教程　　马克威统计分析与数据挖掘应用案例

乡镇统计人员岗位知识培训系列教材：辅助调查员岗位基础知识　乡镇统计人员岗位基础知识

县级统计人员岗位知识培训系列教材：Excel在统计工作中的应用　简明统计分析

EXCEL在基层统计工作中的应用　　统计公文知识问答

统计通俗读物/统计科普图书

漫话诺贝尔经济学大师与数学情缘　魅力统计　漫话信息时代的统计学　统计使人更聪明

漫游数据王国　探访随机世界　新中国统计工作历史流变1949-1999　无处不在的统计

重点图书

新编英汉汉英统计大词典　　中华医学统计百科全书

挑大学选专业2016—考研择校指南　　挑大学选专业2016—高考志愿填报指南